華人創造力

理論與實務

全球華人創造力學會・策劃

鄭英耀・主編

目錄

序

　　臺灣的創造力教育與研究，長期以來在企業、學術、文學、教育等各領域已有相當豐碩的成果。為了延續這樣的能量，結合海內外專業領域人士的力量，進一步將臺灣成功的經驗擴散至整個華人地區，在政治大學名譽教授吳靜吉博士的號召之下，由 42 位長期支持創造力的專家學者／研究人員連署支持，於 2015 年 10 月正式成立「全球華人創造力學會（Global Association of Chinese Creativity, GACC）」，匯聚相關領域專家與實務工作者，期盼共同為臺灣、為華人創造力開創新局。

　　在 2015 至 2018 年間，GACC 透過辦理論壇、學術研討會、專題演講等方式，擴散臺灣在地創意教學與研究的成果，今年（2019）學會將主軸放在「華人創造力專書」的編輯。事實上，華人世界過去在創造力領域之相關研究，大多引用西方觀點與理論，雖然說人類的行為某種程度存有其共通性，也存有文化特定上之不一致性；就理論而言，自必然亦會有其普遍性，創造力研究自然也會存在領域差異、個體差異與文化差異。因此，為進一步瞭解華人創造力與西方相較而

言，在人才培育、思考歷程、創意評量等面向上有何異同之處，全球華人創造力學會特邀請亞洲地區從事創造力研究之相關學者進行分享並撰寫成 24 篇文章，試圖由不同角度深入探討，特別是在東、西方歷史文化背景和價值觀的影響下（例如集體主義與個人主義、對規範的重視或擴大包容範圍等），創造力理論研究與應用上所展現出的各種樣貌。

　　當然，華人創造力相關研究絕不僅止於亞洲地區，未來我們也希望能夠廣邀各地不同領域之創造力研究人員、專家學者，共同發表更多的研究議題，以期為華人創造力累積更多的能量、成果，開拓一個新的創造力桃花源，並擴大影響力。

全球華人創造力學會理事長
國立中山大學校長
鄭英耀

創新典範的演化

吳思華、王美雅

摘要

隨著環境變化一日千里,創新逐漸成為管理學門中核心議題。溫故而知新,為了探索未來創新發展的趨勢,本研究爬梳過去百餘年來重要的創新文獻與案例,發現創新其實是對重大環境變化的積極回應,而科技與社會價值系統的改變正是其中最主要的環境驅動力。作者主張將創新典範的演化區分為三個階段,分別命名為熊彼得創新(創新 1.0)、科技創新(創新 2.0)與人文創新(創新 3.0),本文透過文獻闡述前兩階段主要的環境脈絡及對應的重要創新概念與案例,並對發展中的人文創新提出未來可能的方向與洞見。

關鍵字:創新典範、文獻回顧、人文創新、創新生態系統、科技創新

吳思華,國立政治大學科管智財所教授。
王美雅,世新大學企管系副教授。

創新並非新鮮事，各種創新在我們生活中的痕跡可以追溯到很早以前。燧人氏鑽木取火可說是人類科學的萌芽，造紙和印刷術加速了人類的知識傳播與發展。然而，近兩百年的創新則對我們的生活產生天翻地覆的影響，從蒸汽機、鐵路、半導體、個人電腦、手機、網際網路到智慧手機等，這些創新徹底改變我們工作與生活的方式，而企業經理人也在一次次的環境革命中掙扎前進，因應變革與創新共舞。

回顧創新文獻，創新研究的脈絡其實反映了企業創新實務的發展，而企業的創新作為很大一部分原因也是為了自身的生存與成長，必須積極回應環境變化。作者爬梳百餘年來重要的創新文獻與企業創新案例，發現創新研究的發展可以大略區分為三個主要階段，每一階段因為不同的環境脈絡，促成了各異的創新驅力，而學術研究者也透過有系統的實務觀察與演繹，接連提出新的創新理論與概念，持續推進創新研究領域的發展。由於此三階段的主要經濟邏輯與創新形態差異頗大，本文稱此為三種創新典範，分別以創新 1.0、創新 2.0、創新 3.0 來命名。

以下依序介紹三階段的創新典範，說明每個階段的環境背景與主要經濟邏輯、創新概念與企業案例。考量文章可讀性，本文簡化文獻的討論，只列出代表性作者與參考文獻，供有興趣的讀者進一步參閱。

壹、創新 1.0

一、創新 1.0 的環境脈絡與影響

杜拉克（Peter Drucker）在 1999 年 10 月號的《大西洋月刊》（*Atlantic Monthly*）中指出，18 世紀末期蒸汽機的發明雖然帶來了工業革命，大幅提升產量並改善生產效率，使棉製品價格下降約 90%，但產品本質上並沒有太大的改變；一直到 1870 年左右鐵路開始用於貨

品運送，在此之後，人類有了高度的移動能力，心靈視野也不同於以往，此種心靈距離感受的改變，甚至影響了後來的法國城邦統一以及美國西部拓荒。換言之，鐵路的普及才真正擴大了工業革命的影響。

在自動化與鐵路運輸普及下，以大量生產與大量配銷為核心的工業社會逐漸成形，大型企業成為工業經濟下的要角，經理人的角色日益重要，管理理論也在 20 世紀初期逐漸萌芽，泰勒（Frederick W. Taylor）代表的科學管理學派吹響了管理研究號角，而早期的創新概念也在這樣的背景下出現。

多數研究都同意，敲響創新研究之鐘者是著名經濟學家熊彼得（Joseph Schumpeter）。他在 1911 年《經濟發展理論》一書中提出：「創新是一種生產要素的重新組合，創業家藉由新的生產要素組合打破市場均衡狀況，提高效率、降低成本也創造出新價值，獲取超額利潤，這是一種創造性的破壞（creative destruction）。」他也指出，創新的來源可以是「新產品、新製程／生產技術、新市場、新原料或新組織」（Schumpeter, 1911）。

熊彼得早期研究中特別強調創業家的創新角色，他也認為創業者在創辦企業且像其他人一樣經營後，他就不再是創業家，除非他能夠不斷地創新。換言之，創業家代表的是一種創新的精神，而非只是創辦公司；隨著研究推進，後期熊彼得開始推崇大型企業在創新上的重要性。

事實上，歐洲企業的大型實驗室在 19 世紀末期開始建立，美國許多知名企業也在 20 世紀初期成立實驗室，在後續幾十年間，企業實驗室成為重要的創新基地。熊彼得就曾在他的著作中挑戰反托拉斯法的支持者，認為規模愈大的企業愈能夠創新，因為資本市場並不完美，大公司更有能力取得足夠資金和充分的資訊進行研發，且能透過大量生產單位分攤研發的固定成本，此外大企業也有更成熟的互補部門（如行銷、財務等）來支持創新（Schumpeter, 1942）。

整體而言，在創新 1.0 階段，創新的概念剛剛萌芽，工業革命與

鐵路運輸帶給企業大規模生產、大量銷售的可能，創新的動力主要來自於創業家透過自身的成長獲取超額利潤的動力，以及大型企業內部有系統的研究發展與創新活動。

二、重要創新概念與代表性案例

我們迄今對創新最初且最常用的分類，大致來自於熊彼得對創新的描述，包括技術創新（包含技術、產品與流程創新）與非技術創新或稱管理創新（包含組織、行銷與策略創新）兩大類。此一分類目前也應用於許多針對個別組織的國際創新調查，如歐盟創新調查（Community Innovation Survey, CIS），裡面對創新的分類就包括產品、流程、組織與行銷等。這類創新作為都是一個新創或傳統企業重大的策略決定，也是創業家精神發揮的具體表徵。《創意成真》（Nayak & Ketteringham, 1994）一書中所精選的個案故事是創新 1.0 的經典案例。透過這些案例，我們可以清楚地感受到創新 1.0 階段重要的實務與理論課題，圍繞在創新與創業精神、組織創新管理與新產品發展三方面。

（一）創新與創業精神

在《創意成真》一書中所介紹的案例包括技術創新、產品創新與流程創新等不同類型。所謂技術創新指生產技術的創新，包括開發新技術或將現有技術進行應用，知名案例如治療胃潰瘍的泰胃美、三井石化開發出來的聚丙烯、飛利浦的 CD、Raytheon 的微波爐與 EMI 發展出來的電腦斷層掃描技術等；產品創新通常是指企業在市場上推出全新的（或對自己是新的）產品或服務的數目，以滿足外部使用者或市場的需求，例如地中海度假村的定點全包式服務、耐吉（NIKE）的慢跑運動鞋、新力（SONY）的隨身聽，與 3M 的便利貼；流程創新則是指採用技術上新的或大幅改良的製造方法，這些方法可能涉及改變設備或生產架構，也包括配送、倉儲的新方法，如豐田汽車的

TPS 生產管理制度、聯邦快遞（Fedex）的幅軸（Hub & Spoke）運送系統等。

杜拉克在《創新與創業家精神》一書中對這個議題有更深刻的闡述（Drucker, 1985）。他認為創業不僅限於企業，也涵蓋各類型的非營利組織，例如醫院、學校、圖書館等機構都可以看到創新的案例，也都需要有創業精神。而創新的內涵更應擴及企業機構的組織與策略層面。其中，組織創新是關於組織管理要素或影響組織之社會系統的創新作為，其中包括組織架構、作業流程、管理作為、激勵方式、產權劃分等方面，如肯德基連鎖加盟經營制度、美國農機公司分期付款等等；策略創新則是指大幅調整公司經營策略，包括新事業的發展、新市場開拓，產品概念重新定位、商業模式或外部關係（或價值活動）的創造或重組，例如：美國大學因應戰後嬰兒潮與退伍軍人就學開辦在職進修部；中西部證券公司改變目標市場，幫助明智理性的專業人士「心靈平靜」的管理他們每月的結餘等等。

（二）組織創新管理

在創新理念發展初期，企業內部組織對創新的支持度是重要的關鍵，3M 的便利貼是創新 1.0 時代最常被提到的案例。1960 年代末期 3M 的科學家席佛在例行的產品檢討中，純粹因為有趣而做了一個實驗，結果發展出一個新的聚合物——不黏的黏膠技術，遺憾的是這個聚合物在 3M 研究團隊中並未獲得青睞，因為大家都想要發展出黏得更牢的黏膠而非不黏的黏膠。之後的五年之間，3M 對這個技術採取一種放任的態度，並不積極支持（因為沒有人覺得此一技術有任何具體用途），但也不干涉席佛私下的研究，只要他並未耽誤他正式的業務。

便利貼之所以得以問世，要歸功於另一個研究夥伴傅萊，他有一天在唱詩班唱歌時突然靈機一動，他平常為了方便找到要唱的歌，都會放些小紙條當作記號，但一個不留神小紙條就掉得到處都是，於是

他想到如果我可以在紙條上塗點黏膠不就好了？這個聯想終於讓席佛五年來的努力有了一線曙光，但最後是另外兩個團隊成員寇特尼和梅瑞爾解決了讓黏膠不會沾得到處都是的問題，他們發明的薄膜，使得黏劑可以應用到各樣的表面。

便利貼的創新主要因為 3M 提供了一個有利於創新的環境，包括公司支持創新的企業文化，足夠的資源與相當程度的授權與信任讓員工得以在正式業務外自由探索。哈佛商學院學者艾瑪柏（Teresa Amabile）等人對於組織創新有深入的探討，他們認為組織結構、作業程序、環境因素與創新歷程等，都會影響整個組織的創新績效（Amabile, 1987; Damanpour, 1991）。

（三）新產品發展與採用

新產品發展除了依賴組織的創新氛圍外，企業內部的研究管理扮演關鍵角色。U&A 模式強調產品創新與製程創新兩者間的交互關係，則成為這個時期的重要論著（Utterback & Abernathy, 1975）。此外，此階段代表性的創新研究還包括如何管理企業實驗室讓產出最佳化（Allen, 1977）。

除了新產品本身，創新如何擴散或採用也是創新 1.0 階段的重要議題。創新擴散領域的代表性學者首推羅傑斯（Everett Rogers），他在 1962 年初次出版《創新的擴散》一書，該書除了他個人的獨創成果外，也整理先前跨領域的創新擴散研究歷史，並提出創新擴散的過程 S 曲線的概念。羅傑斯說，法國社會學家塔德（Gabriel Tarde），早在 1890 年《模仿律》一書中就點出 S 曲線的現象，只是缺乏實證基礎，這點由羅傑斯研究補足（Rogers, 1962）。

所謂 S 曲線是指創新擴散早期因為使用者對創新不確定性的畏懼因而進展緩慢，當採用人數增加到 10%~25% 左右，採用人數會快速起飛，因為擴散的管道從一開始的大眾傳播轉向人際間的口耳相傳，最後市場接近飽和，擴散速度又趨緩。此外，羅傑斯也在該書中提出

採用者類型的概念，將市場大眾根據創新性區分為創新者、早期使用者、早期大眾、晚期大眾以及落伍者等五類，每種族群的特性與需求有明顯差異，此一概念也成為後續學者討論創新擴散策略重要的基礎。

除此之外，也有學者聚焦討論新產品發展的成功因素，他們認為產品優質獨特、行銷流暢度、技術研發與生產製造間協調順暢，以及產品發展組織管理與策略環境的配合，都會影響新產品的成功發展（Cooper, 1979; Clark & Fujiment, 1991）。

貳、創新 2.0

一、環境脈絡與影響

1960 年代末期積體電路（IC）發明後，70~80 年代個人電腦問世，之後個人電腦硬體、作業系統、應用軟體、周邊儲存產品、印表機、隨身娛樂商品（如隨身聽）等資訊科技產品不斷推陳出新；在通訊方面，摩托羅拉的第一代行動電話也在 70 年代推出，在 80~90 年代中期之間的二代（2G）行動電話逐漸普及。在這階段，資通訊科技進展的速度可以由摩爾定律（Moore's Law）一窺端倪。

1965 年英特爾（Intel）董事長摩爾（Gordon Moore）提出摩爾定律：「IC 上可容納的電晶體管數目，約每隔十八個月便增加一倍，性能也提升一倍。」此外，除了計算能力（摩爾定律）的快速成長，傳輸頻寬也逐步成長（吉爾德定律），網路效應（梅特卡夫定律）也漸漸產生影響，整體而言，這段時間隨著科技的快速發展，科技創新成為產業成長的最主要動力，知名的諾貝爾經濟學得主梭羅（Robert Merton Solow）早在 1957 年用經濟方程證明了這點，他說：「科技進步提升了資本與勞動的生產力，成為最重要的生產要素。」（Solow, 1957）此一觀點在摩爾定律的加持下，也為另一個創新典範——以科

技創新為主要動力的創新 2.0 時代──揭開序幕。

二、重要創新概念與代表性案例

在創新 2.0 階段，科技創新如何出現並主導產業競爭態勢成為重要關注焦點，其次，由於邊烈的科技創新造成許多成功領導企業倒下，也讓許多優秀的新創事業有機會崛起，因此這階段許多重要創新概念的提出都與企業的勝敗存亡緊密相連。創新研究者也持續努力找出讓企業能在科技洪流下持續生存發展的方法。

（一）動態競爭

科技創新驅動的時代，新產品的推出速度加快，為區別不同的創新分類與概念，學者將其區分為漸進性創新（incremental innovation）與激進性創新（radical innovation）兩類（Daft & Becker, 1978; Duchesneau, Cohen, & Dutton, 1979）。漸進性創新只是針對現有產品／技術的小幅改善，而激進性創新則相對於現有技術有突破性的發展，至少在成本降低或效能提升上有三到五倍的進展。早期許多研究都認為激進型（不連續）創新是許多企業失敗的主因，因為不連續科技創新帶來核心能耐的破壞與侵蝕，使得傳統企業無法因應而敗下陣來。最知名的近期案例是光學相機大廠柯達不敵數位相機的浪潮宣告破產，以及一度是成功範例的芬蘭手機大廠 Nokia，在智慧手機的崛起後被微軟併購。

學者也提出科技循環（technology cycle）和主流設計（dominant design）的概念。一個不連續創新的出現，例如汽車（將汽油作為動力源的車輛），通常會有一段時間各種架構在市場上共同爭取主流地位，一直到主流設計出現後，創新的努力就轉向小幅改善的漸進性創新，換言之，不連續創新與連續創新會呈現一個循環出現的關係（Utterback & Abernathy, 1975; Anderson & Tushman, 1990）。

如何成為產業的主流設計或接近產業標準的地位，特別在涉及實體網路或強調相容性的科技產品上，對於企業而言是非常重要的策略議題，而先進者優勢與互補性產品則是關聯的重要議題，錄影機規格大戰是這時代其中一個經典案例。當初日本松下和 SONY 都推出自己的錄影機格式，技術上許多人認為 SONY 的 Beta 優於松下的 VHS，然而錄影機是一個強調互補性的產品，多數消費者購買錄影機是為了觀看錄影帶，松下一開始在錄影機生產上就採取開放授權策略，因此市面上有多種 VHS 相容的錄影機，一開始就吸引了略多的消費者購買，錄影帶業者也因而選擇生產更多 VHS 錄影帶，一開始的微小差異後來使 VHS 規格錄影機大獲全勝，Beta 則完全退出市場。

　　在動態競爭時代，另一個創新的分類是延續性創新（sustaining innovation）和破壞性創新（disruptive innovation）。在破壞性創新的概念被提出之前，許多人認為成功企業因為核心僵固性而無法因應不連續的科技，然而克里斯汀生（Clayton M. Christensen）的研究指出，組織價值網才是讓企業一直跟隨主流客戶的價值，無法追求另外的效能構面的原因，以柯達案例來看，柯達是第一家推出數位相機的廠商，然而這項產品因為不符合主流顧客的利益，沒有受到重視而被擱置。克里斯汀生說，一項新的科技創新訴求的主要效能如果和現有技術上相同，就屬於延續性創新，反之，則屬於破壞性創新。破壞性創新因為不符合原先主流客戶的價值很容易在組織內得不到資源而胎死腹中，因應破壞性創新的最好方法就是成立獨立組織來發展這類新技術（Christensen, 1997）。

（二）創新價值鏈

　　由於科技進步速度愈來愈快，產業生命週期縮短，1.0 時代依靠大型企業內部研發的創新方式已經緩不濟急，產業開始從高度垂直整合走向專業分工以因應環境的快速變化（如台積電在 1987 年創立全球第一家專業晶圓代工廠），科技趨動的產業創新價值鏈也逐漸形

成，此一趨勢隨著專業分工日益成熟與創新速度愈趨重要而持續凸顯，創新 2.0 階段晚期時由伽斯伯（Henry Chesbrough）提出的「開放創新」（open innovation）概念就是此一現象具體註解（Chesbrough, 2006）。

相對於傳統從基礎研究、技術發展、產品設計製造，一直到商品上市，全部過程都在企業組織內部進行的封閉性創新，開放創新強調兩種不同類型的創新模式，由外而內（outside-in）的開放創新以及由內而外（inside-out）的開放創新。所謂由外而內的開放創新是指借助外力的創新方法，包括借重外部科學社群、供應商、使用者等的力量共同進行創新，在此策略下，如何界定創新的智慧財產權、吸引領先使用者進來、設計互補品等，都是建構完整創新價值鏈重要的策略議題。

另一個比較容易被忽略的方法是由內而外的開放創新作為，伽斯伯指出，在資源有限的情況下，特別是景氣不佳時，企業更應該專注於本業，因此企業可以選擇將公司內部的智慧財產權授權給其他公司使用，或者分拆一部分原本進行的計畫給生態體系裡的其他夥伴或其他外部新成員開發，以獲得額外收益（Chesbrough, 2006）。

成功執行開放創新策略的企業不少，其中寶僑（P&G）是最常被提及的成功案例之一，該公司也以連結與發展（C&D, connect & develop）代替傳統的研究發展（R&D）的作法。

另一個嘗試挑戰傳統產業競爭分析工具的創新者是金偉燦和莫伯尼（Renée Mauborgne）。兩位作者在《藍海策略》一書中主張透過獨特的價值創新打破現有的價值／成本抵換（value/cost trade-off）模式，若依循既有的產業作法，廠商想提升顧客價值必然使成本增加，藉由消除目前產業的主要競爭因素來降低成本，同時提升與創造目前缺少的因素來創造價值，因此，企業可以同時追求差異化與低成本，挑戰過去波特（Michael Porter）主張企業只能在差異化與低成本之間擇一的困境，也創造出全新的價值鏈（Kim & Mauborgne, 2005）。

由於基礎科學研究主要在學校中進行，而科技產業發展又事關國家的競爭力，因此架構在國家創新系統下的各項議題，如：科學教育、頂尖實驗室、產學合作、技術移轉、創新育成、生活實驗、科學園區等，亦深受重視。如何形塑一個完整的創新價值鏈，跨越商品化的鴻溝，將基礎科學、應用研究、智財管理、技術元件、商品開發到新事業開展，彼此緊密互連，是一項複雜的學術與實務挑戰，相關的論述亦非常豐富（Freeman, 1989; Nelson, 1993; Lundvall, 2010）。

　　由於新科技不斷推陳出新，如何讓科技創新成功進入市場，也是創新 2.0 的重要議題。墨爾（Geoffrey A. Moore）在《跨越鴻溝》一書中指出，在美國矽谷常常看到許多創新技術出現後，初期獲得創投的支持與大量的媒體的報導，最終這些新技術卻失敗了。主要原因是新產品無法跨越早期採用者與早期大眾之間的鴻溝，因此失敗收場。如前面「新產品發展與採用」一節中提到的，早期採用者和早期大眾是兩種不同顧客群，早期採用者通常傾向在業界率先採用可造成變革的工具，一舉超越對手，早期大眾則多著眼於現行作業生產力改善、強化現有體制，由於此一價值斷層容易造成不易跨越的鴻溝，使得在早期市場成功者，未必能在主流市場獲勝。墨爾建議，要跨越鴻溝的方法必須先集中火力於單一市場，在最短時間內發展出完整產品，成為該利基市場的領導廠商後，才能吸引早期大眾這群實用主義者，等到取得代表性利基市場後，其他市場也就如虎添翼（Moore, 2002）。

（三）智慧資本與知識管理

　　在科技驅動的背景脈絡下，隨著產業環境快速改變，原本的產業結構與競爭規則已經改變，傳統的產品市場與競爭策略分析顯得不切實際，超越競爭理論（hypercompetition）（D'aveni, 2010）受到重視，由內而外的資源基礎理論（Wernerfelt, 1984; Prahad & Hamel, 1990; Barney, 1991）取代了由外而內的競爭策略分析。普哈拉（C. K. Prahalad）與哈默爾（Gary Hamel）主張，企業應該視其為一群核心能耐的

組合，而非事業單位或產品的集合體，這樣企業才有能力因應未來的競爭，他們也說，核心能耐常常是一些不會出現在財報上的無形資產，包括技術（technologies）或技能（skills），例如工廠管理技能（如豐田的精簡製造〔lean manufacture〕），品牌（如可口可樂），智慧財產權（如摩托羅拉保護與運用各種專利的能力）。有的學者將這些資產統稱為智慧資本。在科技創新的時代，智慧財產的市場價值、法律保護與爭戰，無疑成為這個時期經營上的關鍵議題（Teece, 1998, 2000）。

隨著無形資產成為企業動態競爭的關鍵，相關概念與研究著作陸續出現，包括智慧資本（intellectual capital）或無形資產的類型與管理，也衍生出財務會計相關原則的檢討（Stewart & Ruckdeschel, 1998）。野中裕次郎（Ikujiro Nonaka）等深刻探索企業內所擁有的知識創造歷程，他提出知識創造螺旋理論，強調透過個人內隱知識與外顯知識的互動成為組織知識管理的基礎，開啟了 90 年代末期知識管理成為企業管理的新議題（Nonaka & Takeuchi, 1995）。

參、創新 3.0

一、環境脈絡與影響

在創新 2.0 時代，由於資通訊科技革命劇烈衝擊產業與社會，艾文‧托佛勒（Alvin Toffler）就曾在 1980 年出版《第三波》一書描述人類文明從農業社會到工業社會，一直到資訊社會之間所遭逢的急遽轉變。相對於過去工業社會的大量生產、配銷與大量消費，第三波社會改變過去「大量化」的思維，開始出現彈性化生產、訂單生產、利基市場與彈性工作時間的做法，生產與消費的關係也開始模糊，出現接近農業經濟時代「自產自消」（prosumers）特色。該書也提到不同於工業時代高度垂直整合的主要思維，第三波的組織機構反其道而行，把許多功能減少或分包出去，出現虛擬組織的概念。事實上，上述這

些反工業化的現象在 2.0 時代開始萌芽，到了 3.0 時代進一步擴大。某種程度而言，2.0 和 3.0 的主要經濟邏輯與創新典範雖然不同，但兩者之間並非完全斷裂，從其發展過程可以看出中間保有諸多連結。

網際網路前身 ARPAnet 早在 1969 年問世，一直到全球資訊網協定（world wide web）在 1990 年出現之後，開始有了更多商業運用的可能性，蘋果公司在 2008 年推出第一代智慧手機 iphone，2009 年 iphone 的應用軟體平台（APP store）上線，行動網絡對我們日常生活的影響一日千里。杜拉克曾在 1999 年撰文指出，電子商務之於下一場革命，就如同鐵路對工業革命的意義，它們是帶動人類文明的航空母艦。可惜他在 2005 年辭世，還來不及見到智慧手機出現和行動商務的各類應用普及。不過，杜拉克當初提出的「後資訊革命」與網際網路的社會的確如他所預言，其所帶來的熱潮和影響比起一百七十年前的鐵路熱有過之而無不及。

在數位經濟時代，正向回饋是改變創新經營邏輯的關鍵。知名經濟學者亞瑟（Brain Arthur）早在 1989 年提出邊際報酬遞增（increasing returns）的概念，也為創新 3.0 階段埋下伏筆（Arthur, 1989）。他說，我們過去對於經濟運作的邏輯，基本上都基於 19 世紀末馬歇爾時代經濟學者所提出的邊際報酬遞減的假設，亦即任何在市場中領先的企業最終都會遇到極限，這樣的理論在傳統實體產品大量生產為主的經濟型態上大致符合，然而在以知識為基礎的經濟型態中，邊際報酬遞增取代邊際報酬遞減成為主導性的經濟邏輯。邊際報酬遞增也強化市場的不穩定性，如果有一項產品或技術，不管是策略得當或機緣湊巧而取得優勢，邊際報酬遞增將強化此一優勢，使其獨佔市場，換言之，邊際報酬遞增是一種正向回饋機制，讓強者愈強、弱者愈弱。

邊際報酬遞增來自於知識較高的先期成本（如研發投入）、很低的邊際成本（軟體或知識的複製成本近於零）、明顯的網路外部性（產業標準愈多人使用利益愈大）與較高的消費者轉換成本（知識型產品學習需要較長的時間）。亞瑟也因此說，如果技術生態系統已經

是知識型市場策略的基本單位，那麼不能只靠一己之力來獨佔一種產品的市場，而是要建立生態系統，由此來強化正向回饋效應（Arthur, 1996）。

今日我們處的社會受到科技推力和需求拉力兩端的激烈衝擊，一方面是科技的力量，包括網際網路、雲端裝置、雲端運算、3D 列印、機器人、大數據、人工智慧（AI）等各類新科技風起雲湧，使得邊際生產成本與交易成本均出現接近於零的現象；加上需求面網路效應的推波助瀾，產業興衰呈現如大爆炸時代快起快落的景象，數位平台經濟理論正式浮現，產業競爭依循新的遊戲規則，傳統的策略模型都需要改寫或修正。

在此同時，全球社會價值觀正在快速改變，除了經濟效率與成長外，更重視公平分配、永續環境、歷史文化、在地認同、幸福人生等價值，反對全球化、大型資本企業與知識專斷的聲音逐漸浮現。年輕世代要求企業不只是追求經濟目的，更應善盡社會責任、創造社會福祉，更期待工作可以結合個人興趣與生活、能有自主彈性的工時。網際網路加上行動裝置的普及，讓這樣的夢想成為可能。數位通訊將世界上的每個人都連在一個巨大的網絡上，各種社群網站（如臉書）和即時通訊軟體（如 line、微信）又更放大了個人行為的外顯性與影響力，催化各種創新的擴散。早在第三波已經開始的去大量化與虛擬組織的趨勢，在互聯網與雲端技術的支援下，進一步催化了去中心化、民主化與在地化的力量，催化了新一代的創新典範。

二、重要創新概念

新世代的年輕人重視美好生活的追求。由於科技快速進步，人類的物質生活品質得以大幅改善，飲水清潔、糧食充足、交通便利、醫療進步，平均壽命延長（World Bank, 2015; Statista, 2017）。然而，某些與美好生活有關的重要問題顯示出，無法改善甚至惡化的令人不安

的跡象，正等待創新的解決方案。這些問題包括日益不平等的財富分配，缺乏優質基礎教育，環境不可持續性以及缺乏有效的、廣泛可及的醫療保健系統（Jones et al., 2016; Beirão et al., 2017; Beal & Astakhova, 2017; Mongelli & Rullani, 2017; Kopnina, 2017）等等。這些問題部分屬於社會創新努力的範疇（Phills et al., 2008; Lin & Chen, 2016），更是人類追求未來幸福生活過程中非常重要的總體課題。更重要的是，幸福是一種情緒狀態，是由個人所感知並通過心理和精神感受來實現，而不是僅僅依賴物質生活的滿足（Diener et al., 2010）。因此，單憑技術創新無法滿足人們對意義、成就和歸屬感的需求。為了滿足這些需求，未來的創新必須同時尋求社會、經濟和環境目標的整合，嘗試解決涉及許多不同利益相關人的複雜網絡。換言之，未來的創新將從人類美好生活的想望出發，在新科技的支持協助下，建構一個全新的生態系統，提供令人感動、能產生共鳴的服務。

在這個脈絡下，創新涵蓋的範疇開始擴大。除了傳統的產品服務外，教育學習、文化傳播、區域永續、健康照護等等，不同領域的創新課題都受到關注，發揚人文精神、追求幸福生活、實踐共善社會，成為創新的終極目標；將所有的活動賦予更豐富的意義，有效融合經濟目的與社會目的，則是經營者的最大挑戰。換言之，創新 3.0 的驅動力主要來自人本需求拉動，而非由科技突破推動；以有亮點、能感動人心的完整故事為主要藍圖，而非以尖端技術專利的掌握為必要條件。

創新 3.0 仍處在一個發展中的階段，在創新文獻上的脈絡還不清晰。到目前為止，許多學者藉由許多實務案例的觀察與研究，開始為此階段的創新典範奠下基礎。初步研判，我們認為創新 3.0 將是以人文精神為軸心的創新生態系統，為此階段的主要特徵，以回應新科技、新世代與新價值的發展，其中主要的經營議題包括族群共生、軸心樞紐、星群共創三方面。

（一）族群共生

過去數十年，隨著數位技術、5G 和物聯網（IoT）的發展以及人工智慧和雲端網絡的日益普及，大量資訊與知識的計算、蓄積與傳播，已成為很容易的工作。未來，傳統組織的資源整合和管理功能將逐漸下降，取而代之的是以社群為導向的協作參與的新生態系統。創新 3.0 階段第一個重要的課題就是擴大分析的範疇，思考如何建構一個完整的生態系，促使族群共生。

生態系統的概念源自於生態學，Lindgren 與 Bandsholm（2016）認為生態系為生物社群結合環境中非生物的組成，彼此互動如同一個系統，其通常具有獨特的習慣、規則與實務，彼此相互依存並隨著時間共同演化的行為與現象（Iansiti & Levien, 2004）。

生態系統有許多不同的定義與內涵。所謂商業生態系統（business ecosystem）最早是由墨爾在 1993 年提出，其將原本生物學領域中生態系統的概念運用到商業世界裡，指的是涵蓋廠商、供應商、客戶、通路商、競爭者以及相關利害人，透過相互聯結、價值共創與共享的一群成員（Moore, 1993）。近年來，有許多創新研究者在類似的脈絡下提出創新生態系統的概念，學者們認為任何對使用者有意義的創新，都需要經過細密的安排，將各個關鍵的活動與行動者緊密的連結在一起，並且要針對每個活動設計可以永續的經營模式。Adner（2017）在他的研究中便以米其林輪胎為例說明輪胎的創新，需要有汽車製造廠、修車廠、修車設備廠和保險公司的配合，才能夠成功。其他較早期有關愛迪生發明電燈、巴納德建立疫苗實驗室等相關的研究，也說明了類似的觀點。

上面的討論說明，生態系是由多個族群共同組成，其中的每一個成員都是自我組織，透過有機的自我調節，彼此間形成功能互補、活動連結的共生關係；成員間透過人際關係、活動資訊與專業知識的順暢流動，促成整體生態系的演化成長，每位成員均能分享共創的成果。近十數年來創新研究者在這個脈絡下關注的焦點，包括創新平台

（innovation platform）、多邊市場（multisided market）、網絡與聯盟、創新生態系統（innovation ecosystem）、價值網（value net）等，已有相當多的論文專書產生，顯示廣義的生態系統概念的確反映了近來的真實世界現象，今日的競爭或創新策略不再是個別企業的競爭，而是網絡系統或生態系統之間的競爭（Adner, 2017）。

（二）軸心樞紐

在生態系中通常會有一個或數個樞紐平台，連結眾多獨立自主的自我組織。前者倡導軸心主張、善用數位科技平台與人際網絡，凝結所有的成員；個體成員則服膺生態系的制度規則，善用手邊資源加以拼湊、進行自創與自造、產出多樣的產品或服務，滿足不同的顧客需求。

Parker、Van Alstyne 與 Choudary 在《平台經濟模式》中提到，平台經營的重點有二，包括（1）設計核心互動：以使用者、價值單元、篩選機制等三要素定義核心互動，其中價值單元最為重要、也最難控管；（2）為使核心互動容易、甚至自然發生，平台必須執行吸引、促進與媒合等三項功能。平台是促進體系中多邊參與者相互聯結與交換的經濟與社會機制，除了是一個可以直接交易的數位產品或服務外，也可能是一個能夠讓參與者聯結與交換的「場域」與「事件」（Parker et al., 2016）。

隨著外在環境條件的變動，傳統組織扮演資源組合、降低交易成本的角色正逐漸受到挑戰，大型企業的概念與運作邏輯已然改變，平台型企業逐漸受到重視。Eisenmann、Parker 與 Van Alstyne（2006）將「平台」（platform）定義為「把雙邊網絡裡的兩群使用者連結起來的產品和服務」。它們提供基礎設施和規則，以利兩群使用者進行交易，藉由連結人們參與雙邊市場，平台也替雙方創造價值，而它主要的資產、價值與競爭優勢，就是雙邊網絡的資訊和互動。傳統企業如何因應數位與社會價值的挑戰，進行策略邏輯與組織形式的創新轉

型，同樣是當前經營的重要課題。

在人文創新生態系統中，成員間的和諧運作，除了依賴數位平台的規則與制度外，還要看共同的信念與價值主張，因此，焦點團隊透過政策的解讀、倡導軸心主張，建構一個具有清晰人文意義的人本故事，是生態系統發展重要的課題。

（三）星群共創

科技創新是透過科技突破和創新價值鏈的分工整合來完成創新，而生態系創新則是透過所有參與成員的零碎創意與完美搭配，自然浮現創新的價值。因此，生態系的創新突破來自廣大的基層與地方知識，而非少數菁英所擁有的尖端知識與技術。如何讓生態系中的星群發光發亮才是創新生態系的核心。

新世代的創業者重視自由自主的工作生活，除了努力成為生態系中的平台樞紐外，學習辨識生態系的制度規則、善用在地資源、發揮務實創作的本領，同時設計適當的營運模式，創造彼此間的互補關係，讓自己成為星群中的亮點，又能維持良好的族群共生關係，則是另一個值得選擇的事業路徑。

事實上，新世代的創新創業得到網際網路技術與行動裝置的助益，研發成本、資訊成本、實驗成本均節節下降，出現「策略不受束縛、成長不受限、開發無負擔」的經營榮景，只要掌握機會隨時可能一炮而紅，但成功不易持久，也隨時可能消失匿跡。唐斯和努恩斯（Downes & Nunes）認為這個由指數發展型技術驅動下的創新產業生命週期與技術採用模式，已大幅挑戰羅傑斯所提的鐘形曲線，而應該像是鯊魚鰭般的暴起暴落。他們將鯊魚是生命週期分成奇點、大爆炸、大崩墜、熵等四個時期，每個時期的策略思維都不相同，需要提高警覺，隨時調整（Downes & Nunes, 2013）。

新世代創新與創業機會增加的另一個驅動力來自需求的多元異質。針對不同的使用者，創新者可以發揮個人所擁有的獨特知識，就

地取材、結合在地資源，發揮務實創作的能力（Bricolage）（Baker & Nelson, 2005），打造出一個經濟實用的方案。由於創新創業的主要目的在解決社會問題、創造群體幸福感，而非巨大的經濟財富，創業家在過程中能否產生自我目的實現（Autotelic）的心流感應，是一個重要的課題。

肆、結語

　　創新是個古老又新潮的課題，無論在實務或學術領域都一直受到高度的重視。這幾年來，以創新為主題的論文更是快速增加，為了掌握研究的脈絡，作者系統性的回顧了過去數十年來創新典範的演化歷程。從經營角度觀之，創新其實就是對重大環境發展的積極回應，而科技與社會價值系統的改變無疑是其中最重要的環境驅動力。

　　當科技典範與社會價值改變後，產業發展的趨勢、企業經營的策略邏輯與內部管理課題均會受到重大的影響，自然浮現不同的創新典範。綜合全文的討論，作者將數十年來創新典範的演化概分成三個階段，分別稱為熊彼得創新、科技創新與人文創新，各階段的驅動因子與關鍵議題摘要如表所示。

表 1　創新三階段驅動因子與關鍵議題比較表

創新典範	創新 1.0 熊彼得創新	創新 2.0 科技創新	創新 3.0 人文創新
科技社會脈絡	工業革命 鐵路運輸	電子材料 自動化科技	數位科技 新價值系統
創新驅動力	企業成長	科技突破	人本需求
關鍵議題	創業精神 組織創新管理 新產品發展	動態競爭 創新價值鏈 智慧資本	族群共生 軸心樞紐 星群共創

資料來源：本研究整理

基於以上的認識，作者認為人文創新將是新世代重要的創新課題，它並非基於熊彼得式的增長追求（創新 1.0），也不是由技術驅動來開發新產品、新業務和新產業（創新 2.0），而是致力於發揚人文精神實踐共善的社會價值的創新作為（創新 3.0）。這種創新應該具有以下三個關鍵特徵：

1. 在目的方面：需兼顧經濟目的與社會目的；
2. 在驅動力方面：是由人本需求拉動，而非科技突破推動；以有亮點、能感動人的完整故事為主要藍圖，而非以尖端技術專利的掌握為必要條件；
3. 在涵蓋範圍方面：是追求整體生態系族群的自主共生、互補共創，而非單一組織的成功經營模式。

　　由於人文創新的運作邏輯與過去不同，其關注點在於整個生態系統、而不是個別組織，相信將引爆另一波創新的學術熱潮，為創新研究注入新的內涵，值得學術界的夥伴們特別留意。

參考文獻

· Adner, R. (2017). Ecosystem as structure: An actionable construct for strategy. *Journal of Management*, 43 (1), 39-58.
· Allen, T. J. (1977). *Managing the flow of technology: Technology transfer and the dissemination of technological information within the R&D organization*. Research supported by the National Science Foundation. Cambridge, Mass., MIT Press.
· Amabile, T. M. (1983). The social psychology of creativity: A componential conceptualization. *Journal of personality and social psychology*, 45 (2), 357.
· Anderson, P., and Tushman, M. L. (1990). Technological discontinuities and dominant designs: A cyclical model of technological change. *Administrative Science Quarterly*, 604-633.
· Arthur, W. B. (1989). Competing technologies, increasing returns, and lock-in by historical events. *The economic journal*, 99 (394), 116-131.
· Arthur, W. B. (1996). Increasing Returns and the New World of Business. *Harvard Business Review*, 74 (4), 100-9.
· Baker, T., and Nelson, R. E. (2005). Creating something from nothing: Resource construction through entrepreneurial bricolage. *Administrative Science Quarterly*, 50 (3), 329-366.
· Barney, J., et al. (1991). Firm resource and sustained competitive advantage. *Journal of Management*, 17 (1), 99-120.
· Beal, B. D., and Astakhova, M. (2017). Management and income inequality: A review and conceptual framework. *Journal of Business Ethics*, 142 (1), 1-23.
· Beirão, G., Patrício, L., and Fisk, R. P. (2017). Value cocreation in service ecosystems: Investigating health care at the micro, meso, and macro levels. *Journal of Service Management*, 28 (2), 227-249.
· Chesbrough, H. W. (2006). *Open innovation: The new imperative for creating and profiting from technology*. Harvard Business Press.
· Christensen, C. (1997). *The innovator's dilemma: when new technologies cause great firms to fail*. Harvard Business Review Press.
· Clark, K. B., and Fujimoto, T. (1991). *Product development performance: Strategy, organization, and management in the world auto industry*. Harvard Business School Press.

· Cooper, R. G. (1979). The dimensions of industrial new product success and failure. *The Journal of Marketing*, 93-103.
· Damanpour, F. (1991). Organizational innovation: A meta-analysis of effects of determinants and moderators. *Academy of Management Journal*, 34 (3), 555-590.
· D'aveni, R. A. (2010). *Hypercompetition*. Simon and Schuster.
· Diener, E., Ng, W., Harter, J., and Arora, R. (2010). Wealth and happiness across the world: Material prosperity predicts life evaluation, whereas psychosocial prosperity predicts positive feeling. *Journal of Personality & Social Psychology*, 99 (1), 52-61.
· Downes, L., and Nunes, P. (2013). *Big Bang Disruption*. Harvard Business Review.
· Drucker, P. F. (1985). *Innovation and entrepreneurship practices and principles*. New York: Harper & Row.
· Duchesneau, T. D., Cohn, S., and Detton, J. (1979). *A Study of Innovation in Manufacturing: Determination, Processes and Methodological Issues*. Volume I. Social Science Research Institute, University of Maine, Orono.
· Eisenmann, T. R., Parker, G. G., and Van Alstyne, M. W. (2006). Strategies for two-sided markets. *Harvard Business Review*, 84 (10).
· Freeman, C. (1982). *The economics of industrial innovation*. London: Francis Pinter.
· Iansiti, M. and Levien, R. (2004). Strategy as ecology. *Harvard Business Review*, 82 (3), 68-79.
· Jones, T. M., et al. (2016). Management theory and social welfare: Contributions and challenges. *Academy of Management*, 41 (2), 216-228.
· Kim, W. C., and Mauborgne, R. (2004). *Blue ocean strategy: How to Create Uncontested Market Space and Make the Competition Irrelevant*. Harvard Business School Press.
· Kopnina, H. (2017). Sustainability: new strategic thinking for business. *Environment, Development & Sustainability*, 19 (1), 27-43. doi:10.1007/s10668-015-9723-1.
· Lin, C. Y. Y., and Chen, J. (2016). *The impact of societal and social innovation: A case-based approach*. Singapore: Springer Publishing.
· Lindgren, P., and Bandsholm, J. (2016). Business Model Innovation from an Business Model Ecosystem Perspective. *Journal of Multi Business Model Innovation and Technology*, 4 (2), 51-70.
· Lundvall, B.-A. (1992). *National systems of innovation: An analytical framework*. London: Pinter.
· Moore, J. F. (1993). Predators and prey: a new ecology of competition. *Harvard Business Review*, 71 (3), 75-83.
· Moore, G. A. (2002). *Crossing the chasm*. Harper Collins.
· Mongelli, L., and Rullani, F. (2017). Inequality and marginalisation: social innovation, social entrepreneurship and business model innovation: The common thread of the DRUID Summer Conference 2015. *Industry and Innovation*, 24 (5), 446-467.
· Nelson, R. R. (1993). *National innovation systems: a comparative analysis*. Oxford University Press.
· Nonaka, I. (1995). *The knowledge-creating company*. Harvard Business Review Press.
· Parker, G. G., Van Alstyne, M. W., and Choudary, S. P. (2016). *Platform revolution*. New York, Norton and Co.
· Parker, G., and Van Alstyne, M. (2017). Innovation, openness, and platform control. *Management Science*, 64 (7), 3015-3032.
· Phills, J. A., Deiglmeier, K., and Miller, D. T. (2008). Rediscovering social innovation. *Stanford Social Innovation Review*, 6, 34-43.
· Prahalad, C. K., and Hamel, G. (1990). *The core competence of the corporation* (pp. 235-256). Harvard University Press, Boston, MA.
· Rogers, E. M. (1962). *Diffusion of innovation: A cross-cultural approach*. New York: Free Press.
· Stewart, T., & Ruckdeschel, C. (1998). *Intellectual capital: The new wealth of organizations*. Wiley Online Library.
· Schumpeter, J. A. (1911). *The theory of economic development*. New Brunswick.
· Schumpeter, J. A. (1942). *Capitalism, socialism and democracy*. Floyd, Virginia: Impact Books.
· Solow, R. M. (1957). Technical change and the aggregate production function. *The review of Economics and Statistics*, 312-320.
· Statista. (2017). The annual growth in global air traffic passenger demand has been increasing by the average of 7.5 percent from 2005 to 2018. https://www.statista.com/statistics/193533/growth-of-global-air-traffic-passengerde-mand/
· Teece, D. J. (1998). Capturing value from knowledge assets: The new economy, markets for know-how, and intangible assets. *California management review*, 40 (3), 55-79.
· Teece, D. J. (2000). *Managing intellectual capital: Organizational, strategic, and policy dimensions*. OUP Oxford.
· Utterback, J. M., and Abernathy, W. J. (1975). A dynamic model of process and product innovation. *Omega*, 3 (6), 639-656.
· Wernerfelt, B. (1984). A resource-based view of the firm. *Strategic Management Journal*, 5 (2), 171-180.
· World Bank (2015). The death rate/ crude (per 1,000people) has been decreasing from 17.738 to 7.645 between 1960 and 2015. https://data.worldbank.org/indicator/SP.DYN.CDRT.IN

從西方觀點看東方的莎士比亞

詹志禹

摘要

從創造力的系統理論來看，當一個人的創造性成就涉及歷史文化層次的突破時，「創造力」一詞的內涵就不只是涉及思考技巧或策略的問題，而是涉及長久的生活發展與深刻的生命主題，在此歷程中，個體與家庭歷史、家庭成員、友儕同伴、社會制度、政經氛圍以及自然生態等環境互動，形成一個複雜、多因素交織作用的過程，反映了一個社會、時代的縮影。號稱「東方莎士比亞」的關漢卿，年幼時經歷了改朝換代，成長時傳承了儒家思想，唯面臨元代廢科舉八十餘年，使他與科舉仕進無緣，處於社會邊緣地位，但他在雜劇的創作上找到了生命的出口。他的創作是用來表達理想的愛情、道德、社會或政治，用來治療自己的苦悶或挫折，用來批判權力的殘酷並治療受迫害者的心靈創傷。他忠於良心，自持而不流俗，透過內在道德的揚昇來獲得快樂。

關鍵字：雜劇、作家、創造力、系統觀、元朝

詹志禹，國立政治大學教育學系教授、教育部實驗教育推動中心協同主持人。

壹、系統演化觀

Csikszentmihalyi（1990, 1996, 1999, 2003）的系統觀點將創造歷程置於社會、文化脈絡之下來看待，提出圖 1 的模式。此一模式主要表示：創造力存在於個人、學門與領域三個子系統之間的交互作用。個人系統是家庭系統的一部分，所以，家庭背景會影響個人的創造力。學門指的是守門人（gate-keepers），包括該領域的消費者、蒐藏家、評論者、經費提供者等等，是社會系統的一部分。領域指的是符號系統，包括語言、文字、數字、聲音、圖形、行為等各種表徵符號所形成的結構，是文化系統的一部分。

個體受到學門社群的刺激，對某些領域感到興趣，透過學習獲得知識與技巧，然後站在前人的肩膀上，再度追求創新與突破，生產變異的觀念、理論、行為、作品等各種具體或抽象產品，提供學門社群選擇。學門社群根據其領域中所存在的標準，對變異的產品加以選擇，將通過者保存於領域當中，成為文化遺產的一部分。領域符號系統透過教育的歷程，傳遞給其他個體或下一代，某些個體如果對該領域感到興趣，就會開始學習，直到站在前人的肩膀上，再度追求變異、創新和突破，如此循環不已，這就是演化中的創造。

系統模式的背後是一種演化的觀點，尤其是知識演化論（evolutionary epistemology）的觀點（Campbell, 1974）。關於這一點，Csikszentmihalyi 於 2006 年 12 月 1 日在臺北政大演講時，筆者曾經向他確認。因此，在圖 1 模式當中的「個人」、「學門」、「領域」三個概念，就對映於知識演化論所談的「變異」、「選擇」、「保存」三個概念；換句話說，「個人」的功能在生產「變異」，「學門」的角色在進行「選擇」，「領域」的作用在「保存」文化密因（memes）並傳遞給下一代。

所以，「創造」的意義就不只是生產變異，而且包括選擇與淘汰變異的歷程，只有通過選擇壓力的變異才會得到保存。換句話說，「創造」的意義就不只是追求新穎（new），而是追求新穎且有價值的

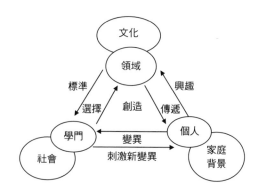

圖 1 Csikszentmihalyi 的「創造力之系統模式」

資料來源：Csikszentmihalyi & Wolfe, 2000, p. 84.

（valuable）觀念與事物。反之，只有新穎卻無價值的任何產品，將不會被列入「創造性產品」的範圍。價值的判定由相關學門社群執行，如果創造者不認同學門社群的判斷標準，那麼他／她可以有下列處理方式：

1. 壽命夠長，等待學門的標準自然產生演化。
2. 勢力夠強，推翻學門的標準，產生典範革命。
3. 迂迴出擊，改宗立派，另外建構一個新的學門社群及其選擇標準。

如果創造者只能孤芳自賞，永遠通不過任何社群的選擇，那麼他／她只能達到個人層次的創造，也就是一種自我成長式的創造，仍然達不到社會或文化層次的創造。梵谷生前得不到學門社群的認可與選擇，幸虧逝世後仍然留下作品，並逐漸得到學門社群的肯定，因而其創造力也日漸被確認；如果他的作品全數埋沒荒塚，化入塵土，未被藝術社群所選擇，那麼，至今世人也不可能承認梵谷的創造力。

Csikszentmihalyi（1996）在《創造力：發現與發明的心理學與心流》一書中，根據他的系統理論（圖1），訪談了九十餘位當代歐美傑出創造性人物，進行了綜合性的分析研究，得到了許多有趣的發

現，例如他發現這批創造性人物：1. 遠比一般人所想像的來得快樂，2. 沒有一組固定而共通的人格特質（擁有略帶矛盾與平衡的複合性人格），3. 常從生活中獲取創意來源，4. 最共通之處是從事創造性工作時的心流（flow）經驗，5. 承認運氣與機緣也扮演了重要的角色，6. 早年歲月並沒有一個清楚的模式（可能比較具有好奇心），7. 逐漸發展出一個屬於自己的生命主題，8. 婚姻大致上是正面而幸福的，9. 中年之後關心知識與經驗的傳遞，10. 有成就之後擴增社會責任與政治關懷，11. 正面而積極地看待自己的老年期。這些結果很難直接類化到本研究擬分析的個案，一來存在著東西文化的差異，二來存在著時間歷史背景的差異；但是，如果從不同時空背景的創造性人物身上竟能看出相通之處，那麼，這些相通之處也就更值得重視。

本文也將以 Gruber（1981a, 1981b, 1984, 1988, 1996）的演化系統取向作為輔助觀點。此一觀點認為每一個創造性人物都有一個獨特的發展組型（configuration），比較傑出的創意作品或創造性產品，通常不是來自創造性人物的一個頓悟或一個神祕、閃電般的創意，而是來自其經年累月的發展、演化與進步的過程；為了能夠維持長久的演化歷程，創造性人物必須寬鬆地調和（loose coupling）三個不斷演化的子系統：目的、知識與情感系統。

在目的系統方面，由於個體所追求的最終目標很大、很遠，創作者必須鋪陳許多階段性短程目標，並一一加以克服，在這過程當中，困難、延遲與錯誤皆在所難免，所以他／她必須能夠管理工作並維持一個方向感。在維持方向感的方法當中，創作者常使用一種「初始草圖」（initial sketch），並隨著工作的發展而修改草圖。

在知識系統方面，創作者會投入一些頗具長久性的基模（schemata）、原則、主題、哲學、概念結構或思考形式，例如富蘭克林（Benjamin Franklin）長久使用的一些概念或基模包括：原子論、守恆、均衡、循環、熱與電被當作物質元素、大氣組成的靜態觀、吸引與排斥原理等，又如達爾文（Charles Darwin）在其龐大的知識系統與多領域

的著作成果當中，始終採取漸進主義（gradualism）作為思考形式；此外，創作者也常會在作品中重複地使用某些隱喻（metaphor）或意象，例如哲學家洛克（John Locke）使用「蠟版」作為「心靈」的比喻，而小說家李查生（Dorothy Richardson）則對男女兩性具有鮮明的不同意象。不過創作者也會將基模、隱喻、意象或思考形式加以重組和轉化，以產生新奇和創造，所以，這是一種建構性的重複，而非拷貝式的重複，在此歷程當中，創作者似乎擁有一種偏差放大系統（deviation amplifying systems），能將微小的變異透過長久的演化來產生巨大的革命（Gruber & Wallace, 1999）。

Gruber 對於情感系統的著墨較少，但他明顯主張「創造力」不是一個技巧的問題，而是一個人調和內在系統，並調和自己與環境的關係之後，所產生的獨特成就與自我實現。

此外，本研究也參考 Gardner（1988, 1993）對於多元智慧的綜合科學取向研究。例如 Gardner（1993）在《創造心靈》一書中分析了20 世紀的七位大師：佛洛伊德、愛因斯坦、畢卡索、史特拉汶斯基、愛略特、葛拉姆與甘地，分別代表了七種不同的強勢智慧或創造性領域。這七位大師雖已辭世，但他們仍屬現代，留下的豐富資料足以讓心理學家進行深入的探索。Gardner（1993）的分析環繞著三大主題：個人、作品、他人。在「個人」的部分，著重分析「從小孩到大師」的過程；「作品」的部分，著重分析該作品所屬領域的符號系統特性及個案精通此一領域的方式；「他人」的部分，著重分析個案的家庭、同儕、教師、競爭者、判斷者、支持者等。這三個元素組成了一種具有三角關係的模式，與上述 Csikszentmihalyi 的系統模式頗為相近。事實上 Gardner（1993）提出了一套頗為周詳的分析架構，足以包含 Csikszentmihalyi 的系統模式以及 Gruber 的演化系統取向，但因為太過廣泛，容易失去焦點特色。本研究在蒐集資料時採用 Gardner（1993）的架構作為參考，以便更開放、更周全地蒐集資料；但在分析時則嘗試聚焦到 Csikszentmihalyi 的系統模式，以便掌握演化論的

特色。

最後，本研究也參採了 Rogers（2003）對於創新擴散的洞察，因為創新擴散是生態演化系統很重要的一個現象。Rogers 指出：創意產品是否能夠擴散，「早期接受者」扮演了一個關鍵的角色；初生的創新作品如果能得到組織或社會系統中的意見領袖所接納，往後的創新擴散將更容易得到成功。

貳、關漢卿的故事

一、時代背景：戲劇在金、元時代流行

關漢卿生於金朝，但確切年代有些爭議（許淑子，2003）。大約在關漢卿的少年時代，蒙古人滅了金朝；在其中年時代，蒙古人滅了南宋，建立元朝。所以，關漢卿的生存時代，主要受蒙古人統治，並經歷了改朝換代的戰亂與異民族的互動。

唐、宋以來，即有傳奇、小說、講史等敘事文學在民間流行，成為文化遺產。金末元初，戲劇在說唱諸宮調的基礎上發展出雜劇和南戲，雜劇原本在北方較為流行，但隨著蒙古人滅宋之後，也逐漸擴展到南方。雜劇融合故事、音樂、說唱、舞蹈與雜耍等表演形式，成為一種綜合藝術，可說是一種更新的符號領域，在元代演出頻繁，擁有大量觀眾（袁行霈，2006），不只受到市井小民歡迎，甚至受到蒙古官員的喜愛，以致於統治者也特別關注並訂定刑法加以規範（云峰，2003）。

在元代之前的漢族統治者及主流文化，基本上視倡優為卑賤之職，通常會告誡子弟勿沉湎於歌舞雜戲。但蒙古民族能歌擅舞，且不受漢文化所拘束，故痴迷於歌舞雜劇者甚多。在朝廷與民間交相愛的氛圍之下，雜劇人才備出，演出場所遍布，北方以大都為中心，南方以杭州為集散地，興起廣大的戲劇市場。關漢卿的一生主要就生活在

大都。朝廷與民間則分別扮演了「菁英選擇」與「民間選擇」的角色。

二、家庭背景：擁有學習資源

關漢卿的出生地有多種說法，根據許淑子（2003）的綜合考證結果：關漢卿的祖籍可能是解州，其父執輩遷到大都，關漢卿在大都長期生活和創作，最後流寓祁州，葬在祁州。大都即今之北京，當時是元代首都，政治權力中心，也是歷史古城，關漢卿即使不是出生在大都，也確定在大都生活過一段很長的時間。當時大都，勾欄遍布（勾欄是一種能供演戲的遊樂場所），觀眾繳二百錢即可進場看戲，故雜劇演出活躍，熱鬧非凡（袁行霈，2006），這樣的社會氛圍有利於創作雜劇的動機。

關漢卿的家庭背景，資料大多散失，他的長輩或祖先可能曾經行醫，所以被編入「太醫院戶」，這種「醫戶」家庭享有特殊待遇，可免差役、減賦稅（王忠林、應裕康，1977），在此種家庭背景的庇蔭之下，關漢卿的學習成長條件以及接觸符號領域、掌握文化資本的機會，應該比一般平民來得更有利，難怪元人熊自得纂修《析津志》時，說關漢卿「生而倜儻，博學能文」（引於丁志堅，1967），因為他的家庭背景有利於其創作能力。

三、個人特質：另尋出路的動機、性格與價值觀

就元代的社會階級而言，關漢卿不是主流。元代將民族分為四個等級：蒙古人、色目人、漢人、南人，關漢卿為金朝遺民，正是屬於所謂的「漢人」，是被統治的階級。元代又將社會職業與身分分成十個等級，所謂一官、二吏、三僧、四道、五兵、六農、七匠、八娼、九儒、十丐，此一說法雖然不是十分精確（袁行霈，2006），但可以確信的是：在當時，讀書人的身分地位非常低下，屬於「儒」的關漢

卿當然是非主流。

　　此外，元代建國最初八十年，採取高壓、武力統治，停辦科舉，封閉了權力分享的管道，切斷了階級流動的機會，而關漢卿自始至終也從未對科舉或仕進存有幻想，邾經在《青樓集・序》中說他「不屑仕進」（引於許淑子，2003），他選擇和說唱者、雜劇表演者為伍，勤於創作，勇於為平民百姓發聲，甚至透過戲劇控訴腐敗昏庸的官吏（但不是控訴最上層的統治者），這種人文主義的精神，一方面承襲傳統讀書人的儒家思想與社會關懷，另一方面則跳脫傳統文人追求仕進的**價值觀**，超越傳統詩詞歌賦、思想論述的表現形式，改以更具市民性格的雜劇，驕傲地走入民間。當然，也有人認為，關漢卿追求科舉功名的心理仍然熾烈，經常藉由雜劇角色的嘴巴來鼓勵仕進並呼籲當朝恢復科舉（劉茵，1994）；不過，關漢卿雜劇中的角色相當多元，很難說哪一個角色的話語代表關漢卿自己的慾望，也很難判斷關漢卿是在贊同、同情或批判那個角色，何況，專業的劇作家（例如莎士比亞）或小說家（例如金庸），通常都是依劇情需要來表現不同角色人物的性格，而不是表現自己。

　　關漢卿的**另類**性格表現在很多方面，元人熊自得在《析津志》中說他「滑稽多智、蘊藉風流，為一時之冠」；他自己則寫了一首散套《南呂・一枝花・不伏老》，道盡自己的個性，他說：

> 我也會圍棋、會蹴踘、會打圍、會插科、會歌藝、會吹彈、會咽作、會吟詩、會雙陸。你便是落了我牙、歪了我嘴、瘸了我腿、折了我手，天賜與我這幾般兒歹症候，尚兀自不肯休。

> （引於徐征，1998: 703-704）

　　這段話至少透露出四項訊息：1. 關漢卿多才多藝；2. 他所精通的許多技藝是傳統文人所拒絕涉入者，但卻與基層市民的生活關係密切；3. 他很自我肯定，以精通這些技藝為傲；4. 他很堅韌，絕不輕言

放棄這些技藝。他又說：

> 我是個普天下郎君領袖，蓋世界浪子班頭。願朱顏不改常依舊，花中消遣，酒內忘憂……。伴的是銀箏女銀台前理銀箏笑倚銀屏，伴的是玉天仙攜玉手并玉肩同登玉樓，伴的是金釵客歌金樓捧金樽滿泛金甌……。則除是閻王親自喚，神鬼自來勾，三魂歸地府，七魄喪冥幽，天那，那其間才不向煙花路兒上走。

> （引於徐征，1998: 703-704）

這段話也至少透露出四項訊息：1. 關漢卿很擅於調適自己的心態；2. 他以雜劇創作、梨園生活自豪；3. 他對於這樣的生活至死也不後悔；4. 他在向傳統的封建價值觀挑戰。他不只坐而言，而且起而行，明人臧晉叔說他「躬踐排場，面敷粉墨，以為我家生活，偶倡優而不辭」（引於陳翔羚，2004: 24）。換句話說，他不只是寫劇本，自己也粉墨登場，這樣的生活方式與體驗，對於他的雜劇創作頗有幫助，而且，這樣積極、豁達的生活態度，相對於當時一些消沉頹唐的儒生，確實成為明顯的對比。

他還用了一個非常鮮明的比喻來形容自己，他說：「我是個蒸不爛、煮不熟、捶不扁、炒不爆、響噹噹一粒銅豌豆」（引於周國雄，1995: 87）。他這種剛硬、堅毅、出色、不伏老的銅豌豆精神，被許多研究者認為是關漢卿的最佳象徵。

四、作品：創新擴散與文化保存

關漢卿一生的作品超過六十餘部，可惜歷代以來散失甚多，今只留存十餘部。他的雜劇創作融合了傳統儒家思想、漢人的詩詞小說與金人的音樂表現，其中《單刀會》等作品，呼喚著拯救蒼生、智仁勇兼備的豪傑，卻又點出亂世無常的英雄悲劇；《竇娥冤》等作品，描

述弱勢者尤其是女性在追求人性尊嚴及人間正義的過程，也描述階級壓迫、官僚腐敗下的悲劇；《救風塵》等作品，寄望下層民眾奮起自救，是描述平凡英雄（包含女性）充滿智慧與膽識的喜劇，鄭振鐸（2005）認為關漢卿最擅於描寫婦女；從今天的觀點來閱讀，這些作品頗富女性主義的精神。翟滿桂（1994）則認為，關漢卿的作品具有浪漫主義的色彩，表現在同情弱勢、追求理想、抵抗現實、訴諸超自然等特性。整體來看，關漢卿的創作不只是回應了市場的需求，同時也提供了低階層民眾一種心理治療，因為他利用戲劇批判貪官污吏、攻擊地方惡霸、揭發社會的不正義並鼓勵抗議的勇氣；他讓受欺壓的民眾得到抒發或得到希望。

關漢卿的創作歷程似乎埋藏在一種社群創作的氛圍之中，因為當時為講唱、雜劇演出撰寫腳本的作家被稱為「才人」，由才人組成的行會或社群組織叫做「書會」，關漢卿隸屬於「玉京書會」，因此他有許多機會和同行互動，甚至成為同行的領袖以及玉京書會的核心，被視為「驅梨園領袖，總編修師首，捻雜劇班頭」（元・鍾嗣成《錄鬼簿》，引於羅麗容，1999），可能當時其他才人的創作，都要經過他的編修或審閱（陳翔羚，2004）。他經常互動交往的好友，包含了楊顯之、王和卿、費君祥、梁進之、王實甫等，其中王實甫即著名戲曲《西廂記》的作者，王和卿則是戲曲「俳優體」的創造者（丁志堅，1967），楊顯之也寫了不少雜劇，以《瀟湘夜雨》最有名，他經常和關漢卿討論劇作，幫忙校訂、潤色和批閱，故獲得了一個綽號叫「楊補丁」（李天道，2003；陳翔羚，2004）。可見關漢卿的作品在向觀眾演出之前，可以先得到同儕的回饋意見，換句話說，在這些作品的創新擴散歷程當中，玉京書會和社群好友可能也扮演了「菁英選擇」的角色。從另一個角度來看，王國維（2012）認為：「雜劇」一詞雖然在唐、宋之際已經出現，但元代雜劇是一個新體，實為關漢卿所創。正如 Gardner（1993）分析佛洛伊德時所指出的現象：創造新典範的人，可以制訂自己典範的評價標準或選擇機制；因此，我們發現

當時許多劇作家如高文秀、孟漢卿等人，都頗受關漢卿的影響（李天道，2003）。

關漢卿的作品雖然受到觀眾的喜愛，因而保存在民間，然而，當時雜劇不被列入正統文學，戲劇工作者的地位卑下，雜劇作品只能傳誦於娼優梨園之間，很難進入正統文人或統治體制的蒐藏而成為文化遺產，幸虧有些見識不俗的後世文人，不斷再度肯定雜劇的藝術成就，才讓部分雜劇作品得以流傳，例如元代編撰《錄鬼簿》的鍾嗣成，他不惜冒「得罪於聖門」的危險，為雜劇作家立傳，肯定其功業和成就；再如清末民初王國維，以治經學的態度重新蒐集、研究和評價戲曲，編寫《宋元戲曲史》一書，得到學界廣大的迴響，才使戲曲的文學地位得到確認。縱使如此，許多優秀雜劇作品亡佚散失，許多傑出戲曲家泯滅無聞，連號稱「東方莎士比亞」的關漢卿，如今保存下來的作品也不到其作品總數的三分之一。

五、文化比較：關漢卿與莎翁

關漢卿被稱為「東方的莎士比亞」，根據系統分析的觀點來看，兩人誕生時代雖然相隔三百餘年，誕生地點雖然相隔萬里，但兩人的確有許多相似之處，包括：第一，兩人都誕生在一個戲劇頗為流行的時代，元代官、民都喜歡雜劇，英國當時從王宮貴族到平民百姓也都喜歡戲劇；第二，在他們的時代，普通觀眾都要繳入場費才能看戲，元代大約繳二百錢，伊莉莎白時代大約繳一便士，戲劇的經濟市場儼然形成；第三，兩人都在國家的首都創作，前者在大都，後者在倫敦，兩個都市都有許多戲劇創作及表演團體；第四，兩人都有所屬的專業社群，關漢卿屬於「玉京書會」的核心領導，莎翁則是「內務大臣供奉劇團」的靈魂人物；第五，兩人創作劇本都不是為了印刷出版、提供閱讀，而是為了演出給觀眾看；第六，兩人都不只寫劇本，也偶而會客串演出；第七，兩人對於語言的應用都達到一種超拔卓越

的程度，除了寫劇本之外，也寫詩詞。

兩人也有許多不同的特點，包括：第一，時代背景方面，關漢卿經歷過戰爭、亡國和「異族」高壓統治，莎翁則生活在一個承平盛世；第二，成長與學習方面，關漢卿主要得利於家庭資源，莎翁則上過文法學校；第三，個性方面，關漢卿自信、堅毅、豪放、幽默、風趣、曠達，莎翁則似乎比較沉穩內斂；第四，創作方面，關漢卿極擅於描寫婦女、為婦女發聲，甚至非常欣賞一位傑出的女演員朱簾秀，莎翁則較少主寫婦女，很少創造突出的女性角色，因為英國當時不容許婦女上舞台演戲，女角多由未成年男孩反串，不擅於理解、發揮成年女性的多樣與複雜。最後，我們必須說：關漢卿不如莎翁那麼幸運，他的作品數目比莎翁多，但留存的比例偏低，莎翁的作品則被珍貴地保存，並不斷被重演、轉化、擴散。

上述有關莎士比亞的生平，主要參考格畢爾（著）孫乃修（譯）（1993）、許海燕（2001）及 Wells（1978）。

參、綜合討論

若以圖 1 的系統演化觀點為基礎，結合上述關漢卿的個案分析，我們可以得到一個更為細緻的圖 2 模式，其中的關鍵概念大致上都有出現在前述的個案分析當中。兩個模式在基礎理論上相通，因為圖 2 模式的核心歷程是：個人傳承符號領域，透過變異歷程產生創意，再轉化創意成為作品，並藉由菁英選擇產生創新擴散，然後藉由民間選擇來保存與複製作品，久而成為文化遺產，這仍是一個系統演化的過程。其中，民間選擇對於非主流文學的複製與保存特別重要，這是因為官方通常只保存正統、主流的作品，所以，不只是雜劇，包括中國四大古典小說（三國演義、水滸傳、西遊記、紅樓夢）在內的作品，全都靠民間的選擇與保存。

此外，個體通常都是透過家庭背景與社會氛圍來培養創作能力和

孕育價值觀，價值觀與情緒交互作用而共同形塑創作動機，能力與動機共同作用而生產創意，並將創意轉化成為作品。當然，家庭背景與社會氛圍又埋藏於時空背景之中，從關漢卿的個案來看，大都與杭州對他的重要性，宛如巴黎對於畢卡索的影響（Gardner, 1993），而金人、蒙古人與漢人的異族混合，則對關漢卿提供了多元文化密因重組的可能，所以，他的作品才融合了金人的諸宮調、蒙古人的歌舞以及漢人的儒家思想，創造了嶄新的風格與典範。另一方面，因為蒙古人貶低了漢人的地位，長期停止了科舉制度，這又使得關漢卿必須另尋生命的出路，而其低下的地位讓他更能體會弱勢平民的痛苦與貪官污吏的可恨，整合他本身勇敢豁達與略帶反叛的性格，使得他的作品常用來表達愛情、道德、社會或政治的理想，也用來治療自己的苦悶與挫折，甚至用來批判權力的殘酷與治療受迫害者的心靈創傷。他雖生活放浪卻忠於良心，自持而不流俗，透過內在道德的揚昇而獲得快樂。

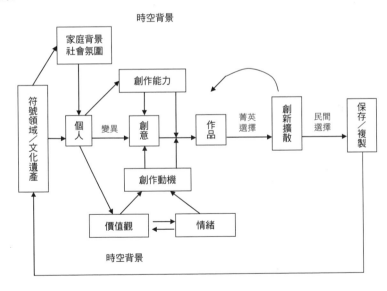

圖 2 非主流文學創作的系統演化模式

如果根據 Csikszentmihalyi（1996）研究創造性人物所歸納的十一項結論來看關漢卿，本文合理的猜測如下：

1. 關漢卿的生活大致上是多采多姿而且快樂的（他的自述）。

2. 他的某些性格確實帶有矛盾平衡，包括他對於科舉的態度：可能有時盼望恢復科舉，有時不屑仕進，所以後代研究者才會得到兩種結論。也包括他對於俗世生活的熱愛以及對隱士生活的嚮往（李占鵬，2000）。

3. 他的作品常從生活中獲取創意來源（包括他所接觸的書生、中下階層民眾與風塵女子的生活）。

4. 他創作時是否有心流經驗，本文無法確定，但他對於自己的創作生活頗為享受（不只動筆，還粉墨登場）。

5. 他的確逐漸發展出一個屬於自己的生命主題（投身戲劇創作，至死不悔）。

6. 他有成就之後，確實擴增社會責任與政治關懷（包括對於弱勢族群的關懷與對於貪官污吏的批判）。

7. 他很積極看待自己的老年期（他自述「不伏老」）。

至於所剩其他四項，本文則無法猜測。

如果從 Gruber 的演化系統觀點來看，關漢卿確實有一個很長期的目的系統，才能累積六十餘部作品，終生創造，不改其志，宛如一粒銅豌豆。他的知識系統則表現在他對於儒家思想、平民生活與文化才藝的理解，特別是他對於文字運用與戲曲特性的掌握可謂爐火純青，他的作品不只是故事感人、角色鮮活，而且文字靈動、聲韻繞樑。他的情感系統則可以從幾個方面來看：第一，在情緒方面，他很自我肯定、熱愛生活；第二，在異性情感方面，他與妻子婚姻關係良好，與女演員朱簾秀似乎是紅粉知己；第三，在友情方面，他與「玉京書會」建立了生命共同體，與好友經常互相戲弄打趣。整體來看，他的情感生活是積極的、豐富的、有趣的，搭配他的知識系統與目的系統，才造就了東方的莎士比亞。

誌謝：本研究為科技部（前國科會）NSC96-2413-H-004-007-MY2 計畫成果的一部分，感謝其經費支持。

參考文獻

· 丁志堅（1967）。中國十大戲劇家。臺北：順風。
· 王忠林、應裕康（1977）。元曲六大家。臺北：東大圖書。
· 王國維（2012）。宋元戲曲史。臺北：五南。（最早由商務印書館於 1915 年出版）
· 李天道（2003）。響噹噹一銅豌豆——關漢卿傳。楊曉明（主編），歷代文學藝術家傳記，卷八，327-369。
· 李占鵬（2000）。關漢卿人生觀新探。西北師大學報（社會科學版），37 (3)，5 月號。
· 武之珍（1968）。關漢卿生平著作考述。藝術學報，5，42-60。
· 周國雄（1995）。關漢卿的創新人格。華南師範大學學報，4，85-91。
· 袁行霈（2006）。中國文學史。臺北：五南。
· 徐征（編）（1998）。全元曲，卷一。河北：河北教育出版社。
· 格畢爾（著）孫乃修（譯）（1993）。莎士比亞傳。臺北：業強。
· 許海燕（2001）。莎士比亞。臺北：紅螞蟻。
· 許淑子（2003）。性別、主體、對話：重讀關漢卿旦本戲。國立臺灣師範大學國文系在職進修碩士學位班碩士論文。
· 陳翔羚（2004）。元曲四大家曲律研究。輔仁大學中文系碩士論文。
· 雲峰（2003）。內蒙古師範大學學報（哲學社會科學版），4，15-19。
· 劉茵（1994）。試論關漢卿雜劇的創作動機。韓山師專學報，4，73-79。
· 翟滿桂（1994）。關漢卿創作述評。零陵師專學報，4，104-109。
· 鄭振鐸（2005）。插圖本中國文學史（下冊）。上海：人民出版社。
· 羅麗容（1999）。《錄鬼簿》所載「書會」、「才人」對元劇發展之影響。東吳中文學報，5，163-166。
· Campbell, D. T. (1974). Evolutionary epistemology. In P. A. Schilpp (Ed.), *The philosophy of Karl Popper* (pp. 413-463). La Salle: Open Court.
· Csikszentmihalyi, M. (1990). The domain of creativity. In M. A. Runco & R. S. Albert (Eds.), *Theories of creativity* (pp. 190-215). Newbury Park, CA: Sage.
· Csikszentmihalyi, M. (1996). *Creativity: Flow and the psychology of discovery and invention*. New York: Harper Collins.
· Csikszentmihalyi, M. (1999). Implications of a systems perspective for the study of creativity. In R. J. Sternberg (Ed.), *Handbook of creativity*. United Kingdom: Cambridge University Press.
· Csikszentmihalyi, M . (2003). The Evolving Nature of Work. *NAMTA Journal*, 28 (2), 87-107.
· Gardner, H. (1988). Creative lives and creative works: A synthetic scientific approach. In R. J. Sternberg (Ed.), *The Nature of Creativity*. United Kingdom: Cambridge University Press.
· Gardner, H. (1993). *Creating minds: An anatomy of creativity seen through the lives of Freud, Einstein, Picasso, Stravinsky, Eliot, Graham, Gandhi*. New York: Basic.
· Gruber, H. E. (1981a). *Darwin on man: A psychological study of scientific creativity* (2nd ed.). Chicago: University of Chicago Press.
· Gruber, H. E. (1981b). On the relation between 'aha experiences' and the construction of ideas. *History of Science*, 19, 41-59.
· Gruber, H. E. (1984). The emergence of a sense of purpose: A cognitive case study of young Darwin. In M. L. Commons, F. A. Richards, & C. Armon (Eds.), *Beyond formal operations: Late adolescent and adult cognitive development* (pp. 3-27). New York: Praeger.
· Gruber, H. E. (1988). The evolving systems approach to creative work. *Creativity Research Journal*, 1, 27-51.
· Gruber, H. E. (1996).The Life Space of a Scientist: The Visionary Function and Other Aspects of Jean Piaget's Thinking. *Creativity Research Journal*, Vol. 9, No. 2 & 3, 251-265.
· Rogers, E. M. (2003). *Diffusion of Innovations*. New York: Free Press.
· Wells, S. (1978). *Shakespeare: The Writer and His Work*. New York: Charles Scribner's Sons.

由內而外與由外而內的創建生活模式

劉 誠

摘要

在曹雪芹的《紅樓夢》，有幾章回是專寫《劉姥姥入大觀園》的經歷。從她三進榮國府，我們看到兩個完全不同的文化背景與生活模式。劉姥姥來自窮鄉下，是個無兒的寡婦，依靠女婿王狗兒過日。為了過少收成的深秋，她藉狗兒與榮國府的遠親關係，遂嘗試去探一下能否從賈府得點幫助。劉姥姥無見過奢華生活，但長期的相反生活歷練，給她帶來深刻的生活智慧，再加上她的正面性格與詼諧急才，與熟悉人情世故，很能讓她輕巧地化解小姐們各方的捉弄，及迅速得到賈母的歡心。貧與富可以是兩面或同一面但相反的文化生活鏡子，它和其他鏡子或許可幫助我們看到不同的創建生活模式如何被孕育出來。另兩例子如海明威的《老人與海》和巴赫的《天地一沙鷗》，分別記述書中人物如何追求他們理想的心路歷程。前者是一老人在第八十五天後，又花了三天兩夜以莫大的毅力才捕到一上千磅的馬林魚，期間老人自言自語講述他的心境。後者講及一海鷗，牠嚮往飛翔，但不覺得飛翔單是為了捉魚來吃，而是有它本身的樂趣與目標。於是牠跳出群體定下的規範，單獨教曉自己如何去飛翔。總的來說，或許我們可多從這些另類的小說資源，去探索由不同文化衝擊而來的由內外而生的創建生活模式。在尋

劉誠，香港浸會大學社會科學院榮休教授。

找自我，有學者如 Erickson、Levinson、吳靜吉等描述人們在不同的層次以創意思維去達到生活的高峰經驗。

關鍵字：紅樓夢、劉姥姥、老人與海、沙鷗、圍城、自信、毅力

我們看到人們有時做一些行為，有是滿足某些需要，有是出於好奇，有是出於滿足某些動機，有是出於助己助人，也有是不知為什麼的。我們也會看到自己亦如是。我們先放下這些問題，看看一兩個我們可能會面對的問題，回頭再從「摘要」所提到的小說及學者的論點，看看可否有助回到這些問題作些討論。

首先，一個可能會很常問的問題是：華人有創造力嗎？

對這個問題，有答沒有，但質疑，因證據不強。英國劍橋大學的 J. Needham 教授看到了中國在千多年前已經發明了火藥、指南針、印刷等，但為什麼隨後科學還是那麼落後？這就成了後來的 Needham Question，到現在劍橋大學還是有著一所 Needham Research Institute，做的還是雷同的科學及中國文化發展研究。轉言之，中國到現在可能還是面對令科學家困惑的問題？

有說有，但也不肯定。原因在近幾個世紀，中國在全世界各國的投資與發明，實在驚人，但發展與進步是片面的。美國哈佛大學的 Abrami、Kirby 與 McFarlan 等教授看到了很多內外的因素，這都可令中國的進步卻步。他們問，限死人的思想與行為的外在體制若不變，哪有創新的表現？又限死人的思想與動力的內在體制若不變，哪有創新的表現？（片面可能是一面倒的現象。）

美國普林斯頓大學的李凱教授有稍微不同的看法。他覺得中國年輕人是進取的。因此他「……鼓勵年輕人不要跟著社會的哪一個熱門來考慮方向，而是要尋找一個題目自己內心真的是非常感興趣，而且和自己的天分、能力相匹配的。因為有時候你可能對於某件事情非常

感興趣，但你的才能不在那。」這就與做事的真正動機有一更高層次的關係配得上，也可能在爭取生活或工作高峰經驗有更滿足的關係配合得上。李教授在回答「AI 的高端人才比較缺乏，現在中國工業界都去高校，包括去國外的高校挖人，為什麼？」一問題時說：「其實不僅電腦，很多別的領域都有這個問題，高端人才在哪，從哪找？但其實這是一個教育系統改革的問題。因為人才是通過教育系統產生的，經過教育系統後，人才還需要有做科研的經驗，那就牽扯到怎樣的科研環境才能促使高端人才出現。為什麼中國吸引人才？比如，千人計畫總的來說，還是比較成功的，很多人回來。但如果仔細看的話，之所以搞千人計畫，實際上是認為自己的教育系統、科研環境，出不來高端人才；是別的科研環境、教育系統比我們這好，所以我們才會去找人。」他指出中國是有機會，這機會就是吸引人才的機會。他回答小公司的機會在哪裡時說：「所有的大公司都是從小公司做起的，我認為主要的顛覆性的工作都是小公司做的，尤其在電腦科學領域內，成為了一個普遍規律。如果科研環境好，就會出現一批很好的人才。人才是非常重要的。人才有想法、有能力，就能產生新的辦法來做新的產品，包括 AI 的產品，把老的顛覆掉。大的公司如果自己被顛覆掉的時候，內部會有很多的問題。如果你看 1997 年出版的哈佛大學教授 Clayton Christensen 寫的 *The Innovator's Dilemma* 這本書，舉的例子都是產品被小公司顛覆。」（李凱對基本研究及前線應用的經驗與對中國文化的見解是很值參考的。）

隨著第一個問題，我們可能會問的另一問題是：為什麼？

其中一個普遍的看法是：華人和華人文化社會是集團主義（collectivism），西方是個人主義（individualism）。為什麼華人文化會有集團主義？原因大多由於儒家（Confucianism）文化。有了集團及儒家文化，這又會有什麼影響？普遍而言，其影響在要求行為思想要符合社會的規範與標準。然而，這又會有什麼不好？

簡單來說，這可能在要求平平靜靜、安安穩穩的生活。另外，這

真的是沒有什麼不好，甚至是需要的呀！但，在對需要講求創造力的生活要求下，這是否有點背道而馳呢？為什麼？具創造力的人是會付出較高的代價的，但他們願意作出冒險和跳出規範去尋求嶄新的嘗試。代價會是高的，但他們會樂於一試。西方社會因沒有固定性文化取向，所以較有利於營造較具創作的意念。這樣是因為中西方社會各自講求集體主義或個人主義所帶來的效果，但這是真的嗎？

然而，這真的是由於它真的是如此，還是由於它方便我們去分別東與西？

從理念而言，儒家思想是存在於華人而非在西方人社會，但再追下去，又有佛道等不同思想。生活在這些理念中。仔細看下去，我們不難覺察到東方人也有勇於一起站起來，以不同型式表示對社會的不滿。這在歷代與現今的東方社會有記錄可見到。（除了西方，這在亞洲的社會可看到不同的人物去追求自由、平等及個人與社會的權益，以及個人的理想。甘地、孫中山先生就是典型，他們先前的取向與他們日後走的路是完全不同的。）華人社會知道教育是重要的，政府也在投資建立大學與研究上用心。但出外求學的，有些是回到本土，也有是留在外地。不管怎樣，能為華人做點事發點光也是好事的。

我們有時看到別人做事，有的是為了基本的需要，有的是為了好奇探險，有的是為了生活再深一步的滿足等。與此同時，我們也會在不知不覺中發覺自己亦會是這樣。在追求生活與生命的歷程，不少人是本著如 Erickson、Levinson、吳靜吉等如何去爭取生活巔峰經驗的。摘要所列小說的人物就是一些例子。讓我們在下面作個簡單的引述。

在曹雪芹的《紅樓夢》裡有位劉姥姥，有十章回是專寫她入大觀園的經歷。她開始是為了討口飯這麼基本的原因，以滿足自己和親人一些很簡單的需要。在追求溫飽的路途上，她三進榮國府，我們已可看到兩個完全不同的文化背景與生活模式。劉姥姥來自窮鄉下，是個年老無兒的窮寡婦，依靠勢利的女婿王狗兒過日。為了過少收成的深秋，便藉王狗兒與榮國府的遠親關係，嘗試去探一下能否從賈府得點

幫助。劉姥姥雖無見過奢華生活，但長期的另一相反生活歷練，給她帶來深刻的生活智慧，再加上她的正面性格與詼諧急才，與熟悉人情世故，很能讓她輕巧地化解小姐們各方的捉弄及迅速得到賈母的歡心，也因此得到她想要的。貧與富可以是兩面或同一面但相反的文化生活鏡子，它和其他鏡子或許可幫助我們看到不同的創建生活如何被孕育出來。劉姥姥和親友最用得上的，可說是那些錢銀和美味的食物，那些漂亮的衣裳在窮鄉下的環境可能就不那麼用得著了。不管怎樣，劉姥姥是達到了她第一次去探訪賈府的目的，也同時為日後再訪賈府鋪了路。在第一訪，姥姥和小姐們及賈母建立一個她意想不到的好關係。由王熙鳳用 20 兩銀子打發走起，反過來，劉姥姥不介意小姐們在三進賈府給她的對待。每次姥姥都能化解她身處的環境而達到她實質上的目的。說真的，小姐們都期待姥姥的出現，因每次姥姥都能把淒涼社會的另一面很輕快地展現在她們面對。姥姥每次去賈府都拿到一些東西，她也不期待一次就可以拿到一切所需的，而王熙鳳這管家在姥姥走時都會表示姥姥有什麼需要時，歡迎她再來，這是因為她看到姥姥很能得到賈母的喜悅。姥姥在第二次訪賈府時有帶了一些鄉下的東西送給賈母和小姐們如熙鳳，以示報答先前所得之恩，不管這些東西是不是賈府所需或看得上眼的，這顯示姥姥的熟識人情世故。第二次開始，賈府已在沒落中。第三訪時賈府已現確實敗落的景象，但姥姥沒有因此退去。人情冷暖在賈府會出現，在姥姥沒有見到。這或許是王熙鳳臨終時選擇姥姥作為托孤的原因，而姥姥也願意不記仇而肩負這重任。賈府的起落歷程，想會給劉姥姥一個另類大觀園式的巔峰生活經驗，由此而有另一個自我體會。

《紅樓夢》是一部豐富的古典小說。它包含的角色與內容是豐富的。我們只能透過對劉姥姥作很簡單的描述，點出兩個社會生活的差別，及透過劉姥姥如何以她內在具創意的正面性格去克服外在負面的困境。她的生活智慧是很值我們借鏡的。

在另一部小說《老人與海》，我們看到一個老人在海捕魚的描述

和捕捉自己的體會。老人有著很高的捕魚技術，一個小孩每天都很仰慕地聽說老人過去捕魚的經驗。老人與小孩有一起成功捕魚的經驗，他們有捉過大魚小魚的經驗。老人決定在他有生之年出海捕魚一次，他相信海中會是有條大魚，但他也知出海的日子不會是好天氣。他有的是小船和其他很簡單的捕魚工具。小孩問可否跟他一起去，他回答說，若你是我的孩子是可以的，因你不是，你回家去吧。另外，小孩跟一些漁夫在最近的日子捕魚得很不錯。所以老人鼓勵他繼續這樣做。島上其他漁夫也笑老人這行動。不管怎樣，老人在決定好的那天就出發了。老人在第八十五天後才遇上一條大魚，他又花了三天兩夜以莫大的毅力才成功地捕到這條上千磅的馬林魚。開始時他沒有看到過大魚一眼。但從他的經驗這魚會是很大的。那時老人很累，但從過去的經驗他不能鬆懈下來，不然魚絲和魚竿會容易折斷。若大魚潛下水、跳上水、轉彎方向的游行多，也會令控制掌握魚竿更吃力。經過三天兩夜的搏鬥，老人終於把很長的大魚捕殺掉了。但，換來的是十多條鯊魚追吃這條馬林魚。老人以有限的工具擊退這些鯊魚，最終所剩的是馬林魚的魚骨。他把魚骨拴在船邊，又花幾天划船回家。靜心聽他述說這次捕魚歷程的還是那小孩。說真的，掛在各人眼前的魚骨，沒有任何實質的得益。對老人，這次成功出海帶給他的是一次自我確定的巔峰經驗，得不得到具體魚穫已不是重要的了。或許小孩和島上的一些漁夫會分享這次經驗。這本小說只有 127 頁，是海明威的一篇中篇作品，是他在古巴島上一個漁夫講給他知的真實經驗寫成的。我們會不會問，海明威為什麼題它為《老人與海》，而不是《老人與馬林魚》、《老人與鯊魚》，或《老人與小孩》？小說所述的經歷除了對老人有提升自我的意義，對海明威、你與我也有特定的個人意義？

在另一篇小說《天地一沙鷗》（*Jonathan Livingston Seagull*），作者巴赫（R. Bach）述說 Jonathan 這一海鷗的成長歷程。小海鷗 Jonathan 嚮往飛翔，牠不覺得飛的目的單是為了捉魚來吃，牠更不喜歡評議會

定下的飛翔捕魚規範法規。牠覺得飛有其本身的樂趣，牠知道有其本身的冒險，但牠願意承受這方面的風險。因沒有老師，牠就跳出社群去作自己的老師。牠為自己定下進度、時間表、課程。牠要學習的是飛翔速度，牠也有從飛翔比較好的海鷗和其他鳥類去學習不同的飛行姿態。大部分的海鷗只集中在離岸一哩處的水面和小漁船旁飛，每天忙碌的作著你爭我奪的吃魚行動。牠的父母不反對牠愛飛，但也提醒過牠冬天快來了，魚船會離岸遠去，近岸的小魚也會游往他處他島，這會令低飛捕魚來吃困難。Jonathan 於是依父母的意見住在岸邊，聽從他們的指示做著同一樣的活動。但最終，牠實在不覺得這應是牠的生活與生命。

於是 Jonathan 走出去過牠的日子。牠先集中試學習曲線姿態飛翔。牠也同時嘗試如何作緩慢飛翔。於是，在一百呎的高空，牠將腳放低，再抬起嘴巴以翅膀努力保持一個困難的曲線姿態。這姿態表示牠能緩慢地飛行。這也會有助牠配合其他的姿態和運用風等的外在因素去產生不同的飛翔效果。例如，Jonathan 發覺自己在飛到一千呎高時，以全速挺進，然後垂直俯衝，但不知怎的，每一次自己的左翼都是向上及停止不動，跟著由此牠的右翼會急速轉向右。牠想到怎樣去應付這轉彎的問題？ Jonathan 覺察到老鷹在轉彎飛翔的控制很好，這是否由於牠們有短翅膀有關？於是 Jonathan 就往這方面去找答案。牠抱緊自己的前翅，伸展他那短而有角度的翼端，跟著就可以時速二百多哩筆直地朝下衝向海洋。牠能摺起翅膀由八千呎的高空向下俯衝，立刻發現如何轉彎。Jonathan 發現牠能更善用風向雲層去增強自己的飛翔速度和飛翔方向。由於更高及更強，自己可俯衝到海洋十呎下，在這裡可捉到的魚更多和更加美味。這就當然會超越先前的飛翔習慣的魚穫所得的限制。（小說內舉出更多 Jonathan 一步一步學習飛行的例子。）

Jonathan 覺察到，能由自己去找到自己是重要的，現在的生活才是一件有意義的事。生活是有一崇高偉大的理由的。牠指出，海鷗是

可以使自己超越無知的，可以是自由自在不受任何約束地飛翔的。小說有談到不少年輕海鷗為 Jonathan 的飛翔所吸引而願意作牠的學生。（文末也有提到如時速、愛、天堂、魔鬼、群體等概念，這些會對自我、群體有著提升的作用。）

從發展心理學和性格的研究，有學者如 Erickson 和 Levinson 指出不同的階層。哈佛大學的 Erickson 教授的理論指出在幼兒至成人的八階段有著不同的身分危機，這在青少年期尤為嚴重，需要超越與處理。（本文的 Jonathan 海鷗就是以自己的努力去克服。）耶魯大學的 Levinson 教授的正向理論比較集中在成人與青年在四個人生理想的追尋。政大的吳靜吉教授所舉的臺灣人物就是配合 Levinson 的理論而列出來的。（本文的 Jonathan、老人、劉姥姥也是以本身的毅力去達到自己的生活目標。）我們不難看到人們如何以創意的方法去建立自我的生活巔峰經驗和生活模式。本文所用的三部小說人物甚值我們參考，他們都是以配合自我性格及發展階段而生的。在別些小說如《圍城》，作者錢鍾書就道盡了人們如何努力地跳進跳出不同的生活圈子與領域。隨著吳靜吉教授的取向，本文也是一試可否多選用小說人物這些豐富資料源流而生的。

參考文獻

· 吳靜吉（2004）。青年的四個大夢。臺北：遠流。
· 吳靜吉（2017）。創造力是性感的。臺北：遠流。
· 邱利會（2017）。專訪李凱：為什麼很多中國人去了別的教育系統變成高端人。知識分子，9，11。（李凱出席未來科學大獎新聞發布會）
· 曹雪芹（1754）。紅樓夢。中國、北京：北京師大。《紅樓夢》的版本可以分為脂本和程本兩大系統。《紅樓夢》寫成時間仍待考證。最初以手抄本形式流傳，目前所見最早的抄本出現於清朝乾隆中期的甲戌年（1754 年）。可見，《紅樓夢》在社會上流傳當開始於 1763 年或 1764 年，也就是曹雪芹去世後不久。其書名為《石頭記》，或為《紅樓夢》，因部分版本中有脂硯齋等人的大量批語而被統稱為脂評本或脂批本，簡稱為脂本。絕大部分脂本只有前 80 回。被認為更接近曹雪芹的原作。現存的早期脂本已知有十數種，全部已影印出版。1911 年出版的石印戚序本是第一部印刷版脂本。1982 年中國藝術研究院紅樓夢研究所以庚辰本為主要底本校訂出版《紅樓夢》。此後出版的《紅樓夢》中，前 80 回大部分都是以一種或幾種脂本為底本匯校而成。庚辰本是脂本統中最完整的版本，目前臺灣出版社如聯經、里仁皆以此為底本。https://people.cs.nctu.edu.tw/~tsaiwn/introcs/story/ghost/nctuSA/nctu4life/honglou/ 紅樓夢
· 錢鍾書（1999）。圍城。香港：天地圖書有限公司。
https://baike.baidu.com/item/ 好了歌
https://ctext.org/hongloumeng/zh 劉姥姥

· Abrami, R. M., Kirby, W. C., & McFarlan, F., W. (2014). Why Can't China Innovate? *Harvard Business Review*. Harvard University Press, Boston, Mass.
· Bach, R. (1994). *Jonathan Livingston Seagull: A Story* [Richard Bach, Russell Munson]. Avon Books, Macmillan Company, New York, NY: Audio Renaissance. 呂慧（譯）（1985）。《天地一沙鷗》。中英對照。臺北：五洲出版社。
· Cheung, P. C., & Lau, S. (2013). A tale of two generations: Creativity growth and gender differences over a period of education and curriculum reforms. *Creativity Research Journal*, 25 (4), 463-471.
· Christensen, C. M. (1997). *The Innovator's Dilemma: When New Technologies Cause Great Firms to Fall*. Harvard Business Review Press, Boston, Mass.
· Erickson, E. H. (1968). *Identity: Youth and Crisis*. New York: Norton.
· Hemingway, E. (1952). *The Old Man and the Sea*. New Edition. Edited and with an introduction by H. Bloom. Infobase Publishing, Bloom's Literary Criticism, New York, NY. 黛孜（譯）（2003）。《老人與海》。中英對照。臺北：語言工場（商流文化社）。
· Lau, S. (1992). Collectivism's individualism: Value preference, personal control, and the desire for freedom among Chinese in Mainland China, Hong Kong, and Singapore. *Personality and Individual Differences*, 13, 361-366.
· Levinson, D. J. (1986). A conception of adult development. *American Psychologist*, 4, 3-13.
· Needham, J. (1969). *The Grand Titration: Science and Society in East and West*. London: Allen & Unwin.
· Needham, J. (1970). *Clerks and Craftsmen in China and the West: Lectures and Addresses on the History of Science and Technology*. Cambridge University Press, Cambridge, U K.
· Needham, J. (1981). *Science in Traditional China: A Comparative Perspective*. Harvard University Press, Boston, Mass.

計算思維與數位創新

劉吉軒

摘要

計算思維代表著人類發明電腦、使用電腦數十年後，階段性累積總成的一種新的思考模式與解決問題的技能。回顧電腦的發展歷史，電腦角色的成長大致可以分為三個波段。第一波的成長在於建立電腦處理資料的能力，電腦成為工作場域管理資料的重要工具。第二波的成長在於建構全球資料傳輸的基礎設施，數位時空成為人類文明演化的全新場域。第三波的成長則將以智能化的啟動為主軸，以人工智慧技術的發展，建立能與人類匹配的決策行動能力與功能服務品質。未來的世界將是由人類與無所不在的電腦以夥伴關係，共同生活、共同工作、共同創新。計算思維將協助每一個人建立對未來世界的基本認知框架，更是思考技能及數位創新能力的重要基礎。本篇章介紹計算思維的基礎概念，建立應用電腦解決問題與創新服務的能力，並探討數位世界的創新本質。

關鍵字：計算思維、數位創新、思考技能、人機協同

劉吉軒，國立政治大學資訊科學系教授兼創新與創造力研究中心主任。

壹、計算思維的基礎概念

一、計算思維背景脈絡

　　電腦的發明為人類帶來一個功能不斷演化的計算機器，過去數十年電腦科學領域對此計算機器功能持續精進，不僅為知識發展帶來進階提升的關鍵動力，也全面改變了世界的整體樣貌。21 世紀以降，人類社會開始進入一個數位連接與數位沉浸的世代，物質實體世界與數位虛擬世界可以相互介接串聯，人類社會發展已經進入到一個數位管道無所不在、各種行為高度數位運作的數位世界時代。數位世界是以電腦的資料處理能力為核心運轉元素，以網路建構無所不在的連結，在各種生活層面與專業領域滲透介入，不斷擴大其疆域，也持續的影響人們的生活、工作與思考方式。在可預見的未來，數位浪潮將帶來愈來愈全面的衝擊，數位世界的比重愈來愈大，人們的專業發展更以其數位運用能力為關鍵，人腦與機器也將更深入的互動共創。

　　計算思維是電腦科學領域經過數十年的發展，逐漸累積形塑出一套邏輯思維模式及解決問題的基本框架，做為一個世代性的資訊技術能力經驗概念總結。計算思維是分析問題、制定解決方法的思考過程，而且解決方法的表達形式，必須能被一個具備資訊處理能力的個體，依循執行而得到預期結果。計算思維是一個連結人的心智策略能力與電腦的自動執行能力的思考框架，它提供了一個模型或套路，建立以邏輯為主軸的轉換機制，成為一個系統化的數位應用能力產出機制。計算思維能結合人類的創造力與電腦的計算執行力，除了能解決複雜問題，同時也開拓了各種創新應用的可能空間。計算思維概念加上不斷強化的電腦執行效率，讓人類具備前所未有的能力，突破過去的時間、空間、人力等種種物理條件限制，將解決問題的範圍與應用服務的尺度擴展到前所未有的境界。如同 Google、Facebook 與 Amazon 所展現的巨大影響，一個數位創新服務可以在短時間內影響整個

人類的生活方式與社會內涵。計算思維將釋放我們解決問題的思考潛能，大幅擴展創意發想與數位創新的經濟效益，甚至加快文明發展的速度。

二、計算思維名稱

計算思維是從 computational thinking 轉譯而來，另一個可能的轉譯名稱為運算思維。電腦早期發展階段中，computation 的核心內涵是資料的搬動處理，所以被轉譯為運算。過去數十年，電腦的主要功能可以被定位為工具化與網路化，成為龐大的資訊基礎設施。近期的電腦發展則開始朝向智能化，電腦的各項應用已經開始具備智慧特徵，computation 已經實質超越了低階的資料搬動處理，進入到更高階的智慧能耐展現。根據教育部重編國語辭典修訂本，「運」是移動、轉動的意思；另外，也有使用、利用的意思。所以，「運算」應是指稱其利用算的功能。而「計」有核算、謀劃、設想、策略等意思，比較強調邏輯構思的意涵，如成語當中的「工於心計」、「三十六計」等。在思維能力的層次上，「計算」似乎比較能凸顯智慧的內涵與思考的本質，也更符合人類智慧透過電腦機器展現，而能解決問題、創新服務的目標。因此，本文採用計算思維的名稱。

三、計算思維與程式設計之關係

計算思維與程式設計的關係，就如同思想或故事與語言文字的關係，前者是人腦中立意構思的抽象意念，後者則是表達呈現的符號系統；前者是會說故事的編劇；後者是書寫文字的撰稿人。計算思維是訓練解決問題的邏輯策略，是思考層面的認知與能力框架，程式設計則是學習電腦程式的語法與程序控制，是邏輯想法的實踐工具。計算思維與程式設計可以相輔相成，但彼此在不同的層面上運作展現；計

算思維像是建築設計圖，程式設計則是施工建造；計算思維像武功心法，程式設計則是身形拳腳的施展。在數位時代中，計算思維讓每一個人都能認識神奇的數位世界，進而參與豐富的數位創新。

四、計算思維核心概念

計算思維是美國電腦科學家 Jeannette Wing（2006）提出的概念，以抽象化（abstraction）及自動化（automation）為兩大元素，所建構的一套邏輯思考模式及解決問題的基本框架。Wing 的核心論述認為，抽象化是一種心智思考技能，包括建立適當的抽象模型、定義抽象階層之關係，並同時進行多層次的抽象運作；自動化則是抽象技能與模型運作的機械化，依據精細而準確的模型，各種情境的初始狀態與目標狀態之間的差異，透過模組化的操作與系統化的程序，可以被依循執行、確保預期結果，也可以被反覆運用。抽象化與自動化兩個核心元素的結合，構成了計算思維的整體概念，就是抽象化後的自動化，也就是將人類抽象化思考解決問題的方法模型，加以轉換為可反覆機械化操作的資料計算程序，而可以透過某種具有執行能力的機制，展現解決問題的實際功能。

若進一步闡釋，抽象化是看到事物的內在本質，以較高階的概念理解事物的運作方式。本文將抽象化分解成四個階段的邏輯運作，第一個階段是捨去細節，去除雜亂多變的旁枝末節，只保留真正重要的核心概念；或是將一些相似的個體整併成一個較大的集合概念，而捨棄了個體之間的細微差異。第二階段是找出特徵元素，可以清楚描述這些核心概念，或代表這個較大的集合概念。第三階段是確認這些特徵元素之間的互動、因果或結構關係等。最後的第四階段則是建立模型，涵蓋特徵元素的組成及其互動關係等。因此，抽象化就是一個邏輯歸納的過程，具體產出就是一個用以理解事物運作方式的認知模型。

抽象化是人類智慧運作的層次，自動化則是邏輯程序演繹的層次。自動化展現於提供一套明確的指令步驟程序，讓一個代理機制可以反覆操作或採行實踐，而可以不斷的得到預期的結果，也就是建立一個可以確保一定產出規格與內容的生產機制。在數位世界中，電腦就是最通用的自動化機器，可以快速而精準的執行指令程序，忠實的產出原先設計的功能。計算思維中的自動化，就是將人類智慧產出的邏輯程序，交付計算機器自動執行的概念。自動化讓我們在數位世界中設計的產出，可以不斷的複製，也可以大幅的延伸擴充，帶來巨大的效能。

　　計算思維以抽象化與自動化為兩大核心內涵，所要傳達的真正概念是，利用邏輯演繹框架，有效解決問題的思考能力。計算思維打開了問題能被定義與分析的角度，釋放更多的解決問題的創意發想。計算思維能力的內化與運用，在許多領域都有廣大的潛力。廣義上，計算思維是解決問題的邏輯過程與思考技能，並不以電腦為必要條件，而是在建立一套解決問題的模型，從看待問題的角度，到以型態、邏輯、程序方法等幾個系統性元素的有效運用。而在狹義上，計算思維是在以電腦為工具的數位框架下的解決問題能力，在資料與計算邏輯的結合下，透過電腦的執行能力，實踐具體效能。

　　計算思維的具體實踐與最終產出，就是能系統性解決問題的操作方法，而能轉換成以程序解決問題的演算法設計，也就是從問題的拆解、型態模型的辨識、通用化模型的建立，到發展出一套演算邏輯策略，最後，成為一系列邏輯操作步驟的程序，可供計算機器循序執行，並能保證問題的解決。當一個解決特定問題的演算法被設計出來，也經過解決問題的效能驗證後，它就可以被不斷的反覆利用，並能適用於符合的問題模型，產生廣大的應用價值及龐大的經濟效益。例如，一個好的臉孔辨識演算法，可以成為數位相機的自動美拍功能，也可以成為門禁安全管制系統的一部分，應用範圍可以普及到全世界眾多人口的日常生活。

五、計算思維意涵影響

　　計算思維代表著一個世代性的發展概念總結，隨著過去數十年的資訊化與數位化的進展，人類知識運作的內涵、型態、應用方式等都已經開始展現本質上的改變。資訊科學領域世界著名的學者，同時也是 MIT Media Lab 的創設人 Nicholas Negroponte（1995）曾經提出發人深省的觀察：計算已經不再只是和電腦有關，計算是和生活有關；也就是說，計算無所不在，計算就是一切；未來的互動世界、娛樂世界、資訊世界終將合而為一。在二十年後的現代來看，臉書、推特、線上遊戲、直播、網紅、數位經濟等都是 Negroponte 預言的實現。計算思維代表著人類智慧的一部分，能被具體的移轉為可以自動化執行的一套演算指令，再透過計算能力強大的機器，產生足以改變人類工作方式與生活面貌的廣泛影響。

　　Wing（2008）進一步指出，計算思維概念加上強大的電腦執行效率，讓人類具備思考能力與視野膽識去擴大解決問題的尺度範圍，進而形塑前所未有的深厚及廣泛影響。Wing 甚至主張計算思維是與閱讀寫作及算術同等重要的國民基本學力，缺少了計算思維的基礎訓練，可能在未來社會因數位理解能力與數位創新能力不足，而喪失許多專業發展的機會，甚至居於社會的弱勢。

　　總結而言，抽象化代表著人腦的心智運作能力，自動化代表著機器的數位操作能力。計算思維概念強調在兩者之間建立一套系統性連結的模式，成為我們系統性分析問題、解決問題的思考工具，同時也銜接了不斷擴大的計算機器資源，就像開啟了人腦在數位空間中運行施展的巨大能量。計算思維的終極意涵就是人腦與電腦的結合，就像打通任督二脈而功力大增，未來的人類力量是另一個前所未有境界。要想成為數位世界的思考者、設計者與開創者，就必須掌握計算思維。

貳、創新的定義與方法

義大利經濟學家 Giovanni Dosi（1988）以技術典範的觀點認為，創新就是解決問題，並且是在既有知識基礎上，尋求問題的解方。美國管理學者 Gupta 等人（2007）指出，對於一個組織而言，創新指稱一個組織單位創造與採用一個新的想法、產品、技術或程序。人類文明發展就是一個不斷創新成長的過程，創新的概念與方法也在近代管理學界受到廣泛關注與討論，代表性的學者，如哈佛大學教授 Clayton M. Christensen（2003）指出創新者的五種發現技巧為：聯想、提問、觀察、實驗與建立網絡；美國管理學大師 Peter Drucker（2002）則歸納創新的七個來源：

1. 意外事件（unexpected occurrences）：預期之外的成功或失敗可能帶來非預期的可能性。例如，1930 年代 IBM 開發出第一代專為銀行設計的記帳機器，但未能成功得到訂單。剛好在美國羅斯福總統政策下，公共圖書館獲得龐大預算經費，使得 IBM 賣出數百部機器給各地圖書館。十五年後，當大家都相信電腦的用途是在發展科學，商業機構卻開始對能處理員工薪資的機器感到興趣，Univac 擁有當時最先進的機器卻拒絕提供商業用途。IBM 則專為尋常的商業用途重新設計機器，在五年內成為電腦產業的領先者。

2. 不相稱（incongruities）：邏輯或程序當中的不協調或不一致也會帶來創新的機會。例如，海運產業的早期發展都在提升船速、降低燃料成本。直到 1950 年代面臨重大危機，產業認知與現實的差異開始被發現，真正的成本不是發生在海面上，而是靜止的停在港口。因此，關鍵在於減少船舶無法產生運輸價值的時間，而啟發了滾裝運輸船與貨櫃船的創新方案。

3. 流程需求（process needs）：某一個產品或服務的流程中，經常會有一些需要耗費人力或時間的瓶頸步驟，而成為創新的機

會。例如，早期報業的發展深受到人工排版的時間與能力限制，因而啟發 Linotype 排字機的創新發明，進而促成報紙的快速大量印刷發行與蓬勃發展。

4. **產業市場變化**（industry and market changes）：產業或市場結構可能在短時間內發生變化，市場領導者通常會因聚焦於保護現有市場而忽視了快速成長的區塊，成為創新者的絕佳機會。

5. **人口結構改變**（demographic changes）：人口結構的改變速度加快，包括人數、年齡分布、教育、職業、地理位置等，是風險最低與報酬最大的創業目標。

6. **認知改變**（changes in perception）：認知改變的是意義而非事實，例如，許多人從改善健康轉而追求保持健康，帶來健康運動產業的快速成長。

7. **新知識**（new knowledge）：基於新知識的科學、技術或社會創新是最能創造歷史的創新，是創業的巨星，並帶來知名度與財富。但是，新知識的創新更依賴市場，必須謹慎的分析需求及目標使用者的能力。

美國紐約時報暢銷書知名作家 Steve Johnson（2010）論述創新的歷程，從歷史上的重要發明範例，歸納出七種有利於創新的情境特徵：

1. **相鄰可能**（adjacent possible）：源自於美國生物學家 Stuart Kauffman 提出的理論，認為生物系統由簡單演化到複雜，是一個漸進的、減少能量耗損的、組成結構局部變化的過程。Johnson 藉以指出人類歷史上，不論是在文化、科學與技術的進展，大都是從已知探索鄰近的未知而產生的，就像是在一個龐大的宮殿中，從一個房間通過一扇門，到隔壁的另一個房間，是一個逐步探索、鄰近發現的過程。所以，許多創新也都是由個人熟知的領域出發，往周遭邊陲探索，嘗試一些想法或零件的新結

合、新組態，其中少數的嘗試會找到一扇門，打開一個創新的場域。

2. **液態網路**（liquid networks）：太多的秩序或過度混亂都不利於創新，創新的系統通常出自於接近混亂的邊緣。如同物質三態中，氣體型態中的分子自由度最高，但也快速變動；固體型態中的分子有穩定的結構，但無法改變；液體型態的分子則可以隨機連結產生新組態，而維持足夠的穩定程度。創新的情境如同液態網路，必須鼓勵成員頻繁的互動與碰撞，串連一些小想法，組合成一個更大的好想法。許多科學技術上的進展，都是經過會議桌上的討論激盪整合而成，而不是研究人員自己隔離在一個房間中的產出。

3. **緩慢直覺**（slow hunch）：直覺有時能提供正確的方向指引，但直覺也經常飄忽不定、來去無蹤。好想法通常由直覺開始，從不完整的形態出發，但因為缺乏其他的必要元素，而又逐漸消失。直覺需要與其他直覺連結累積，才能產生更完整的創新想法，由一開始的直覺到真正的創新，通常是一個緩慢的過程。因此，一個有助於創新的好習慣，就是持續將直覺想法記錄下來，每一次的筆記回顧，都將提供新想法與過往想法重新連結組合的機會，透過想法的演化融合，最終達成從直覺想法到創新的實現。

4. **機緣巧合**（serendipity）：創新有時出自於機緣巧合，一種由意外的連結所帶來的關鍵巧思。有時好想法總是缺少了一塊，或是被侷限而找不到出口，因而陷入膠著狀態。一些不期而遇的資訊或想法，可能剛好補上缺口，或是打開一扇門，讓具體的創新想法得到突破性進展。機緣巧遇必須以增加與不同領域的接觸，及具備足夠的洞察力為基礎，才有機會發現新元素、產生有意義的連結，進而建構出具體成形的新組態。在個人層級上，可以暫時脫離工作或生活的常規，讓心思轉換到另一個不

同的情境，及在專業領域以外的廣泛閱讀，都有助於機緣巧合的發生。在組織層級上，則可以多安排腦力激盪的活動，促進想法的流動與結合。

5. 錯誤（error）：嘗試錯誤是真正創新之前必經的過程，正確的結果讓人停留在原地，錯誤則強迫我們探索其他的可能性，為離開自以為是的假設開創了一條道路。當我們犯錯時，我們必須挑戰自己的假設，採取新的策略方法，在多方嘗試下，也許就會打開一扇新的門。通常一般人更常犯的錯誤在於無法認知錯誤而忽略錯誤，所以，如何將錯誤轉換為洞見是能否創新的關鍵。錯誤有時候需要局外人的協助解讀，以不同的觀點、不受既定框架的束縛，提供一個新的情境，而有助於找出錯誤的意義。好想法通常來自於包容錯誤的環境，就像自然界的突變帶來神奇的新物種。

6. 功能變異（exaptation）：演化生物學發現生物的某些特徵原本的功能在演化過程中會被轉化為另一種功能，例如，部分恐龍的羽毛從原來的溫度調節功能轉化為其後代的飛行能力。人類發展過程中，也有許多工具移植轉借而產生的新發明，例如，法國編織工在西元 1800 年初期，為複雜的圖案發展出打孔卡，Babbage 轉借了以打孔卡不同的孔洞配置表示不同型態的控制方法，於 1837 年發明了第一部機械式的計算機器，電腦程式設計的輸入直到 1970 年代仍在使用打孔卡。所以，創新的情境經常發生於不同領域之間的交互啟發，能在不同的框架中穿梭思考，以新的知識視角或從其他領域中借用工具解決不同的問題。

7. 平台（platforms）：水獺建造水堤、水壩而將溫帶森林轉化為濕地，成為適合許多物種的居住地，帶來更豐富的生態體系。創新需要各種必要元素的探索、接觸、連結、組合的循環滾動，平台建造者可以打造出蘊含豐富資源與潛在機會的空間，

而吸引不同背景與多元能力的參與者，形成能匯聚各種創新元素的場域。平台之上也可以堆疊另一個平台，彼此加成累積、深化發展。因此，平台機制建構出一個水平與垂直的交互演化，讓參與者獲得充足養分的共生場域，促成開放多元想法的相互激盪、啟發與意外發現、連結，進而演化出豐富的創新能耐。

不論是創新者的發現技巧、創新的來源或是創新的情境特徵，彼此的內涵仍是相互連結融合，就像是通往同一個大房間的不同門道，各自有較為獨特的表象與切入位置，但都是在嘗試建立創新的方法，希望能有效引導出系統性的創新機制，讓創新成為可以被複製與擴散的現象。

參、數位創新

創新持續推動著文明社會的各項進展與演化，數位世界的開創更帶來無窮的可能，讓創新的能量更為強大、創新的影響更為擴散，就像以 Google、Facebook 與 Amazon 為代表的數位創新，在短短一、二十年間，就帶來生活、工作、產業、經濟等各層面的行為典範改變。美國學者 Yoo 等（2012）指出，近二十年數位科技的快速發展與數位化的廣泛普及，是驅動各類產品與服務創新的主要力量之一；而數位科技帶來實體與數位模組的各種結合可能，更打開了多元創新的場域與架構。

數位創新指稱由數位科技促成的創新而形成數位化（digitization）的新形態，而數位化不光是數位編碼的技術程序，更是透過數位物件與關係的媒介，所帶來社會技術結構的整體性轉變。基於數位創新對未來的深遠意涵，一群學者共同研討出數位創新的核心認知與基本結構，對數位創新的認識與理解提供了重要指引作用（Yoo et al., 2010）。

首先，數位科技的三個設計特徵是促成數位創新的關鍵角色：

1. **數位資料的同質性**：數位資料可以橫跨不同媒材，不同來源的資料數位化之後，可以被操作組合，化解了媒介之間的界線。

2. **數位計算架構的可程式化**：透過泛用的計算機器，數位物件可以彈性的程式化而改變其設計目的與行為。

3. **數位技術的自我參照**：數位技術的普及加速了數位工具的擴散，形成不斷自我反饋累加的網絡效應，更帶來數位創新的快速生成。

這三個設計特徵相互強化，形成驅動數位創新的獨特社會技術動力。

數位科技是以數位物件為操作對象，就像是實體世界中的物體材料，可以被加工製作為各種產品，而數位物件具有的獨特材料性質包括：

1. **可程式化**（programmability）：數位物件可以依照指令改變行為，成為可延展的物件。

2. **可指定**（addressability）：每一個數位物件都可以在某一情境中，被辨識指定，成為可操控的對象。

3. **可感知**（sensibility）：數位物件可以整合各式感測器，而能蒐集環境資訊，建構情境意識。

4. **可通訊**（communicability）：數位物件可以內建通訊能力，而和其他物件或整體系統相互傳遞訊息，可以持續發展多元關係。

5. **可記憶**（memorability）：數位物件可以具備資料儲存裝置而有記憶能力，成為更符合目的的互動基礎。

6. **可追溯**（traceability）：數位物件可以回溯過去經歷的事件及與其他物件的互動，而發展目前適切的延伸。

7. **可連結**（associability）：數位物件可以彼此相互連結，形成去中心化而有智慧行為能力的自我組織。

這些數位材料性質發展出一個泛用數位服務架構模型，由彼此寬

鬆聯結的四個階層組成，由底到頂分別是裝置層（device layer）、網路層（network layer）、服務層（service layer）及內容層（content layer）。裝置層為硬體設備及其控制邏輯，網路層建立數位資料傳輸能力，服務層由應用程式提供各種使用者互動功能，內容層則是資料的意義或使用目的。在數位化之前，這四個層級結構是在特定的媒介、產品或產業界線之內緊密結合的。數位化之後，這四個層級可以被拆解而容許多元彈性的結合，提供了各種數位創新的機會與可能。

數位創新的六個維度

數位物件的獨特材料性質與數位服務的彈性組合層級架構，形塑了六個維度上的數位創新能耐，包括創新結果與創新過程，而且這六個維度彼此互動、相互強化，形成更複雜的數位創新動態現象：

1. 融合（convergence）：在數位資料同質性的基礎之上，多元異質的數位科技也可以相互整合，在不同的數位服務階層中彈性組合，形成一個豐富的數位融爐與開放的數位平台，不斷吸納各種技術能力、領域知識與應用場域，打開數位發明的新空間。

2. 數位材質（digital materiality）：數位物件與實體世界可以相互介接、彼此包覆，這些全面連結延展的新互動能力，可能創造出各種人類活動的新形態與新體驗，並形成新的社會機制與社會結構。

3. 生成（generativity）：數位資料、數位內容、數位產品、數位服務的延展性有助於各種創意想法的加成與轉換，藉由知識共創的循環驅動，形成一個高度生成的數位創新過程。

4. 異質（heterogeneity）：數位融合連結了過去各自獨立的知識、活動、物件、能力等，帶來許多高度異質的創新元素，更促成多元智慧、百花齊放的群體共創過程。

5. 創新軌跡（locus of innovation）：數位科技大幅降低通訊成本，讓群眾參與創新過程成為可能。這種開放性促成許多源自於群眾募集與群眾智慧的數位創新，創新的軌跡也從組織內部轉移到不斷擴大的網絡邊陲。

6. 步調（pace）：許多應用場域數位化的步調加快，大幅改變了資訊獲取的時間特性，也帶來更快速且持續不懈的數位創新。

肆、總結

在未來的世界中，數位化只會持續的擴大，而數位創新更將不斷的改造社會的結構。如同麻省理工學院史隆管理學院數位經濟學者 Eric Brynjolfsson（2014）在《第二機器時代》一書中指出，二百年前的工業革命啟動人類的第一個機器時代，人類開始能大量產生、運用機械動力，帶來歷史上第一個急速上彎的世界人口與社會發展曲線。而現在第二機器時代已經來臨，由電腦及數位科技的進展所產出的心智力量，讓我們可以更加掌握環境、塑造環境，解除過去的諸多限制，進入一個全新的疆域。數位科技主導開創的未來，甚至比許多創業家、投資者、研究人員、企業家等所想像的要更快的到來。在數位世界中，電腦就是通用機器，數位科技就如同通用技術，兩者提供源源不斷的人類心智力量的施展與延伸，可以讓想法與創意以前所未有的方式組合，甚至讓各種既有的與新創的想法不斷的重組演化，帶來興盛的創新活動與豐富的創新成果。

數位科技將帶來許多有利的社會轉變、給我們更多的選擇與自由，但數位科技也預期將帶來經濟體系的巨大翻轉。在這劇烈變動的過程中，接受適當教育、擁有特別技能、能使用數位科技創造價值者，將站在最有利的位置。相對的，若無法參與數位創新的價值創造，則將成為經濟位階的落後群。如同從農業時代進入工業時代人們專業知識與技能的巨大變化，數位時代所必須具備的知識與技能也需

要普及建立發展。國際上，經濟合作及發展組織（Organization for Economic Cooperation and Development, 2012）也關注這個問題，認為年輕世代中擁有數位資源、具備數位技能者與缺乏者之間的數位落差問題必須要被嚴肅的看待，年輕世代必須理解數位科技、具備使用數位科技的決策能力，每個國家都應該讓年輕世代擁有足夠的基礎能力，以成為未來的數位創新者。

　　計算思維為數位時代的基礎知識與技能提供了一個通用認知，計算思維是一個連結人類心智策略能力與電腦自動執行能力的思考框架，如同一個非實體存在的事物原理，看不到但可以解釋或預測現象，更可以廣泛的實質應用。在21世紀數位時代中，大量的電腦與網路提供了源源不絕的資料處理引擎與資料傳輸管道，透過電腦與網路，人類如同建構了一個異次元空間，可以無限的開展，存在無限的可能。以資料與計算為主軸的運行系統，代表著新智力能源的誕生，是人類智慧的延伸與施展，建構出一個有形世界與虛擬世界並存共創的新世界。在這個新世界的框架下，計算思維將有助於我們開發人腦與計算機器更深入的互動合作，數位創新將解構傳統社會架構的束縛，釋放改變世界的視野與能力，以更大的規模、更快的速度，產生顛覆性的力量，創造前所未有的想像。當愈多人能建立與電腦共創的認知，進而啟發更豐富的數位創新能力，人類的群體智慧與生活福祉也將更快速、更大幅的提升。

參考文獻

· Brynjolfsson, E., & McAfee, A. (2014). *The Second Machine Age: Work, Progress, and Prosperity in a Time of Brilliant Technologies*. W. W. Norton & Company.
· Christensen, C. M. (2003). *The Innovator's DNA*. Harvard Business School Press, Massachusetts.
· Dosi, G. (1988). Sources, procedures, and microeconomic effects of innovation. *Journal of Economic Literature*, 1120-1171.
· Drucker, P. F. (2002). The discipline of innovation. *Harvard Business Review*, 80, 95-104.
· Gupta, A., Tesluk, P., & Taylor, M. (2007). Innovation at and across multiple levels of analysis. *Organization Science*, 18 (6), 885-897.
· Johnson, S. (2010). *Where Good Ideas Come From: the Natural History of Innovation*. NY.: Riverhead Books.
· Negroponte, N. (1995). *Being Digital*. New York: Alfred A. Knorpf.

· Organization for Economic Co-operation and Development (OECD)(2012). *Connected minds: Technology and today's learners*. Educational Research and Innovation, OECD publishing.

· Wing, J. M. (2006). Computational thinking. *Communications of the ACM*, 49 (3), 33-35.

· Wing, J. M. (2008). Computational thinking and thinking about computing. *Philosophical Transactions of the Royal Society of London A: Mathematical, Physical and Engineering Sciences*, 366 (1881), 3717-3725.

· Yoo, Y., Boland, R., Lyytinen, K., & Majchrzak, A. (2012). Organizing for innovation in the digitized world. *Organization Science*, 23 (5), 1398-1408.

· Yoo, Y., Lyytinen, K., Boland, R., Berente, N., Gaskin, J., Schutz, D., & Srinivasan, N. (2010). The next wave of digital innovation: opportunities and challenges. Report on the Research Workshop: Digital Challenges in Innovation Research.

創造力領域普遍性與特定性的爭辯

陳彥瑋、郭靜姿*

摘要

創造力研究中一項爭辯的議題在於創造力為跨領域的普遍性能力？或是受到領域知識、技能的影響，而具有領域的特定性？領域普遍性觀點認為創造力屬跨越領域，在不同領域都能展現某種能力；領域特定性觀點強調領域、學門與知識的重要性，認為個體在某領域所產出的創造性成果，未必能在其他領域展現。本文擬從創造力評量工具的發展談起，再分別說明支持領域普遍性與領域特定性的實證研究，以及兼容領域普遍性與特定性概念的模式。最後提出研究者對於此議題的觀點，做為實務工作者在日後進行創造力評量，或規劃創造課程時的參考。

關鍵字：創造力、智力、領域特定性

陳彥瑋，國立臺灣師範大學特殊教育學系博士。
郭靜姿*，國立臺灣師範大學特殊教育學系教授，為本文通訊作者。

壹、前言

為了因應經濟和產業的變革，以及全球經濟快速的發展與競爭，各國不斷的在教育政策上進行反思，並對政策、課程結構或課綱的發展予以調整。近年來，許多國家的教育規劃，受到德國於 2013 年提出的工業 4.0 高科技計畫的影響，開始嘗試在教育體系導入教育 4.0 的概念。

嚴格來說，教育 4.0 並不算是新的概念，只是從現今所重視的科技應用、突破教室藩籬的理念之外，更強調領域間橫向連結的概念。例如：芬蘭在 2016 年推行中、小學課程綱要，將教學的重心從過去只重視數學、語文等傳統的學科領域，轉而導入廣泛的、跨領域的主題課程，其目的在整合相似議題下的不同學科，採用統整性與多元性的方式探索真實世界的各種現象，期待這種主題課程，能有效提供學生運用跨領域的知識，運用創造力來探索、解決實際的問題。

從字面上來說，前述課程綱要的調整與趨勢的變革，似乎跟創造力的領域普遍性與特定性的爭辯沒有什麼關聯，但是從不同的角度思考可以發現，如果創造力具有強烈的領域性，依據創造力十年法則（Hayes, 1989）的概念，創意人在產生作品時需要長期沉浸在某一領域中，並在領域中具有深厚的知識基礎。那麼採用跨領域、整合型的問題或課程，似乎與培養創造人才的目標漸行漸遠，反而是強調學科領域的結構，加深課程的深度，讓創作者具備足夠的知識和技巧，才可能產出創意的成果。

但如果創造力是傾向高度的領域普遍性，那麼廣泛性、跨領域主題的導入，似乎有助於創造力的培養，日後應該可以看到許多在不同領域具有創新作品的人，例如：一位充滿創新的發明家，可能同時在畫壇備受肯定；或是有名的數學家，同時也是充滿創意的音樂家，還可能是提出創新觀點的物理學家。但顯而易見的是，像這樣在許多不同領域都有高度創造成就的人才，在歷史上相當罕見，而這樣的天才

（例如：達文西），是因為罕見而證明了創造力屬於領域特定性？還是因為創造成果的跨領域而提供了領域普遍性的證據？

從以上兩方的觀點可以了解，如果創造力為跨領域的普遍性特質，那麼透過創造力訓練，應該可以讓學生在許多不同的領域展現創意；如果創造力具有領域特定性，那麼要提升創造力，就必須在不同的領域、學門提供專屬的創造力訓練，而某一領域學到的創造力技巧，似乎也難以遷移到其他領域中進行應用。

創造力領域普遍性與特定性的爭辯，其原因之一來自於創造力概念的探尋。創造力概念的了解可以追溯到人類對於天才的好奇，早期天才與創造力的概念長期與超自然、神祕主義的概念連結，直到 Galton 採用實證的研究方法來測量個別差異才終止（引自 Sternberg & Lubart, 1996），而這些對於測量個別差異所進行的努力，也影響到後續智力測驗工具的內容，以及智力理論、想像力與擴散性思考概念的連結，從 Terman 對於「天才」所進行的長期性追蹤研究和傑出人士的探討可以發現，儘管研究內容或測驗發展的方向並不相同，但此時對於創造力的概念，較為傾向創造力屬智力的一部分，而創造力具有跨領域的普遍性特質（Terman & Chase, 1920）。

而後由於行為主義在美國崛起，創造力的研究沉寂了一段時間，直到 Guilford 於 1950 年擔任美國心理學會主席演講時的呼籲，開始出現了大量以認知技能或是人格特質為主的創造力測驗工具。而這些創造力評量工具，可以從歷程（process）、產品（product）、個人（person）與環境（place）等四個方面來考量（Rhode,1961）。持歷程觀點的研究者，著重從事創造活動時的心理機制及其所涉及的認知成分，歷程理論常將創造的過程區分為不同的階段（Finke, Ward, & Smith, 1992），或是分析其中包含的運作成分（Mumford, Medeiros, & Partlow, 2012; Mumford, Mobley, Reiter-Palmon, Uhlman, & Doares, 1991）。歷程觀點有助於了解個體創造的心理歷程及其潛能，然其創造力階段的區分與共同的心理成分，隱含了創造力具有某種普遍性特質的想法。

相較於歷程理論推估個體內在的創造思維，持成果觀點的研究者，認為從產品來評估創造力，不僅可以計算產品的數量，也可以評估產品的品質，具有明確、客觀的優點。以產品做為創造力的評估方式，也較強調領域技能與知識的重要性，例如：具有優秀創造力作品的詩人，很少人會預測該個體在科學領域，也會擁有許多創造力的產品；即便以相同領域的次領域來談，如同屬文學領域的推理小說，也很少會預測該詩人可以撰寫出受小說領域專家所推崇的創意作品。

　　至於從個人特質的觀點來看創造力，研究者可以比較一群數學家、工程師、藝術家或是已有創造作品的專家，以分析其對於該領域的動機、興趣及其人格特質。Feist（1998）將探討創造力與人格之相關研究進行後設分析，發現人格特質具有穩定性。具有創意特質的人較容易專注於目標，較內向（introvert）、對新經驗較為開放（openness）、主動而有野心，並對質疑其目標的人較不友善（hostile）。但該後設分析研究同時也發現藝術領域的創意人和科學領域的創意人，在某些人格面向有明顯的差異，例如：藝術領域的創意人常質疑權威、不順從（nonconforming）、與人相處較為冷漠（aloof）、富有想像力、衝動、情緒化與敏感，而科學領域的創意人較喜好支配他人（dominant）、自負、自動自發等。這些研究結果意味著從人格特質的觀點來看，創造力具有跨領域特質的相似性，但又存有領域間的差異性。該研究從環境的觀點來探索創造力，則強調個人與環境的互動、個人偏好的環境，或是在某個環境下，是否有某種共同的傾向來滋養創造力。

　　由創造力的 4P 面向可以發現研究者採用不同的取向與工具評估創造力，而研究方法的差異會推導出不同研究結果（Plucker, 2004）。在眾多評量方法中，最具影響力與爭論性的，就屬心理計量測驗的使用。目前廣泛使用的擴散性思考測驗（divergent thinking test）或陶倫斯創造思考測驗（Torrance Tests of Creative Thinking, TTCT），其設計概念源於 Guilford（1967）智力結構模式（Structure of Intellect Model,

SOI）中的擴散性思考（divergent thinking）概念。即便 Guilford 並沒有指出創造力具有領域特定性或普遍性，但在其 SOI 架構中，創造性的產品是智力結構中不同思維成分組合的結果，因此運用傳統的擴散性思考測驗或是陶倫斯創造思考測驗所測得的創造潛能，其實蘊含著創造力具有跨領域普遍性的觀點。

　　隨著擴散性思考測驗的大量使用，創造力為領域普遍性能力的觀點很快受到了挑戰，一項重要的原因在於擴散性思考測驗的預測效度受到質疑（Baer, 1993; Feldhusen & Goh, 1995; Han, 2003; Han & Marvin, 2002; Zeng, Proctor, & Salvendy, 2011）。研究上發現受試者在不同領域的創造力得分相關不高（Baer, 1993, 1998），並指出擴散性思考測驗所測量的只是創造力的一部分，領域知識應該在創造力扮演重要的角色（Csikszentmihalyi, 1988; Zeng, Proctor, & Salvendy, 2011; Weisberg, 1999）。Gardner（1988）進一步指出使用某領域的創造傾向來預測另一個不同領域的創造表現是有困難的，領域的專家知識與創造力表現有顯著的關係，要在領域中產生創造性的表現，必須經過多年準備的「十年法則」（Hayes, 1989; Weisberg, 2006）。基於此，對於創造力的評量不能僅仰賴擴散性思考測驗，而必須同時考量領域知識以及創造力的實際表現。

　　Baer 與 Mckool（2009）認為共識評量技術（Consensual Assessment Technique, CAT）結合了實際表現與專家的評估，有助於釐清創造力為領域特定性，亦或是具有普遍性的特質。原始的評量技術最早由 Amabile 在 1982 年發展出來，其實施的程序可分為兩個部分，其一就是要求受試者創造某些作品（例如：一首詩、短文文章、拼貼圖畫等），再來便是由領域內的專家各自評定作品的創造力表現。由於它是基於實際作品的評量，因此可以在不同的領域運用，在計分的選擇上，則是由領域專家進行評定。不同的研究顯示，共識評量技術的評分者信度高於 .70，通常位於 .90 以上，因此被認為是目前評估創造力實際表現的最佳方式（Kaufman, Baer, Cole, & Sexton, 2008）。

從以上創造力研究的發展以及評量工具的運用，可以發現創造力為跨領域普遍性的觀點，傾向將創造力視為某種具有共同性的特質，著重創造潛能或人格特質的評估；而領域特定性觀點較強調專家知識在創造力所扮演的角色，重視創造力的實際表現與問題解決。

貳、支持創造力為領域普遍性的相關研究

支持創造力為領域普遍性的研究者，認為創造力具有跨領域的傾向（Hocevar, 1976; Runco, 1986; Torrance, 1988; Plucker, 1998, 1999a, 1999b），換言之，創造力潛能較高的人能在不同的領域展現創造力。Runco（1986）以 228 位五到八年級的資優生與普通生為研究對象，運用擴散性思考測驗（divergent thinking test, DT）、自陳式的創造力成就問卷（creative performance report）分析學生在寫作、音樂、工藝、繪畫、科學、舞蹈與演講等七個領域的差異，其結果發現七個領域的相關介於 .23~.66；Plucker（1999a）重新分析 Torrance 的資優生追蹤資料庫，因素分析結果發現創造力對於日後成就表現的解釋力達40%，而智力則為 3.6%，顯示創造力有良好的預測效度。相較於過去研究者使用自陳式創造力測驗，或擴散性思考測驗做為研究工具而招致的質疑（Baer, 1998; Gardner, 1988; Han, 2003; Hocever & Bachelor, 1989），Chen、Himsel、Kasof、Greenberger 與 Dmitrieva（2006）使用不同領域的創造力測驗研究，該研究以平均年齡 21.66 歲的 158 位大學生為研究對象，將受試者隨機分派至接受「標準指導語」與提醒作答時需具有創造力之「創造性指導語」兩組，而後進行語文、藝術和數學三個不同領域的領域特定性創造力測驗，因素分析的結果發現「標準指導語組」與「創造性指導語組」均顯示只萃取一個因素，其解釋量分別為 45% 及 52%，顯示創造力可橫跨不同的特定領域。

領域普遍性觀點的挑戰來自以下幾個方面。第一，對於擴散性思考測驗預測效度、區辨效度的質疑。雖然 Plucker（1999a）的研究顯

示 TTCT 的預測效度良好，Cramond、Matthews-Morgan、Bandalos 與 Zuo（2005）在四十年的追蹤研究亦發現 TTCT 對於日後創造成果（creative product）的解釋力達 23%，但 Feldhusen 與 Goh（1995）回顧過去的實證研究發現 TTCT 的信度與預測效度並不穩定，TTCT 在流暢力、變通力、獨創力的相關性過高，因素分析也未能發現各指標間能有效的區別（Almeida, Prieto, Ferrando, Oliveira, & Ferrándiz, 2008; Kim, 2006）。第二，Runco（1987）研究中所使用的自陳式量表雖然顯示不同領域間可達中度相關，但 Kaufman、Evans 與 Baer（2010）以四年級學生為研究對象，讓學生自我評估數學、科學、寫作和藝術領域的創造力表現，發現其相關性低於 .30，而自評的創造力未能預測由 CAT 所評定的實際創意表現，顯示自陳式的資料常常未能驗證，其信度容易讓人產生質疑。

參、創造力為領域特定性的相關研究

近來，創造力具有領域特定性的觀點則不斷的被提出（Csikszent-mihalyi, 1988; Gardner, 1988; Han & Marvin, 2002），相較於領域普遍性認為不同領域的創造力具有中度或高度的相關性，領域特定性的觀點認為不同領域彼此的相關應為低度或零相關。

Baer（1991）以 50 名八年級學生為研究對象，比較受試者在寫詩、短篇故事、設計數學文字題、設計數學等式與語文流暢力作業的表現情形，其結果發現：寫詩和短篇故事兩個任務與語文智商、閱讀成就表現有高相關；數學文字題和語文智商、數學智商及閱讀成就表現有關，而數學等式則和數學成就表現有關；語文流暢力僅和短篇故事有關；由於研究者考量多元共線的問題，因此用統計方式移除語文智力、數學智力、語文成就、數學成就及性別因素的影響後，發現僅語文流暢力和短篇故事任務的相關達到顯著（r=.38, p<.01），顯示語文流暢力和語文創造力有關，但和數學創造力的關聯不大。Han

（2003）以 109 名平均年齡為 7.1 歲的二年級學生為研究對象，運用 Wallach-Kogan 創造力測驗與真實世界問題的擴散性思考測驗（Real world divergent thinking test）為研究工具，藉此比較受試者在語文、美術和數學三個領域的創作表現差異，結果發現故事創造與數學文字題擬題達 .28 的顯著相關，而高創造力組在不同領域的表現未達相關，擴散性思考測驗對於語文領域創造表現的解釋力為 14%，對於美術領域為 8%，對數學領域為 5.4%，顯示創造力應與領域有關。

雖然 Baer（1991）與 Han（2003）的研究提供創造力具有領域特定性的證據，但 Baer 與 Han 係採用共識評量的方式評估創造力成就表現，而 Han 所使用的擴散性測驗工具，其概念是基於擴散性思考為一廣泛認知能力概念所發展，所以研究上的差異有可能是不同工具評量到不同的創造力面向，亦或是其他因素，如：人格特質所造成的結果（Diakidoy & Spanoudis, 2002），仍須進一步的釐清。因此，Chen 等人（2006）指出持創造力為領域特定性觀點的研究，常使用「缺乏」跨領域的相關性來「反證」創造力具有領域特定性的論點，這樣的論點缺乏直接性的證據，只能證實某些原因造成研究結果未能顯示創造力具有跨領域的普遍性，但其問題的成因可能並非與領域特定性有關，也有可能是其他原因造成的結果。

Palmiero、Nakatani、Raver、Belardinelli 與 van Leeuwen（2010）運用視覺圖形創造力測驗（visual creativity test）和語文創造力測驗，用來比較受試者是否具有跨領域的創造力表現，其結果顯示視覺圖形創造力具有領域與作業（task）的特定性，而語文創造力作業雖然與視覺心向有關，但也具有領域特定的傾向。顯示傳統的擴散性思考測驗工具所評估的為普遍性的創造力特質，難以提供創造力為領域特定性或普遍性的有效論證，只有具領域特定性的測驗可以直接評估不同領域間的區辨效度，所以發展領域特定性的創造力測驗，將有助於了解特定領域的創造潛能。

發展領域特定性創造力測驗的一項困難在於測驗中領域知識的涵

蓋層面，如果領域知識的需求度過高，則領域外的受試者難以回答，則其評估的向度並非是在領域下的創造潛能，而是該領域的實際表現，反而類似傳統的成就測驗。但如果缺乏領域知識的需求，所測量的創造潛能則難以有別於傳統的擴散性思考測驗。因此，問題呈現的方式以及問題解答的多寡，將影響不同領域受試者在領域特定性創造力測驗的表現。

Wakefield（1989, 1992）以問題的結構、解題條件的開放式與封閉式，將問題區分為四種不同的類型，分別是：開放式結構開放式解答、開放式結構封閉式解答、封閉式結構開放式解答，以及封閉式結構封閉式解答等四類問題（如表 1 所示）。若是問題的初始沒有明確的定義，則為開放式的問題，例如：完形學派評估問題解決能力時使用的頓悟性問題；如試圖設計一個會飛行的玩具。而具有明確的初始條件，則為封閉式的問題，例如：Wallach－Kogan 創造力測驗中的語文分量表，其中一題要求受試者想出所有圓形的物體。解題的開放性與封閉性則取決解題方法或目標是否明確，例如：一道數學計算題，只要依循計算的規則就可以解題；或是具有唯一的正解，例如拼圖，只需要擺放一塊拼版，就可以拿其他的拼版不斷的嘗試，直到找出吻合的圖版。

表 1　Wakefield 問題類型分類表

		解題條件	
		開放式	封閉式
問題結構	開放式	創造性思考	頓悟性思考
	封閉式	擴散性思考	邏輯性思考

資料來源：J. F. Wakefield, 1989, "Creativity and cognition some implications for arts education", *Creativity Research Journal*, 2, 53.

從問題類型與其運用的思維能力來看，開放式結構開放式解答問

題所運用的創造思考能力，應該最符合創造力的概念。但由於創造力評量需要兼顧測驗時間，以及測驗計分的一致性，因此採用封閉式的問題結構，可以限定評量的問題與領域，又可以讓受試者產生多樣化的解答，就成為設計領域特定性創造力測驗的一項可行方式。

Peng、Cherng、Chen 與 Lin（2013）以 Haylock 的數學創造力測驗為基礎，修改成為克服固著測驗及擴散性問題解決思考測驗，後者題型是要求受試者在九點區域的範圍內，盡可能的畫出不同形狀，但面積為兩平方公分的圖形（如圖 1 所示），而後依據作答反應的數量、類別以及圖形出現的次數，分別形成流暢力、變通力與獨創力指標。Chen、Chang 與 Kuo（2016）以 84 位數理領域資優生與一般大學生為研究對象，採用數學創造力測驗為研究工具，排除智力因素後，發現數理資優生在流暢力、變通力和獨創力均高於普通大學生，顯示運用具有特定領域的擴散性思考測驗可評估特定領域創造潛能。

圖 1　九點區域問題

Huang、Peng、Chen、Tseng 與 Hsu（2017）以 187 名國小六年級學生為研究對象，採用科學創造力測驗、數學創造力測驗做為領域特定性創造力測驗，以新編創造思考測驗為領域普遍性創造力測驗，其研究結果顯示領域普遍性創造力測驗與自然科學學業成就、數學學業成就的相關為 .26 及 .23，但科學創造力測驗與自然科學成績的相關為 .43，數學創造力與數學成績的相關達 .38，經迴歸分析後發現，領

域知識對數學創造力的解釋力為 13.49%，對科學創造力的解釋為 15.02%，其結果證實領域知識會影響個體在特定領域的創造力表現，但領域普遍性創造力測驗與自然、數學成就表現有低度相關的結果，似乎也暗示著在兩個領域間有某種普遍性的特質。

肆、兼容領域普遍性與特定性的理論

有別於創造力僅具有領域普遍性或特定性的相對觀點，有些研究者認為創造力包含了領域特定與普遍性的元素（Amabile, 1996; Conti, Coon, & Amabile, 1996; Hong & Milgram, 2010; Plucker & Zabelina, 2009）。Amabile（1996）從產品的角度探討創造力，其創造力成分模式（Componential Model）認為創造力的表現需要領域相關技能（domain relevant skills）、創造力相關技能（creativity relevant skills）、工作動機（task motivation）與社會環境間的交互作用，領域相關技能包含領域知識、領域特定的技巧、領域有關的特殊才能；創造力相關技能則是指有助於在不同領域展現創意表現的技巧，包含認知風格與擴散性思考能力；工作動機則包含個體對此項任務的態度，以及對該項任務動機的知覺；社會環境則是提供該表現能否展現出創意的背景脈絡。Conti、Coon 與 Amabile（1996）重新分析三個不同研究的資料，比較受試者在語文和藝術兩個領域的差異，其中語文領域包含四個不同提示的故事寫作活動，而藝術領域為美術拼貼、線畫以及運用海綿的彩畫（painting），研究結果發現不同提示下的寫作活動，其相關性介於 .43 至 .87，而三個藝術領域活動的相關為 .15 至 .43，但在藝術與語文兩個不同領域的活動卻發現低度的正相關，顯示領域相關技能與創造力相關技能都會對作品的表現產生影響。

Baer 與 Kaufman（2005）提出創造力的遊樂園理論模式（Amusement Park Theoretical Model, APT）來整合看似兩極端的領域普遍性與特定性概念，該模式包含四個不同的層次，初始層次偏領域普遍性，

而越往下則越聚焦、越偏向領域特定性，而其層次如下：

1. **基本要素**（initial requirement）：基本的需求包含智力、動機與適當的環境，而這些基本需求是在領域內產生創造性表現的基本要素，如果缺乏這些基本要素，則不太可能在領域內產出具有創造力的作品。基本要素具有領域普遍性，它會跨領域的影響個體的創造表現，但不同領域對於智力、動機和環境要求的程度並不相同。

2. **普遍性主題範圍**（general thematic areas）：普遍性主題範圍包含許多不同的領域，其概念類似 Feist 所提出的心理學、物理學、生物學、語言學、數學、音樂與藝術，或是 Gardner 的多元智能概念。Kaufman 與 Baer（2004）將科學、人際關係、寫作、藝術、溝通、問題解決（solving personal problem）、數學、手工藝（craft）與肢體動作等九個領域進行因素分析，結果可以發現這九領域可區分為三個因素，分別為：與同理 / 溝通（empathy/communication）領域有關的創造力、與動手操作（hands on）有關的創造力，以及與數學 / 科學有關的創造力。此外各主題範圍所需的能力並不相同，例如：計算能力和數學有較高的關係，但在寫作就不那麼重要；而溝通能力則橫跨許多領域，但在不同的主題範圍中，其需求的高低又不盡相同。

3. **領域**（domains）：領域係指在較大的主題範圍內，更較為細分的次項目，即稱之為領域。例如：詩人和記者可以歸類在同理 / 溝通有關的主題範圍內，但兩者所需的能力則有顯著的差異。而在這個階段，動機和領域知識扮演重要的角色，人格特質也對領域內的表現產生影響，例如：自律（conscientiousness）可能有利於科學家，但卻可能與藝術家呈現負相關。

4. **微領域**（micro-domains）：微領域係指領域中各特定的任務（task），雖然同一領域中的不同任務可能存有許多的共通性，但不同任務間所需要的知識和能力可能有很大的不同。例如：

心理學對心理學家而言很重要，但對於同屬心理學相關領域的臨床心理師、社會心理學家與認知心理學家就未必那麼實用；研究果蠅可能有助於在生物學中的微領域發展創造性的理論，但可能對生物學中的其他微領域發展少有用處。

伍、創造力領域普遍性與特定性的省思

創造力是領域特定性還是普遍性？這個問題答案並非全然的創造力是什麼，反而要探討的是什麼樣的條件下，它應該是什麼。而這樣的條件就在於所認知的創造力的定義為何？什麼樣的標準才可以稱做具有創造力？

一、創造力非全然的領域普遍性或特定性

儘管對於創造力的定義至今仍有所分歧，但 Mayer（1999）從過去研究者對於創造力的定義中發現，其一致性的主要看法是創造力涉及產出新奇（new）與有用的（useful）的產品，但想法的新穎與有用性也和真實的產品同等重要。因此，運用測驗進行創造潛能的評量，或是運用共識評量評估成品做為創造力的實際表現，都只是反應出創造力不同面向的一部分。Finke（1995）認為創造力包含新點子與瘋狂（wild）的想像，但又必須考量現實有用的結果，所以從創造力的惟想觀點、實用觀點、傳統性與創造性進行分類，將點子及想法區分為四個不同類別（如圖 2 所示）。

1. 創造的實用觀點（creative realism）：創造的實用觀點認為點子和想法係發散性的出現，但這些想法彼此可以與現實生活的議題和概念產生連結，而這些連結是有意義性與啟發性，而非脫離現實與某些原則，因此在創造的實用觀點中，想法的原創性與可行性同樣重要。

2. **創造的惟想觀點**（creative idealism）：創造的惟想觀點旨在描述那些瘋狂奇怪的想法，這些想法通常是極端的原創並富有想像力。此外這些擴散性的想法，彼此關係為低度的連結，如果要將這些不同的想法用熟悉的概念進行連結或分類，會發現無法提出適切的分類標題，或找出的分類概念顯得語意不明。例如：科幻小說中許多穿梭時空或是時光旅行的點子，其共通屬性可能分屬幾個不同的分類概念，細節特徵又彼此相異。

3. **傳統的實用觀點**（conservative realism）：主要描述由傳統、結構化領域所產生出的知識或概念，其議題放在現實的問題，強調運用過去的知識和經驗來解決，較少接受分歧性的想法或運用新的技巧試探問題與延伸想法，用以避免模稜兩可與不確定性。

4. **傳統的惟想觀點**（conservative idealism）：傳統的惟想觀點是由一般的常識或想法延伸而來，並顯得超乎實際的不可思議，類似觀念上的迷思與非理性的偏見，其想法、立論往往缺乏事實或研究上的支持。例如：男主外、女主內，職業上的性別刻板印象等。

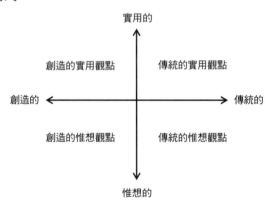

圖 2　實用取向的創造力

資料來源：R. A. Finke, 1995, *The creative cognition approach*, p. 306. Cambridge, MA: The MIT Press.

依據 Finke（1995）採用實用取向所區分的創造力觀點，傳統擴散性思考測驗或是 TTCT 所評估的流暢力、變通力、獨創力、精進力等指標，由於其評量系統並未考量反應的適切性，而以反應數量、反應類別、反應出現的頻率來定義，因此擴散性思考測驗得分較高者，其反應多落於創造的惟想範疇，過於考量想法於生活中運用的可行性，則容易降低反應的數量、類別、新穎或獨特。而共識評量技術要求受試者完成領域內的特定作品，並由專家進行評量，因此需要受試者具備相當程度的領域知識，而領域中越相近的作品，則會有較高的關聯性，其評量偏向創造的實用論觀點，領域定義得越清楚，創造力具跨領域普遍性的解釋力越低（Baer, 2015）。基於這樣的概念，創造力應非全然的領域特定性或全然跨領域的普遍性，領域特定性與普遍性類似一條連續線，認知歷程越相似的領域或作業，越能呈現跨領域的普遍性特質，而認知歷程差異越大的領域，越需要領域知識的作業，展現領域特定性的特徵越為明顯，而 Huang 等人（2017）的研究也發現領域特定性的創造力測驗與成就表現達中度相關，擴散性思考測驗則和不同領域維持低度的相關，證實創造力應非全然的領域普遍性或特定性。

二、多元化與個別化設計創造力課程的需求

如果創造力並非全然的普遍性或特定性，那麼創造力課程的設計應考量思考技巧或策略的應用？還是應依據領域的作業性質，設計適當的課程？如果從創造力普遍性的觀點來看，創造力課程設計似乎應該著重在創造力的認知歷程或是某些特定的技巧，例如：運用腦力激盪法訓練擴散性思考能力，或針對問題的發現、概念的連結設計特殊訓練課程。如果從領域特定性的觀點來看，要提升寫作的創意表現，那麼必須針對要提升的次領域或特殊的作業設計專屬課程，例如：新詩創作課程、散文創作課程、小說創作課程等。實際上，創造力訓練

課程，應該是充滿多元的作業與任務，如果所有的訓練活動都來自單一的領域，那麼創造思維的培養勢必會受限在某一領域的內涵（Baer, 1998）。

Scott、Leritz 與 Mumford（2004）針對 70 篇創造力訓練課程的研究進行後設分析，其結果發現創造力訓練的確有助擴散性思考能力、問題解決能力、成就表現、態度與創意行為的提升，而較成功的創造力訓練課程著重在認知技巧的發展，並使用具有領域性的活動進行實地練習；由於 Mumford 等人（1991）使用的課程以認知歷程為架構進行訓練，顯示認知歷程中的產生新點子、發現問題、概念結合與產生想法（idea generation）在創造力訓練課程中，扮演重要的角色。

從前述創造力訓練課程的分析可以發現，在不同領域下，創造力認知歷程有其共通性與殊異性，因此理想的創造力訓練課程，應該是先評估學生在認知能力上的差異性，再針對其差異性，選用多種不同領域的素材進行訓練，方能有效提升創造潛能，進而在領域內產生有創意的成果。

三、依據評量目的選用適當的創造力評量工具

單純評量創造潛能或是創造力成就表現的差異，並非實務上最終的評量目的。就教學而言，評量的目的是為了提供創造力訓練課程的基礎，或是篩選同質性（異質性）較高的群體，以利後續課程、輔導的介入或服務的提供。因此，如果評量的目的是要了解個體的創造潛能，以利後續認知歷程的訓練、態度的培養、動機或創造行為的引導，那麼心理計量取向的測驗，如：擴散性思考測驗、遠距聯想測驗等，都是可供選用的評量工具；如果測驗的目的是在於評估某領域中參與者的創造潛能，並針對未來該領域或特定作業的表現進行預測，那麼則建議採用共識評量技術或領域特定性的創造力測驗，以進行有效的預測與區辨。

陸、結語

　　創造力涵蓋多元面向，單純從新穎與實用的角度而言，日常生活中小小的程序變更，即便是上班或回家路線的變更，只要具備新穎與有效性，即具創造力表現（小 c）。同樣地，有創意的科學家，即便缺乏音樂或視覺藝術相關的知識與技巧，也不妨礙偶爾即興的表演或是畫幅諷刺意味十足的漫畫。但如果從領域表現的觀點評定新穎與有效性，則創造表現需要領域專家的認可，那麼的確僅有少數天賦異秉的人，才有可能在不同領域具有高度的創造表現。

　　創造力中領域普遍性與特定性的概念如同連續線的兩端，左邊的極端可以假定有一種或是一組認知要素所組成的「能力」，可以與所有領域的創造力成就表現有關，但就現有的評量工具以及目前對於創造力的理解，這種極端的情形不太可能會發生；右邊的極端可以假定將領域內的範圍不斷的縮小，一直縮小到領域內特定的主題或是某個作業下的步驟，但在這極端微小範圍內所測得的創造力成就，例如：解決數學界的千禧年大獎難題（Millennium Prize Problems）中的一題，那麼該成就的本身已經顯示了高度的創造力成就，似乎也無須用這極為特定的作業來進行數學領域的預測，再換一個角度思考，這樣極端領域特定的創造力測驗，其結果似乎與成就測驗本身沒有太大的差異。

　　創造力領域普遍性與特定性的爭辯相信還會持續下去，但這些論辯將會螺旋式地向上引導創造力概念的發展，每一次的論辯或研究都將創造力的概念向上推升一步。

參考文獻

· Almeida, L. S., Prieto, L. P, Ferrando, M., Oliveira, E., & Ferrándiz, C. (2008). Torrance Test of Creative Thinking: The question of its construct validity. *Thinking Skills & Creativity*, 3 (1), 53-58.
· Amabile, T. (1996). *Creativity in context: Update to the social psychology of creativity*. Boulder, CO: Westview Press.
· Baer, J. (1991). Generality of creativity across performance domains. *Creativity Research Journal*, 4, 23-39.

· Baer, J. (1993). *Divergent thinking and creativity: A task-specific approach*. Hillsdale: NJ.: Erlbaum.
· Baer, J. (1998). The case for domain specificity of creativity. *Creativity Research Journal*, 173-177.
· Baer, J. (2015). The importance of domain-specific expertise in creativity. *Roeper Review*, 37 (3), 165-178.
· Baer, J., & Kaufman, J. C. (2005). Bridging generality and specificity: The Amusement Park Theoretical (APT) Model of creativity. *Roeper Review*, 27 (3), 158-163.
· Baer, J., & Mckool, S. S. (2009). Assessing creativity using the consensual assessment technique. In C. S. Schreiner (Ed.), *Handbook of research on assessment technologies, methods, and applications in higher education*. Hershey, PA: IGI Global.
· Chen, C., Himsel, A., Kasof, J., Greenberger, E., & Dmitrieva, J. (2006). Boundless creativity: Evidence for the domain generality of individual differences in creativity. *Journal of Creative Behavior*, 40 (3), 179-199.
· Chen, Y. W., Chang, W. H., & Kuo, C. C. (2016). A comparative study of the divergent problem solving abilities of mathematically and scientifically talented students and nongifted students. *Thinking Skills and Creativity*, 22, 247-255.
· Conti, R., Coon, H., & Amabile, T. M. (1996). Evidence to support the componential model of creativity: Secondary analyses of three Studies. *Creativity Research Journal*, 9 (4), 385.
· Cramond, B., Matthews-Morgan, J., Bandalos, D., & Zuo, L. (2005). A report on the 40-year follow-up of the Torrance Tests of Creative Thinking. *Gifted Child Quarterly*, 49, 283-356.
· Csikszentmihalyi, M. (1988). Society, culture, and person: A system view of creativity. In R. J. Sternberg (Ed.), *The nature of creativity* (pp. 325-339). New York: Cambridge University Press.
· Diakidoy, I.-A. N., & Spanoudis, G. (2002). Domain specificity in creativity testing: A comparison of performance on a general divergent-thinking test and a parallel, content-specific test. *Journal of Creative Behavior*, 36 (1), 41-61.
· Feist, G. J. (1998). A meta-analysis of personality in scientific and artistic creativity. *Personality and Social Psychology Review*, 2 (4), 290-309.
· Feldhusen, J. F., & Goh, B. E. (1995). Assessing and accessing creativity: An integrative review of theory, research, and development. *Creativity Research Journal*, 8, 231-247.
· Finke, R. A. (1995). Creative realism. In S. M. Smith, T. B. Ward, & R. A. Finke (Eds.), *The creative cognition approach* (pp. 303-326). Cambridge, MA: The MIT Press.
· Finke, R. A., Ward, B. W., & Smith, S. M. (1992). *Creative cognition: Theory, research, and applications*. Cambridge, MA.: The MIT Press.
· Gardner, H. (1988). Creativity: An interdisciplinary perspective. *Creativity Research Journal*, 1, 8-26.
· Guilford, J. P. (1950). Creativity. *American Psychologist*, 5, 444-454.
· Guilford, J. P. (1967). *The nature of human intelligence*. New York: McGraw-Hill.
· Han, K. S. (2003). Domain-specificity of creativity in young children: How Quantitative and qualitative data support its. *Journal of Creative Behavior*, 37, 2, 117-141.
· Han, K. S., & Marvin, C. (2002). Multiple creativity? Investigating domain-specificity of creativity in young children. *Gifted Child Quarterly*, 46 (2), 98-109.
· Hayes, R. J. (1989). Cognitive processes in creativity. In J. A. Glover, R. R. Roning, & C. R. Reynolds (Eds.), *Handbook of creativity* (pp. 202-219). Boston, MA: Springer.
· Hocevar, D. (1976). Dimensions of creativity. *Psychological Reports*, 39, 869-870.
· Hocevar, D., & Bachelor, P. (1989). A taxonomy and critique of measurements used in the study of creativity. In J. A. Glover, R. R. Ronning, & C. R. Reynolds (Eds.), *Handbook of creativity* (pp. 53-75). New York: Plenum.
· Hong, E., & Milgram, R. M. (2010). Creative thinking ability: Domain generality and specificity. *Creativity Research Journal*, 22 (3), 272-287
· Huang, P.-S., Peng, S.-L., Chen, H.-C., Tseng, L.-C., & Hsu, L.-C. (2017). The relative influences of domain knowledge and domain-general divergent thinking on scientific creativity and mathematical creativity. *Thinking Skills & Creativity*, 25, 1-9.
· Kaufman, J. C., & Baer, J. (2004). Sure, I'm creative — but not in math!: Self-reported creativity in diverse domains. *Empirical Studies of the Arts*, 22 (2), 143-155.
· Kaufman, J. C., Baer, J., Cole, J. C., & Sexton, J. D. (2008). A comparison of expert and nonexpert rater using the consensual assessment technique. *Creativity Research Journal*, 20 (2), 171-178.
· Kaufman, J. C., Evans, M. L., & Baer, J. (2010). The American idol effect: Are students good judges of their creativity across the domains? *Empirical Studies of the Arts*, 28 (1), 3-18.
· Kim, K. H. (2006). Can we trust creativity tests? A review of the Torrance Tests of Creative Thinking (TTCT). *Creativity Research Journal*, 18 (1), 3-14.
· Mayer, R. E. (1999). Fifty years of creativity research. In R. J. Sternberg (Ed.), *Handbook of creativity* (pp. 449-460). New York: Cambridge University Press.
· Mumford, M. D., Medeiros, K. E., & Partlow, P. J. (2012). Creative thinking: Processes, strategies, and knowledge. *Journal of Creative Behavior*, 46 (1), 30-47.

· Mumford, M. D., Mobley, M. I., Reiter-Palmon, R., Uhlman, C. E., & Doares, L. M. (1991). Process analytic models of creative capacities. *Creativity Research Journal*, 4 (2), 91-122.
· Palmiero, M., Nakatani, C., Raver, D., Belardinelli, M. O., & van Leeuwen, C. (2010). Abilities within and across visual and verbal domains: How specific is their influence on creativity? *Creativity Research Journal*, 22 (4), 369-377.
· Peng, S.-L., Cherng, B.-L., Chen, H.-C., & Lin, Y.-Y. (2013). A model of contextual and personal motivations in creativity: How do the classroom goal structures influence creativity via self-determination motivations? *Thinking Skills & Creativity*, 10, 50-67.
· Plucker, A. J. (1998). Beware of simple conclusions: The case for content generality of creativity. *Creativity Research Journal*, 11 (2), 179-182.
· Plucker, A. J. (1999a). Is the proof in the pudding? Reanalyses of Torrance's (1958 to present) longitudinal data. *Creativity Research Journal*, 12 (2), 103-114.
· Plucker, A. J. (1999b). Reanalyses of student responses to creativity checklists: Evidence of content generality. *Journal of Creative Behavior*, 33 (2), 126-137.
· Plucker, J. A. (2004). Generalization of creativity across domains: Examination of the method effect hypothesis. *First Quarter*, 38 (1), 1-12.
· Plucker, J., & Zabelina, D. (2009). Creativity and interdisciplinary: One creativity or many creativities? *ZDM: The International Journal on Mathematics Education*, 41, 5-11.
· Rhode, M. (1961). An analysis of creativity. *Phi Delta Kappan*, 42, 30-310.
· Runco, M. A. (1986). Predicting children's creative performance. *Psychological Reports*, 59 (3), 1247-1254.
· Runco, M. A. (1987). The generality of creative performance in gifted and nongifted children. *Gifted Child Quarterly*, 31 (3), 121-125.
· Scott, G., Leritz, L. E., & Mumford, M. D. (2004). The effectiveness of creativity training: A quantitative review. *Creativity Research Journal*, 16 (4), 361-388.
· Sternberg, R. J., & Lubart, T. I. (1996). Investing in creativity. *American Psychologist*, 51, 677-688.
· Terman, L. M., & Chase, J. M. (1920). The psychology, biology, and pedagogy of genius. *Psychological Bulletin*, 17, 397-499.
· Torrance, E. P. (1988). The nature of creativity as manifest in its testing. In R. J. Sternberg (Ed.), *The nature of creativity: Contemporary psychological perspectives* (pp. 43-75). New York: Cambridge University Press.
· Wakefield, J. F. (1989). Creativity and cognition some implications for arts education. *Creativity Research Journal*, 2 (1-2), 51-63.
· Wakefield, J. F. (1992). *Creative thinking: Problem-solving skills and the art orientation*. Norwood, NJ: Ablex.
· Weisberg, R. W. (1999). Creativity and knowledge: A challenge to theories. In R. J. Sternberg (Ed.), *Handbook of creativity* (pp. 226-250). New York: Cambridge University Press.
· Weisberg, R. W. (2006). Modes of expertise in creative thinking: Evidence from case studies. In K. A. Ericsson, N. Charness, P. J. Feltovich, & R. R. Hoffman (Eds.), *The Cambridge handbook of expertise and expert performance* (pp. 761-787). New York: Cambridge University Press.
· Zeng, L., Proctor, R. W., & Salvendy, G. (2011). Can traditional divergent thinking test be trusted in measuring and predicting real-world creativity? *Creativity Research Journal*, 23 (1), 24-37.

基於 affordance 理論的創造過程解讀

羅玲玲

摘要

創造力研究領域仍然有些未解的懸案。將 affordance 理論用於解釋靈感的產生過程，某種程度上破除了創造過程的神祕性，得到了更好的解釋力。因此，需進一步挖掘引入 affordance 理論對於研究人類創造力的理論價值：affordance 理論強調有機體直接知覺到環境資訊的價值，在人與環境的互動中顯現創造的物質根源性；affordance 理論揭示了知覺與動作的關聯，可以詮釋創造的具身性；affordance 知覺所內涵的行為可能性，可以部分解釋創造的初始「注意」機制。最後，探討了知覺是否可以構成創造的元問題。

關鍵字：affordance、直覺、創造的具身性、可能性敏感依賴、創造的元問題

羅玲玲，中國東北大學科學技術哲學研究中心教授。

壹、仍未破除的創造過程神祕性

一、一樁懸案——阿基米德發現浮力原理

傳說希倫王召見阿基米德，讓他鑒定純金王冠是否摻假。阿基米德冥思苦想多日無果。有一天阿基米德去洗澡，當他跨進澡盆那一刻，從看見水面上升得到啟示，「在這電光火石的一剎那，阿基米德福至心靈，王冠的體積就是王冠排出水的體積，想到這裡，阿基米德大喊數聲「尤里卡（Rureka）！」作出了關於浮力問題的重大發現，並通過王冠排出的水量解決了國王的疑問。後來，在著名的《論浮體》一書中，阿基米德詳細闡述和總結了聞名於世的阿基米德原理：放在液體中的物體受到向上的浮力，其大小等於物體所排開的液體重量。從此人們對物體的沉浮有了科學的認識，奠定了流體靜力學的基礎。

二、現有的解讀——歸於靈感和直覺

阿基米德在浴盆中身體浮起，看見浴盆中水的溢出產生的靈感，只是直覺產生前期狀態，只有這個靈感與他解決的王冠問題聯繫起來後，所產生的直覺才具有解題功能。

靈感，又被稱作是「神的啟示」，是人們對自己的主觀心理現象缺乏瞭解而感到神祕不可思議情況下，所作出的一種無奈的解讀。靈感、直覺、頓悟都是創造性思維的一種形式，它們的共性為：

1. 問題引導的重要性。問題是創造性思維過程的啟動器。
2. 長期積累的重要性。那些尤里卡時刻並非一蹴而就，尤里卡時刻其實是直覺到一定程度導致的突破時刻。
3. 靈感、直覺、頓悟都是非邏輯思維形式。產生於意識和無意識的交替狀態。
4. 暫時離開要解決的問題，心理放鬆。

三、未釋的疑問——靈感怎麼跑進大腦？

第一，有關靈感直覺的解讀還有未釋的疑問。

以阿基米德為例，現有的解讀，交代了問題引導的重要性、前期探索的知識積累和當時的心理狀態（暫時離開了解題情境，心理放鬆或處於無意識狀態），也探討了這種思維的出現不是遵循邏輯推理得出的。北京大學的傅世俠教授認為「與其說直覺是從感性向理性的過渡，不如認為直覺實乃感性與理性的共鳴」（傅世俠、羅玲玲，2000: 331）。但仍然有許多懸而未決的疑問——感性與理性如何發生共鳴？靈感究竟是如何進入創造者的頭腦中的？即靈感究竟是怎麼產生的情境機制，所謂情境機制是指當時的所有環境要素與創造者之間的互動機制。

第二，創造的原發過程解讀存在巨大的空白。

許多心理學家，如佛洛伊德都認為創造的原發過程更容易打破現有知識的束縛，產生高水準的創造。所謂「原發過程」（primary process），是指無意識的活動方式，它在夢中或精神病狀態下佔據優勢；而「繼發過程」（secondary process），則「是思想處於清醒狀態下使用正常邏輯時的活動方式」（Silvano Arieti, 1999: 14-15）。

那麼，究竟如何解釋處於無意識的創造過程呢？都發生在夢境中嗎？如果是那樣，正像有人的調侃「讓我們都去做夢吧」。對於處於無意識狀態產生的原發創造過程，現有的解釋還是存在著巨大的空白，缺少具體的描述。

本文認為，如果將 affordance[1] 理論引入，也許可以某種程度上解

---

1 affordance 在中文文獻中的譯法多樣，如可供性（秦曉利，1996；曲琛、韓西麗，2015），提供量（禤宇明、傅小蘭，2002），功能承受性（費多益，2007），動允性（魯忠義等，2009），承擔性或承擔特質（游曉貞、陳國祥等，2001, 2006），可用性（李玉雲、趙樂靜，2006；Geoffrey Miller，心理學報譯，2007），可獲得性（易芳，2004），給予性（李恒威、黃華新，2006），預設用途（唐納德・諾曼，梅瓊譯，2010），行為可供性（王忻，2010），賦使（蔡育忠，2008），以及功能可見性、機緣、可利用性、示能性、提示性等二十多種譯法，本人發表論文多使用「可供性」譯法。

釋人與環境的互動發生了什麼？無意識的環境－知覺行為與創造中的直覺有什麼關聯？人為什麼能直接知覺到環境的有價值的資訊，從而為建立新的關係性打下基礎。法國哲學家、諾貝爾文學獎得主 Bergson（1907）曾說：「從根本上看，智力指向既定環境與利用這個環境的手段之間的關係。所以說，智力中那種先天的東西，就是建立關係的趨向。」（Bergson, 1999: 129）而建立新的關係正是創造。

貳、創造過程的生態解讀

一、什麼是 affordance？

當人們看到一個紐扣大小的塑膠薄膜泡泡時，會不知不覺地用手去擠破它，這就是被稱為「affordence」的現象。日本川上產業株式會社以此原理開發了一種叫「PUTIPUTI」的產品。

affordence 是美國心理學家吉布森（James Jerome Gibson, 1979）基於他的生態知覺理論創造的詞。「『afford』這個詞可以在字典中找到，但它的名詞形式『affordance』卻找不到——我造了這個詞。通過這個詞來形容環境與動物之間的某種關係——還沒有哪個現有的術語能夠表達這種含意。它意味著動物和環境之間的協調性（complementarity）。」（Gibson, 1979a, 1986b: 127）簡單地說，所謂「affordence」現象，就是指動物知覺到環境中某物屬性的價值，自然地產生特定行為的現象。

（一）affordance 是「身體知道，自己卻不知道」（後藤武等，2016: 61）。affordance 包含著自然地引發動物利用環境的行為，affordance 是有機體在環境中直接知覺到的利用環境的可能性，affordance 是指在某種狀況下對某人來說的價值，幾乎是毫不自覺地從環境中擷取（pick-up）出來。人每天都在知覺到 affordance，並自然做的事，卻全然沒有意識到。因為這是人與環境的協調，是幾百萬年來進化的結

果。人天生就具有直接提取環境資訊、預測行動的知覺。

（二）affordance 是環境與有機體的協調性，兩者缺一不可。affordance 不是單指環境的屬性，而是與動物的行為相關的屬性，也不是單指人的知覺－動作，而是與環境屬性相契合的知覺－動作。環境表面和構成支撐了動物的行為發生，蘊涵著動物適應環境的行為。affordance 是動物行為發生的「可能性」，是動物「利用」環境的機會，是動物「探索」環境的過程，是環境與動物之間的互惠，即相互幫助。不同的環境為不同的動物承擔不同的 affordance，可以提供一隻蜘蛛以支撐的表面，卻不能支撐一頭大象，甚至一個物種之內也不一樣，能負擔孩子坐的表面未必適合成人，反之亦然。

（三）affordance 知覺離不開動作，知覺與動作能力相聯。比如，吉布森告訴我們，「看」是整個身體產生的直接知覺。自然視覺（而非實驗室視覺）不只是由視覺器官——眼睛完成的，它與整個身體的運動有關。affordance 是環境潛在的「行動的可能性」，也就是說，對於不同的動物而言，某些物質要素對某些動物行為的誘導作用，對某些動物來說卻不能誘導其利用環境的行為。關鍵在於動物感知運動能力與環境的屬性是否契合。例如，傾斜光滑的硬表面（坡道）會引導人走上去，而垂直的面（壁），人則不會下意識地爬上去。但是，對螞蟻來講，都會引導其向上爬。Chemero（2009: 181）進一步闡釋了 affordance 不僅與環境尺度、身體尺度有關，也與有機體的能力有關。

當然，某些環境的供給是有益處的，某些則是有傷害的。那些有傷害性的環境屬性就是消極的 affordance（Gibson, 1979a, 1986b: 137）。消極 affordance 的知覺也會讓動物避免了一些行為的發生，限制了動物想做的一些事情。另一方面，人對錯誤的資訊的知覺會產生錯誤的行為，因為錯誤資訊掩蓋了消極 affordance。撞玻璃門就是一個典型的例子：玻璃門上沒有任何裝飾和灰塵，發出向前通行的空間是安全的暗示，對錯誤資訊的感知導致了不妥當的行動。如果在玻璃門上畫些裝飾線，玻璃門表面流露出的視覺紋理排列被人識別出來，人就不

可能撞上玻璃門。好的人工物設計，如門把手，表面資訊發出的行為暗示容易被人知覺到，會順利地產生使用行為，而一些設計糟糕的門把手，不能自然地引導人來使用，開門成為負擔，這就是有名的「諾曼門」。[2]

認知科學一系列的研究（Zaltman, 2002; Bargh & Morsella, 2008）結果證明，大多數時候，內隱的無意識加工過程控制了人的行為。也就是說，人們的生活在很大程度上是由無意識的、自動化的內隱認知來主導。affordance 的理論與認知科學的內隱認知吻合，只不過吉布森強調這個知覺過程與外界環境的關聯，而認知科學只強調內在心理活動。

二、用 affordance 理論解釋有關靈感的疑問

阿基米德在洗澡盆裡，他一入浴盆，身體浮起，水溢出。

（一）原有的理論沒有強調水與身體接觸的剎那間，水作為環境要素與身體之間的互動性。沒有水，身體不能浮起，沒有身體，也不會感知到浮力。以往的解釋沒有點出整個身體感知運動對於解題起關鍵作用，只談思維的作用，把感知運動與思維割裂開來，認為思維才是最重要的。

（二）原有的理論沒有解釋浴盆作為環境要素的作用，如果阿基米德在江河湖海裡洗澡，不會看到水的溢出，因此也不會產生靈感。只有在適當的洗澡盆空間，身體進入，水會溢出，並被知覺到。

由此可以發現兩個效應：

2　美國認知心理學家唐納德‧諾曼（Donald Arthur Norman, 1988）通過分析設計失敗的例子，將可供性概念引入了設計界。通過諾曼的書《日常生活的設計》，可供性概念在人機交互設計領域得以推廣。此書出版後，許多讀者給諾曼去信，紛紛談到各類門把手的設計導致的使用者不知如何使用，因此被戲稱為「諾曼門」。

澡盆效應 1——創造的具身機制

水與身體的接觸；

整個身體浮起來，知覺動作起到關鍵的作用——不光是大腦在運轉。

關鍵作用就是身物互動產生 affordance 知覺（靈感），吉布森稱之為直接知覺，然後才有浮力解題的直覺，這一過程通常被簡單概括為心流體驗。

澡盆效應 2——創造個人與所有環境物的互動機制

不只是水，還有澡盆的作用；

看到水從澡盆溢出來，不是海水漫過去，這是產生浮力定律靈感的關鍵。

上述互動性機制，恰恰可以用 affordance 理論很好地解釋。感知到水與身體的互動的 affordance、眼睛與溢出的水互動，這也是靈感產生的重要機制之一。

在傳統的創造理論中，因為最終表達出來的創造成果的形式都是可見的、可循著過程的，因此物被忽略，人被顯現；身體被忽略，思維被顯現，創造過程被解讀為人的創造性思維的結果。其實沒有身體不參與的思維，也沒有思維不參與的身體活動。靈感產生時，人與物互相作用，相互契合，合為一體地存在，affordance 理論揭示了物與身體之間那麼隱蔽的相互作用，讓我們充分認識到身體動作對創造的影響，克服了只關注大腦，不關注身體，分裂大腦與身體整體性的偏見。意識到人的整個身體與物質世界雙向性影響，從僅關注思維到關注全身心，可建立身心統一的創造過程理論。

歐洲學者格拉威紐（Vlad Petre Glăveanu, 2013）發表了《重寫創造力：5A 框架》，首次將 affordance 概念引入了創造力的理論框架中。他認為舊的創造力 4P 框架是一個個人主義的、靜態的創造力。他的新框架強調系統性、背景性和動態性，將行動者（actor）、行動（action）、人工物（artifact）、施壓者（audience）、affordance 融為一體，

故稱 5A 框架。該框架建立在社會文化和生態心理學理論之上，運用分布式認知的思想，打開了考查創造力的更全面和統一的視野。5A 模型創造性地引用了 affordance，增加了人與物互動這一維度的表述，意義深遠，至少擴展了「物」的內涵。因為人們通常重視社會文化環境，對物的關注也只是那個作為創造對象的產品，忽略了整個物質環境，不過，這種忽略卻讓我們難以發現創造的真正機制。

格拉威紐的 5A 框架對於將 affordance 引入創造力研究領域是一個很大的貢獻，但是 affordance 理論還有許可以可拓展的空間：如（1）affordance 對於靈感產生的作用和知覺的解題功能；（2）affordance 對於探討創造的具身性問題的價值；（3）affordance 知覺對於創造者注意力的作用；（4）知覺 affordance 與打破功能固定的障礙的關係。因此，本文將進一步深入挖掘 affordance 理論對創造力研究的重要意義。

參、affordance 理論引入創造力研究的理論啟示

一、聽物說話——創造產生的物質根源性

（一）看無處不在的環境之物暗示了什麼

人類學家王銘銘（2007）認為物是「會說話的孩子」，人類學的研究要重視環境要素對於人的無形影響。affordance 知覺告訴我們，觸覺作為視知覺的絕對基礎必須充分認識到。作為人類與環境接觸的間接的「視覺」還與身體動作關聯，說明越是基礎的機制，越是容易被忽視，因為它隱藏在下意識的過程中。日本著名建築師安藤忠雄證實了兒時居住環境光影的變化，如何對他成年的設計產生影響。他的許多設計都巧妙地運用了光影，如他為一個教堂設計的十字架，是由鑿空的牆面透出的光影形成的。創意來自於童年的經歷。他在大阪下町街區的兩坡頂長屋中長大，房間即使是中午也照不進陽光。「每天在追逐著隨時間變化而變換的微弱光線中度過。」（安藤忠雄等，

2009: 18）安藤暗示了這是對大家司空見慣的光影的一種體驗，不是用語言可以說明的。可看作是人與環境相互作用的 affordance 的知覺和積澱。所以這個的感覺，超出了他自己的想像，強烈地、深入地滲透到他的心靈深處。這種身體體驗構成了安藤忠雄以後在設計中被喚起的環境－人互動的 affordance。

（二）聽無時不在的自然之物訴說什麼

吉布森認為生態資訊不僅是客觀的，還是主觀的，因為環境資訊與肢體運動資訊同時獲得，直接提取，由此保證了知覺與運動的協同。吉布森曾把 affordance 分為多種類型，包括介質、實體、表面及其陳列（或形態）、物體、動物和人、場所和藏身之處的 affordance（Gibson, 1979a, 1986b: 137）。環境表面特質與人的互動尤其重要，解讀人的靈感產生的影響要素一定要關注環境表面特徵。所以在創造中，要重視創造中環境的所有要素對人的影響。聲音、氣味、光的介質可以充滿一個空間。吉布森主要研究了視覺，但他並沒有排斥除了視覺之外的其他 affordance，還說過「光亮使動物可視；聲音使動物可聽；氣味揮發性使動物可聞。因此，媒介包括反映光亮、振動或揮發性。」（Gibson, 1979a, 1986b: 17）

（三）覺察無時不在、無處不在的人物互動

人與物質環境，人與人之間一直發生著互動，這些互動對於創造者來說雖然存在，卻往往不曾知覺。互動的經常性在互聯網出現後得到公認，因為互動留下了痕跡，其實互動一直存在。本文認為，發現互動的痕跡，揭示互動的機制非常重要，從此一種動態的、發展的生態創造過程模式被發現。與互動者一起並存的工具、材料、眼神、動作、情緒、文化符號都會影響到接受方，同時互動是持續的。紐約大學的 Schilling（2005）認為創造性認知領悟發生於一個非典型的關鍵，通過隨意再組合或是定向探究在個體的表述思路中產生一條捷徑。著

名的中國教育家陶行知（1943）在《創造宣言》中也曾經宣告「處處是創造之地，天天是創造之時，人人是創造之人」，他的創造宣言不僅從精神鼓勵所有的人要樹立創造的自信，也揭示了創造發生無時不在、無處不在的道理。

二、動中創造——創造的具身性

物質世界是我們創造的根源，但是物質世界離不開人，這個人，是活動的，不是靜止的，人的整個身體與物互動，絕非只是指人的思維。

（一）直覺產生中，動覺是觸動創造的機關

運用 affordance 理論解讀創造過程的具身性與許多早期研究結果吻合。affordance 強調知覺與行為的關聯這一觀點證實了數學家 Hadamard（1954）有關創造性思維調查中，許多人所談到的視覺、動覺體驗。「實際上，他們中幾乎所有人……不僅避免使用語詞，而且也避免在心中使用代數符號或其他精確符號。……大多數人的心理畫面經常都是視覺型的，但也可能是其他類型，例如動覺型的。」（Jacques Hadamard, 1989: 66-67）動覺是主體對身體的運動或位置狀態變化產生的感覺，這表明視知覺與動覺的聯繫儘管那麼難以捕捉到，卻也在創造者頭腦中留下了深刻的印跡。瑞士心理學家皮亞傑的研究結論是兒童心理發展過程中，動作與思維具有不可分性。人的身體反應產生的運動覺、內覺與大腦的思考共同作用才產生想像力，可以說動覺是觸動創造的機關。

「覺」這個中文概念表達了身體的一種狀態，蘇醒並得到對周圍物的體驗。覺既是主觀的，又與環境有關，覺是混沌的，直接獲得的，不動聲色的，不被注意到的過程。所以，吉布森的生態知覺理論與中國傳統哲學氣質更為接近，邏輯更為相通。

（二）動作操作有助於創造性解決問題

　　解決問題，需要體驗創造情境，這時讓身體動起來，特別是手的動作——往往有利於促進大腦思考，更好把握問題的實質。認知科學研究解題模式之前，格式塔心理學家就對頓悟做了大量的研究。比較著名的實驗就是 K. 敦克爾關於所謂「功能固著」（functional fixedness）的研究即頗具代表性。有關功能固著的大多數解釋是，人們對物體的最一般功能熟悉的情況下會不利於他們覺察物體的其他潛在用途。遺憾的是，有關功能固著的討論更多地將研究的視角集中於人的大腦，無法深入到其他更核心的內容。Maier（1993）運用 affordance 理論分析處於雙繩實驗中的實驗對象的現場表現，發現動手、走動都有助於解決問題。例如實驗對象能把玩手中的鉗子、繩子，不斷走來走去，要比站在場地中光想要聰明得多。他可能通過掂量鉗子的重感中得到啟發，也可能通過甩動繩子的動感中得到線索。因此動作有助於心靈的開放性和靈活性，可能開闢不同常規的新通道的敏感性，找到新的答案後，建立新的知識平衡點。創造的具身性過程機制主要體現在用 affordance 理論揭示了知覺與動作的關聯，知覺－動作經驗構成創造性思維的基礎，將創造過程的思維解讀過渡到創造的身－腦整體性解讀。

（三）知覺－動作克服功能分類障礙優於抽象語言

　　創造是與別人看同樣的東西卻能看出不同，因此創造性轉化的關鍵之一是思維的靈活性。最早出現的創造思維測驗就把思維靈活性作為重要的指標。如列舉磚的不尋常用途，如果一個人列舉了磚可以用來砌房子、鋪路、蓋豬圈等十幾種用途，不過只把磚當作建築材料，那麼他的思維靈活性得分就會很低，因為思維受到了只把磚頭當作建築材料這個概念的分類束縛。

　　動作語言的優先性還解決了抽象語言帶來的分類固著。吉布森明確地指出「感知一個 affordance 並不是把一個物體進行分類。一塊石

頭是一支飛鏢這一事實，並不意味著它就不能也是其他東西。它可能是一個鎮紙、書擋、錘子或者鐘擺的振錘。它可以被接到另一塊岩石上來形成堆石界標或者一堵牆。這些 affordance 之間全都是相容的，它們兩兩之間的區別無法清晰劃定。通過武斷的命名來稱呼它們，對於感知而言是沒有價值的。」（Gibson, 1979a, 1986b: 124）一些後續的實驗研究也證實了，一般來說，感知 affordance，並不像專門進行科學研究活動那樣，去感知一個物體的物理屬性，而是著眼於它的整體特徵與行為指向的關係。在不同的情境下，人的行為與物體的關係發生著變化，決定了物體「它是什麼」和「它用來做什麼」。affordance 解釋了動作語言具有先於話語語言的優先權，因為知覺－動作是有機體最早作用於環境，與環境發生互動，促進探索的認知過程。更多地借助知覺－動作這種自然語言，可以幫助創造者找回本性的靈活。

（四）鏡像神經元的發現更證實了動作對於文明進化的重要性

　　1996 年，義大利帕爾瑪大學的研究團隊發現了在靈長類動物的大腦 F5 區域有一些細胞專門負責動作的理解。他們將此細胞定義為「鏡像神經元」（Vittorio Gallese et al., 1996）。看見對方「動」才有反應是鏡像神經元的特點之一。過去，人們將大腦對動作意圖的理解看作是一個邏輯推理過程，鏡像神經元的發現說明這一過程是由神經細胞自動完成的。人類正是憑藉這個鏡像神經元系統來領會動作的含義，辨別目的，同時與別人交流。學者周林文認為（2006）：「正是由於有鏡像神經元的存在，人類才能學習新知，與人交往，因為人類的認知能力、模仿能力都建立在鏡像神經元的功效之上。」共感的基礎是動作，有了共感就有了模仿，共感促進想像，想像又是創造的先導。

　　鏡像神經元的發現為具身認知的內外統一奠定了神經生理基礎。具身認知的內在根據在於鏡像神經元的存在，具身認知的外在根據就是 affordance 理論，affordance 知覺在物質環境與動物動作之間建立了

聯繫。鏡像神經元之所以能夠形成，正是靈長類動物的世代種系與環境的相互作用下產生的結果，通過遺傳作用傳遞給下一代，促進大腦發育中認知結構的變化，大腦產生了專門負責感知動作語言的鏡像神經元，就具有了相應的認知能力。李伯聰（1993）總結了動物學界的多項發現對進化認識論的觸動「在個體發生上先驗的東西在系統發生上是後驗的」，即沒有一個個體的生命系統天生地是一塊「白板」。

三、從行為可能性到創造可能性的敏感依賴

人們經常對創造者的奇思妙想所驚到，也往往會面對一些創意，遺憾發出「我怎麼沒想到」的感歎，意思是憑我的知識水準和能力，我也能做出這樣的創造。為什麼沒想到，關鍵是沒有注意到這個問題。注意力是集中起來的心理能量，由知覺引發。調動注意力與創造性解決問題的效率關係密切。在創造的初始階段，注意力被引向何處，也決定了創造方向的選擇是否恰當。affordance 具有知覺探索性，在某種程度上可以解釋好奇心。

讓我們重現一個經典情形：椅子是如何發明出來的？一位古人看到環境中有一個能支撐自己身體重量、與坐高相當的石塊，affordance自然引導他坐下；一根圓木坐著有點矮，木頭輕便且容易造型，於是這個人截取粗的一段木頭，立著放置，有意識地創造一個永久的「石塊」。這截木頭可滾動，方便隨身攜帶。發明者創造的「椅子」預先包含了尺寸、材料、結構與坐的行為的契合。這就是從行為可能性到創造可能性的敏感依賴。

（一）創造的初始注意機制

人為什麼關注有些事物，而忽略那些事物，可能性在其中起到什麼作用？吉布森認為人會在資訊搜索中自然提取有價值的行為可能性——affordance。首先，行為的可能性保證生存和安全。人類為了生

存，會自動調動這種能力，保證不受天敵的傷害並尋找到足夠的食物。搜索是動物的本能，通常是邊走邊看，還要下意識地躲藏。一旦目標鎖定，「焦點視」就產生專注的注意力，同時還用餘光產生的「環境視」警惕地注意周圍環境的變化。

同樣，創造的前期探索階段，搜索資訊特別重要。那麼，注意力會容易被什麼吸引呢——可能的價值。視覺和聽覺都是具有強指向性的，創造者基於環境與人的互動，敏感地覺察到行為的可能性，由此左右了注意力方向，引導創造過程的趨向，為建立新的關係提供了可能性。物的 affordance 和人的 affordance 都是有價值的資訊資源；「環境中最豐富也是最細緻入微的 affordance 是由其他動物提供的，對我們來說，也就是其他人。」（Gibson, 1979a, 1986b: 135）

（二）不可能的有意回避機制

affordance 同時具有雙重作用——可能性無意敏感和不可能性有意回避。吉布森曾警告人類，消極的 affordance 會把我們帶入麻煩和危險，需要加以避免。因此對消極 affordance 的知覺是生存的祕方。告知不可能性，有意避開也是創造的目的。巢居的發明與人類早期在樹上生活有淵源，也出於對鳥類生活的模仿。架設在樹上的巢居是利用了什麼 affordance 呢？（1）樹高避免發大水導致溺水的消極 affordance；（2）樹高防止了天敵上樹的 affordance；（3）樹枝提供動物遮陽或防雨的 affordance；巢居又進一步發展成干欄式建築。

消極性 affordance 知覺讓人主動放棄沒有可能的行為，這是一個自發的過程。對於有知識和經驗的創造者，由於在研究該問題時，幾乎窮盡了有關該問題的所有常規通道，需要暫時封閉原有通道，為打破思維慣性束縛提供準備。創造者退出常規通道探索，是自覺行為，但自覺中有沒有自發呢？儘管目前的研究還沒有證實行為的不可能回避與創造中不可能目標的放棄之間有直接聯繫。

四、知覺是創造的起點——是否構成了創造力領域的「元問題」

傅世俠先生曾對創造力領域的「元問題」做過這樣深刻的分析：「作為一種涉及到人的學科體系，對於有關人的本性這類實屬該領域的『元問題』，不管作出何種內容的具體解釋或說明，也都有必要思考、乃至作出回答，而不可能不予過問。」（傅世俠、羅玲玲，2000: 295）那麼，創造的元問題是什麼呢？

吉布森認為知覺是全部心理學的支柱。著名的吉布森派（Gibsonians）[3] 學者 Reed（1996: 171）進一步闡釋了這樣的觀點：生物進化的機制與文化進化的機制的相同性——人與環境的相互作用機制，都由知覺引出。即「所有的思維都根植於知覺」。思維、意識、學習和驅動力這樣一些概念，都是建立在知覺基礎上的，這一點也是創造心理學的基點。身體與物的互動產生的知覺與思維誰更重要？可以說知覺體驗在創造中的作用更為隱祕，更為基本，思維更為顯現，更為高級。以視覺來說，就分為焦點視與環境視。人在環境空間產生的焦點視與環境視具有不可分離的整體性。焦點視產生焦點圖像，環境視產生背景環境。背景創造氛圍，焦點吸引注意，同時背景也會引導焦點產生。在以往的創造過程理論中，人們往往關注的是創造對象，它構成了焦點視，而忽略了環境視，認為那些是不重要的背景要素。其實，環境視和焦點視有時會相互轉化。可能恰恰是那個不起眼的環境視中的某個要素觸動了靈感，而當事者並不自省，於是靈感變成神祕的「神的啟示」。

與傳統心理學的感知覺理論不同，吉布森（1966b）強調知覺的直接性、整體性和有機體性。任何感覺都是整個身體系統的感知，而不是單個器官的活動。可以說吉布森的觀點與中國古代的心悟說反映

---

3 有關吉布森學派的說法，參見 Michael T. Turvey, R. E. Shaw, Edward S. Reed & William M. Mace (1981). Ecological Laws of Perceiving and Acting: In reply to Fsdor and Pylyshyn, *Cognition*, 9 (3), 237-304.

的整體觀不謀而合。古代的泛心靈論正反映了古代人對自然的知覺智慧，儘管是相當原始的。人類學家 Robert Layton（2005: 166）也贊成重新評估古代的智慧「不僅在人類學中泛靈論被重估，現代的生態智慧也開始從新的角度評估動物、自然自身的價值。」日本學者認為關於「智慧」的定義，在現代好像變成具備許多知識或資訊就是有智慧，其實在東方文化中，原本的意思是指洗練的程度或身體上的知性；而徹底認識身體能使一個人看起來很有美感，或是很有智慧（後藤武等，2016: 65）。西方也有類似的辭彙和文化理解。"gut feeling" 有兩種含義，即指直感，又指本能的自發性動作。知覺與動作是關聯的。這個複合詞彙中，gut 作為名詞，指內臟、腸子、羊腸線、膽量、勇氣；作為形容詞，又指本能的、（問題等）根本的。

把知覺作為創造的元理論，聯結了創造的物質性根源與創造的具身機制，但是仍然受到創造的社會文化理論質疑。創造離不開文化的滋養，文化是「人的第二自然」。文化中最主要的形態就是語言文化。在 Neisser（2009）的區分中，對信號的知覺是一種認知的過程，而非直接知覺的過程。如若從這一邏輯論述，affordance 並不能擴展到符號認知。本文的理解是，學習語言和語言交流都是非直接知覺過程，只有當某些文化已經物化為物，如一只鼎，人與這類文化的互動，就可能是直接知覺。因此在文化生態環境中，物與人的互動，甚至人與人互動中，人的非符號化的一切屬性對於另一個人來說，affordance 機制就會發揮作用。特別是，人工自然與天然自然無法分開，所以 Gaver（1996）則認為「文化，經驗等等可以強化特定的 affordance」。

人類的創造的確不同於動物的本能，是生物性與社會性融合的複雜過程。只不過，對於生物性的解讀，過去只停留在生物解剖學的物質層面，以及生理欲望驅動層面，對創造只能用似本能來加以說明。生態的創造心理學，不是否認文化的作用，而是先要從最本原的機制出發，從人與物質環境的關係出發去發現人為什麼能創造，然後再去

逐層地向外探索：主體維度有身體的，思維的，動機的，人格的；社會環境維度有領域知識的，文化的，等等。可以說，affordance 理論提供了人與環境互動的生態整體觀，對於解讀創造這樣的高級活動也不無意義。affordance 理論又可稱為生態知覺理論，一句話：生態知覺做為創造的元理論大概會有所作為。

參考文獻

· 王銘銘（2007）。「會說話的孩子」說了什麼？書城，7，10-14。
· 包慕萍（譯）（2009）。「建築」的教科書（原作者：安藤忠雄等人）。北京：中國建築工業出版社。
· 李伯聰（1993）。關於進化認識論的幾個問題。自然辯證法通訊，1，8-15。
· 肖聿（譯）（1999）。創造進化論（原作者：Henri Bergson）。北京：華夏出版社（原著出版年：1907）
· 周林文（2006）。鏡像神經元研究簡史。環球科學，12，30-31。
· 陳植蔭，肖奚安（譯）（1989）。數學領域中的發明心理學（原作者：Jacques Hadamard）。南京：江蘇教育出版社。（原著出版年：1945）
· 陶行知（1943）。創造宣言。育才學校手冊。重慶：時代印刷出版社。
· 傅世俠，羅玲玲（2000）。科學創造方法論。北京：中國經濟出版社。
· 黃友玫（譯）（2016）。設計生態學（原作者：後藤武、佐佐木正人、深澤直人）。桂林：廣西師範大學出版社。（原著出版年：2007）
· 蒙養山人（譯）（2005）。人類學理論入門——他者的眼光（原作者：Robert Layton）。北京：華夏出版社。
· 錢崗南（譯）（1987）。創造的祕密（原作者：Silvano Arieti）。瀋陽：遼寧人民出版社。（原著出版年：1976）
· Bargh, J. A., Morsella, E. (2008). The unconscious mind. *Perspectives on Psychological Science*, 3 (1), 73-79.
· Chemero, A. (2009). *Radical Embodied Cognitive Science*. Cambridge, MA: MIT Press.
· Gallese, V., Fadiga, L., Leonardo, F., and Rizzolatti, G. (1996). Action recognition in the premotor cortex. *Brain*, 119 (2), 593-609.
· Gaver, W. (1996). Affordances for interaction: The social is material for design. *Ecological Psychology*, 8 (2), 111-129.
· Gibson, J. J. (1966b). *The senses considered as perceptual systems* (p. 285). Boston: Houghton Mifflin.
· Gibson, J. J. (1979, 1986). *The ecological approach to visual perception*. Boston: Houghton Mifflin.
· Glăveanu, Vlad Petre (2013). Rewriting the language of creativity: The Five A's framework. *Review of General Psychology*, 17 (1), 69-81.
· Maier, N. R. F. (1993). An aspect of human reasoning. *British Journal of Psychology*, 24, 114-155.
· Neisser, U. (2009). *Cognition and reality: Principles and implications of cognitive psychology*. San Francisco: W. H. Freeman Press.
· Reed, Edward S. (1996). *Encountering the World: Toward an Ecological Psychology*. Oxford, New York: Oxford University Press.
· Schilling, M. A. (2005). A Small-World Network Model of Cognitive Insight. *Creativity Research Journal*, 17 (2&3), 131-154.
· Zaltman, G. (2002). Hidden minds, when it comes to mining consumers' views, we've only scratched the surface. *Harvard Business Review*, 80 (6), 26-27.

中國與丹麥青年設計師對幽默與
創造力的認知比較研究

週春芳

摘要

本文以社會文化理論為框架探討幽默、創造力與設計的關係，採用質的研究方法進行實證研究，分別對中國和丹麥的兩所大學設計系的大學生師進行了訪談，用以比較兩種文化間青年設計師們對幽默與創造力的認知的異與同。兩國的青年設計師們都認為幽默感是創造性的情感、語言與行為體現，幽默感有助於設計團隊的學習過程。他們還都認為，幽默不僅是人格特徵與交流工具，也是將創造性想法應用於設計實踐與設計成果的表現形式。研究也發現了兩國青年設計師認知的差異：丹麥受訪者認為幽默感是個人向團隊其他成員展現個人人格的形式以促進個人在團隊發展的融入過程，幽默本身就是一種個人創造力；而中國的受訪者認為幽默感會促進個人與團隊之間的和諧關係，幽默多是個人語言創造性的即興的表達形式。簡而言之，本研究有助於以幽默的視角理解創造力與創意設計之間的相互影響，同時也對跨文化研究具有重要的意義。

關鍵字：幽默、創造力、團體創造力、創意設計、跨文化研究

週春芳，丹麥奧爾堡大學規劃系副教授。

壹、理解創造力、設計與幽默

一、創造力在哪裡發生？

什麼是創造力？這個概念已經被探討了很多年，通常的講，創造力是指提出新穎而實用的想法，這種定義已經在各個領域中達成了共識（Sternberg, 1999; Sawyer, 2003; Zhou, 2016）。雖然創造性的想法是創造者提出的，但是個人離不開組織氛圍與社會文化環境的影響，所以我們贊同以系統觀來看創造過程的發生。也就是說，創造力不能單單被解讀成人類創造性思維的結果，創造性過程與社會文化環境中的眾多影響因素有關（Amabile, 1996; Craft, 2005; Sawyer, 2007; Zhou, 2016）。這樣的系統觀來思考創造的定義，突破了只關注定義創造力本身的侷限性（Zhou, 2012），引導研究者們更多的關注「創造力在哪裡發生與創造力又是如何發生的」？那麼，怎樣來回答這個問題？

首先，當然，創造力在人的頭腦中產生。任何具有創意的想法都源於人的認識過程，這正是早期的心理學研究創造力的出發點。每個人的基本的認知與注意力、記憶力、好奇心、人格特徵、智力水平與信息處理能力等都有關係，也都會對創造力有影響（Amabile, 1996）。由於個體之間具有不同的認知特徵，因而創造力也是具有個體差異性的（Zhou, 2012）。

其次，創造力在人與人的合作中產生。既然我們贊同創造力是具有個體差異性的，那麼，不同的個人在合作中相互啟發會達成共識、產生團體創造力（Sawyer, 2007）。也就是說，團體創造力更多的關注團體成員知識的分享、氛圍的建構與能力的集成（Craft, 2005）。進一步講，創造力在合作中產生是動態的過程，正如社會建構主義所倡導的，是在人與人、人與實踐的關係中產生的（Zhou, 2016）。

最後，創造力在社會文化體系中產生。每個人都處在一定的社會

文化環境中，這其中受很多因素的影響，比如組織環境、家庭環境、宗教信仰、區域文化、教育水平、經濟狀況與社會結構等，都會影響個人的認知特徵與團隊合作模式，進而影響創造力的產生（Craft, 2005）。也就是說，創造力不僅體現在個體認識過程、團隊合作過程，也是隱含在社會過程中的（Zhou, 2015）。

以上的分析也進一步說明我們可以在社會文化理論的框架下進行研究創造力，社會文化理論可以理解為系統觀探索創造力研究的基礎所在（Zhou & Luo, 2012）。正如前蘇聯心理學家維果茨基（L. S. Vygotsky）所提出來的，社會文化因素在人類認知功能的發展中發揮著核心作用，人類認知活動的最重要的形式是通過社會和物質環境內的互動得到發展的（Zhou & Luo, 2012; Zhou, 2015）。因為我們認為創造力是在很多與社會文化有關的要素之間相互作用中產生的，而某些「關係」、「聯繫」，或者「相互作用與影響」，正是社會文化理論視角解讀問題的焦點所在（Zhou, 2016）。

二、幽默與創造力相關嗎？

通常的，我們提起幽默，很多人會想到喜劇、玩笑、開心、滑稽等詞彙。的確，幽默具有很多不同形式的表達，可以是語言的，繪圖的，也可以是動作的。簡單的講，幽默是人類交流的一種形式，是對嬉戲的一種情感反應，也是一種人類面臨困境時減輕精神和心理方法（Zhou, 2015）。最重要的，幽默必須是有趣或可笑的，這也是幽默的美感特徵，但是必須尋求正向積極的情感互動，不提倡以諷刺挖苦他人而獲得自己愉悅的方式。也就是說，幽默可以意味深長的，但獲得趣感要適當。幽默感來自風趣的人格特徵，需要敏銳的思考力、觀察力、洞察力、模仿力與想像力，也需要深刻的生活體驗與良好的語言表達能力。

同時，對幽默的理解、反應與表達是人類集體價值觀的一部分，

所以幽默是具有地域與文化差異的（Zhou, 2015; Luo, Zhou, & Zhang, 2016）。例如，研究發現，由於東西方文化中對幽默的重視程度不同，西方人比東方人較頻繁地使用幽默。西方社會視幽默為一人格特質，在風格及傾向上因個人特質的差異而有很大的變異。東方人覺得幽默很重要，但自己不具備；幽默很美好，但與自己無關；幽默很可愛，但僅屬少數人（岳曉東，2012）。幽默風格不僅在東西文化上呈現出不同，在同一文化中的不同區域，也顯示了其差異所在，這是由於文化差異導致了區域的性格差異（Luo, Zhou, & Zhang, 2016）。例如，研究發現，香港大學生和內蒙古大學生都較多運用親和型幽默，較少運用自貶型幽默，但內蒙古大學生較多運用自強型幽默，香港大學生則較多運用攻擊型幽默（Chen & Martin, 2005）。

由於幽默創造了一種輕鬆愉快的語境和製笑方法，而「笑」可視為社會約束所產生的緊張和壓抑心理的一種釋放（Freud, 1960），笑聲往往是感染他人的，這樣一來個人的情感釋放也擴散到工作團隊中，這有利於個人創造性思維的開拓與團隊成員之間的交流，所以我們可以理解幽默為構建創造性氛圍的一種要素（Zhou, 2015, 2016）。在 Ekvall（1996）的研究中，幽默與「玩興」意義相近，這兩個概念同時構成一種創造性氛圍的影響因子，用來評估組織氛圍是否是輕鬆的，自發的，伴有笑聲與玩笑的放鬆環境。也就是說，親和型幽默在團隊合作中很必要，是指以開玩笑的方式促進人際關係，減少磨擦，通常包括說笑話、巧辯等方式（岳曉東，2012）。Teslow（1995）也曾強調，在課堂中，幽默也可以作為一種「喚醒注意力」的策略，因為增強學生們的注意力是需要突然促進刺激的方法。幽默所帶來的笑聲和在學習環境中的輕鬆感是有意義的，因為這可以開啟更開放的師生交流，能夠使學生們在不尋常的學習模式與平等的師生關係中獲得更多的創意。

幽默不僅有助於構建創造性氛圍，其本身也是一種創造力的形式。幽默感的表達，是需要創造力的（Zhou, 2015）。幽默感是一種

捕捉生活中乖謬現象的觸覺，也是一種能巧妙揭露人際關係中矛盾衝突的智力，其效果令人發笑，耐人尋味卻又不令人反感（岳曉東，2012）。任何一個本質和現象的對比，或任何一個目的和手段的對比，如果出現矛盾和不相稱，而導致這種現象的自我否定，這樣的情況就會變得可笑。在每個事例中，笑是源於突然感覺到一個概念和現實之間的不和諧，而笑本身正是這種不和諧的表現。幽默是完全不同的事物的結合，將屬於一個情境的事物併入另一情境（Zhou, 2015, 2016）。因而幽默感也可以看作是一種審美，把意味深長的理性思考和天真情趣的感性表達巧妙地結合起來；幽默是一種極有價值的心理智慧，使人機智地處理複雜問題（岳曉東，2012）。正如 Torrance（1970）所定義的，幽默感和玩興感是創造性人格特徵的體現，創造性強的個體具有很強的欣賞幽默與理解幽默中的隱含信息的能力，也具備很強的表達幽默的能力。也就是說，幽默感與創造性是相輔相成的（Zhou, 2015）。

三、幽默與設計

西方人所用的「設計」（Design）一詞，源於古老的拉丁文 "Designare"，意思是構想、計畫。今天我們可以看到設計一詞依然延續了一部分古老的含義（Zhou, 2015）。但是其具體的定義，隨著時代以及思想的變遷而有所不同。設計是在有條件的限制下，利用形體材料，企圖增值、企圖解決問題的單製或複製的創造性過程或行為（楊裕富，1995）。正如 Gerog（1996）所強調的，設計是一種有目的的，受規則限制的決策制定的探索過程，也是一種學習互動。決策制定過程中受很多變量的影響，設計師們探索的過程中不斷改變思維方式以獲得解決問題的方法，也是知識不斷被建構的過程。因而設計行為（design activity）乃是整合科學、藝術、經濟與社會文化等相關領域的一種思考模式（Zhou, 2015）。就設計的過程而言，它也是一種藉由

思考來解決問題的歷程，同時它也需要解決問題的工具、方法。設計的結果就是要改善或美化人們的生活，目的在創造出適合人類使用的各種事物（林崇宏，2000）。

那麼，幽默在設計表現中的應用，無疑是設計形式的一種創新。因為幽默往往是輕鬆愉悅的，也是超功利的，它會給設計帶來別樣的趣味，贏得人們對設計產品的喜愛。幽默的設計能讓人印象深刻，久久難忘，並有利於傳播。例如，幽默廣告是一種以喜劇性的表現形式來宣傳產品的廣告。它創造的新奇令人驚異，突破了人們原有的心理定勢，使人產生一種「思維的輕快節奏」感。詼諧、有趣而美妙的信息傳遞在人的大腦中形成一個爆發點，引發出人們由衷的笑聲。幽默引發的笑是一種內心願意接納的表示。當觀眾被幽默廣告注入的誇張、浪漫和幻想的情境所逗樂的時候，心理就處於一種積極的興奮狀態，這種感官機能的適度興奮，尤其是人們捧腹大笑的時候，就在心理上消除了對廣告的防線，此時最容易受到廣告的影響而「樂而受之」。觀眾就這樣在一種輕鬆愉快的心境下完成對廣告商品的認知、記憶、選擇和決策的思維過程，使人們在笑聲中愉快地接受廣告對商品的介紹和宣傳。

設計師是需要幽默感的。設計師在擁有良好的藝術基礎的同時，還要有豐富的想像力和對美好生活的好奇心，以及一定的心理學基礎和其他相關知識，這樣作品的藝術價值和宣傳價值才能顯現出來（Zhou, 2015）。在《設計也幽默：平面設計師的幽默指南》一書中，Bradley（2016）強調平面設計師可以學會像喜劇演員一樣思考，像設計師一樣解決問題。例如，在日本，Nendo Studio 設計事務所的創始人佐藤大（Oki Sato）詼諧與幽默，極具奇思妙想，用一個又一個優秀的作品踐行著他的設計理念。比如，在咖啡杯的底部繪製有各種咖啡的樣式，當這個杯子倒置時就像是裝滿了咖啡一樣，看起來依然很好喝；原本直立的桌腳變成了像芭蕾舞蹈者站立的腳型，非常生動；將本該隱藏的無線鼠標數據接收器設計成動物尾巴的形狀，讓本身無

趣的鼠標變得有趣了⋯⋯在這些設計作品中，總能看到很多小小驚喜和幽默感。在佐藤大看來，這些小幽默感就像給設計品加點調料。佐藤大 2002 年創立了 Nendo Studio 設計事務所，網站（www.nendo.jp）上有這樣的一句話：在日常生活中隱藏著許多的「!」時刻，我們的目標就是用簡潔而有力量的設計，為生活創造更多的驚嘆號。在日文中，Nendo 的含義為「黏土」，它表示著自由、有彈性、可隨意調整，這也正是 Nendo Studio 設計事務所的宗旨：做有趣的設計、做有思考的好設計、做簡潔而有力的設計。

四、小結

幽默是創造性設計中不可或缺的元素，幽默感是設計師們應該具備與培養的特質。正如前文所敘述的，創造力與幽默皆是受社會文化環境影響的理論概念，那麼，設計師們對創造力與幽默感的認知也應該是具有地域與文化差異性的。從這樣的前提假設出發，我們認為開展一項跨文化的比較研究是具有實際意義的。這樣既可以驗證我們的理論假設，加深對理論概念的理解，也能揭示出先前的研究和理論中被忽視的問題。由此，本文以在社會文化理論的框架下，在對幽默、創造力與設計的關係的探討基礎上，採用質的研究方法進行實證數據收集，分別對中國與丹麥的兩所大學中設計系的大學生們進行了訪談。對訪談數據的分析旨在比較分析中丹兩種文化間青年設計師們對幽默與創造力認知的相似性與差異性。

貳、對中國與丹麥青年設計師的訪談

一、訪談對象

如前所述，訪談對象為設計系的大學生，來自兩所大學：中國的

東北大學與丹麥的奧爾堡大學。訪談對象共 26 人，每個文化的訪談人數為 13，中國受訪的大學生來自東北大學工程設計專業，丹麥的訪談者來自奧爾堡大學工業設計系，年齡在 22 歲至 28 歲之間，其中只有 4 名女生（每種文化中各 2 名），其他都為男生。所有的訪談對象都具有團隊合作經歷，以小組為工作單位，以案例學習為方法是東北大學與奧爾堡大學設計教育課程設置模式的共同特徵。來自中國的訪談對象被命名為 C1，C2，C3，……C13；類似的，來自丹麥的訪談對象被命名為 D1，D2，D3，……D13。所有訪談對象都為參與本文實證研究的志願者。

二、訪談數據收集

訪談旨在通過提問探析年輕的設計師們對創造力、創造性設計與幽默的理解。訪談為個體訪談，每個訪談約 40 分鐘，在獲得訪談者的允許後訪談被錄音。在訪談提綱的指引下，訪談形式為開放式與互動式，允許訪談者自由的深度的回答訪談問題。提綱包括以下問題：

（1）在您的設計項目與團隊學習的經歷中，哪一種工作環境是有利於正向情感的產生和創意想法的產生？

（2）您的工作團隊中，是否有幽默感很強的人？如果有，這個人在團隊中都有哪些有趣的設計經歷或者有趣的學習過程？

（3）您喜歡幽默的人嗎？為什麼喜歡（或者不喜歡）？

（4）您個人怎麼樣理解「幽默感」這個詞？

（5）您認為自己是具備幽默感的人嗎？如果是，在哪些場合，您表現得很幽默？

（6）在您的生活中，您注意培養自己的幽默感嗎？為什麼（或者不）注意這一點？如果是，通過何種方式培養幽默感的？

（7）您認為幽默對學習設計類專業的知識有影響作用嗎？如果有，為什麼？都有哪些作用，可以舉例說明嗎？

（8）您怎樣理解幽默、設計與創造力的相互作用？

中國與丹麥兩種文化中皆使用上述提綱，不同的是，在丹麥的訪談以英語進行，而在中國的訪談以漢語進行。訪談結束後，所有訪談被形成文字且被所有受訪者確定文字內容準確無誤。隨後，內容分析法被應用於訪談數據分析，旨在比較中丹兩國設計系大學生對幽默與創造力的認知，分析相同與差異性。

參、分析比較中丹兩國青年設計師對幽默與創造力的認知

一、對幽默與創造力的相同認知

（一）團隊需要開放性，幽默有助於創造力

兩種文化中的年輕的設計師們在訪談中表述他們喜歡輕鬆開放的團隊工作氛圍，這樣的氛圍有助於創意設計的產生。大部分受訪者認為他們對各自的團隊氛圍很滿意，他們個人能夠在團隊工作中被啟發正向的情感，這些有利於他們提出創意的設計想法，例如，其中兩人談到以下觀點：

> 我認為在團隊中我的正向情感得到了激發，因為我們團隊四人具有類似的工業設計專業的學習背景，在推進項目工作中，我們保持開放式的討論，各自承擔不同的部分，但是整個團隊很清楚各個部分工作的不同之處與整個進程，我們經常產生新的想法，而且新的想法來自大家集體討論中的貢獻。（受訪者 D6）
>
> 我們工作在一個積極而又開放性的團隊中。這意味著我們個人在完成自己的工作的同時，也照顧其他人。對一些新的想法，我們很少會去抱怨，我們總是積極討論，因為我們認為抱怨會扼殺創造力。（受訪者 C2）

所以，團隊的開放性帶來很多團隊成員的非正式討論、談話、聊天，或者一些社會活動的機會。開放性也提供了幽默的條件──兩國的大學生均指出，幽默是需要自由的環境的，通過幽默製笑的方法是團隊中成員關係的潤滑劑，但是由於人與人之間笑點的不同，每個人對同一幽默的反應也不同。幽默是一種即時發生的事情，經常來自於不經意間對話所帶來的意想不到的效果。有時，團隊中的玩笑或者某個人的滑稽行為會改變事前計畫的工作軌跡，帶來新穎而有趣的創造性想法：

　　　　我們曾一起為一家餐廳設計一個新的商標圖案，我們為此工作了很長時間，沒有滿意的結果，感覺很累。我們其中一個人很滑稽，他假裝在吃很美味的東西，逗大家開心。於是我們一起開懷大笑，之後我們突然意識到將美味的感覺融入到設計中會是一個很棒的方案！是的，這就是幽默的結果。（受訪者 C10）

　　正如 Gero（1996）的研究中提到的，設計活動往往融入設計師兩種狀態下的工作模式，一是遵循通常的設計規則，常態的工作模式；二是打破規則，破舊立新，非常態的工作模式。而創意的設計往往來自第二種狀態，不走尋常路，創意的想法多來自「突現性」（emergence），也就是由非常態的工作模式帶來意想不到的結果。更確切的講，本文的情境可以被稱為「合作突現性」（collaborative emergence）（Sawyer, 2003），是指在合作的情境下，新穎性的產生是一種集合性的結果，伴隨著團隊成員之間的對話交流，也伴隨著對大家事先沒有預測意想不到的某種意義的建構過程。就像青年設計師們在訪談中提到的，幽默為「合作突現性」提供了創意氛圍的條件，幽默本身也是一種「突現性」。從這一點上講，本文的訪談數據從幽默的角度，為創造力的「合作突現性」的特徵提供了有力的實證材料。

（二）幽默須健康，團隊歡迎幽默

兩國的大學生們都認為，團隊需要「健康的」（healthy）幽默。也就是說，幽默應有利於個體正向情感的產生，玩笑不能傷害他人。團隊工作需要有幽默感很強的人，幽默感是一個人與生俱來的一種人格魅力。在受訪者們看來，具有創造性的人不一定都是具有幽默感的人；但是凡是幽默感很強的人，都是具有很強的創造性的。

有些受訪者認為，他們天生不是很好的「製笑者」（creator of laughs），但是他們是很好的「發笑者」。他們認為，在團隊中，「製笑者」與「發笑者」之間應該有互動與平衡，嚴肅的工作與輕鬆的氛圍應該進行良好的互動與平衡，如果幽默帶來太多輕鬆，會引起團隊的低效，這也是「不健康的」（unhealthy）表現。

更有意思的是，兩國的大學生們都談到他們的老師在他們遇到設計難題時，都鼓勵他們以幽默的精神對待挑戰，並分享年輕時他們設計經歷中的趣事。

> 我們的老師經常以風趣幽默的方式鼓勵我們。他告訴我們當他和我們一樣大，開始學習設計時他有多麼愚蠢，他總是說我們比他聰明很多。我們覺得他在我們解決問題過程中起到很大的作用，他引導我們樂觀的向前，積極的解決難題，這也是我們喜歡他的原因。（受訪者 D4）
>
> 老師開玩笑跟我們講，當他剛剛開始學習設計的時候，彷彿是一個腳上帶著鎖鏈的舞者，他用力的抬腿，但就是跳不動。他鼓勵我們一定要自由的思考，開放的探索，大膽的把設計想法實現到作品中。（受訪者 C5）

看來，學生設計團隊中不僅歡迎幽默感強的成員，也歡迎幽默感強的老師。這也體現幽默有助於拉近師生間的距離，幫助老師展現他們是學生們中的一員，分享他們的學習經驗，有助於鼓勵學生積極自

信的面對挑戰，解決複雜性的問題。

（三）社交媒體中享受幽默，幽默體現設計社會責任感

當兩國大學生們被問到是通過何種方式培養幽默感或者享受幽默帶來的快樂，他們都回答社交媒體是主要的途徑。例如，在線訊息、電影、錄像、卡通、在線論壇、聊天平台與網絡社群等等，都是享受幽默或者啟發幽默感的來源。

作為年輕的設計師，在他們看來，幽默可以是一種作品風格的體現，並承載著設計師的社會責任感。一些幽默的設計，能夠喚醒某些公共意識，例如友愛、慈善、寬容、節省等等，鼓勵積極的人生態度與正向的社會價值觀：

> 如果一件作品是幽默的，它不僅僅是有趣的，也是能夠引起他人在某些方面的反思，為觀眾留下深刻的印象，甚至改變一些態度和行為。所以，幽默是促進他人反思作品背後意義的力量，這也說明，設計出一件幽默的作品，遠遠超越設計出一個笑點那般的簡單。（受訪者 C7）
>
> 我曾看到一個作品，是一盞燈的設計。設計的風格是非常詼諧幽默的，很搞笑，但是傳達的訊息是告誡人們注意節約用電，所以我們不能簡簡單單的定義幽默就是一個笑話。（受訪者 C7）

由此看來，對於設計師而言，幽默不僅僅是個人魅力，創造性的人格特徵，團隊創造性氛圍的需要，創意設計的風格體現，也是實現設計師社會價值，完善設計師職業身分認證的一種方式。正如前文所提到的，幽默是要有趣的，也要意義深長的；設計師們將作品的趣味性與意義深長美妙的結合在一起，就是他們負責任的表達創造力的結果。

二、對幽默與創造力的不同認知

（一）中國大學生多強調語言幽默，丹麥大學生定義幽默更寬泛

當被問到幽默感與創造力的關係時，本文得到了兩國青年設計師們不同的答案。在中國的訪談者看來，如果一個人具有很強的幽默感，他一定具有很強的語言表達能力，幽默多體現於對語言的巧妙運用，多體現出在即興對話中所展現的創造性的發現與製造笑點。換句話說，中國的大學生們多認為幽默是一種語言形式上的創造力。雖然丹麥的受訪者也提到幽默在語言對話中產生，但多強調幽默是對語言內容的創意反應與趣味性解讀：

> 我認為，幽默通常表現在一個人在與他人對話中的迅速反應能力，並同時能夠造出我們從未聽過的新詞或者講出笑話來表達特別有趣的意思。所以幽默的人天生具有超好的語言表達能力。（受訪者 C10）
>
> 我們團隊中一個人很幽默，在團隊討論中，他很善於發現我們討論內容中其他人沒有發現的意義。我也認為，幽默感當然是創造力的一部分，更確切的說，是源於想像力和看待同一事物與眾不同的能力。（受訪者 D13）

正如在 Chen（1982）的一項早期的研究中強調，中國的笑話多注意運用詞彙細微的差別性而產生新奇有趣的意義。這也源於中國語言的獨特性，照比西方語言，漢語詞的意義多來自字與字之間的語義的組合，新的組合會產生新的語義，且相同的讀音中含有不同的字，一個字也有不同的語義。所以從詞彙構成形式上，漢語言照比西方語言更能靈活的製造笑點。

除了以上的差別，在對「幽默」一詞的定義上，丹麥的受訪者比中國的受訪者提供的回答更寬泛，更全面。中國的受訪者多侷限在定

義幽默與語言的創造性有關，多提及幽默與笑話是同義詞；而丹麥的受訪者還強調幽默本身即是創造力，是可以多種形式表達的。因此，丹麥大學生對幽默的定義更寬泛。

（二）中國大學生強調幽默為了團隊和諧，
　　丹麥大學生認為幽默為了展現個人

當被問到在團隊中設計師們要施展個人的幽默感時，中丹兩國的大學生們給予了不同的回答。中國的受訪者認為，幽默感有利於團隊成員之間關係的相處，可以將敏感問題處理得更妥當，避免人與人之間的衝突，因為人們會「一笑而過」，這樣團隊關係才能和諧。而丹麥的受訪者認為，個人在團隊中表現幽默，也是讓其他人更多的了解自己，在大家開懷大笑時喜歡上自己，這樣有利於自己與他人的相處。例如，下文所引述的內容：

> 從我個人角度上講，在團隊中，我給予其他人足夠的尊重。但有時，在對其他人的工作或者建議提出反駁時，我很擔心會傷了和氣。為了團隊的和諧關係，幽默則是很好的解決辦法。（受訪者C5）
>
> 幽默會拉近我在團隊中與其他人的距離，同時給他人留下好感。當然，個人的幽默是屬於團隊的，因為當大家聽完我的笑話開心時，我也很開心。（受訪者D4）

無疑，兩國青年設計師對為什麼要在團隊中施展個人幽默感的認知差異來自於東西方文化的差異性。儘管當下的中國文化體系內包含多種元素，但是我們依然可以看到集體主義文化對個人的影響。所以在中國的大學生多強調團隊的和諧關係，忽略了展示個人人格的方面。不同的是，在丹麥的文化體系裡，個體主義是主流元素，人們追求個體的獨立性，鼓勵人格發展的多樣性。因而，從本研究的訪談

中，我們得到了「從團隊集體角度」與「從個體角度」兩個不同的出發點來回答同一個問題，也體現了兩種不同的團隊文化與社會價值觀。

肆、結論

本文認為創造力、設計與幽默皆是與社會文化相關聯的概念。雖然在先前的研究中創造力與設計的探討已經頗多，但是從幽默的視角聯繫創造力與設計並進行跨文化的實證比較研究不多見，這也是本文的新穎之處。以中國與丹麥兩種文化間的比較分析為例，本文獲得了很多有意義的發現，尤其是得到了兩種文化間青年設計師們對本研究中涉及的核心概念的認知的相似性與差異。我們通過研究可以總結出，與其說「幽默是具有文化依賴的」（being cultural-dependent），不如說「幽默是同時具有文化的相通性和特殊性的」（being both cultural-general and cultural specific）。對於設計工業與設計教育而言，在鼓勵設計師團隊國際合作時，理解對方的幽默語言是至關重要的。因為在設計師眼裡，幽默不僅僅是人格魅力，創造性人格特徵，團隊的潤滑劑，設計風格的體現，也是作品本身與設計責任感。也就是說，幽默不僅承載著設計師們之間有趣交流的功能，也發揮著設計作品與觀眾之間的互動作用。

本文雖然僅僅根據小範圍的訪談揭示了中丹兩國的比較研究結果，但是能夠啟發在其他的國際設計團隊合作中，幽默可以成為文化間的語言翻譯器與跨文化設計過程的觸發器。幽默提供設計師們輕鬆自由的工作氛圍，但施展幽默感也同時需要輕鬆與自由的組織環境，所以如何提供適當的條件，更利於設計師們幽默感的培養，應該是設計工業管理者與設計教育者們共同關心的話題。除此以外，正如 Yue（2010）提到的，中國人從未缺少創造力，從未缺少幽默感，從未缺少創造幽默與幽默的創意表達，只不過由於歷史上長期文化的、社會

的與政治的各種原因，幽默曾被小心的、保守的，甚至被批判的對待過。因此，幽默在中國人的認知體系中被一定程度的忽略與遺忘了。中國的傳統文化中尤其是儒家思想對創造力的開發存在很多不利因素（Kim, 2007）。進入當下的知識經濟時代，也是設計引領未來的時代，只有打破傳統文化的束縛，營造設計產業創造性氛圍，做好基礎創意與設計教育以及人文素養，才能培育更多的設計人才以適應市場的需求，提升競爭力。我們也由此提出幽默應該成為發展創意設計文化不可或缺的核心要素，如此設計創造力的未來才會有願景。

參考文獻

· 林崇宏（2000）。造形設計原理。臺北：視傳文化。
· 岳曉東（2012）。幽默心理學：思考與研究。香港：香港城市大學出版社。
· 楊裕富（1995）。建築與室內的設計資源（一）：設計的美學基礎。斗六：國立雲林技術學院。
· Amabile, T. M. (1996). *Creativity in Context*. Boulder: Westview Press.
· Bradley, H. (2015). *Design Funny: The Graphic Designer's Guide to Humor*. USA: HOW Books.
· Chen, X. Y. (1982). On origins of "humor". *Journal of Aesthetic Study and Appreciation*, 1, 60-65.
· Chen, G. H., & Martin, R. A. (2005). Coping humor of 354 Chinese university students. *Chinese Mental Health Journal*, 19 (5), 307-309.
· Craft, A. (2005). *Creativity in Schools, Tensions and Dilemmas*. London: Routledge.
· Ekvall, G. (1996). Organizational climate for creativity and innovation. *European Journal of Work and Organizational Psychology*, 5, 105-123.
· Gero, J. S. (1996). Creativity, emergence and evolution in design. *Knowledge-Based System*, 9, 435-448.
· Freud, S. (1960). *Jokes and Their Relation to the Unconscious* (J. Strachey, Ed. & Trans.). New York: W. W. Norton & Company. (Original work published 1905)
· Kim, K. H. (2007). Exploring the interactions between Asian culture (Confucianism) and creativity. *Journal of Creative Behavior*, 41 (1), 28-53.
· Sawyer, R. K. (2003). Emergence in creativity and development. In R. K. Sawyer, V. John-Steiner, S. Moran, R. J. Sternberg, D. H. Feldman, J. Nakamura, & M. Csikszentmihalyi (Eds.), *Creativity and Development* (pp. 12-60). Oxford: Oxford University Press.
· Sawyer, R. K. (2007). *Group Genius, the Creative Power of Collaboration*. New York: Basic Book.
· Sternberg, R. J. (1999). *Handbook of Creativity*. New York: Cambridge University Press.
· Teslow, J. L. (1995). Humor me: a call for research. *ETR&D*, 43 (3), 6-28.
· Yue, X. D. (2010). Exploration of Chinese humor: historical review, empirical findings, and critical reflections. *Humor*, 23 (3), 403-420.
· Zhou, C. (2012). Fostering Creative Engineers: A Key to Face the Complexity of Engineering Practice. *European Journal of Engineering Education*, 37 (4), 343-353.
· Zhou, C., & Luo, L. (2012). Group creativity in learning context: understanding in a social-cultural framework and methodology. *Creative Education*, 3 (4), 392-399 .
· Zhou, C. (2015). Students' perceptions of humor and creativity in Project-Organized Groups (POG) in engineering design education in China. *International Journal of Chinese Education*, 4 (2), 162-179.
· Zhou, C. (2016). Fostering creative problem solvers in higher education: a response to complexity of societies. In C. Zhou (Ed.), *Handbook of Research on Creative Problem-Solving Skill Development in Higher Education* (1 ed., pp. 1-23). USA: IGI Global.
· Luo, L., Zhou, C., & Zhang , S. (2016). Gender and regional differences in creativity: a comparative study on playfulness and humor in postgraduate students between mainland China and Taiwan. *NASPA. Journal About Women in Higher Education*, 9 (2), 208-229.

華人社會的創造力表現：
過去、現在與未來創造力的
終生 / 畢生發展之香港研究及趨勢

許娜娜

摘要

本文採用發展心理學的角度，探討創造力表現研究，以及創造力的內隱理論在不同人生階段的發展。在幼兒階段，創造力主要從玩樂和學習的想像中顯示出來，以較質性的研究方法去評定，而內隱理論尚未形成。在兒童階段，創造力可以透過不同學科的獨創成果，同儕和師長父母的評鑑，開始孕育內隱理論。文獻顯示青少年在創造力測驗的分數較兒童為高，甚至高於成年人，不同學科的獨創成果更是重要表現，而內隱理論亦逐漸建立。到了成人階段，創造力的表現更多樣化：職業範圍、閒暇範圍、家庭人際、創業守業、社會改革等，而個人的內隱理論成為主要的推動因素。至於老年階段，透過參與多種創意閒暇活動，創造力變成一個認知能力的保護因素，可以增強生活品質的重要活動，而內隱理論更強化。

關鍵字：發展心理學、創造力表現、內隱理論、幼兒階段、兒童階段、成人階段、老年階段

許娜娜，香港城市大學行為及社會科學系副教授。

幼兒為熟悉的兒歌重新填詞或改編曲調，在角色扮演遊戲時以父母的口吻互相對話。小學生在校慶嘉年華會設計了一個嶄新的吉祥物。中學生為社區內的長者發明一款多用途枴杖，既可以輔助行走又可以坐下，還可站著用伸出的叉子撿起跌在地上的東西。大學舞蹈學會會員以自創自編的原創舞蹈參加比賽。不同企業的員工開發的新產品，專業人士為提升服務品質和效能所採用的新技術。持家者為家人所烹調的新菜式，長者在藝術活動所創作的字畫歌舞、攝影和媒體創作等。以上這些都是在不同人生階段的創意行為和成果。

行為和成果是否有創意，可以根據創造力的定義來評定。美國學者 Hennessy 和 Amabile（2010）的創造力定義是「新的和適合的」。中國古典《考工記》（周朝公元前 770-476）有對創造的描述：「知者創物，巧者述之守之，世謂之工。百工之事，皆聖人之作。」以上兩個定義的相同處，在於個人的創造力皆需要彰顯於被創造的物件或外在的行為，而且可以從創作者和觀察者兩個的角度來看行為和成果都有新意和合用。不過，誰去評鑑行為和成果是否新的和適合的這方面，在不同人生階段中都有不同。

在嬰幼兒階段，個體透過與環境互動，身體、腦部、情緒、社交、智力等各方面均迅速發展，不過由於生活體驗始終只有數年，若果以創作者的主觀角度，所有的行為和成果都是新的和適合的。至於觀察者的角度就大相逕庭，嬰幼兒身邊的觀察者大都是比他年長的個人，比他經驗豐富，所看所聞的事物皆較其多。如果按照觀察者的觀點，嬰幼兒的行為和成果皆曾看過和聽過，所以並沒有新意，有時就算有新意，但是又不適合用。例如：幼兒學講話時，便經常說出不同的發音，按著自己的意思為不同的玩具自行命名，咿咿吨吨一番，有些發音在成人聽來沒有意義，也不適合用來為該物件命名。

筆者提出採用發展心理學的角度，探討華人的創造力表現研究，以及創造力的內隱理論在不同人生階段的發展。創造力的行為和成果都是外顯的表現，而內隱理論是指個人對創造力的信念和理解。

Hui、Ho 及 Wong（2019）以 Baltes、Staudinger 和 Lindenberger（1999）的發展心理學理論，應用在人生不同階段的創造力發展，其討論可分兩層次：以人為本和以功能為中心。前者強調個人的整體和人生歷程，主要描述創造力在幼兒、兒童、青少年、成年、中年和老年階段的狀態及發展方式。後者描述在人生歷程中創造力所發揮的功能和作用。以發展心理學為主的創造力學者研究的問題有：什麼時候個體會展現創意？是否從兒童期開始？創造力在人生歷程中有什麼變化？是否在成年期充分發揮？在不同的階段，創造力究竟能為個人帶來什麼影響？隨著人生階段而變化的創造力，又有什麼激發和抑壓創造力的因素？創造力的表現在量、質和形式是否隨人生歷程而改變（Lubart & Sternberg, 1998）？創造力如何表現、如何評量和如何受重視（Lindauer, 2003; Lubart & Sternberg, 1998; Stroebe, 2010）？以及在不同領域的創造力發展有沒有轉變（Baer, 2015; Runco & Cayirdag, 2012）？表 1 列出各人生階段的創造力發展特點。

表 1　創造力在人生階段的發展特點

	幼兒期	兒童及青少年期	成年期	老年期
創造力的定義	對創作者是新的	對創作者和評鑑者都是新的和合用的	對創作者和評鑑者都是新的和合適的	對創作者是新的和合用的
創意表現指標	獨創力	高質量和可行的意念	影響社會的成果	變通力和獨創力
評量方式	質性評量	標準化評量實作評估	專業成果創意人格	生活解難質性評量
內隱觀感	尚未形成	創意的自我形象	原創者的專業身分	表達自己的獨特性
創造力的用處	自我表達	建立創意的自我效能、初接觸專業創造力的界別	藉專業創造力改進社會	運用創意評鑑自己和別人的人生和成果
最重要的促進因素	遊戲、玩樂和學習時發揮的想像	信任自己能有創造成果	創意能力和環境作最佳配合	新的解讀來建立對老化和創作的正面詮釋

發展創造力在人生的不同階段都發揮不同的功能。Moran（2010）描述創造力對個人和社會的用處，也討論相關的機制和過程。在幼兒期，多是作自我表達，著重內在動機。而兒童和青少年期，透過對創造力的要求，建立創造力的內隱理論，同步建立富創意的自我觀感。至成年和中年期，創造力的內隱理論逐漸發展成創意的評審力，建立一個原創者的獨特身分，選擇與創造力相關的專業為職業，藉專業創造力改進社會。在老年期，仍然發揮創造力，表達自己的原創和獨特性，運用創意評鑑自己和別人的人生和成果。

現今各地的幼兒教育，皆大力提倡遊戲，創意和遊戲是建立兒童腦工程的要素。澳洲政府教育部門的文件：研究證據顯示在遊戲中，探索、思考、解難和語言活動有助兒童腦神經連接（DEEWR, 2009）。遊戲的正面作用有：舒緩壓力、加強社交能力、增強創造力等。在懂得兒童發展和處事鎮靜的成人陪伴下，減低兒童生活壓力。在成人扶植下，增強社交連繫和開放式的創造性遊戲。將劇烈的體育鍛煉融入日常生活日程，正面控制壓力、提升社交技巧和促進大腦發展。逐步提高學習的難度，挑戰兒童的發展區而不會感到受挫。在師長和同儕鼓勵下，提供練習的機會讓兒童運用所學的技能。哈佛大學「成長中的兒童」研究中心（2007）指出，當兒童在遊戲時，大腦的活躍區包含管理肢體動作、行為調控、語言、記憶、視覺和情緒等功能。

在幼兒階段，創造力主要是從玩樂和學習的想像中顯示出來，以較質性的研究方法去評定，而內隱理論尚未形成。Tegano、Moran 和 Sawyers（1991）提出學前階段的創意潛能表諸於獨創力，富創意的幼兒具備原創和非凡的意念，他們擁有較高的意念流暢力。可以對同一條的問題提供許多不同的點子，顯示高度的意念流暢力，而當中有一些極具獨創的意念，甚至成人也覺得是新的和合適的。在學校階段，富創造力的創意前鋒可從他們在發掘原創方法時所產生的高質量和可行的意念發掘出來。而成人階段的創造力就展現在能將原創意念變成影響社會的成果，具真正意義和影響力的創意行為。他們的理論未有

擴展到老年期。

　　什麼樣的情境會鼓勵幼兒不斷為同一條的問題不停地想出不同的答案，而這些答案全都是合適的，而當中有一些更是新穎的？創造力萌芽於主動參與不同類型的遊戲，包括：想像性遊戲（Vygotsky, 1967/2004）、扮演式遊戲（Hoffmann & Russ, 2016）及由兒童主導的遊戲（Reifel & Sutterby, 2009）等。在遊戲的自由氛圍中，幼兒自然展現創造性氣質，運用好奇心，將自己、玩伴、玩具和環境想像成為心目中的角色，一起投入情境，完成活動和任務。在創作過程裡，運用擴散思維、想像、評量等認知能力，漸漸培養富玩興、對新經驗持開放態度的個性。

　　幼兒在遊戲中發揮創造力，這不是老生常談的嗎？還有什麼需要討論？可是，社會文化對創造力和遊戲的傳統觀念，卻影響著父母和老師的看法和理解，是否賦予時間、空間和權利讓幼兒有遊戲和創作的機會。Wu（2014）比較香港和德國兩地幼稚園的課程，發現香港幼兒每天只有 27 分鐘（佔整體時間 22%）在室內遊玩，而德國幼兒有 120 分鐘（佔整體時間 51%）。香港幼兒比德國幼兒明顯少玩戲劇性遊戲和小組遊戲。Wu（2015）再進一步研究兩地幼兒和教師對遊戲和學習的看法有沒有差異。她發現德國幼兒比香港幼兒對遊戲的看法較嚴謹，德國幼兒只把自由遊戲定義為遊戲，在遊戲時能否自主自選是重要的標準。相反，香港幼兒對遊戲的定義相對寬鬆，唱遊、穿珠、閱讀、玩樂器等都是遊戲，遊戲可以是自選或教師主導的。兩地幼兒對遊戲的觀念都和教師一貫。香港教師認為很多活動都是遊戲，例如：生日會、體能、書寫等。而德國教師只認定自由遊戲才是遊戲，重視和尊重幼兒的遊戲權利，並且提供空間和時間讓幼兒選擇玩的材料和玩伴，深入地投入遊戲和玩興中。吳靜吉（2002）闡釋臺灣的學校教育所提出的現象觀察，對檢視香港幼兒教育的現況，仍然一矢中的。香港的幼稚園仍然「忽略意義的主動建構」，仍然「忽略創造歷程的體驗及個人經驗與發現」，仍然忽略創造力。

在這樣寬鬆的定義下，幼兒自由遊戲的時間極需要先劃分出來，否則孩子不一定真的有自選遊戲的時間。連遊戲時間也欠奉，遑論發展創造力和親歷玩興的經驗。所以新的「幼稚園教育課程指引」（香港特別行政區政府教育局，2017）建議半日制學校有 30 分鐘自由遊戲時間，全日制有 50 分鐘。幼兒在自由遊戲中，因應自己的喜好、能力和生活經驗，選擇各式各樣的玩具或非玩具、邀請玩伴及設計遊戲的玩法，以增加遊戲的趣味，盡情表達感受和探索身邊事物，發展創造力。Chan（2017）比較以遊戲為學習中心的幼兒和以傳統方式為教學中心的幼兒，後者較能建立成熟的心理理論，善於解釋、預測和理解別人的想法。

在眾多學習範疇，「幼稚園教育課程指引」（香港特別行政區政府教育局，2017）之新指引亦將藝術學習範疇修訂為藝術與創意，強調創作和自由表達的元素是發展幼兒創造力的有效策略。Hui、Ho 和 Ye（2015）接受香港藝術發展局委託，由明日藝術教育機構主領，研究將藝術教育和幼稚園的主題學習結合，邀請視覺、戲劇、音樂和皮影等七位藝術家進駐七個校園，和幼師共同備課，將視覺、戲劇和綜合藝術的學習滲透入主題學習。駐校藝術家和幼師約有最少 60 小時的協作，包括：教師藝術培訓和幼兒藝術教導兩方面。研究結果顯示：幼兒的語文創造力有顯著的提升。Hui、Chow、Chan、Tsui 和 Sam（2015）接受由香港優質教育基金撥款，東華三院教育科學前教育部主領，將藝術和中文繪本教育結合，在 15 間所屬幼稚園的高班（五歲班）推行。研究以前後測方式進行，參加的幼兒無論在語文創造力、圖像創造力或以肢體動作表達的創造力全都有明顯的提升，其中圖像創造力和肢體動作的意念流暢力皆有中度的效應量值。以上的教育心理學研究結果為新指引在藝術與創意範疇的改動提供了科學化的證據。

有什麼傳統觀念影響華人對遊戲的看法呢？《三字經》裡提到：「勤有功，戲無益。」韓愈《進學解》規勸學子：「學精於勤荒於嬉，

行成於思毀於隨。」孔子曰：「益者三樂，損者三樂：樂節禮樂，樂道人之善，樂多賢友，益矣；樂驕樂，樂佚游，樂宴樂，損矣。」遊戲都令人聯想起「戲」、「嬉」、「游」等較負面的含意，因而容易誤解遊戲在學業和社交上都無益處。希望家長和教師能以現代兒童發展心理學的角度，理解和尊重幼兒的遊戲和創造力的發展歷程和心理需要，在家庭、學校和社區裡積極提供培養玩興和創造力的機會。

到了兒童及青少年在學校階段，創造力發展文獻中經常談論的有小四暴跌現象。Ho 和 Wong（2015）以 514 位小五至中二的學生為受試對象，以圖像創造力為變量，延伸了創造力發展在高小級及初中級的研究。發現暴跌現象只出現在由小六轉銜至初中的學生群中，其他的由小五升上小六，以及由中一升上中二的學生群中，創造力並沒有明顯變化。根據進一步的回歸分析結果，指出學習轉銜期、感知威脅、內控因素和壓力感知都是有效的預測變項。處於學習轉銜期和內控因素較低的學生，以及感知威脅和壓力感知較強的學生較多呈現暴跌現象。所以創造力的暴跌現象和學習轉銜期的適應和壓力感知有關。

Ho、Wong 和 Hui（2017）採用了實驗研究法將 584 位（由 9 歲小四至 14 歲中二）的學生隨機編入以下三組其中之一：愉快音樂小組、憂傷音樂小組和控制小組。在實驗前，所有受試學生都先完成圖像創造力的前測，然後愉快和憂傷音樂兩組會聆聽十分鐘的音樂，而控制組則只安坐十分鐘，最後三組再完成圖像創造力的後測。結果顯示，無論聆聽什麼類型的音樂，圖像創造力都有顯著進步，而控制組則沒有改變。愉快音樂能激發受試學生的正面情緒，而憂傷音樂能牽動負面情緒。

學校教師對創造力培育的角色是舉足輕重，教師也是創意培訓的主要推行者和評估兒童及青少年期的創意的守門者。Cheng（2010）訪問了 75 位香港小學常識科教師，探討教師在推行創意教育的困難。他們點出創意教育和教育現況的三大矛盾，就是學生要學習知識

還是學習創造力，師生尊重創意文化還是中國傳統文化，教師要當傳統教育工作者還是創意教育的改革者。教師經常陷入五個兩難中，究竟選擇傳統還是創意的教學方法，教師的角色是傳授知識還是激發創造力，教師採用嚴謹和管理式的還是鼓勵和發問式的教學風格，創意教育也挑戰教師檢視自己對教育的價值，究竟創意教育是否真正能幫助所有學生更有效學習？還是趕潮流學時髦的教育改革玩意？顏鴻森（2002）也點評不要過分強調創造力，以免影響學生養成紮實的基礎學科能力。透過不同學科滲入創意教學的難處在於如何跨越學科為本、迎合考試制度和社會文化的箝制（Cheng, 2010）。

除了教師的影響，兒童及青少年期的創意促進因素仍然有：參與藝術教育活動能提升創造力發展，以及其他有益的活動，例如扮演遊戲對情緒調節和玩興有效（Hoffmann & Russ, 2016），聽音樂能激發情緒反應和提升創造力的發展。教師對學生創造力的積極反饋，也成為中小學生對相信自己創造力發展的最有效預測因子（Beghetto, 2006）。研究顯示有效反饋策略在促進學生創造力，和提高青少年信任自己能有創造成果有積極影響（例如：Deutsch, 2016; Visser, Chandler, & Grainger, 2017）。師長懂得運用金髮女孩原則（The Goldilocks principle），以個人的特點提供適切的反饋和鼓勵讓學生能發揮最佳水平（Beghetto & Kaufman, 2014），以及對作品作正面的同儕反饋（例如：Cheng, 2015; Kaufman, Gentile, & Baer, 2005），而非對個人作為反饋的對象（Dweck, 2002）。創造力萌發自遊戲和探索式的學習，在閒暇時間，個人的創造力體現在日常的創造任務中，這些任務能轉化經驗，賦予意義和原創的解釋（Runco & Cayirdag, 2012）。創造力能表達個人獨特性的自我（Paul & Kaufman, 2014）與逐漸發展成為創意品格和特質（Kieran, 2014; Kaufman & Beghetto, 2009）。

創造力持續地在成人期發展，香港在這方面的研究比較少。根據追蹤研究的資料，可以評估創造性思考測驗的預測效度，亦可以橫斷面研究和雙胞胎研究的資料，找出遺傳、共同環境和非共同環境對成

人創造力的影響。另一類的創造力研究則集中在專門領域的專家知識（專業創造力）。在中國的古籍文獻《考工記》所論述的「知者創物」便是在專門領域的專家知識，可見和華人談創造力，以科學、科技和創新等專門方面較容易入手。

從 1958 至 1998 年長達四十年有 99 位受試者的追蹤研究，Cramond、Matthews-Morgan、Bandalos 和 Zuo（2005）發現兒童及青少年期在托弄思創造性測驗所得的流暢力、獨創力，和四十年後成人期的創意成就的數量有正相關，同樣托弄思創造性測驗的總分和成人期的創意成就的質量亦有正相關。在成長過程中參加良師典範計畫亦有正相關，即是在 1980 年有良師的支持和在 1998 年仍有良師的支持。結構方程模型分析顯示創造力表現是最有效預測成人期的創意成就，創造力可以解釋百分之 45.5，而智力只有百分之 8.5。可見成人階段的創意成就建基於兒童及青少年期的創造力。

最近 Palmiero（2015）研究不同年齡成人的創造力表現，重新檢視 McCrae、Arenberg 和 Costa（1987）的橫斷面方式的創造力研究所顯示創造力會隨年齡而下降。Palmiero 的受試對象分六個年齡組別，包括：年輕的成人（20-29 歲）、成人（30-39 歲）、中年人（40-49 歲）、較年長的成人（50-59 歲）、老年人（60-69 歲）和較年長的老年人（70-79 歲），各組均有 25 人。評量創造力的題目有兩項，第一項是列舉某東西的另類用途；第二項是創意的心理綜合任務，運用不同形狀的物件，將它們組合成和畫出新的東西。研究發現年齡對流暢力有影響，年輕成人和成人的流暢力比較年長的老年人有明顯分別，成人的流暢力比中年人的高，其他年齡組別的比較則沒有分別。變通力也受年齡影響，年輕人和成人的變通力比較年長的老年人明顯地高，成人的變通力又比中年人高，不過其他年齡組別的比較則沒有分別。獨創力也有相似的情況、年輕人的獨創力和較年長的老年人有明顯分別，而成人的獨創力比中年人、較年長的成人和較年長的老年人為高。精進力方面也是成人比中年人、較年長的成人和較年長的老年

人為高。在以上四個創意指標中，教育程度是重要的共變項。即是創造力明顯地受教育程度影響，而未必受年齡所限。

Kandler、Riemann、Angleitner、Spinath、Borkenau 和 Penke（2016）的雙胞胎創造力研究，對幫助瞭解遺傳和環境等因素對個人創造力的影響有很大的貢獻。他們根據兩個德國的雙胞胎樣本，共有 288 位成人，由 22 至 75 歲的同卵和異卵雙胞胎。他們完成了人格測量表、自評的創造力、同儕所評的創造力、兩項創造力表現的測量（口述後並錄影了的創意解難問題、T-88 創意測驗）和智力測驗。由於同卵雙胞胎的遺傳百分百相同，而異卵雙胞胎則有約百分之 50 的相似，可以計算出遺傳的因素，也可以評估共同和非共同環境對創造力有多少影響。研究結果指出，對新經驗持開放態度和以上所有的創造力指標都有顯著的正相關，而外向型的人格和自評、同儕所評和口述的創意解難能力有正相關。非共享的環境因素最能有效解釋各項的創造力的表現。簡單來說，在成人階段的創造力最受個人和其特定的環境因素影響。

成人期的專業創造力多由以下方法評量：累計作品（Simonton, 2000）、廣博的知識（Vincent, Decker, & Mumford, 2002; Weisberg, 2015）、在特定領域中被公認為專家（Baer, 2015; Ericsson, 1999）、一般需時最少十年，即平均約 1 萬小時的刻意練習（見 Debatin, Hopp, Vialle, & Ziegler, 2015）。而卓越的創造力發展在不同學術範疇有不同的發展趨勢（Simonton, 2000）。Simonton（2000）以 59 位古典歌劇作家所創作的 911 首作品去檢視創造力和專業創造力的假設，發現有很大的差異。其中 11 位多產作曲家共創作了 457 齣歌劇，佔百分之 50，餘下的 454 齣便由另外 48 位非多產作曲家創作。結果亦指出在相同類型越多累積作品的作曲家，其創造力越低，可能源於過度訓練，缺乏新意。多產作曲家越多不同類型的累積作品，其創造力越高，可能源於跨類型訓練，他們願意嘗試並且成功地創作不同類型的歌劇。在多產作曲家和非多產作曲家中，累積的音樂創作經驗能解釋百分之 14

至 20 的審美效果。跨類型跨界別跨學科的環境有利專業創造力。

成人期的創意促進因素受創意潛能和環境的是否作最佳配合影響（Barbot, Lubart, & Besançon, 2016）。例如：富創新的個人風格在崇尚創新的工作環境，越能成功研發出創意產品（Puccio, Talbot, & Joniak, 2000），鼓勵創意的社會環境和有富創意的同工能促進員工的創意（Zhou, 2003），提升內在和外在的創作動機也能提升員工的創造力（Chen & Hu, 2008）。個人參與創意項目的意願和所賦與意義的過程也是關鍵因素（Ford, 2000），工程師對創造力的推崇，願意付出參與的時間和具決心皆能造出創意成果（Unsworth & Clegg, 2010）。

以往的華人的創造力研究亦很少以晚年期的成人為對象。以高峰和衰退模式評估老年人的創造力是有爭論的。老年人的創造力有衰退的現象，主要由擴散式思維的標準化測驗結果而歸納得來的。老年人的創造力比年輕人和成年人都遜色，無論是在托弄思創意測驗中（Roskos-Ewoldsen, Black, & Mccown, 2008），或以華勒高謹創意測驗（Kogan, 1973）為施測工具。其中一個關鍵原因可能是，高峰和衰退模式的研究未能控制教育程度和出生年份的隊列效應等因素。不過，如果運用解難問題來施測，創造力未必隨年齡而衰退。在日常解難式問題，或在較特定的領域，創造力較少有衰退的現象（Artistico, Cervone, & Pezzuti, 2003; Blanchard-Fields, Mienaltowski, & Seay, 2007），因為老年人擁有對人生的閱歷和專家般的見識，能有效解決日常的難題（Baltes, 1987）。老年人在日常問題解難中甚至勝過年輕人，因為他們必須通過採取更多以問題為中心的策略，例如有計畫地解決問題和認知評估來解決日常生活中的問題和人際問題（Blanchard-Fields et al., 2007）。研究老年藝術家和建築師在創造力方面質的變化的研究發現，隨著年齡的增長，他們的創造力仍然不斷發展（Dudek & Croteau, 1998; Lindauer, 2003; Lonrenza-Huber, 1991; Romaniuk & Romaniuk, 1981; Ruth & Birren, 1985）。

Hui 等（2014）在香港調查了 600 位不同年齡組別的人士，由 25

至75歲四個組別，每組150人對自己創意人格的自評。結果有些出人意表，創意人格的自我觀感隨著年齡不斷發展，不但沒有下滑跡象，老年人的創意人格自評更是眾組別中最特出的。老年人是否認為創造力是固定的能力，其教育程度和健康狀況等因素會影響他們在日常活動中會否積極參與，對老化過程保持正面的態度（Zhang & Niu, 2013）。

研究文獻指出老年人參與創意和協作解難式的活動，例如：心靈的奧德賽活動等，能促進社交參與、智力運用和個人成長（Parisi, Greene, Morrow, & Stine-Morrow, 2007），亦有助於提高認知處理速度、歸納推理和擴散思維能力（Stine-Morrow, Parisi, Morrow, & Park, 2008）。除此之外，還可提高健康指標，少看醫師，較少憂鬱症病狀，有更多的社交活動（Cohen, Perlstein, Chapline, Kelly, Firth, & Simmens, 2006），更擁有較高生活品質（Hui & Liang, 2012）。這些活動皆能保持創意的自我觀感。

傑出的創意專業人士及其傳奇作品，有不少是其老年時代的傑作，例如：音樂家威爾第85歲時創作了 "Ave Maria" 樂曲，舞蹈家瑪莎·格雷厄姆一直演出直到75歲，並在95歲時編排了她的第180部作品。藝術家米開朗基羅曾為朗達尼尼聖母憐子圖工作，直到他83歲去世。美國畫家摩西奶奶在80歲時首次開辦個人藝術展（Hickson & Housley, 1997）。美國建築師弗蘭克·勞埃德·賴特在91歲時完成紐約市的古根海姆博物館。剛離世的饒宗頤先生，享年101歲，其學術和藝術作品橫跨許多知識領域，有考古學、藝術（敦煌畫作研究）、歷史、文學、宗教等。可見晚年期的創造力繼續為一般人提供自我表達的功能，並讓傑出的創意人繼續為社會作出貢獻。參與創意培訓能進一步加強個人的創造力，並通過在人生回顧中提供新的解讀來建立對老化的正面詮釋。

在人生歷程中的創造力發展模式有不同。以發展心理學角度去研究創造力，強調不同人生階段所展示的創造力有不同，因應受重視的

創造力種類有差異，所以最合適的評量方式亦多元，所發揮的功用和促進因素也是多樣化。隨著全球人口老化的趨勢，華人創造力的終生發展將會更需切和盛行。創造力可以變成一個認知能力的保護因素，同時可以增強生活品質的重要活動。

參考文獻

· 吳靜吉（2002）。華人學生創造力的發掘與培育。應用心理研究，15 期，頁 17-42。
· 香港特別行政區政府教育局（2017）。幼稚園教育課程指引。香港：香港特別行政區政府教育局出版。
· 顏鴻森（2002）。知者創物，巧者述之。應用心理研究，15 期，頁 60-62。
· Artistico, D., Cervone, D., & Pezzuti, L. (2003). Perceived self-efficacy and everyday problem solving among young and older adults. *Psychology & Aging*, 18, 68-79.
· Baer, J. (2015). The importance of domain-specific expertise in creativity. *Roeper Review: A Journal on Gifted Education*, 37, 165-178.
· Baltes, P. B. (1987). Theoretical propositions of life-span developmental psychology: On the dynamics between growth and decline. *Developmental Psychology*, 23, 611-626.
· Baltes, P. B., Staudinger, U. M., & Lindenberger, U. (1999). Lifespan psychology: Theory and application to intellectual functioning. *Annual Review of Psychology*, 50, 471-507.
· Barbot, B., Lubart, T. I., & Besançon, M. (2016). "Peaks, slumps, and bumps": Individual differences in the development of creativity in children and adolescents. In B. Barbot (Ed.), *Perspectives on creativity development: New directions for child and adolescent development*, 151, 33-45.
· Beghetto, R. A. (2006). Creative self-efficacy: Correlates in middle and secondary students. *Creativity Research Journal*, 18, 447-457.
· Beghetto, R. A., & Kaufman, J. C. (2014). Classroom contexts for creativity. *High Ability Studies*, 25, 53-69.
· Blanchard-Fields, F., Mienaltowski, A., & Seay, R. B. (2007). Age differences in everyday problem-solving effectiveness: Older adults select more effective strategies for interpersonal problems. *Journal of Gerontology: Series B: Psychological Sciences & Social Sciences*, 62, 61-64.
· Center on the Developing Child (2007). The science of early childhood development (InBrief). Retrieved from www.developingchild.harvard.edu
· Chan, K. S. (2017). *The impacts of pre-primary teaching approaches on the development of Theory of Mind (ToM) in kindergarten children.* (Unpublished final year project). City University of Hong Kong, Hong Kong.
· Chen, Y.-S., & Hu, M.-C. (2008). The impact of task motivation and organizational innovative climate on adult education teachers' creative teaching performance: An analysis of hierarchical linear modeling. *Bulletin of Educational Psychology*, 40, 179-198.
· Cheng, V. M. Y. (2010). Tensions and dilemmas of teachers in creativity reform in a Chinese context. *Thinking Skills and Creativity*, 5 (3), 120-137.
· Cheng, V. M. Y. (2011). Infusing creativity into Eastern classrooms: Evaluations from student perspectives. *Thinking Skills and Creativity*, 6 (1), 67-87.
· Cheng, V. M. Y. (2015). Consensual assessment of creativity in teaching design by supportive peers — its validity, practicality, and benefit. *Journal of Creative Behavior*. doi:10.1002/jocb.125
· Cohen, G. D., Perlstein, S., Chapline, J., Kelly, J., Firth, K. M., & Simmens, S. (2006). The impact of professionally conducted cultural programs on the physical health, mental health, and social functioning of older adults. *The Gerontologist*, 46, 726-734.
· Cramond, B., Matthews-Morgan, J., Bandalos, D., & Zuo, L. (2005). A report on the 40-year follow-up of the Torrance Tests of Creative Thinking: Alive and well in the new millennium. *Gifted Child Quarterly*, 49, 283-291.
· Debatin, T., Hopp, M., Vialle, W., & Ziegler, A. (2015). Why experts can do what they do: the effects of exogenous resources on the Domain Impact Level of Activities (DILA). *Psychological Test and Assessment Modeling*, 57 (1), 94-110.
· Department of Education, Employment and Workplace Relations (DEEWR) (2009). *Belonging, being & becoming: The Early Years Learning Framework for Australia*. Canberra: DEEWR.
· Deutsch, D. (2016). Authentic assessment in music composition: Feedback that facilitates creativity. *Music Educators*

Journal, 102, 53-59.

· Dudek, S., & Croteau, H. (1998). Aging and creativity in eminent architects. In C. Adams-Price (Ed.), *Creativity and successful aging: Theoretical and empirical approaches* (pp.117-152). New York: Springer.

· Dweck, C. (2002). Beliefs that make smart people dumb. In R. J. Sternberg (Ed.), *Why smart people can be so stupid* (pp. 24-41). New Haven, CT: Yale University Press.

· Ericsson, K. A. (1999). Creative expertise as superior reproducible performance: Innovative and flexible aspects of expert performance. *Psychological Inquiry, 10*, 329-333.

· Ford, C. M. (2000). Dialogue: Creative developments in creative theory. *Academy of Management Review, 25*, 284-287.

· He, W. J., & Wong, W. C. (2015). Creativity slump and school transition stress: A sequential study from the perspective of the cognitive-relational theory of stress. *Learning and Individual Differences, 43*, 185-190.

· He, W. J., Wong, W. C., & Hui, A. N. N. (2017). Emotional reactions mediate the effect of music listening on creative thinking: Perspective of the arousal-and-mood hypothesis. *Frontiers in Psychology.* doi: 10.3389/fpsyg.2017.01680

· Hennessey, B. A., & Amabile, T. M. (2010). Creativity. *Annual Review of Psychology, 61*, 569-598.

· Hickson, J., & Housley, W. (1997). Creativity in later life. *Educational Gerontology, 23*, 539-547.

· Hoffmann, J. D., & Russ, S. W. (2016). Fostering pretend play skills and creativity in elementary school girls: A group play intervention. *Psychology of Aesthetics, Creativity, and the Arts, 10*, 114-125.

· Hui, A. N. N., Chow, B. W. Y., Chan, A. Y. T., Chui, B. H. T., & Sam, C. T. (2015). Creativity in Hong Kong classrooms: Transition from a seriously formal pedagogy to informally playful learning. *Education* 3-13, 43 (4), 393-403.

· Hui, A. N. N., He, M. J. W., & Wong, W. C. (2019). Understanding the development of creativity across the lifespan. In J. C. Kaufman & R. J. Sternberg (Eds.), *Cambridge handbook of creativity* (2nd Ed.) (pp. 69-87). Cambridge, MA: Cambridge University Press.

· Hui, A. N. N., He, M., & Ye, S. S. (2015). Arts education and creativity enhancement in young children in Hong Kong. *Educational Psychology, 35* (3), 315-327.

· Hui, A. N. N., & Liang, E. (2012). Creativity as a reserve capacity in older adults and a virtue in positive psychology. Symposium presentation in the Second China International Conference on Positive Psychology, Beijing, China.

· Hui, A., Yeung, D. Y., Sue-Chan, C., Chan, K., Hui, D. and Cheng, S. T. (2014). Gains and losses in creative personality as perceived by adults across the life span, *Development Psychology, 50* (3), 709-713.

· Kandler, C., Riemann, R., Angleitner. A., Spinath, F. M., Borkenau, P., & Penke, L. (2016). The nature of creativity: The roles of genetic factors, personality traits, cognitive abilities, and environmental sources. *Journal of Personality and Social Psychology, 111*, 230-249.

· Kaufman, J. C., & Beghetto, R. A. (2009). Beyond big and little: The four c model of creativity. *Review of General Psychology, 13*, 1-12.

· Kaufman, J. C., Gentile, C. A., & Baer, J. (2005). Do gifted student writers and creative writing experts rate creativity the same way? *Gifted Child Quarterly, 49*, 260-265.

· Kieran, M. (2014). Creativity as a virtue of character. In E. S. Paul & S. B. Kaufman (Eds.), *The philosophy of creativity: New essays* (pp. 125-144). New York: Oxford University Press.

· Kogan, N. (1973). Creativity and cognitive style: A life-span perspective. In P. B. Baltes & K. W. Schaie (Eds.), *Life-span developmental psychology: Personality and socialization* (pp. 145-178). New York: Academic Press.

· Lindauer, M. S. (2003). *Aging, creativity, and art: A positive perspective on late-life development.* New York: Kluwer Academic/Plenum Publishers.

· Lorenzen-Huber, L. (1991). Self-perceived creativity in the later years: Case studies of older Nebraskans. *Educational Gerontology, 17*, 379-390.

· Lubart, T. I., & Sternberg, R. J. (1998). Life span creativity: An investment theory approach. In C. Adam-Price (Ed.), *Creativity and successful aging: Theoretical and empirical approach* (pp. 21-41). New York: Springer-Verlag.

· McCrae, R. R., Arenberg, D., & Costa, P. T. Jr. (1987). Declines in divergent thinking with age: Cross-sectional, longitudinal, and cross-sequential analyses. *Psychology and Aging, 2*, 130-137.

· Moran, S. (2010). The roles of creativity in society. In J. C. Kaufman & R. J. Sternberg (Eds.), *The Cambridge handbook of creativity* (pp.74-90). Cambridge, MA: Cambridge University Press.

· Palmiero, M. (2015). The effects of age on divergent thinking and creative objects production: A cross-sectional study. *High Ability Studies, 26*, 93-104.

· Parisi, J. M., Greene, J. C., Morrow, D. G., & Stine-Morrow, E. A. L. (2007). The senior odyssey: Participant experiences of a program of social and intellectual engagement. *Activities, Adaptation & Aging, 31*, 31-49.

· Paul, E. S., & Kaufman, S. B. (Eds.) (2014). *The philosophy of creativity: New essays.* New York: Oxford University Press.

· Puccio, G. J., Talbot, R. J., & Joniak, A. J. (2000). Examining creative performance in the workplace through a person — environment fit model. *Journal of Creative Behavior*, 34, 227-247.

· Reifel, S., & Sutterby, J. A. (2009). Play theory and practices in contemporary classrooms. In S. Feeney, A. Galper, & C. Seefeldt (Eds.), *Continuing issues in early childhood education* (3rd ed., pp. 238-57). Upper Saddle River, NJ: Pearson.

· Romaniuk, J. G., & Romaniuk, M. (1981). Creativity across the life span: A measurement perspective. *Human Development*, 24, 366-381.

· Roskos-Ewoldsen, B., Black, S. R., & Mccown, S. M. (2008). Age-related changes in creative thinking. *Journal of Creative Behavior*, 42, 33-59.

· Ruth, J.-E., & Birren, J. E. (1985). Creativity in adulthood and old age: Relations to intelligence, sex and mode of testing. *International Journal of Behavioral Development*, 8, 99-109.

· Runco, M. A., & Cayirdag, N. (2012). The theory of personal creativity and implications for the fulfillment of children's potentials. In O. N. Saracho (Ed.), *Contemporary perspectives on research in creativity in early childhood education* (pp. 31-43). Charlotte, NC: IAP Information Age Publishing.

· Simonton, D. K. (2000). Creative development as acquired expertise: Theoretical issues and an empirical test. *Developmental Review*, 20, 283-318.

· Stine-Morrow, E. A. L., Parisi, J. M., Morrow, D. G., & Park, D. C. (2008). The effects of an engaged lifestyle on cognitive vitality: A field experiment. *Psychology and Aging*, 23, 778-786.

· Stroebe, W. (2010). The graying of academia: Will it reduce scientific productivity? *American Psychologist*, 65, 660-673.

· Tegano, D. W., Moran, J. D., & Sawyers, J. K. (1991). *Creativity in early childhood classrooms*. Washington, D.C.: NEA Professional Library, National Education Association.

· Unsworth, K. L., & Clegg, C. W. (2010). Why do employees undertake creative action? *Journal of Occupational and Organizational Psychology*, 83, 77-99.

· Vincent, A. S., Decker, B. P., & Mumford, M. D. (2002). Divergent thinking, intelligence, and expertise: A test of alternative models. *Creativity Research Journal*, 14, 163-178.

· Visser, I., Chandler, L., & Grainger, P. (2017). Engaging creativity: Employing assessment feedback strategies to support confidence and creativity in graphic design practice. *Art, Design & Communication in Higher Education*, 16, 53-67.

· Vygotsky, L. S. (1967/2004). Imagination and creativity in childhood. (M. E. Sharpe, Inc., Trans.). *Journal of Russian and East European Psychology*, 42, 7-97.

· Weisberg, R. W. (2015). Expertise, nonobvious creativity, and ordinary thinking in Edison and others: Integrating blindness and sightedness. *Psychology of Aesthetics, Creativity, and the Arts*, 9, 15-19.

· Wu, S. C. (2014). Practical and conceptual aspects of children's play in Hong Kong and German kindergartens. *Early Years*, 34, 49-66.

· Wu, S. C. (2015). What can Chinese and German children tell us about their learning and play in kindergarten? *Journal of Research in Childhood Education*, 29, 338-351.

· Zhang, W., & Niu, W. H. (2013). Creativity in the later life: Factors associated with the creativity of the Chinese elderly. *Journal of Creative Behavior*, 47, 60-76.

· Zhou, J. (2003). When the presence of creative coworkers is related to creativity: Role of supervisor close monitoring, developmental feedback, and creative personality. *Journal of Applied Psychology*, 88, 413-422.

從多元文化提升創造力的觀點
談新住民子女的優勢能力

黃詩媛、張仁和、蔡秉勳、陳學志

摘要

創造力是個體賴以生存、適應環境變化及提升生活品質重要能力之一，也是人類社會得以繁榮興盛開展文明的主要途徑，創新能力的養成已在現今教育環境被視為不可或缺的項目。國外研究指出多元文化經驗和創造力具有顯著的關聯，然過去較少有研究針對此關聯性深入探究相關因素與內在機制。此外，在臺灣的新住民子女，由於父母文化背景的不同，其生長於多元文化的環境，蘊含「梅迪奇效應」之獨特性，基於此思考方向，我們以一系列研究探討多元文化經驗對新住民子女創意表現的影響，以及內在之心理機制。研究結果證實新住民子女的創造力認知層面中，流暢力、變通力、獨創力，以及創造力情意層面中，冒險性、好奇性、想像性、挑戰性，都比一般子女來得高。值得探討的是，新住民子女為何具有這樣的特質？深入探究發現，新住民子女具有較高的開放性人格，較能以開放

黃詩媛，國立臺灣師範大學教育心理與輔導學系博士生。
張仁和，中央研究院民族學研究所助研究員。
蔡秉勳，國立臺灣師範大學教育心理與輔導學系博士生。
陳學志，國立臺灣師範大學教育心理與輔導學系教授。

心態整合多元觀點，進而提升創意表現；此外，新住民子女有較高的種族增長觀，對於文化與社會訊息能夠有較富彈性的思維，不會認為事物都是一成不變而僵固的，進而帶動其獨創力的創造優勢。此研究發現為臺灣學界首度顯示新住民子女之優勢，在實務上有助於發展適其之教學策略，在理論上則建構多元文化與創造力的論點。本研究更是突破過去研究只關注於成人階段的多元文化與創造力之關聯，而是進一步以自小在臺灣生長的新住民子女，探究其學習特性與創造力優勢表現之內在機制，藉使讓大眾對新住民子女有更正向的瞭解與認知。

關鍵字：創造力、多元文化經驗、新住民子女、優勢能力、梅迪奇效應

壹、緒論

創造力是人類文明發展的動力。教育部於 2002 年公布創造力白皮書，意即學校除了教導學生學科知識之外，也應培養學生獨立思考與創造思考之能力，以落實全民整體創造力之提升。創造力已經儼然成為重要的核心能力與積極重視的培育課題。然而，在創造力教育的領域裡，早期研究者多將重點放在創意思考技法或策略的教學上，較少著重於社會文化對於創造力的影響。許多針對提高創造力的研究顯示，多元文化經驗與創造力有著極高的關聯，多元文化經驗除了有助於習得不同文化的新知與想法外，亦能讓個體整合多方訊息，促成多元的思維模式，進而提升創造思考（Benet-Martinez, Lee, & Leu, 2006; Crisp & Turner, 2011; Gocłowska & Crisp, 2014; Leung, Maddux, Galinsky, & Chiu, 2008）。又如前所述，透過接觸多元文化經驗除了有助於個體創意思考的生成，亦有助於其創意傾向與人格特質的培育。

多元文化經驗不僅會影響個體的創造力，也可能進一步影響其子女的創意表現。近期許多研究紛紛指出，長期處在多元文化環境家庭的孩童，在創意表現上同樣會顯現出優勢（例如：Gocłowska & Crisp,

2014）。而在臺灣，同樣的效果亦可能展現在新住民子女上。目前透過跨國婚姻來臺的新住民，已躍居為臺灣第五大族群（內政部，2017a），其生育的子女為新住民子女（又稱新臺灣之子），約佔國中小人數的 10%。新住民子女是具多元文化經驗的個體，且融合多元文化之「梅迪奇效應」，進而產生出創造性的想法和觀點，可能會有較佳的創造力表現。相較於一般學生，新住民子女在創造力的表現上是否具有優勢？而其創意優勢的心理機制為何？是否有其他心理或社會因素影響到創造力的優勢表現？透過對其內在機制的探討，將可幫助我們更清楚瞭解影響創造力的可能因素，藉此針對優勢能有更良好的發揮。因此，本文將深入探討從多元文化提升創造力教育的觀點，探析新住民子女優勢能力之影響歷程為何。

貳、多元文化與創造力

一、多元文化對創造力的優勢效果

擁有多元文化經驗的個體從不同文化下，所接觸到新的想法或非傳統的觀念時，將其與原先儲存在記憶中的概念相整合，進而產生創造性的想法與觀點。國外的調查研究提到多元文化體驗對創造力的影響，在各個發展階段會採用不同類型的創造力。例如，具有多元文化背景（主要為移民）的個體，在各項創造力指標均有較佳的表現，甚至在新居住國家的生活時間和創造力表現都具有關聯性（Maddux, Adam, & Galinsky, 2010; Maddux & Galinsky, 2009; Tadmor, Galinsky, & Maddux, 2012）。其次是，在異國留學經驗的學生比起沒留學經驗的學生有較佳之創造力（Lee, Therriault, & Linderholm, 2012）。此外，比起沒外派至他國經驗的主管，曾經有外派至他國工作經驗的主管有較好的創新表現（Fee & Gray, 2012）。

多元文化經驗與創造力表現之關係，在個體生長環境及社會脈絡

下，其創造力表現亦有差異，如 Leung 與 Chiu（2010）以五個實徵研究探究多元文化經驗與創造力表現之關係，他們以 65 位歐裔美國大學生為研究對象，將其隨機分派至五個實驗情境中：1. 僅接觸美國文化；2. 僅接觸中國文化；3. 接觸美國及中國雙重文化；4. 接觸到美國及中國混合文化（例如：麥當勞米漢堡）；5. 控制組。研究者分別讓五組受試者以圖片、音樂、電影片段……等方式讓其接觸到不同的文化，接觸完後待五至七天後再對其進行數種創造力測驗。結果發現，接觸到美國及中國雙重文化及混合文化者，其創造力表現較佳。此外，接觸多元文化經驗多寡與產生非傳統想法、對異文化接受度呈正相關。顯示接觸文化經驗愈多元者，創造力表現愈佳且接受外來文化的程度愈高。以上研究指出多元文化經驗對創造力表現的提升具有潛在優勢效果。

二、多元文化經驗對創造力影響之可能因素

透過接觸多元文化經驗除了有助於個體創意思考的生成，亦助於其創意傾向與人格特質的培育。

（一）多元文化經驗之「梅迪奇效應」

梅迪奇效應（Medici Effect）意指不同文化、領域或學科的想法交會時，將會結合既有知識或概念創造出大量突破性的創新想法（Johansson, 2005）。許多實徵研究也支持這個觀點，他們發現具備多元文化經驗的個體，往往在創造力領域表現較佳，像是提升頓悟思考、遠距聯想和創意想法生成等創意元素（Crisp & Turner, 2011; Leung et al., 2008; Maddux et al., 2009）。一個可能的解釋是，當個體持續暴露在多元文化時，會接觸到許多不一致且衝突的經驗，這會促使個體改變自己既有的文化思維，並嘗試整合這些多元的文化訊息，有助個體形成更具有彈性的心態，來面對新的經驗以及培養他們整合多元觀點

的思考能力（Appiah, 2006）。多元的心態有助個體能打破既有的框架，產出具有創意的想法。自小就開始接受多元文化經驗的個體，他們在孩童期就會展現比較廣闊的文化價值觀和種族態度（Gaither, 2015; Stepney, Sanchez, & Handy, 2015），進而有提升創造力的可能性。

（二）多元文化經驗個體在創造力優勢之相關因素

過去許多國外的研究指出，多元文化經驗助於創造力的提升，可有以下幾點可能路徑：1. 接觸異文化的個體，會吸收另一個有別於母國文化的觀念，故能拓增其認知複雜性，因此產生更豐富、更多元的概念與想法（Tadmor & Tetlock, 2006）。2. 個體接觸不熟悉想法、觀點的經驗愈多，可以增加個體接受新奇觀點、非傳統想法的心理準備度，進而促使個體使用非傳統觀點、多元的想法來解決問題（Leung & Chiu, 2010）。3. 個體會將在其他文化所接受到的觀點、想法與自己既有的文化觀念相整合，進而產生較多創新的想法（Leung et al., 2008）。

綜合上述，得知多元文化經驗之族群子女具有較多接觸到不同文化、概念、想法的機會，故能產生較多元、創新的想法，可能出自於個體背景脈絡與其獨有的文化經驗（Chang, Su, & Chen, 2015; Cheng & Leung, 2013; Steffens, Goclowska, Cruwys, & Galinsky, 2016）。不過，上述提及到的研究中，有些是以具有多元文化經驗的成人為研究對象，像是移民、海外留學生或海外工作者，顯示出多元文化和創造力於成人階段具有較為穩定的關聯。但是，這些所探究的研究群體，在背景變項中，年齡層較年長、社經地位也普遍偏高，分析時較容易因混淆變項之緣故，對其結果會有所影響。再者，值得探討的是，像是移民、海外留學生或海外工作者之研究群體，是否確實是因多元文化經驗之緣故，而具有創造力優勢表現？也可能因社經地位較高，學習資源也相對的多，亦有可能與社經地位之不同而有所差異。不僅如此，這些願意移民或海外留學的學生，也可能在一開始就相較於不願

意的人有更高的冒險心態，或是更高的對異文化的偏好與主動性（Kitayama, Ishii, Imada, Takemura, & Ramaswamy, 2006），這些基本的內在傾向都有可能是混淆其創造力表現較高的原因。

另一方面，透過實驗研究來探討多元文化經驗與創造力之表現，可能會因實驗時程而具有短暫成效，不能確定後續延宕的效果和影響程度如何。因此，以上的研究以接觸多元文化經驗來提升創造力之解釋較為不足，需以客觀的分析，控制背景變項之相關影響因素來加以探究與檢視，以推論多元文化經驗的個體，對創造力影響可能原因為何。

在臺灣，新住民子女是具備多元文化經驗的個體，其學習特性與生長環境受長時間影響。我們透過自小在臺灣生長的新住民子女，並能加以控制社經地位、生長環境、年齡等背景變項，避免混淆變項之影響，探究其多元文化經驗與創造力優勢表現。新住民子女相較於一般生，是否會有較高的創造力呢？接下來，將藉由客觀的分析、嚴謹的研究方法，探討新住民子女的多元文化經驗對創造力之影響。

參、新住民子女之特性與創造力優勢

一、新住民躍居為臺灣第五大族群

在臺灣，新住民與外籍配偶人數呈現穩定的成長，目前已超過 50 萬人次，並躍居為第五大族群（閩南、客家、外省、原住民、新住民；內政部，2017a）。這也直接反映在臺灣新生人口的組成，相較於近年來國人生育率持續降低，新住民子女人數卻呈現持續增長，在近十年間就由 4 萬 6 千人（2004 年）成長至 20 萬 8 千餘人（2015 年），劇增 16 萬 2 千人之多，新住民學生比率亦由 1.6% 急速增加至 10.6%（內政部，2017b；教育部，2016）。易言之，目前臺灣中小學每十個學生中就有一位是新住民子女，新住民子女（又稱新臺灣之

子）已然成為臺灣教育環境中不可忽視的一份子。

二、新住民子女的學習特性與相關影響因素

　　新住民子女的學業表現與生活適應問題持續受到國內學者關注與重視，許多追蹤、回顧性研究，探討新住民子女的學業成就。由於語言文化的隔閡以及家庭社經背景的弱勢，新住民子女也常經歷到不少生活上的困境與問題，諸如社會歧視、就業問題、學校生活適應與學業表現等問題（謝名娟、謝進昌，2013；陶宏麟、銀慶貞、洪嘉瑜，2015）。此外，新住民家長的出生國家背景，會影響其子女的學業表現，新住民家庭可能因為社經地位相對較低，其家長工作相對繁忙，無暇看顧子女課業問題，陪伴子女教育時間也較少；在管教上偏向放任態度，也相對缺乏家庭功能的支持性，是故對新住民子女的學習支持也較為有限（王貞云、黃欣蕙、何淑菁，2012）。再者，新住民族群並非單一而籠統的群體，必須考量新住民家長出生國家與我國在語言和文化的相似性。

　　大多人對於新住民子女存有偏誤的思維與刻板印象，認為他們在學業表現、生活適應處於困境，受到語言文化的隔閡，而新住民子女在哪些表現上是具有獨特性與優勢能力呢？近期的新聞報導出新住民子女在創作、創意層面的表現優異，其一在 2017 年報導指出，嘉義市一位新住民子女參加第八屆桃城文學獎，獲得小品文組優選之佳績，她的母親是中國嫁來臺灣的新住民，她曾一度自卑、不敢承認自己是新住民子女，如今勇於認同自己的多元文化背景，她將新住民子女內心的衝突與適應歷程，轉化為創作能量，且在 2016 年參加嘉義縣語文競賽全縣複賽獲高中學生作文組第一名（聯合新聞網，2017；自由時報，2017）。其二，今年就讀新竹縣某高中二年級的越南新住民子女，參加 2017 年國際盃美容美髮大賽，榮獲創意凝膠美甲組冠軍，以及 2017 年臺灣世界盃髮型美容美睫紋繡比賽，獲得世界晶鑽

彩繪組冠軍（新住民全球新聞網，2018）。

　　上述新聞報導中的新住民子女，在創意表現相當優異，值得探究的是，新聞中具有優異表現的新住民子女是少數的個案？還是為普遍現象？如何發掘其優勢能力、提供適當的舞台藉以展現長才極為重要。針對以上問題，我們透過一系列實徵研究，藉由大量普查資料，以嚴謹抽樣、客觀的研究分析，探究與驗證新住民子女的多元文化經驗與創造力之間的關聯性與創意的優勢表現。

三、多元文化經驗在特定層面具有創造力優勢表現

　　我們這一系列研究中，以嚴謹研究設計與地區分布之配對比例，建構超過四千名國中、國小的新住民子女與一般生在學習和創造力表現的資料庫中，實際探究其創造力優勢表現。測驗工具包括：（一）「新編創造思考測驗」：為吳靜吉等人（1998）所編製，在計分方式上，使用流暢力、變通力、獨創力與精進力作為測量指標。包含語文與圖形兩部分，其中語文部分，要求參與者於十分鐘內儘可能的寫出竹筷子的不尋常用途，而圖形部分，則是要求參與者於十分鐘內儘可能畫出包含「人」的圖形，並予以命名。本研究以圖形測驗為主，係避免語文能力可能造成的影響，作為測量創造力認知層面之指標。（二）「威廉斯創造傾向量表」：為林幸台、王木榮（1994）修訂自 F. E. Williams 所編製的測驗，量表分為四個分量：冒險性、好奇性、想像性、挑戰性，作為測量創造力情意層面之指標（陳學志，2013）。

　　根據結果得知，即使在控制背景變項（如：家庭背景與人格特質）的情況下，新住民子女仍有較佳的創造力認知與情意之表現，在創造力認知層面中，流暢力、變通力、獨創力，以及在創造力情意層面中，冒險性、好奇性、想像性、挑戰性，都比一般子女來得高。這也呼應近年多元文化激發創造力的正向論述（Crisp & Turner, 2011; Leung et al., 2008; Maddux et al., 2009）。在創造力認知層面發現，除了

精進力之外，其餘皆是新住民子女高於一般子女；而在創造力情意方面，皆是新住民子女高於一般子女。

綜上可知，克服先前提到背景變項之混淆情形，並能得知多元文化經驗對創造力的效果，不僅是出現於成人，亦能展現在青少年學童的表現上。國內外研究報告的結果一致支持多元文化經驗在培養個體創造力的作用與發展。新住民子女為多元文化經驗的個體，亦可能具有某種特質，進而提升個體創造力。接下來，一同來了解影響新住民子女創造力優勢的內在機制。

肆、影響新住民子女之創造力優勢生成之因素

一、新住民子女的開放性特質對創造力之中介效果

（一）多元文化經驗的個體，具有較高的開放性人格

在人格特質層面，許多研究提到開放性特質（openness）與創造力之間具有直接的關聯性（Feist, 1998; McCrae, 1987）。Goldberg（1981）提出「人格五因素」（Five Factor model），其五大人格特質包括：開放性、嚴謹性、外向性、友善性、情緒穩定性。「開放性」意指個體有較開闊的心態面對不同外在的訊息，高開放性者具有較多的想像力、好奇心、感官知覺較敏感、思考較獨立及較能接受新的經驗、想法與非傳統的價值觀，較能適應環境改變，更願意思索新的觀點和挑戰現況。開放性低者較為保守，傾向著眼於較為熟悉與符合慣例的類似想法與事物。

多元文化經驗的個體，係具有較高的開放性人格特質，能更易於感知多元的文化訊息，更能以開放的心態來整合多元觀點的思考；而對於開放性較低的個體，可能會阻礙其在學習環境中感知多元文化的豐富性。因此，即使個體在不同的文化、生活環境中，若是思想層面的開放性不大，對於創造力的影響相對也不高。Maddux 與 Galinsky

（2009）研究發現，控制人格特質之後，多元文化經驗仍與創造力具有高度正向關聯，國內針對新住民子女的研究也得到一致的結果（Chang et al., 2014），顯示當個體具備多元文化經驗時，可能會吸收異國文化中有別於母國文化的觀念，擴展出更開闊的心態，進而影響創意表現。

國外的研究表明，開放性的人格特質對多元文化經驗與創造力具有調節作用（Leung & Chiu, 2008）。隨著多元文化經驗的累積，個體除了在處理訊息的心態上變得更為寬廣外，也能因此發展出良好的認知能力，以及豐富且複雜的內在認知結構，這些都會促成個體在創意潛能、想法與實際創意產出上的優勢（Gocłowska & Crisp, 2014）。以目前國內探討新住民子女優勢之相關研究中，較少以開放性人格特質探究新住民子女創造力優勢能力之影響因素與歷程。因此，我們嘗試以新住民子女在創造力優勢上的可能機制，以開放性人格特質之獨特性，解釋多元文化經驗與創造力之間的關係。

（二）新住民子女具有開放性人格特質，進而提升個體創造力

進一步探討開放性特質對於族群與創造力之關係的影響情形。陳學志（2013）的研究嘗試探討新住民子女在創造力優勢上的可能機制，主要是以人格特質「開放性」予以切入。研究測驗工具使用五因素人格特質量表，由詹雨臻、陳學志、卓淑玲與 Martin（2011）翻譯成中文的量表，以此來測量學生之人格特質。本量表由五個分量表組成，分為開放性、嚴謹性、外向性、友善性及情緒穩定性。結果也發現「開放性人格特質」扮演著「族群變項（是否為新住民子女）」與創造力表現之關係的完全中介變項。

在創造力認知與情意層面發現，學生背景（新住民子女與一般生）與創造力層面（認知、情意）總分的關係上，當學生背景與開放性人格兩變項同時投入預測創造力層面總分時，開放性人格對創造力層面總分的預測達顯著，且學生背景對創造力層面總分影響的效果變

小，即中介效果達顯著；但前置變項對依變項未有顯著的預測效果顯示為穩定的中介效果，亦即開放性人格直接影響創造力認知層面與情意層面之總分。另一方面，Chang、Su 與 Chen（2017）的研究也從調節效果的角度探討開放性在不同族群（新住民子女和一般生）對創造力的影響，結果發現開放性特質跟創造力的關聯在新住民子女中更為顯著，顯示新住民子女在具有高開放性特質後，同時浸淫於雙文化環境中，更能激發其創意表現。

然而，人格為相對穩定的特質，較偏向先天生物影響而較少後天環境影響（McCrae & John, 1992）。根據以上研究顯示，開放性人格特質之獨特性能夠說明多元文化經驗與創造力之間的關係。透過開放性人格特質所影響，即在多元文化的家庭中，能刺激新住民子女有更開放的人格特質，進而提升個體之創造力。

二、新住民子女的種族信念觀對創造力之影響

（一）種族增長觀信念對創造力具有促進效果

針對新住民子女創造力優勢之可能因素，第二個是個人層次部分之種族增長觀信念。種族本質信念（essentialist theory of race）最早來自 Dweck 等人提出的內隱理論（Dweck, Chiu, & Hong, 1995; Dweck, 2012），內隱理論係指個體透過日常經驗的累積，來解釋或建構世界的一個動態信念系統。在這個理論中，一些人認為人類的屬性反映了深層的性情，是無法被改變的（本質觀信念）。秉持「種族本質觀信念」的個體，認為其他種族、文化是不可變的，或是透過生物基因所決定的，因此會有較高的認知閉鎖性需求（Need for cognitive closure; Webster & Kruglanski, 1994），所謂認知閉鎖性需求即是在面臨新的或是模糊狀況時，會想要快速找到處理方式而無法忍受不確定或曖昧的情境，即是一種封閉性的心態，這對於創造表現有負面的影響。因此，當個體為「種族本質觀信念」時，即是透過刻板印象式的連結方

式處理外在訊息，不願意從新的角度來接受，進而抑制其可能透過此機會來吸收新知。

另一些人則認為所謂文化、種族等屬性是會受到外在情境的變化而有所影響，即是有彈性與延展性的（增長觀信念）。因此，當個體秉持「種族增長觀信念」時，有可能表現出較高的創造力表現。這兩種對立的概念會分別形塑個體對社會類別的理解及反應（Bastian & Haslam, 2006; Keller, 2005; Rangel & Keller, 2011; Zagefka, Nigbur, Gonzalez, & Tip, 2013）。近期由 Tadmor、Chao、Hong 及 Polzer（2013）進行的研究探討「種族增長觀信念」對創造力表現之促進效果。他們假設當個體有「種族增長觀信念」時，一方面能對其他文化有更高的包容和接受力，二方面則是透過這樣的包容與接受能夠予以統整至自身經驗中，進而產生融合多元文化訊息內容之創新突破。

（二）新住民子女有較高的種族增長觀，進而提升獨創力之創造優勢

秉持「種族增長觀信念」的個體，則是有較低的認知閉鎖性需求，他們較不會以刻板印象來解讀其他族群，對於不同族群的接受度也較高，進而增加機會吸收新知，最後予以整合帶出良好之創造表現，即是透過開放性的心態增加了他們的創造力表現（Tadmor et al., 2013）。換言之，透過多元文化情境的持續刺激，個體會具有較靈活的心態，這有助於他們處理嚴肅的社會議題（例如：種族）或是困難的認知問題（例如：創造力作業）。

據此，我們檢驗種族增長觀信念是否為新住民子女創造優勢之中介變項，探討種族增長觀、本質觀及其交互作用對於創造力的影響。根據臺灣地區分布的人數配對比例，採取嚴謹抽樣之研究設計，選取近千名國中生，包括新住民子女及一般子女為研究對象。研究測驗工具採用 1. 種族本質觀信念量表，為翻譯自 No 等人（2008）的種族信念量表，包括增長觀與本質觀；2. 新編創造思考測驗，為吳靜吉等人（1998）所編製，分為語言與圖形兩部分，此研究以圖形測驗為主，

避免語文能力可能造成的影響。在計分方式上，使用流暢力、變通力、獨創力與精進力作為測量指標（陳學志，2015, 2016）。

檢驗「種族增長觀信念」對於新住民子女在創意優勢上的路徑效果。結果顯示，控制背景變項（父母親學歷與社經地位、自身學業成績）後，新住民子女仍較一般生具有較佳的種族增長觀信念，這代表他們能彈性的處理外界訊息，整體心態也較為開放。後續的中介分析裡也發現，新住民子女在一些創造力指標（獨創力）上的優勢，即是透過這種開放且具有彈性的種族增長觀信念，而這樣的增長觀信念能降低個體的認知閉鎖性，進而產生更高的創意表現。

伍、結論

本文探討多元文化經驗對新住民子女創造力帶來的影響與發展，以及新住民子女在創造力認知與情意層面之潛力。我們也發現新住民子女在特定創造力的優勢表現，很可能是源自於他們所接觸的多元文化所造成的「梅迪奇效應」（Medici Effect），並針對新住民子女的創意優勢之內在機制進行更細緻的探討。

此一結果乃學術界首度發現新住民子女的創造力優勢所在，該研究成果在實務上，有助發展適合新住民子女的教學策略。在理論上則建構多元文化與創造力的理論，對於提升臺灣的國際學術聲望有很大的助益。

首先，新住民子女的創造力認知層面中，流暢力、變通力、獨創力，以及創造力情意層面中，冒險性、好奇性、想像性、挑戰性，都比一般子女來得高；其次，具備多元文化經驗的新住民子女具有較高的開放性人格，擴展出更開闊的心態，且開放性性格對於多元文化促進創造力表現的效果更強，進而整體有較高之創意表現；第三，新住民子女有較高的種族增長觀，對其他文化有更高的包容與接受，予以統整至自身經驗中，對創造力表現具有促進效果。根據以上結果可得

知，新聞中具有優異創意表現的新住民子女，此族群的創造力優勢與潛質可能是相對穩定的正向特色。

藉此，希望透過本文內容能使大眾對新住民子女有更正向的瞭解，加以強化與擴充教育意義，培育出更多的創意人才，帶動社會的發展。我們的研究團隊致力於探究多元文化族群的優勢能力，以瞭解其真正的需求與優勢表現，實現教育公義，使每一位新住民子女能看見自己的潛力與提升學習自信，加以擴張多元文化與創造力的發展及正面影響。針對未來新住民子女的學習與發展，筆者仍持續關注其創造力優勢與潛力，在於新住民子女如何有效整合不同文化的訊息，係因近期研究也顯示若文化差異太大，也會產生整合的難度（Godart, Maddux, Shipilov, & Galinsky, 2015）。最後，我們也會將多元文化的研究成果延伸至教學場域，發展多元文化教學課程，以激發新住民子女創造力與創意傾向之表現，透過教學介入活動，將其優勢延伸、發揮綜效。

參考文獻

· 內政部統計通報（2017a）。106 年第 33 週內政統計通報：1-7 月嬰兒生母為大陸港澳地區或外國籍者佔 6.1%，生父佔 1.4%。
· 內政部統計通報（2017b）。106 年第 9 週內政統計通報：105 年移民照顧輔導成果。
· 王貞云、黃欣蕙、何淑菁（2012）。新移民家庭父母教養子女的問題與因應策略之探討。家庭教育雙月刊，37，28-40。
· 王善嬿（2017）。為新住民發聲，新住民女兒摘桃城文學獎優選。自由時報，生活新聞版。2018 年 4 月 1 日，取自 http://news.ltn.com.tw/news/life/breakingnews/2251351。
· 王慧瑛（2017）。不再當隱性新二代，她創作寫心情獲桃城文學獎。聯合新聞網，地方新聞版。2018 年 4 月 1 日，取自 https://udn.com/news/story/7326/2814641。
· 教育部（2016）。104 學年新住民子女就讀國中小人數分布概況統計。臺北：教育部。
· 陳學志（2013）。教師創意教學及個人目標導向對新移民及本地學生數學成就與數學創造力之影響。行政院國家科學委員會專題研究成果報告（編號：99-2511-S-003-036-MY3），未出版。
· 陳學志（2015）。新移民學童的領域特定與領域一般創造力表現及其心理機制研究：以種族增長觀念信念、文化距離以及多元文化創造性教學為中介及調節變項第一年期中報告。行政院國家科學委員會專題研究成果報告（編號：103-2511-S-003-021-MY3），未出版。
· 陳學志（2016）。新移民學童的領域特定與領域一般創造力表現及其心理機制研究：以種族增長觀念信念、文化距離以及多元文化創造性教學為中介及調節變項第二年期中報告。行政院國家科學委員會專題研究成果報告（編號：103-2511-S-003-021-MY3），未出版。
· 陶宏麟、銀慶貞、洪嘉瑜（2015）。臺灣新移民與本國籍子女隨年級的學習成果差異。人文及社會科學集刊，27，289-322。
· 新住民全球新聞網（2018）。新住民之女努力不畏苦，美容大賽屢獲獎項。新住民全球新聞網，地方新聞版。2018 年 4 月 1 日，取自 http://news.immigration.gov.tw/TW/Post.aspx?NEWSGUID=b21c1846-7e9b-473a-9b79-e7ec4a4bfb6a

· 謝名娟、謝進昌（2013）。本土與新移民子女學習表現差異之後設分析研究。**教育與心理研究**，36，119-149。
· Appiah, A. (2006). *Cosmopolitanism* (1st ed.). New York: W. W. Norton & Co.
· Bastian, B., & Haslam, N. (2006). Psychological essentialism and stereotype endorsement. *Journal of Experimental Social Psychology*, 42, 228-235.
· Benet-Martinez, V., Lee, F., & Leu, J. (2006). Biculturalism and cognitive complexity: Expertise in cultural representations. *Journal of Cross-Cultural Psychology*, 37, 386-407.
· Chang, J. H., Hsu, C. C., Shih, N. H., & Chen, H. C. (2014). Multicultural Families and Creative Children. *Journal of Cross-Cultural Psychology*, 45, 1288-1296.
· Chang, J., Su, J. C., & Chen, H. (2015). Cultural distance between parents' and children's creativity: A within-country approach in Taiwan. *Cultural Diversity and Ethnic Minority Psychology*, 21, 477-485.
· Chang, J. H., Su, J. C., & Chen, H. C. (2017). Rethinking the multicultural experiences-creativity link: The interactive perspective on environmental variability and dispositional plasticity. In G. Feist, R. Reiter-Palmon, & J. C. Kaufman (Eds.), *Cambridge Handbook of Creativity and Personality Research* (pp. 102-123). New York: Cambridge University Press.
· Cheng, C., & Leung, A. (2013). Revisiting the Multicultural Experience-Creativity Link: The Effects of Perceived Cultural Distance and Comparison Mind-Set. *Social Psychological and Personality Science*, 4, 475-482.
· Crisp, R. J., & Turner, R. N. (2011). Cognitive adaptation to the experience of social and cultural diversity. *Psychological Bulletin*, 137, 242-266.
· Dweck, C. S. (2012). Mindsets and human nature: Promoting change in the Middle East, the schoolyard, the racial divide, and willpower. *American Psychologist*, 67, 614-622.
· Dweck, C. S., Chiu, C-Y., & Hong, Y-Y. (1995). Implicit Theories and Their Role in Judgments and reactions: A word from two perspectives. *Psychological Inquiry*, 6, 267-285.
· Fee, A., & Gray, S. J. (2012). The expatriate-creativity hypothesis: A longitudinal field test. *Human Relations*, 65, 1515-1538.
· Feist, G. J. (1998). A meta-analysis of personality in scientific and artistic creativity. *Personality and Social Psychology Review*, 2, 290-308.
· Gaither, S. E. (2015). "Mixed" Results: Multiracial Research and Identity Explorations. *Psychological science*, 24, 114-119.
· Gocłowska, M. A., & Crisp, R. J. (2014). How dual-identity processes foster creativity. *Review of General Psychology*, 18, 216-236.
· Godart F. C., Maddux W. W., Shipilov A. V., & Galinsky A. D.(2015). Fashion with a foreign flair: Professional experiences abroad facilitates the creative innovations of organizations. *Academy of Management Journal*, 58, 195-220.
· Goldberg, L. R. (1981). Language and individual differences: The search for universals in personality lexicons. In L. Wheeler (Ed.), *Review of Personality and Social Psychology* (Vol. 2, pp. 141-165). Beverly Hills, CA: Sage.
· Johansson, F. (2005). Masters of the Multicultural. *Harvard Business Review*, 83, 18-19.
· Keller, G. (2005). Embryonic stem cell differentiation: emergence of a new era in biology and medicine. *Genes & Development*, 19, 1129-1155.
· Kitavama, S., Ishii, K., Imada, T., Takemura, K., & Ramaswamy, J. (2006). Voluntary settlement and the spirit of independence: Evidence from Japan's "northern frontier". *Journal of Personality and Social Psychology*, 91, 369-384.
· Lee, C. S., Therriault, D. J., & Linderholm, T. (2012). On the cognitive benefits of cultural experience: Exploring the relationship between studying abroad and creative thinking. *Applied Cognitive Psychology*, 26, 768-778.
· Leung, A. K., Maddux, W. W., Galinsky, A. D., & Chiu, C. (2008). Multicultural experience enhances creativity: The when and how. *American Psychologist*, 63, 169-181.
· Leung, A. K.-Y., & Chiu, C. Y. (2010). Multicultural experience, idea receptiveness, and creativity. *Journal of Cross-Cultural Psychology*, 41, 723-741.
· Leung, A. K.-Y., & Chiu, C. Y. (2008). Interactive effects of multicultural experiences and openness to experience on creative potential. *Creativity Research Journal*, 20, 376-82.
· Maddux, W. W., & Galinsky, A. D. (2009). Cultural borders and mental barriers: The relationship between living abroad and creativity. *Journal of Personality and Social Psychology*, 96, 1047-1061.
· Maddux, W. W., Adam, H., & Galinsky, A. D. (2010). When in Rome learn why the Romans do what they do: how multicultural learning experiences facilitate creativity. *Personality and Social Psychology Bulletin*, 36, 731-41.
· Maddux, W. W., Leung, A. K., Chiu, C., & Galinsky, A. D. (2009). Toward a more complete understanding of the link between multicultural experience and creativity. *American Psychologist*, 64, 156-158.
· McCrae, R. R. (1987). Creativity, divergent thinking, and openness to experience. *Journal of Personality and Social Psychology*, 52, 1258-1265.
· McCrae, R. R., & John, O. P. (1992). An introduction to the five-factor model and its applications. *Journal of*

Personality, 60, 175-215.

· No, S., Hong, Y. Y., Liao, H. Y., Lee, K., Wood, D., & Chao, M. M. (2008). Lay theory of race affects and moderates Asian Americans' responses toward American culture. *Journal of Personality and Social Psychology, 95*, 991-1004.

· Rangel, U., & Keller, J. (2011). Essentialism goes social: Belief in social determinism as a component of psychological essentialism. *Journal of Personality and Social Psychology, 100*, 1056-1078.

· Steffens, N. K., Goclowska, M. A., Cruwys, T., & Galinsky, A. D. (2016). How multiple social identities are related to creativity. *Personality and Social Psychology Bulletin, 42*, 188-203.

· Stepney, C. T., Sanchez, D. T., & Handy, P. E. (2015). Perceptions of parents' ethnic identities and the personal ethnic-identity and racial attitudes of biracial adults. *Cultural Diversity and Ethnic Minority Psychology, 21*, 65-75.

· Tadmor, C. T., & Tetlock, P. E. (2006). Biculturalism: A model of the effects of second-culture exposure on acculturation and integrative complexity. *Journal of Cross-Cultural Psychology, 37*, 173-190.

· Tadmor, C. T., Chao, M. M., Hong, Y. Y., & Polzer, J. T. (2013). Not just for stereotyping anymore: Racial essentialism reduces domain-general creativity. *Psychological Science, 24*, 99-105.

· Tadmor, C. T., Galinsky, A. D., & Maddux, W. W. (2012). Getting the most out of living abroad: biculturalism and integrative complexity as key drivers of creative and professional success. *Journal of personality and social psychology, 103*, 520.

· Webster, D. M., & Kruglanski, A. W. (1994). Individual differences in need for cognitive closure. *Journal of Personality and Social Psychology, 67*, 1049-1062.

· Zagefka, H., Nigbur, D., Gonzalez, R., & Tip, L. (2013). Why does ingroup essentialism increase prejudice against minority members? *International Journal of Psychology, 48*, 60-68.

實踐教育與創造力培力

吳孟珍、蔡敦浩

摘要

本研究從社會實作觀點,在大學的場域設計了一門創業實踐課程,以實作社群
(community of practive)的理論概念,探究當學生進入社會實踐的場域後,如
何透過實作而相互學習、跨界思考與創新。因此,本研究以學生在課程中的學習
經驗為例,試圖透過實踐教育,探討學生如何在實作中經驗到社會性的、置身性
的,在社群互動中持續的社會學習歷程,並且在社會實作的過程中讓創造力發
生,去分析社會實作觀點在創造力教育中可能扮演的角色。

關鍵字:實踐教育、社會實踐觀點、團隊創造力歷程·開創

吳孟珍,國立中山大學人文創新與社會實踐研究中心博士後研究員。
蔡敦浩,國立中山大學企業管理學系教授。

12 月冷颼颼的夜晚，在鹽埕一所國小廢棄廚房的小房間裡，五個大學生 Bear、Moon、PonPon、SySy 以及 WonWon 窩在一起，忙碌而有默契的將所有的道具布置起來。兩個小女生在小房間裡面調整機關，然後一邊跟夥伴們大聲的順著明天接客的流程；兩個大男生忙著解決已經倒了兩次的時光隧道的架設問題，不時的回著話；還有一個小女生，騰出手腳打算把另一面原本不屬於他們的牆打掃整理，順便想一下還可不可以把這個角落利用一下。

　　他們正在創作一款跟鹽埕有關的密室脫逃遊戲「鹽埕時光機」，這五個學生之所以會聚在一起，是因為開設在中山大學管理學院的一堂「創業與實踐」實驗性課程，這門課程的教師團隊延續北歐開創學派的想法，相信每個人天生都具有開創性與創造性，希望透過實踐，讓學生重新找到自己生命中的開創能力。

　　這五個大學生來自不同的系所，有的是懷著好奇心來上這門課，有的是因為大四太閒了才選修這門課，有的則是以為這是一堂教他們怎麼寫「創業計畫書」的課。然而，他們慢慢的發現，這是一堂「沒有教科書」的課，也沒有什麼考古題或標準答案，沒有老師能教他們怎麼做出「鹽埕時光機」，許多事情是模糊的，過程只能不斷的自發學習與尋找問題解答，且現實與時間的壓力，會一直迫著他們不斷的展開編織與開創。

壹、創造力的重要性與來源

一、大學創造力培力的發展與問題

　　近年來，臺灣的各行各業都在尋求創造力人才，從科技領域到文化創意，從服務產業到生產製造，若要脫離「保三、保四」的代工模式，人才的創造力培力更是不容忽視的重要動力。創造力不僅是面對未來的工作技能，是最重要的領導特質，更是個人面對焦慮年代挑戰

的正向能量（吳靜吉，2017）。然而，對於創造力是什麼？誰具有創造力？創造力如何培力？作為學生進入職場前最後一站的大學，又應該如何培育出具有創造力的人才，更是許多研究的焦點。

鄭英耀、莊雪華、顏嘉玲（2008）引用哈佛商業學院教授 Amabile 的個人創造力成分模式（componential model of creativity），認為有三個成分會影響個人創造力的表現，包括領域相關技能（domain-relevant skills）、創造力相關技能（creativity-relevant skills），以及工作動機（task motivation）。Amabile 在後敘研究中，將三成分修訂為專業（expertise）、創意技能（creativity skills）及工作動機（task motivation），個人的創造力就是這三個成分所交互作用產生。

顧名思義，「專業」與個人的專業知識及技術有關，一個人的專業能力則決定於其天生認知能力、學習經驗；「創意技能」則是指「個體在其工作領域中，打破既有的知覺心向，以不同的角度去觀看相同事物與解決問題的能力，進而產生新奇而有用的創意技巧或想法，讓事物擁有不同面貌」的能力；「工作動機」則包括個人對工作的態度，當個人願意從事某項活動，他就會更願意運用個人所擁有的豐富知識與技術，進而產出創造力，於是，當這三個成分的交集愈大，個人的創造力就愈高（上述為 Amabile 之研究，引用自鄭英耀等，2008）。

上述的研究提供大學創造力教育的一個思考，大學除了可以深化學生的專業學科能力之外，還可以透過創意技能及工作動機去培育學生的創造力。只是，大學的教育現場與職場環境畢竟不同，要如何讓學生在既有的專業之上，「打破既有的知覺心向，以不同的角度去觀看相同事務與解決問題」，並且「願意從事某項活動」，投入自己所擁有的知識與技術，產生創造力呢？

二、從個人特質到社會實踐的創造力觀點

除了上述「如何培力創造力」的問題之外，另一個更根本的問題

是：「什麼是創造力」？

從創造力相關文獻可以看到至少有三種創造力來源的看法，第一種是在 50~70 年代流行的人格特質論，將創造力歸諸於個人天賦。這種「天才」的刻板印象，經常將創意與個人主義、孤獨、自發、偶然及突發的事件聯繫在一起（Elisondo, 2016），這個觀點將創造力視為一種可遇不可求的天賦與機運。尤其在美國，自由主義、英雄主義與成就導向的文化形成一種創造力神壇，沒有亨利‧福特就不會有福特汽車，沒有愛迪生就不會有燈泡，沒有愛因斯坦就沒有相對論。

這些偉大的創新人物，確實為人類文明開創了不一樣的成就，然而，從許多研究發現，「天才」的刻板印象跟他們創造過程發生的事情無關，事實上，創作者花了許多時間與努力在測試他們的創意與產品，此外，這些歷史中出現的偉大創意點子與產品，總是以某種方式依賴於、關聯於與其他人的互動，以及鑲嵌在文化建構和重構的知識及程序之中。這部分我們暫且按下不論，先討論對於創造力來源的第二種看法。

第二種是流行於 80~90 年代的社會文化觀點，或者環境觀點。社會文化觀點認為「天賦」觀點忽視社會和關係方面等主觀變量的分析，「在許多情況下，社會方面已經被考慮過，但孤立地或者僅僅作為外部影響」（Hennessey & Amabile, 2010）。因此，社會文化觀點認為，「當人們產生新想法作為他們正在進行的創造性行動的一部分時，他們通過交替和整合觀點來實現，而這些觀點與社會地位和實踐有著根本的聯繫」（Glăveanu, 2015）。舉例來說，眾所周知的，亨利‧福特「發明」了汽車裝配線，讓汽車能夠真正的普及化，改變了整個汽車產業，但是大家也都知道，亨利‧福特並沒有發明汽車或是裝配線的生產技術。

換句話說，亨利‧福特如果沒有來自與社會文化中的他人互動所獲得的知識、語言、技術，甚至是想像力，他是沒有辦法成為「偉大的創業者亨利‧福特」的，從這個觀點來看，創造性思維所涉及的認

知過程，本質上是社會性的，而非個人孤獨的創作。

　　社會文化觀點是對社會認知的創造力進行研究，環境論則是從環境的角度，認為創造力發生的過程，涉及主體對環境客體的處理動能：一個人之所以具有創造「能力」，乃是因為他能夠在面對問題的時候，在行動中展現創造力與創新性。因此，環境論進一步假設，提供一個具有創造力刺激的環境與氛圍，有助於激發或提升個人的創造力。這個觀點放到創造力教育的現場，獲得相當大的迴響，結合Guilford創造力五力——敏覺力、流暢力、變通力、獨創力、精進力——的基礎，發展出一種提供創造力支持環境，透過思考方式的刺激，讓學習者獲得突破成規、求新求變、冒險探究的精神，去構思觀念或解決問題，並且在這個過程中培養出創造力五力。環境論提供創造力教育一個相當有力的理論基礎，後續的教學者嘗試各種工具、理論、系統性的推動各種創造力課程，心理學、行為科學、管理學……各種不同的學科都積極投入探究如何透過環境的改變與改善，激發個人、員工的創造力。一個在我們周遭的例子，就是20世紀末google人性化的辦公室，讓每個員工到哪裡都能夠創作，就是環境激發創造力的極致表現。

　　然而，21世紀被認為最佳工作環境的公司Facebook最為人稱道的是它充滿活力、有趣、免費食物、便捷交通、備有良好醫療服務的微小鎮辦公室。但是當你問到Facebook的員工，為什麼這麼熱愛他們的工作的時候，你會聽到一個更重要的答案，也是他們覺得在Facebook工作最棒的一件事：「被聰明的同事包圍，並且受他們激勵。」Facebook的員工認為有一群工作夥伴，能不斷彼此滋養創意，朝向共同使命 "to give people the power to share and make the world more open and connected."（給與人們分享並且使世界更為開放與連結的力量）而發揮創力與努力，因此他們可以持續做出相當具有影響力的設計或創新，這讓他們獲得極大的成就感與滿足感。從這個事實提供我們一個反思，「環境」的重要性可能不僅僅在於提供刺激，更重要的是

它要能夠讓人們互動，共同創造與成就彼此，人們才會獲得良善的生活與源源不絕的創造力，而這也是我們將要談到的，第三種創造力來源：創造力是一種社會實踐（social practice）。

有別於社會文化觀點或者環境論將焦點放在創造者個人與社會環境或環境客體的認知、刺激與反應，社會實踐觀點強調的是創造力過程有賴於人與人之間的創意在行動中產生連結，這樣的連結會因互動而凝聚成某種創意方向（實作社群理論稱為共同志業），吸納參與者的知識與創造力，形成新的社會形構，成為改變自己、他者與社群的社會實踐。「他者」在 Elisondo（2016）的研究中，是社會實作之所以會形成創造力來源的重要關鍵，因為「他們可以從不同的角度提供觀點、知識、支援系統、資源、建議、批判、判斷……等等」（Elisondo, 2016）。這些「知識背景的鬆散形式」（Sunley, Pinch, & Reimer, 2010），是創意的社會實作置身所在之處，靠著創造力行動產生連結、進行協作，創造新奇與意義，這也是社會實作觀點看到的創造力發生與起源。

葉玉珠、吳靜吉與鄭英耀（2000）也認為創造力乃個體在特定領域中，產生一個所處的社會文化脈絡中具有「原創性」與「價值性」產品的歷程。因此，在社會實踐觀點之下，創造力是一種日常生活中的習慣，而不僅是研究室中千載難逢的偉大破壞性創造，因為只有掌握脈絡並且不斷對既有脈絡進行重新織組才有可能產生新的社會實踐，創造力實作者總是無時無刻的想著怎麼實踐他的理想，遇到供應商也想、遇到客戶也想、遇到機器與政府官員也都在想。

然而，過去的研究將「習慣」與「創造力」切割，抑制了「習慣」與「創造力」之間的關係，並帶來了不良的後果：大家認為自己不在「研究室」工作時不需要創造，這幾乎就是暗示大部分的人一生都不需要創造。Glaveanu（2012）將「習慣」重新定義為一種「社會的、置身的，並且是開放系統的」行動，因為習慣性創造力「反映一種對動態脈絡、對慣於使用的方式的整合與終極的完善」，因此，習慣模

式的創造力是一種內在創造力本質的習慣行為。

因此，社會實作觀點為創造力的發生提供了一些不同面向的討論，包括透過對話與協商所產生的共同志業或使命、團隊的創意行動連結、實作社群的滋養、日常生活中的跨界創意、意義與認同，以及一種創造力習慣的養成……等等。然而，要將這些概念納入創造力教育的體系，目前還在發展之中。

我們在大學的場域設計了一門創業實踐課程，以實作社群（community of practive）的理論概念，帶領學生進入社會實踐的場域，透過實作相互學習、跨界思考與創新。我們試圖透過實踐教育，讓學生經驗到社會性的、置身性的，在社群互動中持續的社會學習歷程，並且在社會實作的過程中讓創造力發生。「鹽埕時光機」就是其中一個案例，在下一個小節，我們就試圖從「鹽埕時光機」的故事，去分析社會實作觀點在創造力教育中可能扮演的角色。

貳、實踐教育現場的創造驅力

一、「鹽埕時光機」的故事

回到「鹽埕時光機」密室脫逃遊戲創作團隊的故事，因緣際會的由於課程而讓五個原本不熟悉的大學生聚在一起，五個人一開始沒有很明確的方向，但是時間與現場的壓力總是會讓他們突破現狀。例如學期中舉行了一次「遊戲化工作坊」，講師突然要進行試玩比賽，原本遲遲沒有進度的關卡在此時被推了一把，他們發現之前收集的鹽埕資料中，有一張大新百貨老照片，照片上有樓層號碼跟廣告看板上的數字，聯想到也許可以透過數字密碼結合「鹽埕時光機」阿嬤的穿越故事，讓玩家看著一張大新百貨的老照片解開密碼。這個臨時拼湊的關卡，獲得了當天工作坊試玩票選的第一名，讓這五個大學生非常振奮，突然對這個創作方向有了信心，大家開始把那天的遊戲原型做延

伸，其他關卡怎麼做、時代背景要設在什麼時候、故事地點在哪些地方、到底要阿嬤還是媽媽才符合我們的設定等等……，慢慢地補補補把內容補出來。五個大學生好像找到了一個磁鐵，即便是天馬行空的想法，只要磁場對了，就能被「鹽埕時光機」這個概念給吸進去。

在過程中，助教會一直調整進度，引發他們思考沒有想到的事。例如其中一位學生 WonWon 回憶，一開始團隊提出一起找一個密室逃脫遊戲試玩的時候，「助教會提醒我們不要只是去玩，而是要觀察店家怎麼設計關卡的，他們怎麼布置、鋪陳故事，有什麼特別的地方，想我們的遊戲可以怎麼做」，有時候關卡又陷入緊繃（極限）：

> 助教又會開始告訴我們要對空間有想像，將關卡跟空間結合在一起去規劃。例如後來安排空間時，我們搶到了忠孝國小舊廚房的小房間，他就提醒我們要想關卡要怎麼融入現在的空間中，怎麼布置，人員動線怎麼排等，很多沒想到的事情會在討論中一直被提到，然後我們就要一直開啟新的討論。

將空間帶入團隊的討論，是一個很大的進展，「鹽埕時光機」小組在確認實作空間之後，有了極大的進展，小房間現場的物件、動線、空間感，給予學生更多發揮創造力的空間：

> 之後我們實際到小房間走一遭後，啟動我們很多的想像。因為我們預算有限，當時小房間其實是一間儲藏室，有很多之前課程同學實作留下來的工具，我們覺得像挖到寶，很多東西可以用，省了很多錢。那時候 Moon、PonPon，我們就很興奮地在翻，然後就說「哇，這個東西可以用」，「那個能收著」，我們幾個就覺得很興奮，就是裡面的東西已經被我們預定了。所以當我們整理完東西後，就開始想說，哪些東西要放什麼，就開始有構想出來。在那之前，我們對於關卡完全不知道那個流程怎麼走，就是

只知道說第一關、第二關、第三關、第四關，就是我們沒有去想那個動線，銜接的過程也沒有去想。

學生進入現場後，便處在即興的拼湊與解決問題的狀態中，即便開幕了，都有新的問題要去解決與創作。舉例來說，助教突然告訴各組說當天要評各組來客量，但是密室脫逃遊戲是一種團隊闖關遊戲，每次頂多四個人，每天頂多接待八組，這跟其他小組一比就吃虧了。同時，現場還發生另一個問題，因為活動舉辦場地在一所小學裡面，現場來了許多小學生，不僅難以控制，精美的道具甚至在第一天「時光隧道」的黑幕就有被破壞的痕跡。

為了解決這個問題，組員想到儲藏室裡有一些巧拼，可以跟一些小道具做出小屋子模型，放到旁邊原本空置的角落，讓沒有預約的客人可以參觀或者做一些互動。後來社區小學生參訪訪客來的多了，小組開始說還有什麼其他東西可以加上去，讓大人小孩都能玩。Bear之前有學過一種方塊三角形遊戲，於是他們把小模型加上數字讓客人玩，變成一個小型的腦力激盪遊戲，沒想到獲得極大的迴響，第二天反而成為一個新的展區，每個小模型前面都大排長龍，忙得助教也要加入去幫忙顧攤。由於現場的小學生很愛「破梗」，把答案公諸於世，於是小組在接下來的三天，每天都要創造新的遊戲與機關，還要布置新的道具，推陳出新。

這個過程，夥伴的默契越來越好，創作變成團隊的本能，每個人都能在夥伴的提議下擴大想像、即興創作，並且動手實現它：

有些關卡、小房子，好像是我先說要弄的，然後大家就弄了，弄出來的成果比我想的還好。譬如原本想說我寫一首詩（當作謎題）好了，結果 SySy 也跟著我一起寫，PonPon 幫我們印出來（作成小道具）。我覺得我們就大家想到什麼，就是我們應該是會以一個接一個，想像它的成果是什麼樣子吧，然後就去把它做出

來，而不是說只是想像，而是把它做出來。

　　回到開幕前的這個夜晚，忠孝國小大部分的校園都已經熄燈休息，反而是這個廢置的舊灶咖，熱鬧而緊張。這已經是最後極限了，這五個大學生還跟其他六組的三十個學生一樣，在展場做最後的拼搏，而現場總是會給這群努力的學生更多更多的挑戰：「那塊空地看起來不 OK，我們拿小房間的牛皮紙弄一個牆」、「Eatrip 組發現自己沒有招牌，趕著家樂福下班之前去買巧拼，後來發現英文字巧拼，還設計了一款讓小學生可以拼字的遊戲」、「A 組今天晚上做的完嗎？要不要去幫忙」。熱鬧但不吵鬧，嘻笑與緊張並存、競爭與合作在展場的現場同時發生。學生更強烈的發現自己不只是自己，如果別組沒有弄好，或者自己小組沒有弄好，整個活動會變得很糟糕，這是努力了一個學期，無論如何也不想發生的事情。所以即便資源有限，大家還是拼盡全力、絞盡腦汁，哪裡還可以弄得更好！

二、學生實作中展現的團隊創造力歷程

　　「我從來沒有參加過這樣一個團隊，真的很神奇」，一位學生在學期後的訪談中談到，「好像我們什麼事情都可以，就是可以做出來，就什麼想法都可以提，然後我們還真的都做出來了。」
　　在這堂實踐導向的課程中，學生從「實踐」中學習的知識是 Johannisson（2016）所謂的「實踐智慧」與「機智」。Johannisson 從創業者的學習歷程出發，發現創業學習者會透過不斷的實作而獲得一種心領神會，那是一種「實踐智慧」的學習，而「機智」則是創業學習者在實作中回應脈絡，即興的展現他的意欲、情緒與想像。實踐引導學生進入一個脈絡的、情境的知識創造模式中，讓他們可以不斷創造一個又一個獨特的事件。而這樣的歷程是如何在課程中發生的呢？

（一）實踐啟動學生展開創意行動的連結

實踐導向課程的最大特點，就是「一定要做出來」，而不是講講創意、寫寫報告而已。而且這堂課的要求是，以遊戲化的概念，實際做出在「鹽埕」這個脈絡中還沒有的東西出來，最後還必須在期末展演中實際運作。這讓學生一開始就意識到他們必須朝向一個有創意、可行的（actionable）行動想像展開思考與連結，這樣他們在行動中會主動的提出新的創意。例如「時光機」這個概念，就是在第一次討論一個講述鹽埕歷史文化遊戲概念時，突發奇想把哆啦A夢卡通中的元素，連結到他們想要做的密室脫逃遊戲概念中。在「鹽埕時光機」的概念出現之後，遊戲的主角「孫子」穿越時空去救「阿嬤」的故事於焉成型，一個21世紀的孫子穿梭在40年代的鹽埕，努力救阿嬤的場景似乎在眼前躍然欲出。

在整個課程過程中，我們發現實踐啟動學生展開創意行動連結的例子不斷出現，而且成為這個課堂中的一種慣習（habitus），實踐讓學生會直覺的在生活周遭中尋找創意展開行動聯結、在想像中展開行動。「想像」與「行動」兩者聽起來很矛盾，不過學生後來都知道「做做看就知道合不合適了」。這樣的做做看不是莽撞的嘗試，而是基於「日常生活的經驗」與「實踐智慧」而提出的試行，是在脈絡的回應中所創造的創新，因此，學生不會因為盲目而失卻信心，反而會有一種「越做越對」，甚至是隨心所欲而不逾矩的感覺。

傳統將創意視為全新的、破壞性的連結，但是研究創造力與創業教育的北歐學者發現，創造其實是「根據情境之召喚，而連結既有的社會實作成為新的模式，……，一種創造性的織組（creative organizing）」（Johannisson, 2011）的過程。蘋果電腦創辦人賈伯斯（Steve Jobs）也曾說：

> 創造力只是連接的東西。當你問創意人員他們是如何做的時，他們會感到有些內疚，因為他們沒有真正做到，他們只是看到了一

些東西。過了一段時間後，這些東西似乎很明顯。那是因為他們能夠連接他們所擁有的經驗，並綜合成新事物。

對學生來說，投身於某個新實作的建構，不僅僅是跨越他們原本的知識框架，更是讓他們在舊有的、日常的實作當中，重新以自己的意欲、情感去創造、去織組出新的世界樣貌，去展現自己對這個地方的想像與認同。

（二）參與不同社群實作並獲得滋養

實踐導向課程的另一個特點，是會引導學生主動進入不同的實作社群中學習，並且產生跨界創新。舉例來說，在「鹽埕＋密室脫逃＋時光機」的軸線下，「鹽埕」及「密室脫逃」，以及「鹽埕的文化研究與報導」成為他們經常去「逛逛」的實作社群。他們經常去「鹽埕」區吃吃喝喝逛逛，體驗路線的距離感，或者調查「現今」的鹽埕有哪些痕跡可以帶領玩家產生穿越的時空感；他們也會關注「密室脫逃」、「遊戲化」等活動或報導，尋找靈感與創意，例如怎麼設定機關讓玩家覺得有趣。這些相關實作社群的「既有實作」會成為他們連結「新模式」的養分與創意來源，學生也能將不同社群的資源拉到他們在地的創作之中；同時，學生在獲得既有實出滋養的過程中，也在為這個實踐社群創造新的實踐模式、新的實踐知識。我們的實踐課程就是最好的例子，新的學期總是會從前一個學期的實作中獲得新的能耐與養分，教師團隊也能不斷的從學生的實踐過程中學習到如何設計出更好的實踐導向教學方式。

學生為何在這堂課程中會特別受到各種跨界實作社群的滋養呢？不要忘了，課程本身既然是「實踐導向」，本身也必須服膺「一定要做出來」這條規則，而這堂課的一個終極目標，就是要幫助、陪伴學生完成創新實作。因此除了課程內容之外，我們還會從主題與各小組的狀態出發，舉辦演講、工作坊、介紹資源……等等安排，帶進許多

相關的實作社群的資源，協助學生產生創意行動的連結。舉例來說，學期中的「遊戲化工作坊」邀請專業遊戲設計工作者，協助學生檢驗他們的創意與機制、提供建議、擴展想像，甚至是個別諮詢。這個工作坊讓學生真正的接觸到遊戲產業是如何思考與運作，有哪些資源與概念，這樣的活動與最早學生去「試玩」其他密室脫逃，回來自己逆向工程有很大的不同，前者讓他們從置身的經驗對自己要創作的遊戲產生興趣與觀察，後者則是真正荷槍實彈，必須認真的思考如何「製作」遊戲。

　　許多大學的「分組」作業也會讓學生去參考、研究相關產品／產業的運作，然後回到教室進行報告，但是學生卻往往是「只會各自挑自己最會的事情來做」（東森新聞，2017/2/25），後來也沒有覺得自己學到更多新的東西。但是在這堂實作課中，學生必須真的變成遊戲的設計與製造者，才有可能真的做出可以運作的作品。這樣的學習效果是巨大的，就像學生後來說的：

　　　　一般上課比較單向，就算有上台發表，應該說一般上課我們發表
　　　　的東西，老師還是最了解的人，但這堂課有點相反，我們比老師
　　　　還了解我們做的東西。

　　實踐導向的課程，讓學生必須「置身」於實作社群之中進行學習，學生的創作不是花拳繡腿、虛晃兩招，而是必須創造出來的真實考驗。

（三）產生共同志業成為知識與創造力的吸子

　　2017 年一個有趣的報導，討論大學生視「分組報告」為夢魘：「只要一聽到老師說『分組』這二字，就一肚子火、白眼翻到底。畢竟老師這麼做，就是讓某些學生特別疲累、某些人特別悠哉掛名，更何況分組做報告，根本無法學到什麼，同學只會各自挑自己最會的事情來

做。」（東森新聞，2017/2/25）有一位曾經參與我們實踐導向課程的學生，也曾分享過去的分組經驗：

> 很強的人那些都已經自己組好了，你就只能湊合著跟別人組，……，跟很雷的人……，（對分組的感覺就是）主動的人做最多。

這位同學在剛參與這堂課的時候，也還抱持這樣的想法，而過程也跟她預料中的一樣糟糕，狀況慘不忍睹：「就是那種被老師釘，就是被罵。」然而，學期結束後回想自己在這堂實踐課程中的經驗時卻說：

> 我們不會分得很清楚，但是我們會互相提意見，從個體走向整體的一種感覺，後面整合起來之後就覺得：哇，不錯，選到好隊友的那種感覺。

這也是多數學生在完成作品之後的一個反應，例如前述學生說的「神奇」的經驗。那麼，是什麼讓學生的經驗發生轉變？原因也許很多重，但我們發現「實踐」是一個重要機制。實踐社群中的團隊實踐運作得當，可以產生一種相當正面的志業協商循環，因為同學夥伴必須加入目標的協商之中，否則自己可能會被安排到一個自己無法完成，甚至扯團隊後腿的尷尬狀態中，這在一開始剛組隊的時候也許不會很明顯，但在「被老師釘，就是被罵」的時候，團隊會被逼著要認真的想出可行、彼此又願意相互投身、願意承諾，而且可以互相協調的狀態中，形成最初的共享志業。

「鹽埕時光機」小組在「遊戲化工作坊」中拔得頭籌的即興設計，成為後續關卡設計發想的依據。「鹽埕時光機」這個概念成為組員們發揮知識與創造力的吸子，各種稀奇古怪的想法都可以往「鹽埕時光

機」這個大的框框裡面丟。例如「時光隧道」、「鹽埕的時光電影院」……等等。吸子（attractor）是混沌理論中的一個概念，它可能是一個點或是一組軌跡。吸子代表混沌系統中的秩序所在，雖然混沌系統乍看之下毫無規則，但歷經一段長時間的演化後，仍會發現系統乃是圍繞著一個／一組條件而穩定下來，就是吸子所在。

這個時候，學生在實作中，透過互動協商所營造的團隊共同志業（joint enterprise）（Wenger, 1998），成為了創意的概念吸子、一種團隊合作的加速器，會累聚創造歷程中諸多想像與可能性，並且讓原本迥異或無關的事物在過程中產生新的意義。「鹽埕時光機」作為創意吸子，說明同學在創作過程中雖然有眾多歧異的想法與觀點，但仍可以「鹽埕時光機」作為創作的概念吸子。而學生浸淫在這樣的協商與合作過程中，所有的創造是團隊的，也是自己的，這樣的創作過程，讓學生產生意義感與認同感，不僅會更勇於提出創意，也會讓分組成為一個愉悅的夥伴（joyful partnering）過程。

（四）形成具有創造力的實踐團隊並共享能耐

Johannisson（2011）認為夥伴是一種很特別的關係，而且是一種持續的夥伴關係（partnering）建立過程。他認為過去受到「交易成本」理論的影響，組員不是夥伴，只是交易的對象，跟組員互動是一種交易成本的概念，彼此只想要以經濟的價格（付出最少的努力），換取所需的資源與績效（其他同學做好該做的事），達到符合成本效率的划算交易（成績）。在這種過程中自然不會享受分組的樂趣，也不會學到新的東西。

但是夥伴不同，與其將夥伴當作一種物件，不如把他當作一種綿延的關係，他是一種過程——partnering——彼此必須尋找（searching）、愉悅的配對（mating），並且通過對話不斷進行相互學習（mutual learning），如此才有可能建立夥伴關係。

一旦夥伴關係建立起來，相互合作的過程中產生一種協調的、整

體的旋律感，學生會不斷冒出與整體的志業「不違合」的創意與創造力。舉例來說，剛開始選中展場裡的小房間，是因為看小房間跟展場之間，有一個走道空間，組員靈光一閃，設計成一道進入密室的時光隧道，概念一提出，其他夥伴就開始一起想、一起完成它。策展前一天才想到的小模型也是這樣群策群力創作出來的驚奇。

因此，形成夥伴團隊不是一種交易成本，而是一種交易利益（transaction benefits）（Johannisson, 2011），它會讓夥伴了解彼此、彼此學習、共享彼此的能耐，願意為彼此貢獻與相互當責（mutual accountability），形成更緊密的創作實踐團隊。「鹽埕時光機」小組成員在共同工作的過程中，會相約出去試玩其他「密室脫逃」遊戲、一起吃飯、甚至後來一起去划龍舟，而對彼此有更多了解，他們透過這些公務的、私人的互動，了解彼此的性格、能力、資源等等，除了建立一種愉悅的夥伴相互關係之外，也有助於他們發揮所長、連結他人能耐於自己的創作上，例如他們知道 Moon 的美術特別好，很多設計都會請她提供意見：

> 大家對 Moon 在美學方面的眼光很有信心，我們習慣在事情做完之後請他來看一看，他說好才好；平常也會互相盯進度，覺得哪裡不好就給建議，做得比較慢的就一起幫忙攤掉。

組員也會在共同實作的過程中，開展出屬於他們的實作社群機制，例如「雞婆」：

> 大家一樣很忙，可是就是會問說：「阿你那個做到哪？」、「不行啦！要快啊！」就是大家會……會比較雞婆啦。他們會說：「阿你那個好了沒有？」我就說：「嗯……我有點難產。」他們就會說：「好好好，那我來幫你」之類的，就是大家一起做一做。

這種在實作中發展出來的超越課堂的行動邏輯或機制，讓學生更願意貢獻，並且以一種嬉遊的創造力方式，推動獨特的創意實踐發生。

（五）在持續的行動中形成個人的開創認同

由於提出創意者也是意義提供者（sense-givers）（Smircich & Morgan 1982; Czarniawska-Joerges & Wolff, 1991），他們必須關注自己對意義的創造（sense-making），這個過程不僅是認同的建構（identity-making），也是自我的建構（self-making）（Weick, 1995），因此在實作中持續的開創，會形塑個人的開創認同。

在課程中，這樣的持續開創是如何發生的呢？人的語言有時候沒有辦法描述我們的想像與夢想，但是實踐的特性，就是「做出來」。對學生而言，在這樣一個允許嘗試、擁有夥伴（做壞了也不會整個搞砸）的充滿支援力的課程裡面，學生經常可以跨出對自己意義深刻的那一步。舉例來說，當 PonPon 說要自己做道具書的時候，夥伴沒有任何人看好這件事，但是 PonPon 就找了一本書弄濕，埋到土裡，到了開會那一天挖出來，真的有一種舊舊的時空感，跟故事場景超搭的。這個事件強化了 PonPon 對自己製作手工道具的信心，之後 PonPon 儼然成為小組中的道具大師，組員有道具的問題就會跟 PonPon 討論，PonPon 也越做越有自信，例如在開幕前一天主動提出要做小模型，讓沒有辦法進入密室玩遊戲的客人也可以透過小模型了解他們的活動意圖，至於材料，更是現場有什麼就用什麼，夥伴也信任她、願意全力配合她。

因此，實踐總是讓學生能夠看到自己可以嘗試、練習嘗試、獲得嘗試後的成就感與學習的機會。而學生也能持續從創作中，經驗到認肯自己、被他人認肯，而體驗到創造過程中的成就感與樂趣，並且在反思及他人的回應中，理解與學習到應該如何展開適當的、攸關的創意活動連結。這樣的開創實踐氛圍，為學生的創作提供了一種「本體

論上的安全感（ontological security）」（Johannisson, 2011），學生在事件的發生過程中產生一種持續且有秩序感，而讓他們在實踐的參與過程中呈現穩定的心理狀態。這樣的安全感是在團隊「成員互動中產生的，由共塑的成員所共有；同時，又會提供成員更願意嘗試、開展與實踐當前想像與實作的動力」（王致遠等，2016）。

課程教學團隊在課程與互動中，也不斷強調開創實作，例如助教在過程中會不斷加入學生討論，引導他們思考「可不可行」、「有沒有創意」、「跟鹽埕的關係是什麼」、「空間與機制要怎麼安排」……等等，要求學生進入脈絡，並不斷的刺激學生的討論。

學生在創意發展的過程中，也投入這樣的意義協商過程之中，自己也扮演他人的組員、老師、助教、朋友的種種角色，共同支持其他參與者、提供支持的行動，說服他人的認同與投入，共同投入創作，在與「他者」的相逢中，創造並認同新的意義。

參、結論

漢娜・鄂蘭（Arendt, 1958/1998）對人類在世直面不同基本處境的三種基礎性對應活動：「勞動」、「工作」、「行動」。勞動是人體自然過程對應的活動，它服從勞動生產的歷程，包括自然成長、新陳代謝以及最終的衰敗，勞動永不停止，也不會企圖創造任何永恆事物；工作是和人類存在的不自然性對應的活動，工作提供了與自然世界不同的「人造」世界，在它的界限內，技藝才是重點，人的價值服膺工作技藝的安排；行動是人們唯一不需假借事物的中介而進行的活動，人的存有條件是棲身於世，而非單一個人，因此行動是對應人的多元性（plurality）條件的，人的複雜不可全然預測，從來沒有任何人可以完全相同，每一個生命的誕生都「擁有重新開創某些事物的能力」（Arendt, 1958/1998），劉育忠（2015）認為行動與開創具有一種特殊的關係：

通過行動，人創造了某種「開始」，也讓自身開始在人間存在，也因此行動，就本質上已然涵蓋有某種開創與創造的特性：行動必然給了某種「開始」，在行動中必然展現的創造性，也對「人間」給了新的可能。人是自身的開始者與人類世界的開創者，通過行動，我們因而可能有了不同的自己、世界與真實。

因此，放到教育的現場，如果將學生教成「勞動動物」，勞動永不停止，也不會企圖創造任何永恆事物，所有的努力只是為了消費；如果把學生教成「工作動物」，則學生會以技藝者的姿態生存，技藝才是重點，只有極少數的人可以獲得創作的自由；如果學生學會「行動」，他才能學會如何自由的與公眾／他人互動，展現自己對故事的創作（劉育忠，2015）。

在我們的實驗性課程中，我們發現讓學生展開「行動」的重要關鍵是社會實踐，它帶領學生從脈絡出發，關注自身與他者，讓學生啟動創意行動的連結、在困難與探詢中參與不同的實作社群並獲得知識的滋養、與夥伴在實作中建構共同志業，並且與夥伴分享知識與創造力，與夥伴共同形成具有創造力的實踐團隊與共享能耐，從而在持續的行動中形成個人的開創認同。這樣的開創認同建構歷程，使學生的創造力一方面產生自所處的社會文化脈絡，卻又在行動中帶入自己的能動、專業與認同，讓創造力能夠真正成為一種生命的實踐，這樣的創造力實踐不需要天才，而是可以透過一個實踐的事件讓學生養成開創的慣習，讓創造力成為生活在社會中的生命實踐。

也由於讓學生展開「行動」的重要關鍵是社會實踐，一個社會性的脈絡是重要的，學生需要一個場域去投身、棲居，才能從中真實經驗人的多元性條件，透過創造在有限的人體生命中以行動創造稍縱即逝的恆久性和持續性。因此，在實踐教育中，透過經營一個場域，讓學生在實作中願意突破，在事件與脈絡中進行創造性的織組，產生開創的經驗，認肯自己開創的可能性，而願意在日常生活中實踐「開創

中的自己」，創造性人才培力有可能真正的落實在我們的教育之中。

參考文獻

‧ 王致遠、蔡敦浩、吳孟珍、李至昱（2017）。 創業實作課程如何產生學習：創制研究取徑，*管理學報*，34（2），147-166。
‧ 吳靜吉（2017）。創造力是性感的。臺北：遠流。
‧ 東森新聞（2017/2/25），大學團隊合作？大學生最討厭「分組」，網友淚推：有人永遠在混。https://www.ettoday.net/news/20170225/873679.htm。
‧ 葉玉珠、吳靜吉、鄭英耀（2000）。影響科技與資訊產業人員創意發展的因素之量表發展。*師大學報*，45（2），39-63。
‧ 劉育忠（2015），開創的教育學——在真實中體現的創造實踐。臺北：翰世紀數位文化。
‧ 鄭英耀、莊雪華、顏嘉玲（2008）。揭開創意教材的神祕面紗。*師大學報*（科學教育類），53，61-85。
‧ Arendt, H. (1998). *The Human Condition* (2nd ed.). Chicago: University of Chicago Press.
‧ Czarniawska-Joerges, B., & Wolff, R. (1991). Leaders, Managers, Entrepreneurs on and off the Organizational Stage. *Organization Studies*, 12 (4), 529-546.
‧ Elisondo, R. (2016). Creativity is Always a Social Process. *Creativity Theories, Research, Applications*, 3 (23), 194-210.
‧ Glǎveanu, V. P. (2015). Creativity as a Sociocultural Act. *Journal of Creative Behavior*, 49 (3), 165-180.
‧ Hennessey, B. A., & Amabile, T. M. (2010). Creativity., *Annual Review of Psychology*, 61, 569-598.
‧ Johannisson, B. (2011). Towards a Practice Theory of Entrepreneuring. *Small Business Economics*, 36 (2), 135-150.
‧ Smircich, L., & Morgan, G. (1982). Leadership: The Management of Meaning. *The Journal of Applied Behavioral Science*, 18 (3), 257-273.
‧ Sunley, P., Pinch, S., & Reimer, S. (2010), Design Capital: Practice and Situated Learning in London Design Agencies. *Transactions of the Institute of British Geographers*, 36 (3), 593-608.
‧ Weick, K. E. (1995). *Sensemaking in Organization*. CA: SAGE Publications, Inc.

生命故事戲劇創作與創意老化

余嬪

摘要

近年來由於重視人力、社會、文化資本與經濟競爭力,強調銀髮經濟與創意老化（creative aging）,認為人到老年仍可極力發揮自己的創造力來改善與提升個人與社會的生活品質,是歐美國家面對即將來臨的超高齡者社會轉變的重要政策,而高齡者的創新能力也成為成功老化的重要指標。

年齡增長對創造有正面和負面的影響,創造力被視為是高齡者解決問題與調控生活的能力,也是求生存的心理資源。作者自 2016 年以來,在高雄偏鄉地區,帶領高齡者,以其生命故事為素材,透過繪畫、音樂、戲劇、寫作等體知合一的具身學習（embodied learning）,探討高齡者創意開發的可能,結果發現下列明顯效益:1. 促進高齡者創造力,能有原創戲劇作品產生;2. 提升具身表達與感知能力以及促進對生命故事主題的認知;3. 鼓勵生命故事創作表達,有助生命統整與領悟;4. 促進情感連結以及代間互動;5. 提升士氣、有新的目標與期待,邁向創意老化。

老化是以一種形式去測驗一個人的創造精神。生命故事回顧、藝術與創造力活動的結合,能滿足高齡者自我統整與超越的需求以及帶來創新和自我突破的動機,

余嬪,國立高雄師範大學成人教育研究所教授。

其中帶領師資的專業以及空間環境、設施設備的友善都十分重要。

關鍵字：生命故事、創造力、具身學習、戲劇創作、創意老化、成功老化、高齡教育

　　人口高齡化為全球趨勢，全球老年人口將於 2047 年超過幼年人口，至 2050 年，全球 60 歲以上老年人口預計將從 2013 年的 8.41 億人增加至逾 20 億人，屆時亞洲中、日、韓、臺灣、印度將會是最多高齡人口集中的區塊，而扶老負擔將成為主要的社會經濟問題。目前特別是在許多已開發國家及部分開發中國家，社會對老年人口的支撐負擔日益加重，而現代生活家庭結構改變與人口移動頻繁，高齡者獨立生活日趨普遍，目前全球約有 40% 的高齡人口是獨立生活，預計未來此一比率仍將呈上升趨勢。聯合國報告明白指出，老化已是無可逆轉的世界大趨勢，今後二十年間，銀髮族將改寫全球經濟版圖，有強健高齡人力資本將是國家競爭力的重要指標（國發會人力發展處新聞稿，2017）。歐美國家積極以創意老化政策來面對高齡與即將來臨的超高齡者社會的轉變，認為老年是人生的一個階段，人到老年仍然可以極力發揮自己的創造力，來改善與提升自己與社會的生活品質（NCCA, 2018; Klimczuk, 2015）。本文說明老年創造力的意涵與創意老化的重要，並提出在偏鄉區以生命故事戲劇創作教學來提升高齡者創造力與創意老化的可能。

壹、高齡者創造力

　　談到以創意老化來因應高齡社會「扶老」壓力甚至創造榮景的可能性與社會效益，首先說明高齡者創造力的特質、需求以及學習和創造力活動參與對高齡者的重要。

一、年齡對創造力的影響

　　一般說來，研究提到創造力，有從人格特質來看，如：開放、好奇、獨立、直覺、情緒敏感、有信心、彈性、熱情、精力充沛、願意冒險、有美感、有赤子之心等；有從能力的角度來看，如流暢力、變通力、獨創力、精進、直覺與敏銳力、想像力、解決問題的能力等；也有從動機或內外因素互動影響創造力發展的社會化過程來討論。也有學者認為創造力是一種心智的表徵，其核心是創新（innovation），是能對現在沒有而未來會更好的事物狀況的想像和預見，其中有獨特與新奇，同時能得到「觀眾」（社會或他人）的欣賞與接受的能力。創新除了新奇的產品或點子之外，同時還強調有較大範圍的影響或有用，這通常與知識和專業能力有關，小孩子相對成人較為缺乏。近年來社會快速變遷與專業分工的結果，研究更從個人的創造力轉向社會創造力，強調團隊集體共同創造和創新。

　　對於創造力的關注，過去常是放在兒童與年輕人以及職場專業工作者身上，對高齡者的創造力較少提及。一百多年前，Galton（1869）研究成人創造力認為：1. 創造力是基於基因的秉賦，因此一個人若終身無疾病的話，創造力將會持續；2. 創造力是一組能力，多數人很難終身無疾病，老化會毀了所有的能力。當時社會對高齡者創造力的看法普遍是負面的，雖有少數的例外，但多數的研究認為在藝術與科學領域創造生產的高峰是隨著年齡下降的（Lehman, 1966; Simonton, 1977, 2012; Zuckerman, 1977）。時空轉變，近年來對高齡者的創造力漸漸有不同的態度，正向心理學者 Martin Seligman 等人整理過去研究指出老年退化的確帶來改變，變得較差的有：1. 神經的傳遞、反應速度自 24 歲開始變慢；2. 耐力、精力減退，記憶減退；3. 理解 / 演繹推理能力降低；4. 獨創、分析思考能力變差，容易固著。這些說明了年齡對高齡者創造力可能的不利影響，而研究也指出老年時變得比年輕時更好的是：1. 專長領域的知識技能與一般的知識能相互遷移轉

換，工作中培養的紀律和努力的態度能幫助自我效能與工作能量；2.
認知的型態改變，有較敏銳的直覺，能很快看到事物的關係，比較能
夠開放、彈性與整合訊息；3. 知道走捷徑，領悟很快（如閱讀期刊幾
個字就知道說什麼）；4. 經驗多元，容易同理與理解他人的觀點，容
易得到更多「觀眾」的欣賞，容易與他人合作，而點子更容易被接納
（Seligman, Forgeard, & Kaufman, 2016）。

　　Csiksentmihalyi 在 1996 年對 91 位成功高齡者的研究中，也發現
老年生產力並未下降，反而增加。他發現高齡者的創造力表現包括：
產生新的點子、對尋常的事有獨特的想法、鮮活的想像力、內省與直
覺、自我探索，以及能發展新的點子把不同的事物或領域連結在一
起。他發現隨著年齡增加，有些人創造的質與量都能保持，沒有很大
的改變，他們也很少抱怨健康的問題。Csiksentmihalyi 以個人、學門
與領域交互作用的系統觀點，構成一個演化的歷程，來解釋創造力的
發展。老年創造力的開發是可能且必要的，但因為領域知識快速更
新，在個人生理與認知的部分，他提到年老由流質智力（fluid intel-
ligence）到晶質智力（crystal intelligence）的改變對學習的影響，愈開
放的社會，高齡者有愈多的機會學習和參與，會更有助晶質智力的發
展。同時他也指出創造力與個人習慣、特質、紀律（discipline）及態
度的部分有關，這個部分年長者不會比年輕人差，但當壓力大且時間
不足時，增加的要求或目標，會對創造力產生負面的影響，所以年齡
愈大，個人愈需要學習不要做超越負荷的承諾。另一個與特質有關的
問題是年齡愈大愈沒耐性，同時年老會因無法保持體格健美而引發衰
退感，若能過渡此階段，高齡者對表現的焦慮慢慢消失，可能表現得
更有勇氣、自信與願意冒風險。

二、創造力是高齡者生活調控能力，也是求生存的心理資源

　　Kastenbaum（1992）認為對高齡者來說，更有智慧的看法是將創

造力視為是一種生活的態度與哲學，這與認知或審美的技巧同等重要。老年每日生活問題的解決與實用智慧有關（Sternberg & Wagner, 1986），也就是需要實用的創造力（practical creativity）或者是足智多謀的資源能力（resourcefulness）（Wakkary & Maestri, 2008）。創造力不僅是屬於腦部的，也是個人求生存的心理資源，個人一生中的成長或遲滯是動態的，高齡者要慢慢適應撤離與統整，其創意的發展可能是向內或內隱，而非外顯或以社會期望為主的。「老化」本身就以某種形式在測試個人的創造精神，高齡者更須要利用創造力來面對老化生活，如 Baltes 與 Baltes（1990）指出高齡者若能善於運用 SOC 生活管理策略（selective optimization with compensation；選擇、最佳化與補償），能資源盤點、利用自我調控與正向復原力，而產生面對威脅解決困境的動機與增進幸福感的能力或策略，將有助提升自我效能，以維持或得到更多的正向情緒、健康以及達到生活目標，而帶來成功老化。從以上的看法，高齡者透過策略面對老化，解決生活困境來增進幸福的能力就是創造力的表現。不過生活調適策略或能力不是突然發生，若年輕時就有較多的試探，發展多元的技能，開發多種的功能，有利於建立生命週期過程中發展性的調控能力。同時也有研究發現，當高齡者資源減少時，SOC 的調控能力也相對降低（Ouwehand, Ridder, & Bensing, 2007）。所以要提升長者的創造力，除了維持或增加其內在資源外，社會的開放性與提供長者感受到創新與解決問題等外在資源的支持，也是相當重要的。

三、高齡者對自我超越、創新與內在統整的渴望

許多研究發現到晚年長者休閒參與仍維持穩定性，但也有研究顯示在不同年齡階段人都會尋求新奇。過去比較常研究高齡者如何能持續原有的活動，近年來才有較多研究探討參與新活動帶來的種種好處，尤其是年老退休收入減少，但時間增多，正是發展新活動，增進

生活滿足感的好時機。Nimrod 與 Kleiber（2007）研究退休參與學習方案的人，發現退休帶來創新的動機與觸發。他們的研究發現退休者有自我再發現（self-reinvention）與自我保留（self-preservation innovation）兩種創新，而自我再發現的創新者常因參與學習而增加許多和過去無關的新活動技巧，而對生活有更多的試探。

　　高齡者做一些創新的事，讓他們感到積極、動態、有活力、大膽與年輕，而其中找到生命的意義與目標感是感到幸福最重要的理由。創新可被視為一種成長的機制，讓人生活不無聊與生命有意義。創新理論不是活動持續理論（continuity theory），但與內在企求持續與一致感有關。此理論尚未成熟，還有待更多的研究與建構，但它提出了學習新的休閒活動或新的參與方式等在個人晚年的重要，呼籲重視長者內心渴望改變與嘗試，鼓勵晚年創新、創意表達與自我突破。

　　此外，也常見許多人到老年不再尋求新奇而傾向懷舊。Erik Erikson（Wikipedia, 2017）說明晚年階段社會心理發展的重要任務是在統整與絕望中尋求平衡與智慧。Moore、Metcalf 與 Schow（2006）從高齡者生命故事訪談，瞭解他們晚年尋找生命意義的經驗，指出重建正向生命態度是高齡者因應老化的一項策略，能成功的適應老化，是指在晚年能不斷的找到生命的意義與價值、能關懷與服務他人、能自我超越以及提升其靈性的生活層次。能統整生命經驗，有新的領悟、得到智慧以及靈性的超越，也是高齡者一種廣義的生命創新。

四、學習與創造力活動參與的重要

　　人的興趣、知識發展與專業投入一直在改變和進化，在高齡教育學貢獻很大的學者 Howard McClusky（infed, 2017）認為人一生中有無限的發展潛力，他提出邊際理論（theory of margin），認為到了老年，人有內在需求要去均衡自己的壓力負荷（load）和資源能量（power）。影響壓力與負荷有內在與外在的因素，而因應的能量也受生理、社

會、心智、經濟、技能等因素的影響。高齡者以有限的能量要去均衡面對的壓力負荷，在此調適邊際中，透過學習，可能增加調適的能量，尤其是人的心靈能無限的領悟、轉化與超越。在企圖使邊際均衡的過程中，高齡者有應付、表達、貢獻、影響與超越等五種重要內在需求，這些需求和渴望都帶來高齡者自我突破與創新的動機，而高齡教育與終身學習能滿足長者達到自我發揮與自我超越的需求。

此外，也有許多研究證據指出保持創造的熱情，不管任何年齡都可以讓人保持心智與體能的活躍（Antonini et al., 2008），Katz 等人（2011）也指出創意活動的價值在於保持與外在世界的接觸，發展自我決心，與參與社會互動。Pricea 與 Tinkerb（2014）整理相關研究發現創造力活動的許多層面都能帶給高齡者益處，如保持休閒活動、社會互動、心智與身體健康與鼓勵自我動機（self-motivation），這些都暗示了參與創意活動有助於增加高齡者的調適能量。

貳、藝術活動參與和創意老化

創造力的活動在老年生活扮演重要的角色，如促進社會整合，提供認知刺激與帶來自我價值感，並被證明在改善高齡者多種的健康問題如沮喪、失意等是有用的工具，而藝術性的活動被認為是創造力的表現，於是社區開始許多鼓勵高齡者參與以藝術為主的計畫，如從視覺藝術到舞蹈、音樂到代間活動（Pricea & Tinkerb, 2014）。而美國心理健康組織（Mclean et al., 2011）也積極建議支持性的社區提供參與性的藝術活動，帶給高齡者有目標的服務來改善他們心智健康。創意老化是近十年來的新話題，其定義還在形成中，但相關政策都非常鼓勵高齡者藝術參與，基本上創意老化有兩個焦點：（一）指 55 歲以上長者參加參與性的、專業經營的藝術方案，其焦點在社會參與及技巧精熟。此運動呼籲透過視覺、文字或表演等藝術研習，提供長者有意義的創造表現機會。（二）指有關探索「人的可能性」，使個人從

相信「老化的限制」的想法中解放自己，而積極擁抱一個「個人在生命的旅途中還能成長、學習與貢獻社群的真實」（National Center for Creative Aging, NCCA, 2018）。藝術是一個激發創意的途徑，但創意表現不限於藝術，第二個焦點便是從更寬廣角度看待高齡者的創意與發展，重視多元學習與終身學習，相信高齡者的自我探索與成長的可能，鼓勵對生命有新的理解與超越，並能有積極正向貢獻社群的熱情與行動。

生活中經常可以看到有人退休後不再生產與創造，很快就生病，甚至死亡。創意老化的多元形式是充滿希望的，經常是轉化性的，而且是趣味的，正好與藝術學習活動的特質相符。參與藝術有助增加高齡者的想像力與創造力，有助解決問題與適應老年生活以及滿足高齡者多種需求。Fisher 與 Specht（1999）以質性訪談 60 至 93 歲參加畫展的 36 位長者，探討創造力活動帶來的好處以及創造力與成功老化的關係。發現在繪畫活動中確實帶給他們六項成功老化的重要因素，包括：對生活的目的感、與他人互動、個人成長、自我接受、自主與健康。藝術表達與創造提供長者不只是參與過程的滿足感，也明顯地增進了他們的成就感及與他者的聯繫；又當專注與陶醉在自己的創作工作時，高齡者會忘記生活的瑣碎與自身的苦痛，感到生命的延伸與產生美好、正向與樂觀的感覺。年老的藝術家更能透過創造作品的過程來表現內在思考與想像世界。

在許多藝術活動中，音樂常是高齡者最容易接觸與最受喜愛的活動之一，哈佛大學神經學家 Gottfried Schlaug（2015, 2018）指出音樂是一個從年輕到老都能從事的理想活動，它能影響任何年齡的人腦部發展與腦部結構的改變。南加大大腦與創造力中心主任 Antonio Damasio（2011, 2014）長期研究音樂對情緒與腦神經的影響，也指出音樂能提升我們的士氣與精神，是保持身心健康的有力工具。聽我們喜歡的音樂的愉快會釋放刺激中樞神經成長的因子，能促進腦部細胞的活力、成長與代謝，即便只是簡單的沉浸在音樂中就能幫助高齡者心

理健康、活躍與對抗傷害與疾病。

2015 年美國白宮舉行的創意老化高峰會（The summit on creativity and aging in America）與全國性鼓勵創意老化的平台 NCCA，都提出許多研究證明參與藝術有關的方案對高齡者的認知、情緒與生理健康產生十分顯著與可測量的影響。在其報告中顯示，與不參與的高齡者相較，參與藝術活動者普遍有較高的生理健康、較少看醫生、醫療費用降低、較少跌倒、較少其他健康上的問題。幾乎所有的研究結果都支持藝術文化參與和創意老化的關係，藝術參與幫助高齡者更健康、更多的歡笑享受、更快樂、更有復原力、更有活力、自信、希望、同理、熱情、愛、感恩、建立社群、正向、美感、更有動機與更有記憶力。藝術參與不只讓世界更美麗，更讓人充滿生命的目的感、連結感與喜悅，使高齡者終止對老年的恐懼，發現奇妙與充滿藝術感的老年！

參、戲劇活動中的具身學習（embodied learning）與創造力開發

在許多藝術活動的形式中，音樂、美術、藝文欣賞、手工藝創作等活動深受高齡者喜愛，在高齡學習中佔有重要的位置，但戲劇表演、扮演等活動雖常被運用於幫助兒童與青少年創造力開發，卻甚少被成人或高齡教育者重視，也少有相關實證研究。劇場中有太多動作的隱喻表現以及即興創作過程的認知轉變，戲劇介入教學帶來的創造力發展和其他學習效果是與具身學習的作用有關，但到底具身學習是什麼？ Smyrnaiou 等人（2018）指出人是生物性的、物質實體的、有感官覺察的存在，但也有社會文化的、相對的或互動發展出來的技巧，而身體的功能是意義產生的自然的來源，幫助個人自然的表達自己。身體（body）是人類包括實體物質經驗（corporeal experience）和一連串造成的心理結果，而也有人說實體物質經驗的潛意識層面是構

成認知與語言表達的基礎。具身學習的概念不僅是指身體本身，還包括感官、心靈與頭腦組成整個人的性格。具身學習主要的特質是：1. 感官動作的活動（如把知覺到的刺激轉換成更穩定的記憶和認知的符號呈現）；2. 與想要再生產的主題相關的姿勢姿態；3. 情緒投入。具身學習是與姿勢或姿態有關、是情緒深入的、是心理的與身體活動的技巧、是需要部分或全部的身體合作來做動作、是意義的物理機（physical machine）。具身化（Embodiment）的體知合一是指將抽象概念具象化，用具身來表達的認知與情感的過程。具身學習將每個人的身體看作是知識建構和知識傳遞的工具，強調身體在教育實務上的使用。

　　過去在教育上身體一直沒有被重視與開發，具身學習的特色不為人所知，也因此未被教育界接受，至今身體才被用來讓學生體驗參與和吸引他們興趣的學習工具。各種領域的專家，如舞蹈劇場、人體工學、體育，甚至數學、物理等，紛紛強調身體本身是有用與必要的學習工具。為促進科技創新與競爭力，歐洲 2013 年提出 CREAT-IT（http://creatit-project.eu/）計畫，將藝術與科學學習結合，歐洲許多國家參與此計畫，並發現藝術與人文方案的介入對學生的科學創造力發展有顯著的影響（European Commission, Horizon 2020 Monitoring Report 2014）。認為學校科學教育應更積極和終身參與，而用劇場的方式可以開創知識的網絡與跨領域不同社群的合作，Smyrnaiou 等人（2016）在 2014 至 2015 年間將希臘參與 CREAT-IT 計畫的 500 名中學生在 13 個劇場表現錄影下來，發現高中生將教學大綱中生物、天文、物理領域相關的科學概念和知識以戲劇呈現，過程中學生不僅用語言，也用包括心理、情緒的身體動作來表現新的具身知識。研究者觀察並以內容分析他們的戲劇表演和具身學習的特性如何產生關連。發現學生透過具身學習能：1. 表達科學概念並產生意義（瞭解應用），2. 相互溝通（用表情、姿勢、整個身體、情緒來表達與互動），3. 將科學概念與劇場技巧結合來娛樂觀眾（有趣的、娛樂性的、想像的、

享受的）。學生將科學的概念以一種非常獨特、有想像力與創新的方式來呈現，參與的學校都認為學生在整體藝術與科學的表現都非常好。

希臘在 2014~2016 年間共有 43 個劇場 2000 名學生與他們的老師參與歐洲 CREAT-IT 計畫，Smyrnaiou 等人（2017）持續以質性研究、扎根理論與量化研究的方式交叉檢視該計畫中參與學生的表現，發現中學生能將科學概念融合文化、社會與喜劇的元素，以具身、語言互動的方式表達，他們在知識上的表現是成功的，且促動他們對研究與創新產生責任感。

體知合一受行動經驗深遠的影響，而行動經驗是兒童期到成人期發展出的簡單而有力學習工具，例如一個姿勢（如搖頭讚嘆）或一個動作（如握手寒暄），可說明一個行動經驗抽象的表徵形式如何影響我們廣泛多元的認知過程（Goldin-Meadow & Beilock, 2010）。早期的感官動作學習，影響我們的行為產生和行動，以及隨之而來的具身的認知，甚至建立習慣行為與認知基模。具身經驗雖影響認知，但並非兒時建立後就終止不變，成年後具身機制仍繼續發展，一些研究證明具身學習介入的教育方案對成人也是可行的（Kontra, Goldin-Meadow, & Beilock, 2012）。

在戲劇／劇場表演裡面，知識的產生主要是在身體或透過身體。這種知識是基於主動、親密、親身的參與和個人的連結（Conquergood, 2004）。Close 與 Scherr（2015）在社區大學裡整合青年心理學與戲劇，發現具身學習不僅是知識生產與整合學習的有效工具，也是更深度整合課程材料的把關者，此外，他們認為其中有更多的即興與排演過程也非常值得探討。Jansen（2009）以在南非大學針對不同族群學生戲劇教學研究的效果，來呼籲高等教育必須要將身體帶回到教育的脈絡，因為人在其中，在教室中的每一個身體都帶著他們擁有的知識來參與、來中斷和轉化。在具身化的過程中，在劇場創造出角色與脈絡，整合了權力與認同的複雜性，整合了具身的知識與實務，創造了

展演的產品，同時觀眾也與之互動，帶來了更深遠的影響。Suther-land（2013）也呼應 Jansen，認為這種後衝突時代教學法（post-conflict pedagogy）運用具身的知識是非常合適的工具，讓文化歧異的成人學生學習多元與社會轉型下種族、族群特權的議題。透過結合學科內容與戲劇活動的教學，能帶給學生新的認知領悟，並帶來態度與行為的轉變。

人的動作感官、身體和心靈整體都是接收訊息與促進認知的工具，高齡者生命經驗豐富，但很少有相關研究說明如何利用具身認知機制來幫助高齡者學習，而做中學（Dewey, 1938）與經驗學習（Kolb, 1984）描述環境中充滿了隨機得到各種知識與人如何主動學習的過程，向來為成人教育或高齡教育者重視，但他們的論述都沒有把這些行動中認知如何發生解釋清楚，具身學習的概念正好彌補經驗學習理論之不足，而透過戲劇活動的具身學習，有類似成人「做中學」的效果，應能幫助高齡者認知的增加、轉化與突破。

肆、306090[1] 高齡者生命故事敘說與戲劇創作教學實驗行動

「對人可能性的探索」與「人能跳出框架」都是創意老化的重點，高齡者生命經驗豐富、雖然背景多元，教育程度和城鄉差距大，但大都喜愛做中學及與生活相關的活動。對高齡者而言，生命經驗中許多寶貴的課題都可以是學習素材，而壓縮的生命故事與模擬角色身在其中的戲劇表演，能讓人快速認識主題以及其中各元素間的關係，而產生具身的理解。同時戲劇創作過程容許跳出框架的改編與創造，能激發推理與想像力，促使整合他人或其他社會、文化的知識，也應是高

1　306090 代表早年、中年、老年三個生命階段。306090 生命故事創作教學是以活動引發高齡者回溯 30 歲以前，30-60 歲以及 60 歲以後三個階段的生活重要事件與經驗。

齡者創造力開發、跳出框架、重新探索統整生命意義的有效工具。基於上述假設,作者於 2016 年初開始發展 306090 生命故事戲劇創作教學雛形,並於同年底初次在偏鄉原民區試行教學,發現幾乎不通漢語的高齡者能在一天學習結束前呈現多個生活短劇創作,學習效果顯著,增加作者信心,並修正教學模式成為兩次一天[2](隔週)的研習課程以及接著半天表演給幼稚園與國小學童看的代間互動演出,以加深學習體驗。2017 年底以此兩天半修正教學模式另擇一處偏鄉原民區樂齡學習中心實施教學行動,2018 年初再將相同兩天半模式帶到另一平地偏鄉工業區樂齡中心實施。兩處參與創作教學的長者共約 50 名,偏鄉原民區高齡者(約 25 名)平均年齡 70~80 歲左右,少數男性;平地偏鄉高齡者(約 25 名)平均年齡 60~70 歲左右,全為女性。作者以現場觀察、全程教學錄影、生命故事戲劇作品與紀錄本的內容分析以及參與學員三個月後訪談,結果發現以高齡者生命故事戲劇創作的教學活動帶來下列明顯效益。

一、促進高齡者創造力,能有原創戲劇作品產生

原民區高齡者年齡偏高、行動不便且漢語表達不流利,需要翻譯,但透過兩次一天的研習,第三天即能有兩齣精彩短劇原創作品(女巫與教會、蛻變)。而平地偏鄉的高齡者同樣經過兩次一天研習即能有三齣短劇原創作品(虎妹與小龍女、林園好所在、我一定會長大)。產出作品主題獨特、內容與表現方式多元,呈現高齡者對生命的困境與突破,對不同時代的環境、社會經濟、價值觀、信仰等轉變與反思。同時高齡者能突破資源限制,配合現場簡單的環境,發揮創意做出服裝、道具、音樂等設計,來增加戲劇的真實感或娛樂性。

---

2 工作坊辦理時間共兩天半 15 小時,第一天上午與下午 6 小時完畢後,經過一週的醞釀,隔週再培訓一天 6 小時後,接著就是第二天上午最後的戲劇發表。

此外，高齡者的性格也明顯變得較為開放，從最初生澀靦腆不好意思、到即興發想、主題聚焦討論（找到共同經驗與議題）、設計台詞、修飾姿態表情動作、誇張情緒、用心準備服裝道具，到大方登台精彩演出，為「完美」達成任務，高齡者有神一樣的轉變。僅有短短兩天的創意教學，他們即能創作劇本與戲劇演出，並得到觀眾（幼稚園、小學生、老師、同儕）喜愛。過程中無一不是挑戰，最後的表現令人訝異與感動，他們的表現精彩，打破了自己以及他人對高齡者不能創造或創造力很低的刻板印象與迷思，顯示高齡者的創造潛能不容小覷，而透過有效的教學引導，的確能開發與促進長者的創造力。

二、提升具身表達與感知能力以及促進對生命故事主題的認知

幾乎所有參與的高齡者都從來沒有戲劇表演的經驗，他們最初上課時沉悶木訥，身體與表情僵硬拘謹，經過肢體放鬆、圖像聯想與生命回顧、角色扮演等活動，長者有具身表達與學習的機會，身體的動作非常明顯地變得靈活，表情姿態及語言對話變得趣味生動，他們變得年輕、歡樂、有活力，前後判若兩人。對主題的尋找、聚焦與編劇以及在實際演練中，成員試著將眾多的概念或想法具象化表達。在安排戲劇脈絡的過程中，高齡者對生命故事主題有更多的思考、認識與再次的具身體驗機會，由於非常入戲（如流淚），較不會忘詞或也能即興表達，最後能豐富地呈現故事，帶給自己很大的成就感與感動。

戲劇主題的尋找與呈現過程一開始是困難的，需要合適的發問引導與足夠的分享，讓高齡者看到共同的生命經驗與產生同理心；他們要練習分歧發散思考，同時也學習多元批判（如虎妹與小龍女、林園好所在）與最終如何聚焦、有脈絡地呈現主題思想；也要在很短的時間內構想如何用身體來表達想法與情感，這些都是過去偏鄉地區高齡者教育中少有的學習經驗。透過五個短劇的具身學習與創造表現過程，他們得到新鮮難忘的生命經驗，體認自己和其他高齡者的表達與

創作都有再開發的可能性，而對自己的表現十分滿意，有一位原民長者結束後感動的說，上過這麼多課，這是他「第一次真正的學習」！多位的平地女性長者對肢體創意表達練習的活動印象深刻，也體會女性必須自己積極努力來打破舊社會的性別迷思與對女性的歧視。

三、生命故事敘說與創作表達有助生命的統整及創新

306090 代表個人早年、中年、老年三個生命階段，多元活潑的教學活動設計引發長者多樣的回憶以及記錄生命故事的動機與興趣。透過從童年開始一路成長的生命回顧活動，蒐集到豐富的素材，讓高齡者看到自己生命的豐富充足而非匱乏，看到自己成長過程中的努力和各種能力與成就，感到自我的價值與增加的自信。許多高齡者晚年士氣低沉，覺得自己沒有用、沒有自信，也對很多新事物的嘗試沒有興趣，在支持的氛圍中，多元觀點表達、經驗溝通以及戲劇表演安排的重新詮釋，大家再次體驗年輕與內在的騷動，看到生命的共相與殊相，並透過角色扮演與觀看，得到反思整理與觀點轉換的機會。有原民長者提及年輕時的荒唐與悔過、生活艱難與努力、對家人與原鄉發展的貢獻、宗教信仰的轉變；也有許多女性長者回憶年輕時物質缺乏、重男輕女、無法接受教育、社會文化的限制等成長過程中各種的辛苦，以及與家人、朋友、社群深刻的關係。他們對照現在環境的進步與改善、生活平安穩定與看見生命傳承，特別理解到生命的意義與幸福感、滿足感，活動結束時充滿感恩與重新看待生命自我超越的可能性。

四、促進情感連結與代間互動

大家真誠分享自己的生命故事過程中，突然間變得熟稔得像老朋友。戲劇表演也使團隊必須分工合作，使大家比平日有更多的溝通和

互助，演出準備的過程也引起了家人的關注，而現場精彩表演的娛樂效果，吸引了社區前來觀看小朋友的興趣，他們在現場的笑聲、專注投入觀賞的表情與踴躍參與互動的表現，拉近了代間的距離，溫暖了長者的心靈，也使小朋友認識高齡者的潛能、專長、他們的生命經驗、世代環境與價值的變遷以及文化傳承。事後訪談參與長者發現有些長者不識字，在家裡以畫圖或找老照片來貼在 306090 生命故事紀錄本中，而由孫子協助完成文字部分，祖孫同心，彼此留下珍貴回憶。成員中有夫妻檔的夫妻感情更好，彼此原來陌生的，也讓他們更加開放、不再靦腆以及結交到一起上課和出遊的好朋友。此外，因為得到難得的學習與正向經驗，也使得長者對提供此機會的機構與工作人員產生好感與強烈的情感認同；另一方面，長者的表現讓參與的工作人員大為訝異感動，更加激發他們服務長者的熱情。

五、提升士氣、有新的目標與期待，邁向創意老化

參與學習過程中情緒經驗的各種張力，重新燃起長者生命的火花。整個教學只有兩天（相隔一週），就要有戲劇作品產出，第三天上課就要表演，又有小朋友、老師與同儕觀眾，每個團隊都希望表現優秀，不能漏氣，任務與「競爭」帶來適度的壓力，使長者精神大振，非常專注，下課後興奮討論找資料、想台詞與動作，大家合作，相互支持，生活開始有非常清楚的目標，感到自己有能量。在原民區，高齡者太久沒有舞台了，當專業攝影師在電視螢幕上播出他們的排演表現與邀請他們隔天要來表演的預告時，他們帶著笑容、含著淚光、難忍內心的興奮與激動。他們對生命有新的期待，隔天早上的「盛裝出席」真的就像螢幕上的大明星！平地高齡者也是一樣。

每位高齡者演出前都非常緊張，但在觀眾前真正演出時，因為就是演自己，就是自己再熟悉不過的生活主題，他們表演得非常入戲，還會自己加戲製造娛樂效果，最終精彩的表演得到許多讚賞，帶來高

昂的團隊士氣與難得的高峰經驗。潛力受到激發，這「登台」的自我突破和超越的經驗，幾乎是所有偏鄉高齡者生命的第一次，結束後他們的興奮溢於言表，大家對自己的表現非常滿意。高齡者給自己、同伴、老師與觀眾都留下深刻的印象，也增強了他們的自我概念與自我認同。

事後許多長者表示期待未來還有這樣的課程、期待還有演出或編劇的機會、期待能夠透過戲劇展示自己的才華、期望自己能有更多的貢獻；尤其是平地的女性長者，這個學習經驗讓她們看到自己的價值和生活品質改善的自我責任與可能行動，她們感受到家人、朋友、機構和社區的支持，非常期望能回饋社區與幫助弱勢的學生。在戲劇創作課程結束後，許多女性又接著報名新的學習課程並成為社區的服務志工。本來 306090 教學開始時，許多長者覺得 60 歲以後的人生大概差不多就這樣了，或者能持續維持這樣就不錯了，透過有效的創意開發課程，高齡者期待再持續學習成長以及貢獻，能積極規劃未來生活與設定新的目標，期待自我突破與更多的社會參與，開始邁向創意老化。

伍、結語

21 世紀文創產業興起、人口高齡化以及對高齡人力資本的重視，高齡者的表達性生活與創意可能帶來包括銀髮經濟更大的社會效益，近年來受到許多先進國家的關注，但有關高齡者創造力開發的教學相關實證研究十分缺乏。本教學實驗行動研究結果顯示結合高齡者生命故事敘說、文字、繪畫紀錄與加強具身學習的戲劇創作表達過程，帶來參與長者多元的效益，開發的不僅是學員的創造力，而是晚年全方位健康幸福生活品質的潛能，帶領老師也從中得到寶貴的教學經驗，此創造力開發的模式值得推廣參考。

由於高齡者背景多元，個人特質差異很大，是否能使團隊運作順

利流暢並得到滿意的經驗與最優的激發，帶領老師十分關鍵，除要熟悉活動技巧不斷精進外，過程中需要一直秉持生命故事戲劇創作教學設計的四個信念：1. 創意老化與表達性的生活對高齡者本身和社會發展十分重要；2. 每一位高齡者都渴望超越與創新，並且有創造與創新能力；3. 高齡者的生命經驗充滿創造的題材和元素；4. 高齡者的創造力可以透過藝術與戲劇教學的介入被有效的開發。此外，高齡者創造力教學最重要的帶領原則是有「目標導向」的「自由探索」。在重視創造力開發的活動帶領中是鼓勵自由、超越界線、允許離題、天馬行空與重視個人意志的。帶領老師要接納永遠都有另類選擇的一種想法或態度，鼓勵長者多元分歧的自我表達，而不是把人變成經過教育訓練下特定正確表達的一種裝置或設計品。要鼓勵高齡者在參與藝術活動過程中瞭解自己是誰，接受自己的限制，找到方法突破限制拓展自己，這樣才能激發創意。

由於教學過程期待每位長者都能積極參與並有團隊感及最優激發，分組與小班教學較為合宜，也因此本教學模式的師資專業、工作人力與經費的要求相對較高。未來教師教學專業的精進、場地設備、社區資源支持與等因地制宜的彈性安排以及效果等，都還需要更進一步的研究。又因偏鄉交通來往費時，本教學模式將實施時間壓縮至最短，不同背景長者對學習壓力的負荷與承擔能力，以及各種不同生命議題與藝術整合的具身學習經驗也值得未來持續探討。期待未來能有更多的相關專業工作者投入高齡者創造力開發研究與教學，共同促進長者邁向創意老化。

參考文獻

· 國發會人力發展處新聞稿。聯合國世界人口高齡化趨勢分析。2017 年 11 月 25 日，取自 file:///C:/Users/user/Desktop/%E8%81%AF%E5%90%88%E5%9C%8B%E4%B8%96%E7%95%8C%E4%BA%BA%E5%8F%A3%E9%AB%98%E9%BD%A1%E5%8C%96%E8%B6%A8%E5%8B%A2%E5%88%86%E6%9E%90.pdf

· Antonini, F. M., Magnolfi, S. U., Petruzzi, E., Pinzani, P., Malentacchi, F., Petruzzi, I., & Masotti, G. (2008). Physical performance and creative activities of centenarians. *ArchGerontol Geriatr*, 46 (2), 253-261.

· Baltes, P. B., & Baltes, M. M. (1990). Psychological perspectives on successful aging: The model of selective optimization with compensation. In P. B. Baltes & M. M. Baltes (Eds.). *Successful aging: Perspectives from the behavioral sciences* (pp. 1-34). New York: Cambridge University Press.

· Close, H. G., & Scherr, R. E. (2015). Enacting conceptual metaphor through blending: Learning activities embodying the substance metaphor for energy. *International Journal of Science Education*, 37 (5-6), 839-866.

· Conquergood, D. (2004). Performance studies. Interventions and radical research. In H. Bial (Ed.), *The performance studies reader* (pp. 311-322). New York: Routledge.

· Csikszentmihalyi, M. (1996). *Creativity: Flow and the psychology of discovery and invention.* New York: Harper Perennial.

· Damasio, A. (2011). Neural basis of emotions. *Scholarpedia*, 6, 1804. 2017 年 8 月 21 日，取自：http://www. scholarpedia.org/article/Neural_basis_of_emotions

· Dewey, J (1938). *Experience and education.* New York, NY: Kappa Delta Pi.

· European Commission. *Horizon 2020 monitoring report* 2014. 2017 年 12 月 1 日，摘自 https://ec.europa.eu/programmes/horizon2020/en/news/horizon-2020-monitoring-report-2014。

· Fisher, B. J., & Specht, D. K. (1999). Successful aging and creativity in later life. *Journal of Aging Studies*, 13 (4), 457-472.

· Galton, F. (1869). *Hereditary genius.* London: Macmillan.

· Goldin-Meadow, S., & Beilock, L. S. (2010). Action's Influence on thought: The case of gesture. *Perspect Psychol Sci*, 5 (6), 664-674.

· Habibi, A., & Damasio, A. (2014). Music, feelings, and the human brain. *Psychomusicology: Music, Mind, and Bain*, 24 (1), 92-102.

· Infed (2017). Howard McClusky and educational gerontology. 2017 年 11 月 25 日，摘自 http://infed.org/mobi/howard-mcclusky-and-educational-gerontology/

· Jansen, J. D. (2009). On the clash of martyrological memories. *Perspectives in Education*, 27 (2), 147-57.

· Kastenbaum, R. (1992). The creative process: A lifespan approach. *Generations*, 22 (1), 285-306.

· Katz, J., Holland, C., Pearce, S., & Taylor, E. (2011). *A better life — what older people with high support needs value.* The Open University, UK: Joseph Rowntree Foundation. 2018 年 6 月 1 日，取自 file:///C:/Users/user/Downloads/older-people-and-high-support-needs-summary%20(1).pdf

· Klimczuk, A. (2015). *Economic foundations for creative ageing policy (Volume I): Context and considerations.* London: Palgrave Macmillan. 2017 年 11 月 25 日，取自 http://www.palgrave.com/us/book/9781137466105

· Kolb, D. A. (1984). *Experiential Learning: Experience as the source of learning and development.* Englewood Cliffs, NJ: Prentice-Hall.

· Kontra, C., Goldin-Meadow, S., & Beilock, S. L. (2012). Embodied learning across the lifespan. *Top Cogn Sci*, 4 (4), 731-739.

· Lehman, H. C. (1966). The psychologist's most creative years. *American Psychologist*, 21, 363-369.

· Mclean, J., Woodhouse, A., Goldie, I., Chlyarova, E., & Williamson, T. (2011). *An evidence review of the impact of participatory arts on older people.* London: Mental Health Foundation.

· Moore, S. L., Metcalf, B., & Schow, E. (2006). The quest for meaning in aging. *Geriatr Nurs*, 27 (5), 293-299.

· NCCA (National center for creative aging). 2018 年 8 月 10 日，取自 http://www.creativeaging.org/

· Nimrod, G., & Kleiber, D. (2007). Reconsidering change and continuity in later life: Toward an innovation theory of successful aging. *International Journal of Aging and Human Development*, 65 (1), 1-22.

· Ouwehand, C., de Ridder, T. D., & Bensing, J. M. (2007). A review of successful aging models: Proposing proactive coping as an important additional strategy. *Clinical Psychology Review*, 27, 873-884.

· Price, A. K., & Tinker, M. A. (2014). Creativity in later life. *Maturitas*, 78, 281-286.

· Rogenmoser, L., Kernbach, J., Schlaug, G., & Gaser, C. (2018). Keeping brains young with making music. *Brain Struct Funct*, 223 (1), 297-305.

· Schlaug, G. (2015). Musicians and music making as a model for the study of brain plasticity. *Prog Brain Res*, 217, 37-55.

· Seligman, M., Forgeard, M., & Kaufman, S. B. (2016). Creativity and aging: What we can make with what we have left. 2017 年 11 月 25 日，取自 http://scottbarrykaufman.com/wp-content/uploads/2016/05/Seligman-Forgeard-Kaufman-2016.pdf

· Simonton, D. K. (1997). Creative productivity: A predictive and explanatory model of career trajectories and landmarks. *Psychological Review*, 104, 66-89.

· Simonton, D. K. (2012). Creative productivity and aging: An age decrement — or not? In S. K. Whitbourne & M. J. Sliwinski (Eds.), *The Wiley-Blackwell handbook of adulthood and aging* (pp. 477-496). Oxford, England: Wiley-Blackwell.

· Smyrnaiou, Z., Sotiriou, M., Georgakopoulou, E., & Papadopoulou, O. (2016). Connecting Embodied Learning in educational practice to the realisation of science educational scenarios through performing arts. 2018 年 8 月 1 日，取自 https://www.researchgate.net/publication/301645918_Connecting_Embodied_Learning_in_educational_prac-

tice_to_the_realisation_of_science_educational_scenarios_through_performing_arts
· Smyrnaiou, Z., Georgakopoulou, E., Sotiriou M., & Sotiriou, S. (2017). The learning science through theatre initiative in the context of responsible research and innovation. *Journal of Systemics*, 15 (5), 14-22.
· Sternberg, R. J., & Wagner, R. K. (Eds.)(1986). *Practical intelligence: Nature and origins of competence in the everyday world*. Cambridge, England: Cambridge University Press.
· Sutherland, A. (2013).The role of theatre and embodied knowledge in addressing race in South African higher education. *Studies in Higher Education*, 38 (5), 728-740. 2018 年 7 月 20 日，取自 http://dx.doi.org/10.1080/0307507 9.2011.593620
· The summit on creativity and aging in America. 2017 年 11 月 25 日，取自 https://www.arts.gov/sites/default/ files/summit-on-creative-aging-feb2016.pdf
· Wakkary, R., & Maestri, L. (2008). Aspects of everyday design: Resourcefulness, adaptation, and emergence aspects of everyday design. *INTL. JOURNAL OF HUMAN-COMPUTER INTERACTION*, 24 (5), 1-14. 2017 年 8 月 12 日，取自 http://citeseerx.ist.psu.edu/viewdoc/download?doi=10.1.1.565.2510&rep=rep1&type=pdf
· Wikipedia (2017). Erikson's stages of psychosocial development. From Wikipedia. 2017 年 11 月 25 日，取自 https://en.wikipedia.org/wiki/Erikson%27s_stages_of_psychosocial_development
· Zuckerman, H. (1977). *Scientific elite: Nobel laureates in the United States*. New York, NY: Free Press.

創造力 V.S. 我的老師、我的學生

陳昭儀

摘要

多年來我一直潛心於創造力的教學及研究工作中，因此撰述本文其實是希望回溯自己的創意行旅，尤其是對於「教與學」的思索……。藉由此文寫下一段師生互動的歷程與風景，與大家交換經驗值。本文從我的創造力議題啟蒙恩師們談起，接續聊聊上課學生的回饋，最後整理出我的教學脈絡──創意與情意教育：以首尾呼應的課程設計、多元靈活的教學方式、創意展能的學習成效說明之。我常與各級學校老師們分享「創意與情意教育」此一主題，我對創意與情意教育的詮釋為：「鼓勵學生發揮創意，珍視自己的獨特性與珍貴；用心、用情看待世事及他人」。

關鍵字：創造力、創意人物、師生互動、創意與情意教育

陳昭儀，國立臺灣師範大學特殊教育學系 / 創造力發展碩士專班兼任教授。

楔子

　　多年來我一直潛心於創造力的教學及研究工作中，因此撰述本文其實是希望回溯自己的創意行旅，尤其是對於「教與學」的思索……

> 這門課程的前提集中在一個可能性：宇宙存在著一個根本真相，而人類的所有知識不過是從不同角度來看這個真相而已。
>
> 對這項前提的探索牽涉到物理學、生物學、心理學和宗教等。這些學問講的全是同一件事的可能性有多大？
>
> 彷彿我從學校教育獲得的所有知識，以及透過內省靜心和不斷觀察腦袋裡的聲音學習到的一切，全被編織在一起，成為一個整體。

（Singer, 2015）

　　越發覺得課程名稱只不過是一種「名相」，我們或許可以超越此名相，引領學生進行全人教育的探索及內化。而國內大學老師的教學多半採單打獨鬥方式進行，研討會或是座談會大多在討論各種研究，論文輯與學術期刊幾乎都是以學術研究為取向，大學老師的三大要務中其他兩項的教學與服務大家的重視程度相對較低，對於大學教授們的評鑑與評比大多是以研究論文點數來計算。自己在此領域經營了二十餘年，也少有機會與其他教授創造力相關課程的老師有更深入的討論與觀摩。

　　為精進自己的教學，並結合研究興趣，因此對於國內大學創造力課程實施之現況有濃厚的探究興趣，曾蒐集全國各大學 58 份創造力課程大綱進行分析，並撰文寫成〈臺灣之大學創造力課程大綱內容分析之探究〉（陳昭儀，2009）。文中提出以下建議：教師應用心撰寫課程大綱，滿足學生「知的權利」；對於大學創造力課程設計與教學態度之相關建議，期待教授創造力課程的教師們，能在教學內容及與

學生的互動上投注更多的心力，如此我們的教學品質才能向上提升。並將自行研發之創意教材教法整理後，發揮社群擴散之效應，曾應邀至二十多所大專院校分享「大學教師的創意與情意教育」此一講題。此次很榮幸也開心能收到鄭英耀校長的撰文邀請，或許能藉由此文寫下一段師生互動的歷程與風景，與大家交換經驗值。

本文從我的創造力議題啟蒙恩師們談起，接續聊聊上課學生的回饋，最後整理出我的教學脈絡——創意與情意教育。

壹、創造力 V.S. 我的老師及相關研究

回溯自己與創造力的結緣，就不能不提到先父陳燦暉教授，先父在創造發明界有不少第一的紀錄：他在 1969 年舉辦臺灣首屆發明展，開啟國人對創造發明的認識；他也終身投入智慧財產權的發明研究領域，擁有發明專利十數種，其中以「冬天的太陽」電暖器與火鍋兩用產品，由日本三菱電機公司承購，是臺灣將專利權成功售予國際性企業的第一人。他創業的萬國專利商標事務所，是國內前幾家專業承辦專利商標的公司。他在日本數所大學攻讀「專利法」、「發明與專利」、「創造工學」等課程，返國後先後在十多所公私立大學講授相關課程（師大、交大、東海、輔大、文化、臺北工專等），也是開設創造力相關課程的先驅。他並著有《搶先一步的思考法》一書（陳燦暉，1992），介紹創造發明的原動力——想像與聯想、創造發明心理學、增強創造力的基本方法以及發明的十大入門法則等，他算是國內少數能結合理論與實務闡述發明與創造的學者及業界人士。

回想起來，我對創造力研究的探究淵源與先父的工作與畢生興趣有著莫大的關係，記得在小時候先父回家時常會拿一些新鮮的物品向我們介紹他自己的發明品或是別人來申請專利的樣品，我們總能先睹為快，先「用」為樂！這樣的潛移默化，我想是對我研究創造力的啟蒙吧！在師大特殊教育研究所就讀時，其中一部分的課程就是資優與

創造力，這個時期先父常會與我討論創造與發明的研究與理論，也常介紹一些相關的新書給我閱讀，尤其有些日文書籍他還會即席翻譯給我聽呢！所以先父應是我研究創造力的啟蒙者……走筆至此，至感懷念及感恩！

而當我在構思碩士論文主題時，先父就鼓勵我進行國內發明家的創造歷程探究，這樣的想法得到指導教授吳武典老師的支持，並建議我參考 Bloom（1985）所撰之 *Developing talent in young people*，該項研究是對一百二十五位在六個領域（游泳選手、網球選手、鋼琴演奏家、雕刻家、數學家及神經生理學者）中表現傑出且年齡在 35 歲以下者進行深度訪談的研究。當我看到這本書時如獲至寶，因當時國內找不到類似的研究方法，而 Bloom 所採行的個案訪談法正是我想進行的研究主題可以參考的方式。回溯當年（1990 年）國內進行質的研究的論文數屈指可數，因此特別感激吳武典教授的寬容與支持，大力鼓勵我進行這在當時算是頗創新的研究題目與研究方法，讓我開啟了研究創意人物的先機。

當時碩士論文口試委員吳靜吉教授在知道了先父與發明界的淵源後曾說：「你作這個研究真是天時、地利、人和！」的確是如此，因為我訪談的這二十位發明家其中十位是當時獲得最多專利件數的前十名，這些受訪者也囊括了不少國內外發明獎項；但有幾位發明家頗為低調，極少接受採訪，因此需動用先父在發明界的人脈，才讓我得以順利訪談到當時臺灣發明界的翹楚。經過一年南來北往採訪了二十位發明家，感恩每一位前輩均不吝惜地傾囊述說其生命故事，讓我這後生晚輩開拓了人生視野，也完成了第一篇創意人物研究論文〈我國傑出發明家之人格特質、創造歷程及生涯發展之研究〉（陳昭儀，1990），並在指導教授的推薦下以《二十位傑出發明家的生涯路》為名出版了（陳昭儀，1991）；這對於一個碩士研究生而言真是莫大的鼓舞，非常感激學養豐富、具有儒者風範的吳武典恩師對於後輩的提攜。

今年更有一意外之驚喜，當年我的訪談對象之一，獲得臺灣專利件數之最的大發明家，居然在年過七十之齡還堅持到師大創造力發展碩士專班進修，並選修了我的課程。二十餘年的時光倏忽而過，我們聊起當年的研究歷程仍歷歷在目；而他睿智且具前瞻性的論點是我們課堂討論中的亮點。

　　兩位碩士論文口試委員吳靜吉教授及鄭湧涇教授亦是引領我進入創造力研究的領航者。鄭湧涇教授是臺灣師大生物系的退休教授，亦曾任國科會科教處的處長，由於他在美國留學期間亦有涉獵創造力議題，因此當時所就讀的特教研究所特別邀請他到所裡來開設創造力的課程。鄭老師從科學的角度談創造力，這對我這個一直在人文與教育領域鑽研的研究生而言，真是開了一扇跨領域的創意之窗，聽鄭老師說話，總覺得興味盎然，新鮮有趣！

　　而吳靜吉教授這位國內創造力的大師級人物，亦是自研究生生涯即受教了，念研一時特別跨校到政大旁聽吳老師在教育研究所開設的課程，對吳老師的幽默活力、治學嚴謹、大力提攜後進的風範非常欽仰！一直到現在，在國內很多創造力相關的研討會與研究案中，莫不見到吳教授的身影，永遠活力充沛地帶領著一群後輩為創造力研究而努力。

　　自碩士論文完成後，亦開啟了我對於系列性創意人物研究的興趣，並於國科會的支持下持續進行了科學家、表演藝術家、音樂家、美術家及作家的創意人物研究。在研究過程中，發現到科技人才與藝術人才之間容或有共通性，然而亦有其特殊性。茲分為三個主題進行探討：人格特質、創造歷程、專業生涯歷程及其影響因素（陳昭儀，2003）。

（一）人格特質

　　這些傑出人物具有下列五項共通特性：1. 創造力、創新、獨特想法；2. 堅持、專注、毅力、認真；3. 自信；4. 熱誠、熱情、樂觀

進取；5. 興趣廣泛、多才多藝。在殊異特質方面，國內及西方的研究結果頗具一致性，科技人才（科學家及發明家）的特質多半為具有理性的思考特性，而藝術家則以情緒性特質居多。

（二）創造歷程

在進行比對科技人才與藝術家的創作歷程中，可發現該二領域中具傑出成就者對於尋找和發現欲解決的新問題都具有極強的動機；然其最大之殊異點為科技人才是透過理性的邏輯思考歷程建立科學的新結構與秩序，而藝術家則經由感性的主體精神抒發以及理性的客觀條件與技術配合，在長時間的醞釀與淬鍊下交糅成藝術的新精神。

（三）專業生涯歷程及其影響因素

科技人才與藝術家之專業生涯歷程及環境影響因素之殊異點以下列四點進行比對：家庭環境之影響、啟蒙階段、定向發展階段、學習場所。而二者之共通點為他們對工作皆抱持有高度的承諾與熱誠；在專業生涯的學習歷程中皆遇到貴人、良師、益友之引導；大多在匱乏環境中引動起追求突破與卓越的企圖心。

貳、創造力 V.S. 我的學生

因著這幾位恩師們的引領，讓我不斷在研究創造力，說創造力，也教創造力。在臺灣師範大學開設創造力相關課程已有二十餘年經驗，曾開設之課程包括有研究所及大學部的「創造與發明專題研究」、「創造力專題研究」、「創造思考教學」、「創新學校經營」、「創造力與特殊才能」、「與創意人對談」、「創意的生活、文化與倫理」及「創造力教育」等課程。

所獲得的教學回饋大多不錯，學生填答之匿名課程評鑑意見如

下：「這門課的作業是上大學以來做過最好玩的作業」、「老師教學態度認真，且教學方式多樣化」、「報告能激發創意，教材活潑、有趣」、「老師很能引起學生的創造動機」、「上老師的課很愉快，這應該是創造思考教學的要素之一」、「是我上大學以來修過最沒有框架的課程了，很喜歡老師的討論方式，讓我自己覺得我有在思考，也和同學們激發出更多想法」；然而也有一些需改進之處，有些學生覺得「作業太多了」、「教材太多太雜」、「教法有創意但希望能更有系統」等。

我覺得自己有幸扮演的角色正是那創意推手的工作，與數千位學生結下了創意之緣，也共度了難忘的創意時光，由學生的作業、信件、卡片與課程評鑑當中，不難發現學生對這門課那種「又愛又恨」的交織情節，以下這些回應是一群中學老師修了我所開設的「創造力專題研究」課程後致贈給我的謝卡中之部分內容（陳昭儀，2002）：

Dear 陳老師：

您就像一台榨汁機，用力地壓榨我們；卻又像暖陽般溫和、善良，真是讓人又愛又恨，既興奮又無力。我從大家的每週一秀、創意產品中得到許多的歡笑與活力。（許同學）

可愛的昭儀老師：

您的課「十」分有趣，做您的作業費盡「九」牛「二」虎之力，創意秀讓組員「七」上「八」下，雖然小組開會總是丟「三」落「四」……。但是，我們仍「一」心「一」意想做好它，謝謝老師開闢了這麼有趣的園地。（李同學）

陳老師：

上您的課讓我的白頭髮（用腦）及魚尾紋（笑太多）增多了，這

實在是讓我大開眼界的課程，感謝您！（林同學）

尤其是擔任師資培育機構教職的我更應時時惕勵自己，是否做到了啟發學生獨立思考及創造思考之責呢？因此更要以身作則發揮創意於課程設計當中，讓學生感受及體驗發揮創意的樂趣，而在這當中敏於覺察是否可以看到學生發光的眼神以及發亮的神采呢（陳昭儀，2002）？

以我的教學經驗來說，可發現當期待學生以創意來展現自己的點子，希望學生的作業能突破傳統的窠臼、各憑巧思寫就時，學生剛開始的反應均有些詫異，因為他們已習於框架的約束，習於標準答案、格式化要求的作業了，我常在第一節課時告訴學生：

> 我統計學生會詢問有關於作業繳交的問題大致有三項：何時交？什麼形式？字數要求？而你們上我的課，只要問第一個問題即可，其他兩個問題不需要問，因為我沒有任何既定格式、形式、字數的要求，唯二的要求是「創新及用心」。

學生初始的反應多半覺得不太能適應，他們大多發現除去框架後一時之間海闊天空卻也不知從何著手，而後經過課程設計及活動的引導之後，才逐漸發現到能展現創意的樂趣所在，覺得雖然有些辛苦卻也值回票價，同時我非常重視創意的交流與分享，所以學生覺得從別人的點子中受益頗多。有一位學生的心得是這麼說的：

> 這個作業在沒做出來之前很痛苦，做出來之後鬆了一口氣，看了別人的傑作後大感過癮。這個形容詞可能有點誇張，但主要在表達喜悅的心情。雖然看畫展、聽音樂會、讀書也同樣是在欣賞別人的傑作，但唯有自己也思考過同樣的主題，才能徹底領略他人成果的絕妙和偉大，這也是孔子為什麼會說「不憤不啟，不悱不

發」的原因了。（徐同學）

　　然而，我還是有些隱憂，是否有為數不少的學生已習於窠臼與重重框架而不自知呢？就像很多學生在修習此課程初始的感受一樣，覺得要發揮創意的作業與展現是比形式、字數、答案皆有固定框架者來得難，而不願去突破、去思索，將自己的創意潛能深埋於腦中寶庫卻不願挖掘或者沒有機會開啟了！甚至於在美國也存在類似的問題，McDonough 及 McDonough（1987）指出有很多人到了大學時，卻失去了創造力，在過去標準化、常規的壓力下隱藏了此能力；所以在他們進大學時，若能再次喚醒此能力，去學習如何增進創造力，了解創造力的價值，就更能豐富、開展他們未來的生活。學生若能了解自己的創造潛能，會對於自我的生存、教育上、職業上的目標有所評價，更會增進自我信心、有冒險的精神，他們在大學的學習期間也會有挑戰的態度與強烈的自我動機，因此建議創造力應正式在課程中被教授。準此，我期望在課程中能達到上述目的，以下就具體說明我的課程設計理念、教學方法與學生學習成果。

參、創意與情意教育

　　我常與各級學校老師們分享「創意與情意教育」此一主題，我對創意與情意教育的詮釋為：「鼓勵學生發揮創意，珍視自己的獨特性與珍貴；用心、用情看待世事及他人」。在大力提倡創造力教育時，我覺得其中的「彈性與包容」是最有其意義的，教師要能彈性運用各種教學方式（不獨尊創意教學或任一種教學方法）以適應不同學生的學習風格，並包容學生的個別差異，使得各類型的學生能有充分的時間與機會去開展各自的潛能（陳昭儀，2002），下圖為我的教學脈絡：

接續分為三個面向——首尾呼應的課程設計、多元靈活的教學方式、創意展能的學習成效，詳述我的教學設計。（註：以下內容整理自 104 學年度師大教學優良獎的資料，並加入一些新素材；且除了創造力相關課程之外，亦含括其他授課課程內容。）

一、首尾呼應的課程設計

我的課程設計方式如下：

（一）與學生共構課程

我們常常強調「以學生為本位的學習」，所以在課程安排上，通常第一堂課我會先了解學生的先備能力，尤其是大四的課程，我會在大三下放暑假前，先與學生約時間討論，並要求學生在暑假時將前三年所學的內容進行統整。開學第一堂課先詢問學生這三年學了哪些內容？有哪些覺得不足之處？還想要學習哪些內容？再說明我對課程規劃的初步想法，師生進行充分討論之後再據此設計全學期的課程，第

二週才發下課程大綱，學生對此反應頗佳：

> 第一堂課老師先讓同學述說想學習的內容，再據此安排課程，如此以學生為本，符合了資優教育的目標，真的很棒！（101-1 學生意見調查表）

> 教師教學用心，不僅能根據學生的回答適時給予回饋，亦能以學生的角度設計課程，並讓學生有發揮的機會。（101-2 學生意見調查表）

（二）個人學習單－小組討論－班級統整之課程循環脈絡

在課程中有時會事先設計學習單，讓學生將課前預習之內容進行思考及撰述，先個別思考出自己的觀點之後再進行小組討論，最後回到班級進行統整。

> 我認為老師發的學習單對於我們思考及吸收很有幫助，每每我們看完一篇文獻或是報告後的思考可能很短暫，但經由學習單的輔助，以小組的方式探討不同的議題，每個人激盪出的論點都值得深思。（大四 陳同學）

（三）有始有終的課程設計

開學初與學生共構課程，學期結束的最後一堂課也要充分利用。我常和學生分享我現在的課程設計與想法有部分是發源於自己當學生時的感受：對於喜歡的教法好好學習應用，不喜歡的部分則加以改良。讀大學時常覺得最後一週都是以期末考結束課程，覺得很緊張，很有壓力，也不知道自己考試的結果如何？

所以，我都將期末考試提前一週考，然後儘快改完考卷，最後一次上課即可討論考卷內容，重點是：不要讓學生帶著錯誤的觀念離開

教室，也可互相觀摩學習如何撰寫申論題。接續每位學生用一兩分鐘的時間分享這學期的學習經驗或彼此給予回饋等方式溫馨的結束課程。學生回應很喜歡這樣的結尾，可以體會到同樣在課堂中學習了十八週，可是每個人都有不同的面向進行回應與思考，會刺激自己用多元多角度來思索事情。

（四）用心營造溫暖安心的課程氛圍，重視情意與潛在課程

學生在課堂中的學習除了知識及能力的增長之外，我亦特別強調情意教育，除了個人的修為之外，非常強調小組及團體的互動及討論，所以學生覺得在課堂中能暢所欲言，亦能彼此討論，互相關心；很多學生覺得修我的課之附加價值之一就是增進與同學互動的情感並擴展人脈。

> 這堂課是我上過最溫情的課，每一組彼此的感情相當深厚。（105-1 學生意見調查表）

> 教師對於學生甚為關心，反覆叮嚀、諄諄教誨。（101-2 學生意見調查表）

> 老師在課程中與我們分享了許多的人生經驗，從中可以學習許多。（101-2 學生意見調查表）

印證了 Trunnell、Evans、Richards 及 Grosshans（1997）曾對在大學中教授健康教育且曾獲得由學生評鑑之教學獎項的十位教師進行訪談之研究結果：這些教師的教學之所以成功，「創造力」扮演了重要的角色；大部分的獲獎教師說，他們都曾經歷心流的（Flow，高峰的）經驗。他們同時使用擴散和聚斂的思維模式來引發和選擇想法；而適當的壓力往往是引出新想法的主要開端。所有的老師都一致認為，在

教學上使用故事、類似的事物、寓言和隱喻是重要的。而他們也瞭解到外在動機給得再多，倒不如在教學環境的布置上能引動學生更多的內在動機來得更好。而在創意過程之中，支持的氛圍對內在動機的持續性起了相當大的影響力。Bull、Montgomery 及 Baloche（1995）的研究亦發現，教師首先要營造一個安全的環境，使學生能夠自在地探索其創意潛能；其次，這些探索應能引導學生擁有開放的胸懷去體驗創意、面對自我以及外在的環境。這樣的胸懷能提升學生們的好奇心與探究心，這亦是頓悟與創新的源頭。

二、多元靈活的教學方式

運用多元靈活的教學方式引領學生進入學習情境，啟航主動學習探索之歷程。學生對於多元的課程安排，有以下的感受：

> 教師對於課程具有完善的規劃，不僅能依學生需求提供適合的實習，亦能根據學生狀況調整課程。整體課程豐富，教學氣氛融洽。（100-2 學生意見調查表）

> 謝謝老師在這學期替我們安排了這麼多元的課程內容，等於親自示範了一次資優教育。這學期收穫很多，也將大學中的資優教育課程做了總結，謝謝老師！（大四 洪同學）

> 教師教學氣氛營造用心，使課堂氣氛活絡且討論熱烈；此外，教學內容亦多元豐富，除了一般講述課程外，亦有演講活動，及資料庫的介紹，更讓我們有實際體驗的機會。（101-2 學生意見調查表）

以下分為八個面向舉例說明我的教學方式：

（一）備課——更新相關的參考書籍與論文：於寒暑假即進行備課，蒐集、更新、整理相關教材，製作成教學講義與 PPT。

（二）講述：運用課程講義及 PPT，加入更新之資料，講述課程重點。

（三）創思技巧融入小組討論：運用各類創思技巧，如：創造性問題解決、批判思考策略、腦力激盪、六六討論法、六頂思考帽、曼陀羅法、KJ 法、心智圖法、團隊思維、方案評估等方式帶領學生討論各種議題。學生在學習過程中除了深入進行討論之外，亦學會各種帶領小組討論之技巧，有學生即回應：可以現學現賣！研究生多為中小學現職教師，馬上帶回課堂上使用；大學部學生則可應用在教學實習的課程當中。

感謝老師這學期的教導，在創造力課程方面給我許多啟發，讓我在工作崗位上能有效發揮。（103-1 學生意見調查表）

（四）將大師與個人的 TED 分享融合於課程當中：帶領學生進入大師的生平、重要理論與文獻之探索與深究，並將自己能與其輝映的生活分享整理成 TED 短講。

由於對這次課程「向大師學習」的方式體會甚深、有所啟發，希望未來一些因時、因地而無法親自追隨的大師，也可透過閱讀其撰文，深入他們的思想世界；藉由「接近」理論提出的作者，了解他們的學經歷背景與學思歷程，明白理論提出之所以然、知曉環境脈絡與風範塑造之間的關連、洞悉學術成就所帶來的啟示等，以求「理論」與「理解」真正地融會貫通。當然，更期許正走在學術之路上的自己，不僅接受既有知識之引導、也能主動創造一個屬於自己的知識建構（學習與轉化）模式。（博班 紀同學）

從 TED 報告中，也讓我重新認識班上同學，每個人都有自己很特別的地方，都有獨一無二的部分。（大四 廖同學）

（五）進行交叉辯論，交換立場：一般辯論形式是以一種立場為主進行正反面的議題研討，我則是要學生輪流在正反面的議題上都要進行辯論，深入了解兩種意見之後，再決定自己的立場。這樣的訓練能讓學生學習站在證據之上進行論述的能力。能理性思辨，而非意識形態作祟，期待學生有論點、能論述。

在辯論的過程裡，我看到了學長姐和同學們如何據理力爭的思維和深度，讓我學習到很多，一直覺得昭儀老師在用資優的方式教導我們、引導我們，謝謝老師形塑了一個激發我們思考的環境，我就像一個在培養皿裡發芽的幼苗，質性研究的根向下緊抓，努力讓自己成長。（碩班 吳同學）

（六）專題講座及參訪學校或相關機構：申請學校經費或自費邀請專業人士或學長姊進行講座，擴大學生學習、研究與生活視野。喜歡和學生分享兩句話：「天地之間都是教室，萬事萬物信手捻來都是教材」，所以每門課都會安排參訪學校或機構，以收「讀萬卷書，不如行萬里路」之效！

課堂中提供足夠的資源以增長學生經驗。（100-2 學生意見調查表）

（七）多元評量方式：除了一般的考試與報告之外，還有多元的評量方式，包括小組互評、學習單、訪談創意人、動態的創意秀、創意手札、教案撰寫、描述與分析問題解決過程、學習檔案、創意企劃與執行等。

非常喜歡創意企劃這項作業，能夠看到同學們挑戰不同的可能或是許多有趣的想法，建議這項作業可以延續下去。（106-1 學生意見調查表）

（八）**教學平台運用**：在臉書中開設各科課程社團，放入上課講義、文獻、教材及討論議題，學生亦在此社團中繳交作業及報告，彼此給予即時之互動與回饋，學生頗喜愛這樣的交流討論平台。選用 FB 當平台，主要是著眼在即時性的互動與回饋之機制，且上課與師生互動之資料可以長期保存下來。

這是我的形式不拘創意手札，這學期學到很多東西，謝謝昭儀老師開這樣的交流平台讓我們討論分享，也感恩各位同學的陪伴與激盪，真希望能一直有這門課可以修，哈哈！（陳同學 2014.1.14 在 FB 103- 創造力社團的貼文）

三、創意展能的學習成效

在教學歷程中，我頗為重視學生在建構知識體系與脈絡、情意、創意、多元思考能力、實務教學及研究能力等方面的成長。

（一）建構知識體系與脈絡

運用各種教學方式，提升學生的學習及研究能力，能深入省思與體會讀書、做學問、建構知識體系與脈絡的理解。例如：設計學習單及作業，在上課剛開始時請學生回應並統整課前指定閱讀的內容，讓學生學習將所學整合成完整的概念以及脈絡式的理解，並且能有論述與評析、見解與反思。並在課堂的討論中能清楚說出自己的論點，且在與他人的互動討論中更深化與釐清觀念。

記得這學期質性研究法的前幾節課，要看的閱讀內容不少而且很多理論的部分，好不容易花時間看完到課堂上時，老師先丟了幾個問題要我們作答，這才發現腦袋裡面吸收的知識，只是片面的字詞，卻沒有辦法整合成為一個完整的概念，更沒有辦法有系統地去解釋說明。這樣的窘境及體悟，還鮮明地記得當天下課後的沮喪⋯⋯卻也因為這樣提醒自己現在的身分面對「讀書」這件事，應該進入到另一種層次的要求與境界。這些問題促使我懂得去更認真面對，學期初的當頭棒喝，帶來每回上課時對自己產生一些改變，除了更深一層地體會「讀書」的意涵之外，也讓學習這件事變得更有意義。（博班 吳同學）

⋯⋯另一個學習上的震撼，事實上也正是「學習後的學習」，很感謝因為老師這門課程的安排，對我個人知識體系的建構方式有了深刻的體認與啟發——讓我更加確認「完整又有效的學習」必須搭建在「脈絡式的理解」之上，脈絡式的理解相對要花較多時間沉浸其中，透過不斷解析、理解與再建構的循環，才能完整地將相關知識烙印成完形的心象、銘刻於心。（博班 紀同學）

（二）對於教育現場的了解與實務經驗的建立

大學部我主要負責兩門大四的課程：「資優學生獨立研究指導」與「資賦優異教學實務」，這兩門課程都非常重視現場的實務經驗，歷年來也都獲得學生頗高的評價，課程意見調查結果落在 4.7~4.9 之間（五點量表）。這兩門課程我都會先講述與討論進行獨立研究及資優教育教學的方法之後，即讓學生實務操作，撰寫研究計畫及教案，接續進行實務研究及進入教學現場觀課及試教，試教之後一定馬上進行檢討，邀請實習學校指導老師及同組試教同學一起進行回饋與建議。甚至於曾經有過上午觀課三小時後，下午討論三小時的紮實歷程。

老師的課程非常的有層次，讓我們先學習相關知識後才進行實作。（101-2 學生意見調查表）

而在尋找實習學校時，我也花了不少時間與該校行政人員／指導老師進行溝通，以下是我在臉書上曾發的一篇文章：

和認真又優秀的特教系系友○智和○毓深入討論：這學期我要帶大四同學到兩校進行資優教育實習的細節，並大大暢談資優教育大小事，從陽光燦爛聊到繁星點點。馬拉松式的長談，很過癮！！（2014.9.14 FB 動態）

（三）創意成果展現

我在教學與研究的主軸都放在創造力與資優教育方面，因此非常重視學生的創意展現，鼓勵學生多方發揮創新能力，每每在課堂當中及作業的展現上都看到學生迸發出不同的驚喜，是非常可喜的歷程。以 103 學年度研究所的「創造力專題研究」為例，學生的期末作業有：創造力理論桌遊、影片＋ QR 碼介紹六頂思考帽、創造力大師桌曆等；而大學部的作品則有創意自傳、創意手札、創意獎狀、創意秀、創意企劃與執行等，真的是驚喜連連，創意無限！

以下這八句話當能道盡我對於創意與情意教育之詮釋（代結語）：

只要您有心，一定能創新；心中若有情，創意無窮盡
真心待學生，福田用心耕；師道綻赤忱，天地蘊長情

參考文獻
· 陳昭儀（1990）。我國傑出發明家之人格特質、創造歷程及生涯發展之研究。國立臺灣師範大學特殊教育系碩士論文。
· 陳昭儀（1991）。二十位傑出發明家的生涯路。臺北：心理。
· 陳昭儀（2002）。創意啟發……捨我其誰。應用心理研究，22，3-10。

· 陳昭儀（2003）。傑出科學家及藝術家之比對研究。**教育與心理研究**，26 (2)，199-225。

· 陳昭儀（2009）。臺灣之大學創造力課程大綱內容分析之探究。**課程與教學**，12 (2)，1-18。

· 陳燦暉（1992）。搶先一步的思考法。臺北：故鄉。

· Bloom, B. S. (1985). *Developing talent in young people*. New Haven, CT: College and University Press.

· Bull, K. S., Montgomery, D., & Baloche, L. (1995). Teaching creativity at the college level: A synthesis of curricular components perceived as important by instructors. *Creativity research Journal*, 8 (1), 83-89.

· McDonough, P., & McDonough, B. (1987). A survey of American colleges and universities on the conducting of formal courses in creativity. *Journal of creative behavior*, 21 (4), 271-282.

· Singer, M. A. (2015). *The surrender experiment: My journey into life's perfection*. 劉嘉路（譯）（2017）。**臣服實驗**。臺北：方智。

· Trunnell, E. P., Evans, C., Richards, B., & Grosshans, O. (1997). Factors associated with cretivivity in health educators who have won university teaching awards. *Journal of Health Education*, 28 (1), 35-41.

築夢——創造出想像的未來世界

陳柏熹

摘要

想像力與創造力是產業革命的起源，也是世界進步的原動力，整個人類的文明基本上就是一個築夢與創造的歷程，也就是持續不斷地創造出想像中的未來世界。本文主要是介紹想像力與創造力的過去研究與評量方式，作者累積了近幾年在這兩方面的研究，建立了一套從想像力到創造力的理論模式，並分析不同職群科系在想像力與創造力各分項能力上的差異，以及這兩種能力間的關聯性。最後再論述想像力及創造力對未來世界改變的重要影響。

關鍵字：想像力、創造力、想像力測驗、創造力測驗、電腦化測驗

陳柏熹，國立臺灣師範大學教育心理與輔導學系 / 學習科學跨國頂尖研究中心教授。

壹、前言

大家是否還記得 80 年代著名的電視影集：霹靂遊俠。劇中主角李麥克使用了許多在當時被認為是非常酷炫的先進科技，例如：對著手錶講電話聯繫、跟跑車互相溝通、跑車可以自動駕駛……等。還有電影星際大戰與阿凡達中的許多遠距溝通技術、虛擬實境技術、遠端控制機器（或機器人）……等。這些當時被認為是天方夜譚的夢想，現在已經逐一被創造出來。除了這些電影與電視影集，我們的生活中也存在著許多對未來世界的想像，因為有這些想像，讓我們有目標可以展現出創造力，研發與設計出各式各樣的新產品。整個人類的文明基本上就是一個築夢的歷程，也就是持續不斷地創造出想像中的未來世界。

在這個築夢的歷程中，有兩個重要的人類基本能力，一個是想像力，另一個是創造力。這兩項能力常被混用，其實兩者雖然在概念上有重疊，但本質上還是有區別的。我們可以用圖 1 來表示兩者的關係，簡單來說，想像是創造的前置步驟，在創造產品之前需要先發揮想像力，當要進入產品開發的階段時，就開始要展現創造力了，但此時還是需要某些想像力的協助，才能讓創造出來的產品具有創新性與實用性。以下就讓我們來剖析這兩種能力的意義，以及要如何測量出這兩項能力。

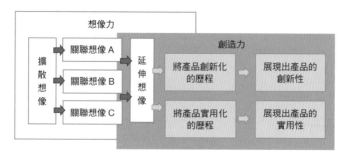

圖 1 想像力與創造力的關係簡圖

貳、想像力與想像力的測量

　　「想像」是一種大腦運作的動態心理歷程，是指在頭腦中對已有的表徵進行加工、改造、重新組合形成新形象的心理過程（朱志賢，1989）。依據想像所涉及的歷程與功能，張春興（1989）將想像歷程分為「再造想像」與「創造想像」，其中「再造想像」是提取腦中既有的經驗與記憶，例如，在腦海中複製過去曾看過的影像，「創造想像」是指在意識中重組以往經驗，並超越此經驗以產生實際上不存在的新構想。因創造想像是對舊問題的新構想，故而也稱為建構想像。舉凡科學上的發現、文學家與藝術家的構思、兒童畫畫與遊戲的學習，都離不開創造想像，而且想像力是與生俱來的，每個人都會有各種不同的想像力。

　　想像力雖然是與生俱來的，但卻會受到生活環境的影響。陳柏熹、陳學志、洪榮昭、毛國楠（2011）曾進行了刺激觸發對小學高年級學生想像力影響的研究，在該研究中，先讓學生看不同的交通工具圖片，實驗組觀看現實生活中不存在的幻想交通工具圖片，例如：漫畫哆啦Ａ夢中的竹蜻蜓、電影阿凡達中的機器人、神話封神榜中的哪吒風火輪、阿拉丁飛天魔毯……等，控制組觀看現存的交通工具圖片，例如：汽車、機車、飛機、熱氣球……等，接著讓他們進行討論（或不討論），最後再請他們自己想像出一個特殊新奇的交通工具，並將大致的樣子或功能畫出來。結果顯示，觀看現存交通工具圖片的學生，有 42.4% 其作品展現了複製（再造想像）的特性，而觀看幻想交通工具圖片的學生，則只有 21.2% 的作品會呈現複製的特性。另一方面，觀看幻想交通工具圖片的學生有 30.7% 其作品呈現出創造（創造想像）的特性，但觀看現存交通工具圖片的學生中只有 11.6% 其作品展現出創造的特性，如圖 2 所示。從這個實驗可以看出，生活中存在的刺激物會影響我們的想像力，如果孩童能接觸一些在實際生活中看不到的刺激物，例如：漫畫、電影、小說等，比較能

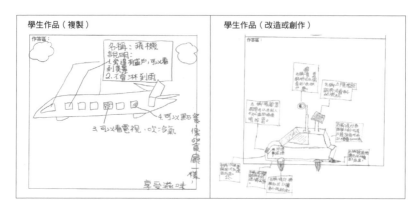

圖 2 刺激觸發對小學高年級學生想像力的影響

豐富他們的想像力，他們的創作較不會受到現實生活所限制，也較不會傾向於複製既有事物而無法跳脫現實生活的框架。

　　上述對想像力的定義與分類是從作品所呈現出來的特徵來判斷，但也有學者是從想像的認知歷程來定義。根據 Guilford（1956）的思考向度模式，思考的引發可以區分為「擴散思考」與「聚斂思考」兩類。當思考內容轉為「想像」某事物時，陳柏熹、陳學志、洪榮昭、毛國楠（2012）則嘗試區分這兩種不同的想像歷程，發展出「擴散想像」和「延伸想像」兩種能力。其中「擴散想像」為針對某個事物，能快速的想出任何相關事物的類型與數量，「延伸想像」是指能根據某項刺激物的特性，延伸想出相關的事物，並再據此一直往下延伸想出其他相關事物。根據陳柏熹（2013）發展的電腦化想像力測驗（如圖 3 所示）所收集到的資料進行因素分析之結果，延伸想像還可以再分出一項是呈現延伸物與被延伸物前後關聯性強弱的能力，也就是能清楚的思考事物間關聯性的能力，稱為「關聯想像」。此三維度想像力的意義與範例如表 1 所示，陳柏熹（2013）的電腦化想像力測驗就是根據此架構所發展出來的，可以提供受測者在三個維度上的想像力潛能。

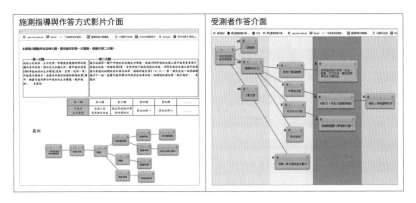

圖 3　電腦化想像力測驗

表 1　想像歷程中展現出來的三維度想像力架構

想像力維度	定義	範例
擴散想像	能快速的想出任何相關事物類型與數量	想到未來的地球，就立刻聯想到氣候變化、物種演變、科技發展、社會組織改變……等
延伸想像	能根據某項刺激物的特性，延伸想出相關事物，再據此繼續往下延伸想出其他相關事物	未來地球氣候改變 => 全球暖化 => 海平面上升 => 陸地減少 => 如何在海中生存……
關聯想像	能清楚的思考事物間關聯性強弱的能力	全球暖化 => 節能減碳（關聯強）全球暖化 => 環保愛地球（關聯弱）

　　想像力的測量除了可以從個人想像的歷程來進行外，國外學者 Finke、Ward 和 Smith（1992）從創造活動所涉及的認知處理歷程，提出「生產探索模式」（Geneplore model）。其中，生產階段是指前發明結構的產生，也就是初胚，探索階段是對前發明結構的精鍊過程，就

是調整與精緻化。雖然該模式並未直接探討想像力的定義，但仍提出了觀察這兩個階段的實驗程序，其中生產階段是根據所提供的實驗材料（如圖4），要求受試者想像出一項見過或未曾見過的作品，也就是之前提過的創造想像的測量，而探索階段是受測者進行團體討論後，嘗試調整其作品。

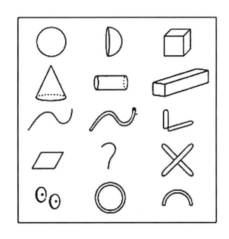

圖4 Finke, Ward, & Smith (1992) 測量創造想像力的實驗材料

在測量想像力時，可以從受測者寫出來的文字概念來評估，也可以從受測者畫出來的圖形特徵來判斷。不論是哪一種形式，評量時所重視的面向是受測者還沒有真正設計出產品的初始階段想法或圖像。當這些想法或圖像開始進行實際的產品設計，並產出新奇且實用的作品時，就已經展現出個體的創造力了。

參、創造力與創造力的測量

「創造力」概念相當複雜，難以定出被學界普遍接受的定義。目前文獻中對創造力的定義大致可分為四大類（陳學志、彭淑玲、曾千

芝、邱皓政，2008；鄭英耀、王文中、葉玉珠，1998；Cropley, 2000; Rhodes, 1961），分述如下：

　　第一種是以個人的性格特質與生活態度來定義創造力，或稱為創造性格（creative personality）。例如：Amabile（1987）的研究認為，擁有較多正向性格特質、動機較高、較具冒險性、經驗較廣泛、社交技巧佳、不被舊方法及偏見束縛者，有助於問題解決與創造力的發展。她所定義的創造力還包含內在動機、領域相關知識及創造力相關技巧，例如：個人面對問題解決時的認知型態、專心努力或充滿活力的工作態度等（Amabile, 1996）。葉玉珠、吳靜吉與鄭英耀（2000）也發現某些性格特質有助於科技人員的創造力發展。例如：嘗試求變、樂於工作、興趣廣泛、喜歡獨立思考、喜歡解決問題等。

　　另有以環境的創意因子來定義創造力的觀點，稱為創意環境（creative environment）。例如：邱皓政（2002）、Amabile（1997）等發現有些組織氣氛有助於創造工作。余嬪、吳靜吉、林偉文、楊潔欣（2003）將之稱為組織的玩興氣氛，並發展組織玩興量表。而較完整的創意環境觀點當屬 Csikszentmihalyi（1988）提出的創造力三元互動的系統觀點理論（Systematic View of Creativity）。他認為「創造力」必須同時考量個體（individual）、社會現場（field）與文化領域（domain）三個因素，三者的互動才能對個人創造力產品進行判斷。其中文化與社會就包含了組織的開放性、對不同文化的接受度等環境因素。

　　第三種是以認知歷程來定義創造力，稱為創造思考歷程（creative thinking）。陳學志、彭淑玲、曾千芝、邱皓政（2008）認為創造思考歷程的理論可以分為階段論、擴散性思考與連結論三類。階段論者如Wallas（1926），將創造思考視為解決問題的過程，有準備階段、醞釀階段、豁朗階段與驗證階段。然而，階段論的主要問題就是沒有說明從醞釀階段到豁朗階段的認知歷程，而這正是創造思考的關鍵過程。擴散性思考與連結論正好可以說明此兩個階段之間的認知歷程，例如，Guilford（1968）認為創造力包含了流暢力、變通力、獨特性、

再定義與精進力等幾種不同的擴散性思考歷程。連結論者如 Mednick（1962），他認為創造力是為了特殊需要及有用目的，將可連結要素加以結合成新關係的能力。不過，個體是如何結合現有的觀念，將可連結的要素加以組合，這些細部的認知歷程需要做進一步探究。另外，也有學者是以問題解決的思考歷程來看待創造力，例如：Torrance（1962）認為創造力是對未知問題形成新的假設、修正或重新考驗假設以解決問題。

最後一種是以作品的特徵來定義創造力，也就是要依產品的特性來判斷個體是否具有創造力，可稱為創意產品（creative product）。例如：Guilford（1988）認為創造力是個體產生新的觀念或產品，或融合現有的觀念或產品，改變成新形式的能力。而 Guilford（1968）所主張的五種擴散性思考能力中的變通性、獨特性與精緻性等三種能力，就可以從產品或元素是否跳脫原有的功能、產品是否與眾不同、產品是否改良過去產品的缺點等角度來衡量。

除了上述四類觀點外，也有學者是以創造者與環境互動的觀點來定義創造力，例如：Csikszentmihalyi（1999）的社會及文化脈絡取向的創造力理論（Systematic View of Creativity）認為創造力是個人從文化領域（domain）中蒐集資訊，再透過個人的認知歷程將資訊擴散並進行創造，再將作品送入社會場域（field），在場域中由其他人與該領域的專家守門員（gatekeeper）進行審核，決定創造力作品是否能夠進入文化領域之中，進而保存和傳播給其他人。也就是說，創意需要由領域中的其他人以及守門人來認可。

儘管研究者們對於創造力的定義不盡相同，但大致都與 Stein 的創造力定義相符，他認為：「創造力是指能創造出能為團體所滿意與接受的新穎或實用的產品。」也就是說，產品的新穎、實用，且為團體所認可，是研究者對創造力定義之共識（引自 Amabile, 1996）。國內學者將這種同時重視產品獨特性與實用價值的觀點稱為科技創造力（葉玉珠，2004）。Dasgupta（1996）也在《科技與創意》（*Technology and Creativity*）一書中將科技創造力定義擴展為「產生、發明、設計具有獨創性與實用性人工作品（artifacts）的創造活動，其產生的作品能夠滿足人類生活的實際需要。」

目前國內的創造力測驗大致可分為四大類，恰好與上述創造力的定義有關：第一類是以個人的性格特質與生活態度來定義創造力，稱為「創造性格量表」。例如：威廉斯創造性傾向量表（林幸台、王木榮，1994）、賓州創造傾向量表（陳英豪、吳裕益，1980）。第二類是以環境的創意因子來定義創造力，稱為「創意環境量表」。例如：創造力發展量表（王文中、鄭英耀，2000）。第三類是以創造力的認知歷程來定義創造力，稱為「創造思考測驗」。例如：托浪斯創造思考測驗（劉英茂，1979）、新編創造思考測驗（吳靜吉，1998）、語文的創造性思考測驗（吳靜吉，1983a），以及任純慧、陳學志、練竑初、卓淑玲（2004）的中文遠距聯想作業（Chinese Remote Associates Test, CRAT）。第四類是以生產出來的作品來定義創造力，稱為「產品創造力測驗」。例如：圖形的創造性思考測驗（吳靜吉，1983b）、威廉斯創造性思考活動測驗（林幸台、王木榮，1994）。

若只看後兩種能力觀點的創造力測驗，即使是認知歷程取向的創造力測驗，目前仍是以受測者創作出來的產品來進行評量，例如：威廉斯創造性思考活動測驗與托浪斯創造思考測驗等，也就是說以產品為中心的評量方式，幾乎是目前創造力測驗的一致趨勢（Amabile, 1983）。然而，當實作的過程對實作作品有很大的影響時，在評量上應該將過程與成果並重（郭生玉，2004；陳柏熹，2016）。而認知歷程取向的創造力定義正足以說明創造思考對創意產品的產出具有很大的影響，國內學者賈馥茗（1976）也認為創造力是「能力、心理歷程及行為結果」的統合。也就是說，較理想的創造力測量工具應該要同時將創意產品的產出過程與成果都納入評量，才是較完整的創造力評量工具。陳柏熹與陳學志（2011）的電腦化創造力測驗就是將受測者創造歷程（創造的過程與說明解釋）與創造成果（獨創性、精緻性、

實用性）全部記錄下來，並且包含創造歷程自動計分的系統，以便能
快速且有效率地對受測者的創造能力作較完整的評量（如圖5所示）。

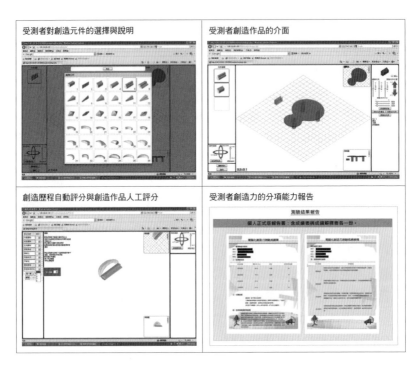

圖5 陳柏熹與陳學志（2011）的電腦化創造力測驗

肆、不同科系學生的想像力與創造力差異

想像力及創造力的培育與教育環境息息相關，不同科系的學習環
境與教育目標的重點不同，會塑造出學生在想像力與創造力上差異。
陳柏熹（2013）以1022位臺灣地區不同科系高中（職）學生與644
位大學各科系學生進行電腦化想像力測驗與研究，並參考Holland
（1973）的六角形人格結構理論，將高中（職）與大學各科系區分成

實作型（R）、研究型（I）、藝術型（A）、社會型（S）、企業型（E）及傳統型（C）等六種不同職業類型科系。表2與表3是高中（職）與大學不同職業類型科系學生在三向度想像力分數上的平均值，由於不同向度想像力的指標數量與計分量尺不相同，因此不宜進行向度之間的比較，但可進行不同職業類型學生在某向度想像力分數上的比較。變異數分析（ANOVA）與事後比較的結果顯示，對高中（職）學生而言，社會型（S）和藝術型（A）科系的高中（職）學生的擴散想像能力較強，傳統型（C）科系的高中（職）學生擴散想像能力較弱；而在延伸想像上，藝術型（A）科系的高中（職）學生則優於其他類型學生；在關聯想像上則六類型科系學生表現無顯著差異。在大學生方面，社會型（S）科系的大學生在擴散想像能力較高，傳統型（C）科系的大學生其擴散想像能力較低；在延伸想像能力方面，實作型（R）科系的大學生較高，研究型（I）科系的大學生較低；在關聯想像能力方面，實作型（R）和社會型（S）科系的大學生優於其他類科系。

表2 不同類型科系的高中（職）學生在三向度想像力上的分數

	擴散想像（Z分數）	延伸想像	關聯想像
藝術型（A）	0.42*	3.41*	2.20
傳統型（C）	-1.07	2.01	1.92
企業型（E）	0.05	2.30	2.01
研究型（I）	0.22	2.25	1.88
實作型（R）	-0.18	2.26	1.76
社會型（S）	0.53*	2.00	2.19

* 表示在該想像力向度上表現較優

表3 不同類型科系的大學生在三向度想像力上的分數

	擴散想像（Z分數）	延伸想像	關聯想像
藝術型（A）	0.43	3.83	3.20
傳統型（C）	-1.13	3.49	2.43
企業型（E）	-0.49	3.11	2.59
研究型（I）	-0.42	3.07	2.76
實作型（R）	0.37	4.50*	3.76*
社會型（S）	0.62*	3.31	3.43*

* 表示在該想像力向度上表現較優

　　在創造力研究方面，陳柏熹及陳學志（2011）對不同類型科系之高中（職）學生與大學生施測電腦化創造力測驗（包含創造歷程與創造成果測量），結果顯示，在高中（職）部分，不同職業類型科系學生在創造歷程的功能連結（F=3.26, *p<.0125）、表徵轉換（F=4.65, *p<.0125）兩個指標上有顯著差異，其中傳統型（C）與社會型（S）的高中（職）學生在功能連結的創造歷程活動上表現優於實作型（R）學生，而傳統型（C）的高中（職）學生在創造歷程中的表徵轉換活動上表現優於藝術型（A）、研究型（I）、實作型（R）。在創造成品方面，不同類型科系高中（職）學生創造成品的創新性（F=9.10, *p<.025）與成品實用性（F=3.92, *p<.025）兩項指標上均有顯著差異，其中藝術型（A）、企業型（E）、研究型（I）與實作型（R）科系的高中（職）學生在成品創新性方面優於傳統型（C）與社會型（S）學生，而社會型（S）與企業型（E）科系的高中（職）學生在成品實用性方面優於藝術型（A）與實作型（R）學生。

　　在大學生的研究結果部分，不同職類科系大學生在創造歷程的各項指標上均無顯著差異，但是在成品創新性（F=6.83, *p<.025）與成品實用性（F=3.63, *p<.025）兩項指標上均有顯著差異，其中藝術型

（A）、實作型（R）與社會型（S）科系的大學生在成品創新性方面優於企業型（E）、研究型（I）與傳統型（C）學生，而社會型（S）與企業型（E）科系的大學生在成品實用性方面優於藝術型（A）與傳統型（C）學生。

表4 不同類型科系的高中（職）學生在創造歷程與創造成品上的表現

	創造歷程		創造成品	
	功能連結	表徵轉換	成品創新性	成品實用性
藝術型（A）	3.47	1.85	9.89*	8.70
傳統型（C）	3.60*	2.09*	8.38	8.78
企業型（E）	3.44	1.89	9.60*	9.06*
研究型（I）	3.44	1.75	9.90*	8.84
實作型（R）	3.29	1.70	9.55*	8.53
社會型（S）	3.57*	1.86	9.07	9.38*

* 表示在該創造力向度上表現較優

表5 不同類型科系的大學生在創造歷程與創造成品上的表現

	創造歷程		創造成品	
	功能連結	表徵轉換	成品創新性	成品實用性
藝術型（A）	3.45	1.84	11.30*	8.62
傳統型（C）	3.58	1.93	9.89	8.55
企業型（E）	3.43	1.80	10.21	9.10*
研究型（I）	3.35	1.90	10.52	8.89
實作型（R）	3.35	2.04	11.12*	8.74
社會型（S）	3.50	2.00	11.32*	9.13*

* 表示在該創造力向度上表現較優

此外，一個人在某個領域專業素養的認知能力與情意態度也與他在該領域的想像力及創造力有關。陳柏熹（2017）曾蒐集大學生在綠能工程素養測驗、綠能工程想像力測驗、綠能工程創造力測驗上的表現（如表6所示），結果顯示，綠能工程素養的「記憶」、「理解」、「應用」等認知能力與「關聯想像」呈現顯著正相關，「公正客觀」、「探究因果關係」、「批判與懷疑的精神」、「科學的態度」等情意態度與「擴散想像」呈現顯著正相關。表示綠能工程素養的認知能力較優者與情意態度較優者，分別會在綠能想像力的關聯想像能力與擴散想像能力有較佳的表現。

在綠能創造力測驗結果分析中，綠能工程素養的「記憶」、「理解」、「應用」等認知能力與「歷程實用性」及「成品創新性」都有顯著正相關，而「公正客觀」、「探究因果關係」、「批判與懷疑的精神」、「科學的態度」等情意態度與「成品創新性」呈現顯著正相關。表示綠能工程素養的認知能力較優者與情意態度較優者，在綠能工程創造力的歷程實用性及成品創新性有較佳的表現。進一步分析成品創新性與這兩項素養的關係可以發現，綠能工程素養之認知能力與成品創新性的「精緻化」及「功能多元」相關性較高，而綠能工程素養之情意態度則與成品創新性的「外觀獨特」、「功能獨特」、「比例獨特」、「功能多元」相關較高。而在綠能工程想像力與綠能工程創造力中，「擴散想像」與「成品創新」有顯著正相關。

綜合來說，認知與情意兩項不同層面的綠能工程素養較高者，展現在成品創新上的表現形式不太相同。綠能工程素養的認知能力與關聯想像、產品的精緻化、功能多元等較偏理性層面的想像力及創造力有關，綠能工程素養的情意態度與擴散想像、產品的外觀或比例獨特等較偏感性層面的想像力與創造力有關。整體而言，可以看出想像力與創造力的次向度大致能分成理性型與感性型兩種不同的組型，而這兩種組型分別與該領域的認知能力素養及情意態度素養有較明顯的關聯，未來可以再針對這兩種組型的學生特質做更進一步研究，並發展

出適合提升其想像力與創造力的培育模式。

表 6 綠能工程素養、綠能工程想像力及綠能工程創造力之相關係數

	想像力			創造力		
	擴散想像	延伸想像	關聯想像	成品創新	歷程創新	歷程實用
綠能工程素養認知能力						
記憶	0.035	0.031	0.129*	0.124*	0.080	0.132*
理解	0.034	0.027	0.118*	0.129*	0.102	0.118*
應用	0.016	-0.010	0.143*	0.087	0.092	0.129*
公正客觀	0.157**	-0.028	-0.083	0.181**	0.110	-0.043
探究因果關係	0.127*	-0.024	-0.073	0.173**	0.087	-0.047
批判與懷疑的精神	0.126*	-0.037	-0.084	0.163**	0.082	-0.051
科學的態度	0.119*	-0.025	-0.072	0.172**	0.081	-0.050
擴散想像		-0.076	-0.249**	0.235**	0.110	-0.014
延伸想像			0.494**	0.008	0.092	0.015
關聯想像				-0.098	0.027	0.110
成品創新					0.433**	0.020
歷程創新						0.139*

* 表示 $p < 0.05$，** 表示 $p < 0.01$

伍、教育我們的下一代，繼續築夢吧

　　人類的夢想並非遙不可及，當代許多生活用品的研發都是來自於過去的夢想與想像。從許多幼兒的畫作中，我們經常可以看到天馬行

空的想像，這些想像代表了他對這個世界的創造源起，家長或教師不需要將幼兒的想像限制在符合現實生活的規範或既有產品中，因為這些想像很可能會成為改變未來世界的重要發明。孩子的想像需要有引導，讓想像能進入創造的階段，才能讓夢想真的實踐出來。創造力教育就是訓練孩子具備創造歷程中所需的各種不同能力，不論是變化外觀、變化功能、變化材質、改變組合方式……等，都可能對未來產品的創新性與實用性有所幫助。

　　創造力需要有各領域內容與基本能力作為載體，例如：語文創作者需要有語文基本素養，科學創作者也需要有科學基本素養，數學、管理、工程……等各領域的創造思考當然也不例外。也就是說，各領域基本素養的培育對於未來這些領域的想像與創造也是相當重要的。從過去的研究結果中可以發現，各領域素養的認知能力或情意態度層面分別與不同類型的想像力與創造力次向度有關，這些都是改變未來世界所需的潛在特質。為了我們的世界能持續精進，請鼓勵我們的下一代，繼續築夢吧！

致謝：本文感謝國立臺灣師範大學高等教育深耕計畫與學習科學跨國頂尖研究中心之支持。

參考文獻
・朱智賢（編）（1989）。心理學大辭典。北京：北京師範大學。
・張春興（編）（1989）。張氏心理學辭典。臺北：東華。
・王文中、鄭英耀（2000）。創造力發展量表的發展試題反應理論分析。測驗學刊，47 (1)，153-173。
・任純慧、陳學志、練竑初、卓淑玲（2004）。創造力測量的輔助工具：中文遠距聯想量表的發展。應用心理學研究，21，195-217
・余嬪、吳靜吉、林偉文、楊潔欣（民92）。成人玩興量表與組織氣氛玩興量表之編製。測驗學刊，50 (1)，73-110。
・吳靜吉（1983）。圖形的創造性思考測驗。臺北：遠流。
・吳靜吉（1983）。語文的創造性思考測驗。臺北：遠流。
・吳靜吉（1998）。新編創造思考測驗研究第二年期末報告。臺北：教育部輔導工作六年計畫研究報告。
・林幸台、王木榮（1994）。威廉斯創造力測驗。臺北：心理。
・邱皓政（2002）。學校組織創新氣氛的內涵與教師創造力的實踐：另一件國王的新衣？教育心理研究，15，191-224。
・郭生玉（2004）。教育測驗與評量。臺北：精華書局。
・陳英豪、吳裕益（1980）。賓州創造傾向量表。高雄：復文書局。

- 陳柏熹、陳學志、洪榮昭，毛國楠（2011）。以生產探索模式為基礎之跨領域創造想像實作研究（第一年）。行政院國家科學委員會補助專題研究計畫期末報告。計畫編號：NSC 98-2511-S-003-065-MY2。
- 陳柏熹、陳學志、洪榮昭、毛國楠（2012）。以生產探索模式為基礎之跨領域創造想像實作研究（第二年）。行政院國家科學委員會補助專題研究計畫期末報告。計畫編號：NSC 98-2511-S-003-065-MY2。
- 陳柏熹（2013）。以生產探索模式為基礎之跨領域創造想像實作研究。行政院國家科學委員會補助專題研究計畫期末報告。計畫編號：NSC 100-2511-S-003-062-MY2。
- 陳柏熹、陳學志（2011）。創造力電腦化測驗系統之發展暨學生創造歷程之研究：IRT 取向。行政院國家科學委員會補助專題研究計畫期末報告。計畫編號：NSC 98-2511-S-003-011-MY3。
- 陳柏熹（2016）。心理與教育測驗：測驗編製理論與實務。臺北：精策教育。
- 陳柏熹（2017）。應用翻轉式教學啟發學生想像力與創意思維在綠能工程教育之學習成效研究——從綠能工程知識到未來想像與創新之認知歷程探討與評量。行政院科技部補助專題研究計畫期末報告。計畫編號：103-2511-S-003-063-MY3。
- 陳學志、彭淑玲、曾千芝、邱皓政（2008）。藉由眼動追蹤儀器探討平均掃描幅度大小與創造力之關係。教育心理學報，39，測驗與評量專刊，127-150。
- 葉玉珠、吳靜吉、鄭英耀（2000）。影響創意發展的人格特質、家庭與學校因素量表之發展。國科會整合型計畫結果。
- 賈馥茗（1976）。英才教育。臺北：開明。
- 劉英茂（1979）。托浪斯創造思考測驗。臺北：中國行為科學社。
- 鄭英耀、王文中、葉玉珠（1998）。創造思考的相關因素。發表技術創造力研討會之論文，國立政治大學電算中心，臺北。
- Amabile, T. M. (1983). The social psychology of creativity: A componential conceptualization. *Journal of Personality and Social Psychology*, 45, 357-377.
- Amabile, T. M. (1987). The motivation to be creative. In S. G. Isaksen (Ed.), *Frontiers of Creativity Research: Beyond the Basics*. NY: Bearly Limited.
- Amabile, T. M. (1996). *Creativity in context*. CO: Westview.
- Amabile, T. M. (1997). Motivation creativity in organization: On doing what you love and loving what you do. *California Management Review*, 40, 39-58.
- Cropley, A. (2000). Defining and measuring creativity: Are creativity tests worth using? *Roeper review*, 23 (2), 72-79.
- Csikszentmihalyi, M. (1988). Society, culture, and person: A systems view of creativity. In R. J. Sternberg (Ed.), *The Nature of Creativity* (pp. 325-339). NY: Cambridge University.
- Csikszentmihalyi, M. (1999). Implications of a systems perspective for the study of creativity. In R. J. Sternberg (Ed.), *Handbook of creativity* (pp. 313-335). NY: Cambridge University.
- Dasgupta, S. (1996). *Technology and Creativity*. NY: Oxford University.
- Finke, R. A., Ward, T. B., & Smith, S. M. (1992). *Creative cognition: Theory, Research, and Applications*. MA: MIT .
- Guilford, J. P. (1956). The structure of intellect. *Psychological Bulletin*, 53, 267-293.
- Guilford , J. P.(1968). *Intelligent, Creativity and Their Educational Implications*. SD: Robert R. Knapp.
- Guilford, J. P. (1988). Some changes in the structure-of intelligent model. *Educational and Psychological Measurement*, 48, 1-4.
- Mednick, S. A. (1962). The associative basis of the creative process. *Pshchological Review*, 69, 220-232.
- Rhodes, M. (1961). An analysis of creativity. *Phi Delta Kappa*, 42, 305-310.
- Stein, Morris I. (1974). *Stimulating Creativity: Individual Procedures*. NY: Academic Press.
- Torrance, E. P. (1962). *Guiding creative talent*. NJ: Prentice-Hall.
- Wallas, G. (1926). *The art of thought*. NY: Harcourt Brace Jovanovich.

提升創造力的方法

邱發忠

摘要

過去有許多研究指出創造力為一種恆久的特質或能力。然而,實際上,只要掌握一些方法或策略也可提升創造力。準此,本文論述主題在提升創造力的方法上,區分為:1. 有利創造力的特質或態度;2. 提升創造力的技巧。提升創造力的技巧又可區分為內隱與外顯創造技巧,內隱技巧有正向情緒、體現認知等六項技巧;外顯技巧則有遠距聯結法、屬性列舉法等六項技巧。本文指出提升創造力的多元方法,對提升創造力的議題有參考價值。

關鍵字:創造力、經驗的開放性、打破規則的思考、內隱創造技巧、外顯創造技巧

邱發忠,中國文化大學心理輔導學系專任教授。

壹、前言

創造力是我們人類獨有的能力或潛能（Haase, Hoff, Hanel, & Innes-Ker, 2018），現代的文明成就即是創造思考的結果。創造力不僅是資賦優秀人員的特質，例如諾貝爾獎得主，或優異藝術家的專利，其實，我們一般人也會在工作或生活中發揮創造力來突發奇想，例如研發出新產品，或者解決日常生活中的問題等（Ohly, 2018）。愛因斯坦說：「提出新的問題、新的可能性、從新的角度看舊的問題，都需要想像力，想像是科學進步的原動力」（Policastro & Gardner, 1999）。調查研究發現 89% 的人認為創造思考對於 21 世紀全球化的經濟創新的成功具有關鍵性的影響（Imagine Nation, 2008）。因此，如何提升創造力就是一個重要的議題，導致許多的研究者在探究如何提升創造力（Anderson, Potočnik, & Zhou, 2014）。

在進行創造思考時，要能生產出具備創意的點子或產品，有一個很重要的因素是如何在適切的時間點得到關鍵的訊息。然而，我們大腦有一個抑制的功能使我們的創造思考受到限制（Hasher, Lustig, & Zacks, 2007）。大腦的抑制功能會防止與目標無關訊息的侵入，以確保對目標訊息能夠持續聚焦處理。例如當我們在思考如何打造汽車時，則游泳池的概念就會因為被抑制，而不會被活化，因此抑制功能會限制創意思考。當我們大腦抑制功能降低時，則較多的訊息將會活化，而載入我們的工作記憶系統中，而對思考的目標活動產生干擾。因為創造力要求能夠對廣泛的訊息活化，因此降低抑制的功能反而可以提升創造力的表現（Radel, Davranche, Fournier, & Dietrich, 2015）。因為大腦抑制功能較低，比較不會抑制與正在思考之概念無關之大腦知識節點的活化，而能提升遠距聯結的能力。White 與 Shah（2006）的研究中發現注意力不足過動症的人在擴散性思考上表現較好，此主要因為注意力不足過動症在抑制功能上是較差的，使得個體可以做遠距聯結的思考，因而提升擴散性思考的表現。

由上述可知，創造思考是各項領域進步的核心，因此，提升創造力的議題是重要的。然而，我們大腦天生就有抑制的功能而限制了我們創造思考的能力。因此，假若在缺乏創造技巧或方法的狀況下，有可能在創造能力發揮上會受到限制。根據 Scott、Leritz 及 Mumford（2004）的後設分析研究顯示，創造技巧教導是有效創造課程訓練的核心因素，由此可知創造技巧的重要性。因此，本文目的除了介紹什麼是創造力外，亦提出具體可行提升創造思考的技巧或因素，以超越大腦抑制的功能。

貳、什麼是創造力

雖然本文主題聚焦於提升創造力的因素或方法，然而，若不了解創造力的構念是什麼，則無法了解創造思考的目標為何，也無法了解什麼想法或點子是具創造力的。因此，就必須要對創造力的涵義進行說明。假若我們使用創造力的方法來進行創造，則應符合什麼標準的產品或點子可視為創造性產品？以下即針對產品取向來對創造力特性做定義，俾利讀者了解創造思考之目標。

一般研究者將創造力定義為個體可以產生新奇（novelty）與適切（appropriateness）點子或產品的能力（Sternberg & Lubart, 1999）。此說明創造性產品不能只是生產出未出現過之新奇點子，也必須是有效用的點子或產品。像日本業餘發明家川上賢司（Kenji Kawakami）提出之「珍道具」（Chindogu）的發明，這類的發明只是古怪卻不實用，例如「雨傘領帶」可以避免忘了帶傘的問題。雖然這類產品是新奇的，卻沒有實用的價值。新奇與適切是廣被接受的二效標模式的創造力定義。後續的研究者提出三效標的定義，Boden（2004）提出創造力為個體創造出的點子為新奇、具有價值以及令人驚訝的。Boden 對創造力的觀點與美國專利局（United States Patent Office）對評定專利權發明的評價標準：產品應為新的（new）、有用（useful）及非平凡

（nonobvious）的標準類似。Simonton（2012）依此定義修改創造力的定義為："C = NUS"。C 代表創造力（Creativity）、N 代表新奇（Novelty）、U 代表效用（Utility）、S 代表使人驚訝（Surprise），Simonton 將創造力定義為以上三個效標的乘積。這裡指稱的驚訝為非平凡的（nonobvious），也有頓悟（insight）裡的 "Aha" 成分。近期，Kharkhurin（2014）提出四效標的創造力建構，提出創造力具有新奇、實用性、美學（aesthetics）及真實性（authenticity），這裡的真實性與實用性在定義上是重疊的。綜合上述可知，在產品取向上，創造力為能生產出新奇、有用，及令人驚奇特性的點子。

參、有利創造力的特質或態度

當我們詢問「創造力重要嗎？你想要有創造力嗎？」，大部分都會對這個問題回答肯定的答案。然而，我們發現一些企業行號、科學機構或決策者卻拒絕創意點子，即使他們自己「宣稱」創造力是正向且重要的。最明顯的例子是在學校裡，老師們雖然宣稱培育創造思考能力是教育的重要目標，然而，老師們卻不喜歡學生展現出好奇，或提出令人覺得古怪的點子。為何會產生這種矛盾的心理現象？一般而言，很多人並不會將想法的「新奇性」與「實用性」考量做等量齊觀，一般會認為新奇和實用是相反的。因此，我們會膽怯在別人面前提出新奇的想法，因為我們會預期別人並不喜歡。當一個點子愈是新奇則代表不確定性愈高。不確定性是一個令人不愉快的感受，我們會盡力去避免不確定的事物。因為我們在某項事物上若採用某一個新奇的點子，這就意謂我們可能會有冒風險的可能性。因此，我們就存在著一個矛盾現象，即喜歡創造力，但又拒絕創造力。相關的研究如 Mueller、Melwani 及 Goncalo（2012）告知參與者去寫一篇文章來支持「每個問題不只有一個答案」，來誘發參與者的不確定感受。結果發現在不確定狀況下，參與者對創造力就有負向態度的偏誤，即偏向不喜歡

創造力。假若組織或學校的行政人員要提全新的案子，因為與過去完全不同就有不確定性的因素在內，因此，有可能校長會拒絕創造力。由上述可知，假若我們採用新奇的創意點子或方案將會使我們處在不確定性的害怕中。為了防杜這種因為不確定性的害怕而拒絕創造力，有時發揮一點冒險的決策精神是可以嘗試的。

在五大人格特質裡的「對經驗的開放性」（openness to experience）特質與創造力也是有相關的，這個特質意涵個人願意主動尋求且體會新奇經驗的程度，這個特質有利於創造力的表現（Carson, Peterson, & Higgins, 2005）。在腦造影研究中發現開放性與前額葉（prefrontal cortex）的多巴胺的功能有關（DeYoung et al., 2005），而且，多巴胺功能可提供認知彈性而有助於新奇聯結的產生。因此，對各種經驗或想法若能持開放的態度，將有助於創造思考。

另一方面，為了能夠提升大腦知識或記憶內容的遠距聯結，也可以讓自己擁有更豐富的經驗。因為多樣的經驗可以透過認知彈性而提升創造力（Baghetto & Kaufman, 2007）。多樣化的經驗為高度不尋常及非預期的事件，其會趨使個體跨出自己習以為常的生活經驗之外，因而擴展個人的知識範圍而提升創造。Ritter（2012）等人的研究指出，讓參與者體驗非尋常的虛擬世界，以及面對非尋常的用餐基模促發後（例如先吃水果，再用主餐），可以提升認知彈性與創造力。此外，打破規則的思考型態也可以提升創造力，Gino 與 Wiltermuth（2014）指出不誠實即為打破應說實話規則，此與創造思考類似，也需要打破規則的思考（Sternberg & Lubart, 1995）。Gino 與 Wiltermuth 的研究就指出參與者高報自己考試表現之不誠實行為後，會提升創造作業的表現，其原因為不誠實行為引發打破規則之思考所產生的效果。

因此，若要提升創造力，我們可以嘗試忍受不確定性，用好奇的態度來面對新的方案或點子，也願意冒險並且打破規則。並且，開放自己體驗各種不同事物，俾利自己可以進行廣泛的創造思考。

肆、提升創造力的技巧

　　提升創造力的方法類型可依據個體內隱與外顯的心智運作歷程來區分。內隱思考意涵個體無法對自己知覺、記憶事物、儲存或提取知識、思考、推理，及解決問題的歷程進行內省報告（Wilson & Stone, 1985），或個體在無法有意識覺察思考歷程的狀況下，該思考歷程仍會對個人的經驗、想法、行動產生影響與改變。相對的，外顯思考則是個體從事各項認知活動時，個體可以內省報告、覺察及控制的歷程（Dorfman, Shames, & Kihlstrom,1996）。在此把提升創造力的技巧也區分為內隱與外顯的技巧，內隱的創造技巧為提供個體一個活動，然而，個體並不知道這個活動與後續創造思考的關係，這是一種間接影響創造思考的方法。例如在進行創造作業前欣賞一些笑話俾利引發快樂的情緒，而此快樂的情緒有可能會提升創造力的表現。在外顯的技巧裡則是應用具體的規則來提升創造力，例如，可以使用隨機聯結不同物品的方法來進行創造思考。在外顯的技巧應用時，個體可以覺察到使用這個技巧可以提升創造力，也知道技巧與創造思考間的關係。以下分別就內隱與外顯創造技巧進行說明。

一、內隱創造技巧

（一）正向情緒

　　許多的研究指出正向情緒（如快樂）可以提升創造力，在這裡提出五種可能的原因：1. 正向情緒可以擴展思考的範圍（Brunyé et al., 2013）；2. 可以提升知識節點聯結的多樣性（Clore, Schwarz, & Conway, 1994）；3. 正向情緒可誘發以彈性的方法來處理訊息；4. 在正向情緒狀態下，較不擔心被評價表現；5. 正向情緒可以提升冒險性（Schwarz & Bohner, 1996）。在 Isen 與 Daubman（1984）的經典研究裡，在實驗中引發參與者快樂狀態，然後讓參與者完成 Rosch（1975）

的類別包含作業（category inclusion task）。在這個作業裡，要求參與者評定一些事物（如：公共汽車、駱駝）歸屬某一類別（如：交通工具）的典型程度。假若非典型例子（如：駱駝）被評定典型程度越高，就表示這個人的認知類別越廣泛（能視駱駝為交通工具），而有利於認知彈性，並進而提升創造思考的表現。結果發現在快樂情緒狀態下，參與者比較會將非典型的事物評定為歸屬某類別之較高典型程度。此外，邱發忠、陳學志、徐芝君、吳相儀、卓淑玲（2008）的研究中，給參與者觀看歡笑一籮筐的影片，以誘發快樂的情緒，結果發現可以提升參與者的擴散性和頓悟性思考的表現。因此，在進行創造時我們可以藉由想像正向的事情，或觀看好笑的影片，由此來提升創造思考能力。

（二）體現認知

　　體現認知理論（embodiment theories）主張動作系統會影響我們的認知歷程（Barsalou, 2008）。例如，右手評價右邊的東西會較正向，左手評價左邊的東西會較正向（Casasanto, 2009）。宗教儀式中的雙手合十拜拜、點頭膜拜也可引發正向情感（Elliot, 2006）。Williams 與 Bargh（2008）研究也指出若參與者手握熱咖啡，相較於手握冰咖啡，傾向於給與他們對話的人做較為正向的評價。那身體的動作是否與創造思考有關？研究發現在進行創造思考時，手臂的屈曲與手臂延伸比較起來，前者狀況可以生產出較具原創性的點子（Hao, Yuan, Hu, & Grabner, 2014）。Slepian 與 Ambady（2012）指出，創造性思考代表思考的流暢性，假若身體做了流暢動作，其代表可以向任何方向移動的彈性，其有如流暢性思考（fluid thinking）的隱喻（metaphor）。在 Slepian 與 Ambady 的研究中要求參與者各描繪如圖 1 的一些線圖後，立即完成創造作業，結果發現描完左邊的流暢線條圖後可以提升創造作業的表現，例如擴散性思考。此主要是因為在描繪左邊圖時的動作會帶動流暢的思考，因而提升創造力的表現。因此，我們在進行創造

思考可以先做一些有利於創造力的動作，例如，畫圖 1 的左圖後再進行創造作業。

圖 1 流暢與非流暢圖之線條畫

（三）促進焦點動機

　　Higgins（1997）區分了兩種不同的自我調節系統（self-regulatory systems），一為「促進焦點」動機系統，表示個體想要達成某個渴望目標的動機，如：要取得學位的動機；另一為「預防焦點」動機系統，意謂個體欲確保安全目標的動機，如：避免受傷的動機。一個人在促進焦點動機狀態時，傾向使用追尋目標的趨近策略（approach strategies）；然而，個體於預防焦點動機狀態時則傾向使用警戒迴避策略（avoidance strategies）（Higgins, Roney, Crowe, & Hymes, 1994）。Higgins（1997）的調整焦點理論架構可以用來說明促進焦點動機如何影響創造力的表現。Crowe 與 Higgins（1997）認為促進焦點動機會導致較為冒險的處理風格，而導致努力及主動的追求新奇點子。然而，預防焦點動機則傾向使用警戒的處理風格，避免自己落於危險，導致注意力焦點變窄，而排除新奇事物的傾向。實徵研究即發現誘發促進焦點動機可提升創造，而誘發預防焦點動機則會降低創造力，卻對系統性、分析式的思考具有提升的效果（Friedman & Förster, 2001）。因此，促進焦點會引發趨近策略而提升創造力，然而，預防焦點則會引發迴避策略而降低創造力表現。

　　Friedman 與 Förster 在促進焦點動機誘發的狀況為迷津外有一乳酪，卡通鼠落入陷阱。參與者被要求為落入迷津中的卡通鼠找到出

路，來獲得迷津外的乳酪。另外，預防焦點動機的狀況為迷津上空有一隻貓頭鷹準備飛下來抓卡通鼠，要求參與者協助卡通鼠逃離迷津或於入口後退，牠才不會被貓頭鷹抓走。雖然以上的促發作業對之後從事的創造作業看似無相關。但結果發現，經過促進或預防焦點線索促發的參與者，在後續的頓悟性問題與擴散性思考測驗的表現上，促進焦點動機組的參與者表現顯著優於預防焦點動機組。因此，在進行創造思考時，將注意焦點置於自己可能思考出對大眾有貢獻的點子，由此來提升促進焦點動機，俾利提升創造力的表現。

（四）正念提升創造力

近年來流行正念（mindfulness），且其應用在相當多的領域中。正念為不批判、好奇及開放的態度，來直接注意、知覺及覺察當下事物的經驗，在不受過去與未來思考影響下，可以抑制過多的心理反應（Kabat-Zinn, 2013）。具體的正念訓練方法如注意呼吸的練習，必須坐著放鬆，而且將注意力聚焦於呼吸感受、瑜珈練習、身體掃描、正念行走與飲食等方法等。這些正念訓練的方法對壓力、焦慮降低具有顯著的效果。後來有一些研究者探究正念對創造思考的影響，發現具有正念特質的人，或者經由正念的訓練可以提升創造力（Colzato, Szapora, Lippelt, & Hommel, 2017）。為何正念可以提升創造力？其原因為正念可以促進用不同角度看事情的能力（Carson & Langer, 2006）、提升認知彈性（Greenberg, Reiner, & Meiran, 2012），及降低被評價的害怕（Nijstad, De Dreu, Rietzschel, & Baas, 2010）。以上這些正念的效果均對創造思考有正向的效益。因此，假若我們在生活中能持續做正念的自我訓練，例如打坐、瑜珈練習及身體掃描等，將有可能提升創造思考能力。

（五）執行自我控制的活動

自我控制（self-control）可以被定義為二個競爭力量的互動，一

個為衝動的動機（如吃蛋糕），而另一為克服衝動的力量（忍住不吃蛋糕）；而後者為自我控制的力量，當控制較強，而衝動較弱時，自我控制就會成功。相反的，自我控制的失敗可能源於較強的衝動，較弱的控制（Schmeichel et al., 2010）。因此，自我控制被定義為企圖去克服個體的衝動反應的傾向（Vohs & Baumeister, 2004），例如，節食的動機企圖克服享受美食的衝動。

根據自我控制的資源模式（A Resource Model of Self-Control）假設自我控制的資源是有限的，因此，個體在執行自我控制的活動後，其資源可能會被耗盡，而導致自我控制的失敗（Baumeister, Gailliot, DeWall, & Oaten, 2006）。自我控制是否能夠克服衝動，部分決定於先前的行為。假若個體最近執行自我控制的活動，就會導致控制衝動的力量耗盡，而造成自我控制的失敗，此論點指出個體在執行自我控制的活動後，會降低自我控制強度。例如，Stucke 與 Baumeister（2006）研究中要求參與者抑制自己吃可口的食物，結果對於羞辱的情境會產生更為攻擊性的反應。就是說，當對自己行為進行控制後，會導致自我控制資源的不足，而降低了自我控制的能力。

Chiu（2014）發現當要求參與者寫一篇文章，然而，卻不能寫「人」、「一」及「口」部的中文字，以誘發參與者的自我控制耗損後要求完成創造作業。結果發現可以提升參與者在頓悟性問題解決與擴散性思考上的表現。而且，Chiu 發現其原因為當一個人執行了自我控制的活動後，將會提升促進焦點動機，而促進焦點動機則有提升創造思考的效果。因此，我們可以在做創造思考前執行自我控制的活動，由此將可提升創造力的表現。

（六）其他

Schooler 與 Melcher（1995）指出分心可以提升心向的轉換，即個體在解決問題之初會使用錯誤的線索、錯誤訊息方向。假若初期問題無法得到解答時，則一段分心活動可以讓人忘掉錯誤的思考方向。因

此，我們在思考一個問題時若遇到困境，則可以先不去管它，休息一段時間或做其他的事，使忘掉原來解題的心向。之後，再去處理這個問題時則可能會以全新的觀點來看這個問題，因此而得到解答。

思考的速度也與創造力有關，當參與者被要求快速的念文章，之後會報告自己是較有創造力的。在 Yang 和 Pronin（2012）的實驗中，要求參與者快速的念中性的文章，結果在後續的頓悟性問題與遠距聯想測驗中表現較佳。似乎快速思考可以提升創造力的表現（Pronin, 2013）。因此，在進行創造作業前，可以先做快速念課文的活動，則可能可以提升創造力的思考。

Vohs、Redden 及 Rahinel（2013）發現參與者若在雜亂的房間內會有較高的創造力表現（作業為寫出乒乓球的新用途）。此主要因為雜亂的環境會促發參與者尋求新奇性和非傳統的思考路徑，因而提升了創造思考的表現。因此，假若你在做創造思考時，可以稍微偷懶一下，讓你的桌子雜亂一下，這樣可能提升你的創造力哦。

二、外顯創造技巧

（一）遠距聯結法

Mednick（1962）認為具有創造力的人會以特殊的方法來聯結事物或概念，他們能產生較多的聯結，尤其是遠距（remote）聯結的事物。例如，「寶特瓶有什麼不尋常的用途？」一開始你聽到此問題，大腦馬上浮現的答案可能是裝水、裝食物等。這是寶特瓶近距的聯結思考，因為寶特瓶與水的聯結是近距且慣常的，因此，這並不是創意的聯結。然而，若你思考出的答案是蓋房子，則這就屬於遠距的聯結成果。這個答案是否為高創意的表現？ 2010 臺北國際花卉博覽會就是利用 150 萬支回收寶特瓶製成獨特的「寶特瓶磚」，讓「垃圾變黃金」，打造出一座兼具環保、時尚、高科技的展館，成為世界第一的寶特瓶綠建築，讓人感到耳目一新且讚嘆，並吸引大批人潮的參觀，

當然也獲得相當高的評價。

　　為了能進行創造力的遠距聯結思考，其中的一個具體的方法可區分為二個階段：1. 隨機聯結：在遠距聯想之初，心理先不要有任何的想法，完全隨機的將二個概念聯結在一起，例如，隨機的將泳池與面板聯結；2. 選擇有用的點子：將隨機聯結階段得到前發明產品，思考其用途與有用性，經由將泳池與面板聯結來獲得池底可模擬海底世界的影像，而思考出海底世界泳池的點子，這應是一個具有創意的點子；而且，在實踐上也不會有太多的困難。

（二）屬性列舉法

　　Crawford（1954）提出屬性列舉法，他認為每一個發明都是由現有的產品改造產生。這個方法為先讓參與者列舉提出研究問題或物品的各種屬性，然後針對各種屬性提出改進的辦法，使得物品產生新的用途。主要有四種列舉方式：1. 特性列舉法（character listing）：依物品的構造及其性能，按名詞、形容詞及動詞等方式列舉，再逐一檢討可改進之處。例如，智慧型手機依名詞有面板、照相鏡頭等；形容詞為白色的、輕的等；動詞為可講電話、照相等。若以動詞為思考點，則可思考出智慧型手機可以測量血壓、心律等的功能，這就有可能是高齡社會手機的重要功能。2. 優點列舉法（strong listing）：逐一列舉出事物的優點，然後針對優點部分來擴大或延伸思考。例如可強化手機的遊戲功能，使成為可以訓練幼兒學習的程式。3. 缺點列舉法（defect listing）：將物品的缺點列舉出來，再針對缺點問題逐一探討改善的策略。例如，有一些學生雖然到校上課，然而卻不見得有在認真聽課，因此，可將教室設備加上眼球追蹤儀，記錄每位學生的眼球軌跡，只要眼球未凝視前方達 80％以上即算未出席上課。這樣的教學科技可確保學生出席一定認真在上課，將可大大的提升教學效能。4.希望列舉法（expect listing）：透過不斷的去想像不斷的提出「希望」，然後針對這些希望進行思考。例如希望不出國也可在史丹佛大學上

課，未來即可以擴充實境技術來發展任意門，到國外進修並不用出國。只要在裝置系統上即可仿如真實的身在史丹佛大學般與來自全世界各國的菁英同學一起上課。

（三）抽象思考

在大腦中的知識表徵是有階層性的，例如，鳥類的概念屬於較抽象且高層的概念，畫眉鳥的概念則是具體且低層次的概念。我們若以較抽象、一般性及去脈絡化方式來思考，即高層次的思考，將能夠提升擴散性思考（Ward, 1995）。在實徵研究上，要求參與者使用較為抽象的方式來思考，將可提升擴散性思考表現（Chiu, 2012; Forster, Friedman, & Liberman, 2004）。以「最小阻力路徑模式」（path-of-least-resistance model）來看（Ward, 1995），當個體在一個新領域發展新的點子時，個體將會優勢的提取具體的範例，並以此作為創造思考的起點。研究發現 60% 到 65% 的參與者，當被要求去產生新奇的動物、工具及水果……時，他們思考出的點子部分是基於這些領域已知的例子，例如：最先想出的動物為狗、工具為鎚頭、水果為蘋果等（Wruck, 2001）。因為具體的點子或產品例子思考會抑制思考的範圍，或造成思考固著的現象。然而，較為抽象的思考卻可避免提取較為具體的某類別的例子，因而提升創造能力，例如，假若要發明新的咖啡杯，發明的目標以「發明可裝熱溶液的容器」，將誘發較多且新奇的咖啡杯。然而，假若發明的目標為發明咖啡杯，則會限制思考，被具體的現存之咖啡杯框限住，而無法有跳出框架的思考。因此，抽象性思考能提升創造思考的表現。

（四）未來想像

Chiu（2012）發現當個體從事未來時間想像時，將可提升想像力。在 Chiu 的研究中，要求參與者思考五年或未來五十年後的世界狀況，再請參與者依未來的世界狀況進行創造性想像作業，要求完成

未來傢俱。結果發現經由未來想像後，會使得他們生產出的傢俱較具想像力。尤其當想像未來的時間愈長，則在想像力作業上表現會愈佳，可見未來想像思考可以提升個體想像力的表現。根據「建構層次理論」（construal level theory）（Trope & Liberman, 2003），個體對時間距離的觀點，將會改變個體對事情的心智表徵，因而改變其對未來事件的反應。當思考目標的時間距離較遠時，則認知思考會以較抽象、一般性及去脈絡化來表徵，即高層次的建構，其會引發較廣的長期記憶知識節點的激發，而有利於創造的遠距聯結，俾提升創造表現。然而，若思考目標距離愈近，則個體會以較具體、脈絡化表徵來思考，即低層次的建構，則就引發較窄的知識節點激發而不利於創造表現。因此，當我們在進行創造思考時，我們可以以未來的時間的狀況來進行想像，由此將可提升創造思考能力。

（五）改變問題表徵法

生活中我們常會嘗試去解決一些頓悟性問題，例如：「如何使用四個圍欄將 27 隻牛圍起來，並且，各圍欄內的牛隻均為單數？」頓悟性問題的特點為我們解題時，常會被不由自主或想當然爾的想法誤導到錯誤的方向，導致自己無法想到解答。假若要成功思考出頓悟性問題的答案，就必須要以不同的方式或角度來思考問題。當你以不同方式來看問題時，就有可能思考出答案，並且，產生「啊哈」或「原來如此」的感受。Ohlsson（1992）提出的表徵轉換理論（representational change theory）主張問題解決者在一開始時，會因為過去的經驗而被誤導至錯誤的解題方向，而導致困境的狀態。為了解決此狀態，需轉換初始無效的問題表徵，也就是重新去解讀問題。

重新建構的方法如放鬆限制（constraint relaxation），指將解題者強加在問題上的限制放鬆。上述頓悟性問題的答案為「四個圍欄重複圍，關 27 隻動物」。然而，很多人卻無法想到答案。此主要因為人們一看到以上問題時，會自動的使用不適切的規則來限制自己，即

「牛隻必須分別關在四個圍欄裡的規則」，因此而被困住，而無法想到正確的解答。實際上，題目並未限制必須四個圍欄分開來關動物，這個規則是人們的自我設限。為了解決此頓悟性問題就必須放棄原來對問題假定的規則，完全以全新的規則來看問題，即重新建構問題。當我們以不同的規則應用於問題時，則可能獲得解答。

在生活中，可能有一天車子爆胎了，要換輪胎，你一開始建構的問題：「如何找到千斤頂」。這樣的問題建構方式就會導致問題解決者只能去找千斤頂。假若重新建構問題成為「如何把爆胎處抬起來？」這時即可導出多元解答，例如，找壯漢抬、或用一根結實的棍子及一顆石頭，用槓桿原理將車子之爆胎處抬起來，俾利換輪胎。因此，若要提升創造性問題解決能力，則改變問題表徵方式是好用的方法。

（六）創意十二訣

陳龍安（1998）提出啟發創造力的十二個方法，這些方法分別：1. 加一加：在某事物上加上一些東西，讓它變成不同效用的事物，例如，早上開會加上提供早餐，變成早餐會。2. 減一減：在某些事物上可以減省或除掉一些東西，例如，裝備太好的汽車不好賣，除掉一些貴重裝備壓低價錢，以擴大消費群。3. 擴一擴：將某些事物變得更大或加以擴展，例如，將原本小型的戰艦擴展為大型戰艦。4. 縮一縮：縮細、縮窄或壓縮某些東西或物品，例如，將名勝古蹟縮小成小人國之遊樂設施。5. 改一改：改良某些東西來減少其缺點，例如，改善手機通訊不良的問題。6. 變一變：把形狀改變，例如，卡通影片裡的外星人把頭型變成方型。7. 換一換：把現有物品的某一個部分更換，可以產生新產品，例如，小貨車賣不出去，把它改成房車型式。8. 搬一搬：把某些東西搬到其他地方或位置，也許會有別的效果或用處，例如晚上吃完飯之蛋糕改成明日的早餐，就可能變成極品。9. 學一學：學習、模仿某些東西或事物，甚至引用某些別的概念或用途，例如，仿造鳥巢形狀或蛋型的體育館。10. 反一反：大的想成小的，把某些

東西的裡外、上下、前後、橫直等作顛倒一下，例如新形式的機車油箱從後方移到前方。11. 聯一聯：思考把一些東西聯結起來或可加入另一些想法，例如，將簡報筆加上可操作電腦的功能。12. 代一代：將一物以另一物替代或更換，手機鍵盤換成面板，使成為智慧型手機介面。只要使用以上十二個口訣，即可輕易生產出創意產品。

伍、結語

　　創造力是未來世界的重要議題，我們可以看到現今的科技產品均是過去的「未來想像」。本文從態度與特質，及創造技巧層面來論述如何提升創造思考。當我們了解如何提升創造力後，其實最重要的是如何在工作、學習或日常生活中能夠實踐應用。因此，在面對生活中的問題，或想要達成的某個目標時，你可以嘗試一下使用本文提出的創意技巧來協助創意思考，也許你的世界會不一樣。

參考文獻

· 邱發忠、陳學志、徐芝君、吳相儀、卓淑玲（2008）。內隱與外顯因素對創造作業表現的影響。中華心理學刊，50，125-145。
· 陳龍安（1998）。創造思考教學的理論與實際。臺北：心理。
· Anderson, N., Potočnik, K., & Zhou, J. (2014). Innovation and creativity in organizations: A state-of-the-science review and prospective commentary. *Journal of Management*, 40, 1297-1333.
· Beghetto, R. A., & Kaufman, J. C. (2007). Toward a broader conception of creativity: A case for for "mini-c" creativity. *Psychology of Aesthetics, Creativity, and the Arts*, 1, 73-79.
· Baird, B., Smallwood, J., Mrazek, M. D., Kam, J. W., Franklin, M. S., & Schooler, J. W. (2012). Inspired by distraction: mind wandering facilitates creative incubation. *Psychological science*, 23 (10), 1117-1122.
· Barsalou, L.W. (2008). Grounded cognition. *Annual Review of Psychology*, 59, 617-645.
· Baumeister, R. F., Gailliot, M., DeWall, C. N., & Oaten, M. (2006). Self-regulation and personality: How interventions increase regulatory success, and how depletion moderates the effects of traits on behavior. *Journal of personality*, 74 (6), 1773-1802.
· Boden, M. A. (2004). *The creative mind: Myths and mechanisms* (2nd ed.). New York, NY: Routledge.
· Brunyé, T. T., Gagnon, S. A., Paczynski, M., Shenhav, A., Mahoney, C. R., & Taylor, H. A. (2013). Happiness by association: Breadth of free association influences affective states. *Cognition*, 127 (1), 93-98.
· Carson, S. H., & Langer, E. J. (2006). Mindfulness and self-acceptance. *Journal of rational-emotive and cognitive-behavior therapy*, 24 (1), 29-43.
· Carson, S. H., Peterson, J. B., & Higgins, D. M. (2003). Decreased latent inhibition is associated with increased creative achievement in high-functioning individuals. *Journal of Personality and Social Psychology*, 85, 499-506.
· Casasanto, D., & Chrysikou, E. G. (2011). When left is "right" motor fluency shapes abstract concepts. *Psychological Science*, 22 (4), 419-422.
· Chiu, F.-C. (2012). Fit between Future Thinking and Future Orientation on Creative Imagination. *Thinking skills*

and creativity, 7, 234-244.

· Chiu, F.-C. (2014). The effects of exercising self-control on creativity. *Thinking skills and creativity*, 14, 20-31.

· Clore, G. L., Schwarz, N., & Conway, M. (1994). Affective causes and consequences of social information processing. *Handbook of social cognition*, 1, 323-417.

· Colzato, L. S., Szapora, A., Lippelt, D., & Hommel, B. (2017). Prior meditation practice modulates performance and strategy use in convergent-and divergent-thinking problems. *Mindfulness*, 8 (1), 10-16.

· Crawford, R. P. (1954). *The techniques of creative thinking*. New York: Hawthorn.

· DeYoung, C. G., Hirsh, J. B., Shane, M. S., Papademetris, X., Rajeevan, N., & Gray, J. R. (2010). Testing predictions from personality neuroscience: Brain structure and the big five. *Psychological science*, 21 (6), 820-828.

· Dodds, R. A., Smith, S. M., & Ward, T. B. (2002). The use of environmental clues during incubation. *Creativity Research Journal*, 14, 287-304.

· Dong, Y., Bartol, K. M., Zhang, Z. X., & Li, C. (2017). Enhancing employee creativity via individual skill development and team knowledge sharing: Influences of dual-focused transformational leadership. *Journal of Organizational Behavior*, 38 (3), 439-458.

· Dorfman, J., Shames, V. A., & Kihlstrom, J. (1996). Intuition, incubation, and insight: Implicit cognition in problem solving. In Underwood, G. (Ed.), *Implicit cognition* (pp. 257-296). Oxford University Press.

· Elliot, A. J. (2006). The hierarchical model of approach-avoidance motivation. *Motivation and emotion*, 30 (2), 111-116.

· Friedman, R. S., & Förster, J. (2001). The effects of promotion and prevention cues on creativity. *Journal of personality and social psychology*, 81 (6), 1001-1013.

· Forster, J., Friedman, R., & Liberman, N. (2004). Temporal construal effects on abstract and concrete thinking: consequences for insight and creative cognition. *Journal of Personality and Social Psychology*, 87, 177-189.

· Gino, F., & Wiltermuth, S. S. (2014). Evil genius? How dishonesty can lead to greater creativity. *Psychological science*, 25 (4), 973-981.

· Greenberg, J., Reiner, K., & Meiran, N. (2012). "Mind the trap": Mindfulness practice reduces cognitive rigidity. *PLoS ONE*, 7 (5), e36206.

· Haase, J., Hoff, E. V., Hanel, P. H., & Innes-Ker, Å. (2018). A meta-analysis of the relation between creative self-efficacy and different creativity measurements. *Creativity Research Journal*, 30 (1), 1-16.

· Hao, N., Yuan, H., Hu, Y., & Grabner, R. H. (2014). Interaction effect of body position and arm posture on creative thinking. *Learning and Individual Differences*, 32, 261-265.

· Hasher, L., Lustig, C., & Zacks, R. T. (2007). Inhibitory mechanisms and the control of attention. *Variation in working memory*, 19, 227-249.

· Higgins, E. T. (1997). Beyond pleasure and pain. *American psychologist*, 52 (12), 1280-1300.

· Higgins, E. T., Roney, C. J., Crowe, E., & Hymes, C. (1994). Ideal versus ought predilections for approach and avoidance distinct self-regulatory systems. *Journal of personality and social psychology*, 66 (2), 276-286.

· Isen, A. M., & Daubman, K. A. (1984).The influence of affect on categorization. *Journal of Personality and Social Psychology*, 47, 1206-1217.

· Kabat-Zinn, J. (2013). *Full catastrophe living, revised edition: how to cope with stress, pain and illness using mindfulness meditation*. Hachette UK.

· Kharkhurin, A. V. (2014). Creativity. 4in1: Four-criterion construct of creativity. *Creativity Research Journal*, 26 (3), 338-352.

· Mednick, S. (1962). The associative basis of the creative process. *Psychological review*, 69 (3), 220-232.

· Mueller, J. S., Melwani, S., & Goncalo, J. A. (2012). The bias against creativity: Why people desire but reject creative ideas. *Psychological science*, 23 (1), 13-17.

· Nijstad, B. A., De Dreu, C. K., Rietzschel, E. F., & Baas, M. (2010). The dual pathway to creativity model: Creative ideation as a function of flexibility and persistence. *European Review of Social Psychology*, 21 (1), 34-77.

· Ohly, S. (2018). Promoting Creativity at Work — Implications for Scientific Creativity. *European Review*, 1-9.

· Ohlsson, S. (1992). Information-processing explanations of insight and related phenomena. *Advances in the psychology of thinking*, 1, 1-44.

· Ostafin, B. D., & Kassman, K. T. (2012). Stepping out of history: Mindfulness improves insight problem solving. *Consciousness and cognition*, 21 (2), 1031-1036.

· Pronin, E. (2013). When the mind races: Effects of thought speed on feeling and action. *Current Directions in Psychological Science*, 22 (4), 283-288.

· Radel, R., Davranche, K., Fournier, M., & Dietrich, A. (2015). The role of (dis) inhibition in creativity: Decreased inhibition improves idea generation. *Cognition*, 134, 110-120.

· Ritter, S. M., Damian, R. I., Simonton, D. K., van Baaren, R. B., Strick, M., Derks, J., & Dijksterhuis, A. (2012). Diversifying experiences enhance cognitive flexibility. *Journal of Experimental Social Psychology*, 48 (4), 961-964.

· Ritter, S. M., Damian, R. I., Simonton, D. K., van Baaren, R. B., Strick, M., Derks, J., & Dijksterhuis, A. (2012).

Diversifying experiences enhance cognitive flexibility. *Journal of Experimental Social Psychology*, 48 (4), 961-964.

· Rosch, E. (1975). Cognitive representations of semantic categories. *Journal of Experimental Psychology: General*, 104, 192-233.

· Schmeichel, B. J., Harmon-Jones, C., & Harmon-Jones, E. (2010). Exercising self-control increases approach motivation. *Journal of personality and social psychology*, 99 (1), 162-173.

· Schooler. J. W., & Melcher, J. (1995). The ineffability of insight. In S. M. Smith, T. B. Ward, & R. A. Finke (Eds.), *The creative cognition approach* (pp. 97-133). Cambridge, MA: MIT Press.

· Schwarz, N., & Bless, H. (1991). Happy and mindless, but sad and smart? The impact of affective states on analytic reasoning. In J. P. Forgas (Ed.), *Emotion and social judgments* (pp. 55-71). Elmsford, NY: Pergamon Press.

· Scott, G., Leritz, L. E., & Mumford, M. D. (2004). The effectiveness of creativity training: A quantitative review. *Creativity Research Journal*, 16, 361-388.

· Simonton, D. K. (2012). Taking the US Patent Office criteria seriously: A quantitative three-criterion creativity definition and its implications. *Creativity Research Journal*, 24 (2-3), 97-106.

· Slepian, M. L., & Ambady, N. (2012). Fluid movement and creativity. *Journal of Experimental Psychology: General*, 141 (4), 625-629.

· Sternberg, R. J., & Lubart, T. I. (1999). The concept of creativity: Prospects and paradigms. *Handbook of creativity*, 1, 3-15.

· Sternberg, R., & Lubart, T. (1995). *Defying the crowd: Cultivating creativity in a culture of conformity*. New York, NY: Free Press.

· Stucke, T. S., & Baumeister, R. F. (2006). Ego depletion and aggressive behavior: Is the inhibition of aggression a limited resource? *European Journal of Social Psychology*, 36 (1), 1-13.

· Trope, Y., & Liberman, N. (2003). Temporal construal. *Psychological review*, 110 (3), 403-421.

· Vohs, K. D., Redden, J. P., & Rahinel, R. (2013). Physical order produces healthy choices, generosity, and conventionality, whereas disorder produces creativity. *Psychological Science*, 24 (9), 1860-1867.

· Ward, T. B. (1995). What's old about new ideas? In S. M. Smith, T. B. Ward, & R. A. Finke (Eds.), *The creative cognitive approach* (pp. 157-178). Cambridge, MA: MIT Press.

· White, H. A., & Shah, P. (2006). Uninhibited imaginations: creativity in adults with attention-deficit/hyperactivity disorder. *Personality and individual differences*, 40 (6), 1121-1131.

· Williams, L. E., & Bargh, J. A. (2008). Experiencing physical warmth promotes interpersonal warmth. *Science*, 322 (5901), 606-607.

· Wilson, T. D., & Stone, J. I. (1985). Limitations of self-knowledge: More on telling more than we can know. *Review of personality and social psychology*, 6 (1), 167-183.

· Yang, K., & Pronin, E. (2012). *The causal impact of thought speed on subsequent creativity*. Manuscript in preparation.

教出創意與想像

王佳琪、鄭英耀

摘要

創新與發明的源頭來自於豐富的想像，人類透過想像力的發揮，才會產生創造力，進而發明，並轉換到科技的發展與社會的建構。想像力是創新不可或缺之能力，也是未來競爭的關鍵能力。然而，創造與想像雖在許多知識、文學、藝術甚至科學的創作發明上，被視為重要的關鍵能力，但在學校教育卻沒有被列為良好的教學特性（Hadzigeorgiou & Stefanich, 2000）；在既有的課程和教科書的內容中，也鮮少提及教師應如何幫助學生發揮想像力，引導學生進行創造（Egan & Judson, 2009）。因此，創意與想像力要怎麼教？何種課程與教學方式有助於激發學生的創意與想像，值得深究。本文將整理過去創意與想像相關課程教材與教學策略，以作為提供未來教育現場的夥伴在教育推廣及評量使用的參考基礎。

關鍵字：創造力、想像力、創意課程與教學

王佳琪，南臺科技大學教育領導與評鑑研究所暨師資培育中心助理教授。
鄭英耀，國立中山大學校長／教育研究所特聘教授。

壹、話說從頭

　　著名的美國心理學家 J. P. Guilford 自從於 1950 年在美國心理學會（American Psychological Association, APA）年會演說中呼籲重視創造力研究，開啟了近代創造力研究的先驅後，創造力的研究可說是如雨後春筍般豐富起來。直至今日，進入知識經濟的時代，創造力的重要已無庸置疑，尤其團隊合作、團隊創造力幾乎早成為整個社會、國家競爭力的必要條件；創造力是推動科技進步、藝術創作以及社會發展的原動力，創新與發明的源頭則是來自於豐富的想像力，人類透過想像力的發揮，才會產生創造進而發明，並轉換到科技的發展與社會的建構（吳可久、蘇于倫、曹筱玥，2013）。

　　自古以來，人們運用與生俱來的想像力，透過不斷地思考、嘗試，發現了許多科學理論及創造出改進生活的新發明，現今科學理論及技術的發展，即是想像具體化至創造的最佳展現（Vygotsky, 1930/2004）。19 世紀德國化學家庫勒（August Kekulé）在半夢半醒之間，看到碳鏈變成蛇在其面前不斷翻騰，突然咬住自己的尾巴，形成了一個環，猛然驚醒，意識到苯分子原來是一個六角形環狀結構，進而解決當時化學家們百思不得其解的難題，間接隱含夢境似乎可轉換為科學現實（Robinson, 2010）。世界聞名的天才科學家愛因斯坦（Albert Einstein）曾經說過：「想像比知識重要（Imagination is more important than knowledge）」的經典名句，他在 19 世紀物理學界的傑出成就，透過許多的想像實驗（thought experiment），再經過反覆思索與實驗數據驗證，接續驗證光電效應而開啟了量子物理的大門；所提出的狹義相對論及廣義相對論，造成物理界對時空及重力解釋的深遠影響，證明了想像實驗對近代物理學的重要性（Einstein, 1920/2000）。

　　臺灣自 2002 年教育部頒布《創造力教育白皮書》（教育部，2003）開始，從大學至小學即全面推動各級教育之創造力培育工作，試圖讓創意成為全民參與的教育學習活動，成為生活的一部分。2009

年，科技部及教育部開始展開一系列的想像力相關計畫，從國小至大學、社會教育等不同階段、不同領域，重視想像力對人類生活所帶來的影響。這幾年，世界經濟論壇（World Economic Forum, WEF）發布的全球競爭力報告（World Economic Forum, 2016），以 2015~2016 年報告為例，臺灣在全球 140 個國家中整體競爭力表現排名第 15 名，在創新（innovation）指標部分排名第 11 名，亞洲國家中僅次於日本（5/140）與新加坡（9/140）；在 2017~2018 全球競爭力報告中（World Economic Forum, 2017），在 137 個國家中，臺灣在「創新」指標仍位居第 11 名，亞洲國家亦僅次於日本（8/137）與新加坡（9/137）。從 WEF 發布 2015-2018 年的結果，可瞭解臺灣在創造力、想像力教育及推廣已擴散、生根茁壯進而反映在國際評比上，從此項國際評比結果更肯定臺灣、日本、新加坡等亞洲國家的創造能量，突顯創新早已變成華人地區國家亟待提升之發展重點。

過去，華人社會學生之所以令人印象深刻，主要是在一些國際競賽傑出的表現上，以經濟合作暨發展組織（Organisation for Economic Co-operation and Development, OECD）自 1997 年起籌劃國際學生能力評量計畫（the Programme for International Student Assessment, PISA）為例，臺灣 2006 年第一次參與，在 56 個國家的中學生中，其數學與科學的評量分別得到第一名、第四名的好成績，驚豔全球。華人社會學生的優異國際評量表現，從最新一期 PISA 2015 報告更是一覽無遺，閱讀方面前十名的國家中，就有四個是亞洲國家（依序為新加坡 1、香港 2、韓國 7、日本 8、臺灣 23）；數學前十名的國家中，有七個是亞洲國家（依序為新加坡 1、香港 2、澳門 3、臺灣 4、日本 5、中國 6、韓國 7）；科學方面，前十名有七個是亞洲國家（依序是新加坡 1、日本 2、臺灣 4、澳門 6、越南 8、香港 9、中國 10）（http://pisa2015.nctu.edu.tw/pisa/index.php/tw/rank/41-2015-rank）。然而，相較於西方社會，華人社會過去常被認為是創造力較低的一群。當華人社會學生處在準備產生天馬行空點子階段時，即被凡事求快、要求標

準答案、考試背多分的升學制度所扼殺，例如在教育現場過分強調IQ，忽略創造力；強調知識來自權威的傳授，而忽略意義的主動建構；過度強調考試結果，忽略學習過程；重視紙筆測驗、記憶背誦，忽略真實評量、多元表現；重視學科本位，忽略課程整合等因素（吳靜吉，2002a）。而這些因素不只侷限了教師的教學策略，也無形中限制了學生的學習和思考，抹煞了學生的想像力，阻礙創造力的發展。

當一個國家、社會越不看重創造與發明時，整個文化就會習慣於非創意的行為（例如模仿、抄襲等）；反之，當國家、社會越重視創造力發明時，就會形成一種全民共同創造、創新的氛圍（吳靜吉，2002b）。創造與想像雖在許多知識、文學、藝術甚至科學的創作發明上，被視為重要的關鍵能力，但相對其他學科知識而言，在現今的學校教育中，卻沒有被列為良好的教學特性（Hadzigeorgiou & Stefanich, 2000）；在既有的課程和教科書的內容中，也鮮少提及教師應如何教導學生進行創造與想像，以及如何幫助學生發揮創意與想像（Egan & Judson, 2009）。基於此，本文將整理過去文獻較常提及的創意與想像相關課程教材與教學策略，提供給未來想要推動創造、想像教育的夥伴，作為激發學生創意與想像參考的方法及方向，讓有心推動的夥伴一起共塑創造、創新、創業之社會文化氛圍，提升國家創新能量，進而增進臺灣在國際間的能見度與競爭力。

貳、創意與想像課程

一、想像科學與科技教學方案課程素材

加拿大西蒙菲沙（Simon Fraser）大學的教育學院，於 2001 年成立「想像力教育研究中心」（Imaginative Education Research Group, IERG），IERG 藉由提供概念架構、資訊及實用材料，鼓勵老師們在教學中發揮想像力，讓課程變得更生動活潑，進而產生深度的意義學習，這

種讓孩子的想像力和世界連結的方法稱為想像教育（imaginative education）（http://ierg.ca/about-us/our-aims/）。

在 IERG 眾多方案之一「想像科學與科技教學方案（Imaginative Science and Technology Teaching Program）」，即提供許多協助教師如何教授科學和科技的認知工具（cognitive tools），例如故事（story）、隱喻（metaphor）、生動圖片（vivid images）、二元對立（binary opposites）、音韻、節奏和模式（rhyme, rhythm, and pattern）、遊戲（play）、神祕和謎題（mystery and puzzles）、改變情境（changing contexts）、極限和限制（extremes and limits）、人性化（humanizing）、個人敘事（personalizing narratives）、奇妙（sense of wonder）、英雄感（sense of the heroic）、笑話和幽默（jokes & humor）等（表1）。適用的對象包括學前兒童至中學早期的學生，設計的素材及方法主要是參考 L. Vygotsky（1896-1934）對想像力及其發展概念的想法、從神話和其他形式的前科學思維浮現，進行科學理解研究所得出的原則和做法，以及透過 IERG 所建構具系統性的想像力研究等。另外，在該中心的網站上，也提供教師和學生在科學想像力課程內容設計的技巧及方法，希望能讓現場教師更有效地引導學生學習科學，讓科學學習有趣及更有意義（http://ierg.ca/IST/）。

二、奧德賽腦力課程活動

奧德賽腦力活動（The Odyssey of the Mind）是一項能提供學生創意問題解決機會的國際教育方案，每一年均會舉辦提出五個長期問題（Long-term problem）的國際競賽，提供幼稚園到大學的學生創意解決問題的機會。目前已超過 25 個國家參與，其目的是引導學生如何透過開放性問題，來提升擴散性思考，應用創意能力來解決問題，享受過程的樂趣，自由不怕批評地表達出想法和建議，並學習如何面對挑戰且利用創造性及多產思考來解決面臨到的問題。另外，奧德賽學

表1 學前至中學早期科學學習之認知工具

階段（年紀）	認知工具	說明
學前科學學習 （7歲或8歲）	故事	把情緒融入學習最有力的工具之一
	隱喻	對於變通和創意科學理解非常重要
	生動圖片	學習如何從字詞核心到想像在腦海中產生圖片，發揮想像力
	二元對立	是一種有效且具組織性的工具，能提供擷取科學概念和知識的方式
	音韻，節奏和模式	能幫助記憶、建立情感意義及興趣的強大工具
	遊戲	可以幫助學生發展及提升他們的科學理解
	神祕和謎題	可以創造世界還有許多待發現有趣知識的吸引力
學前至中學早期 科學學習 （7、8歲至14歲）	改變情境	重新定義現實，打破慣例並考量各種可能性
	極限和限制	培養學生對國外和極限產生極大興趣，參與現實限制及極限經驗等，例如，世界紀錄網站的內容等
	人性化	看見人類本質的知識 —— 認知到所有知識都是人類知識和某些人的希望、恐懼以及熱情的產物，因此要透過科學探索更多豐富意義，使其世界更開闊
	個人敘事	蒐集事件或發展愛好 —— 努力擷取現實中可以激發科學活動的某些特性
	奇妙	可以捕捉世界的想像力，真實又帶有虛擬的科學就開始了
	英雄感	給人信心，讓學生在一定程度上聯結與他們有關的英雄氣質
皆適用	笑話和幽默	某些笑話可以幫助語言更「顯而易見」，並能有力地幫助語言的認識和控制

資料來源：研究者整理（王佳琪，2015）。
（1）http://ierg.ca/IST/cognitive-toolkits-and-their-practical-uses/
（2）P. Mikulan, 2013, Imaginative science teaching: A brief guide for teachers. Resource from http://ierg.ca/IST/wp-content/uploads/2014/08/IST-Brief-Guide.pdf

會也在網站上提供一系列的課程活動，協助教師在教室內運用奧德賽腦力課程活動（Odyssey of the Mind Curriculum Activities），這些課程活動由美國國家航空暨太空總署（National Aeronautics and Space Administration, NASA）所贊助，透過此課程活動的進行，鼓勵學生透過富於想像力的路徑來解決問題，藉此提升學生終身學習、問題解決等多項能力。

課程活動以團隊的方式進行，每一個團隊的學生必須與其他人共同合作，發展團隊技能。透過團隊學習，學生努力檢視問題及所面臨到的挑戰，學習不被各種框架侷限，並培養創造性思維的歷程，提供全面的能力，並在這樣的課程中享受樂趣。以奧德賽腦力課程活動的延伸思考課程（Extend-sive Thinking）（http://www.odysseyofthemind.com/materials/extend_sive_thinking.php）為例，整個課程包含三個活動，活動一，教師與學生共同針對一個問題進行討論，延伸許多不同的可能性；接著，將學生分為幾個小組進入活動二，並比較組內每個學生在活動一所討論的內容來分類，討論過後再進行延伸，將問題或需求命名後，再比較不同時期的改變。最後，透過腦力激盪方式，設計如何運作的不同點子；活動三則是進行小組發表，提高課程參與率，鼓勵學生提問並給予回饋，以作為後續改善創造功能之用。

三、角色扮演遊戲

過去，有許多方式可以培養小孩、年輕人、成年人的創造力，Kaewowski 和 Soszynski（2008）提出了發展創意能力的新方式，特別是創意想像力（creative imagination）－創造力角色扮演訓練（Role Play Training in Creativity, RPTC），此訓練的概念主要是由角色扮演遊戲（Role Play Games, RPG）為基礎所發展的。

角色扮演遊戲，也稱為想像力遊戲（games of imagination）。遊戲通常會將參與者分成兩組，第一組由玩家或想要參與的人所組成，按

照遊戲規則，創造唯一能使用書寫工具和想像的虛構人物（主角）。第二組是最常見且由單一個人所組成，在比賽中俗稱是創造各類冒險玩家（該比賽稱為團隊）的高手。整個遊戲以口語的代理人進行互動，因此，遊戲的高手們要從所創造出的角色觀點來說故事，這些玩家會假扮他們所選擇的角色，並描述他們正在做什麼、移動或姿勢等。在創造力角色扮演訓練課程中，需要滿足以下幾個基本假設：（1）要能刺激想像力；（2）能誘發參與者的內在動機；（3）能保持遊戲的自然氣氛。

從認知發展和理論觀點，小孩想像活動和幻想遊戲，可以幫助小孩意義化他們所認知的世界；幻想觀察或假裝遊戲也可以作為一種診斷工具，反應出孩子發展的階段。在遊戲中，可以驗證孩子本身的知識，或者能在假裝遊戲中參與探索現在和未來的生活。進一步，小孩也能在複雜語言遊戲的情境中，加入他們需要或者曾經聽過或讀過的名詞（Smith & Mathur, 2009）。這種涉及角色扮演的假裝遊戲，能促進小孩對於他人心智狀態的理解，比方說，讓孩子假裝是飛到月亮的太空人，讓他們去感受太空人會怎麼思考，同時也試著預測其他太空人的活動。研究證實，角色扮演訓練的確有助於促進創意思考（Kaewowski & Soszynski, 2008）。

四、學習思考（Learn to Think, LTT）介入方案

學習思考（Learn to Think, LTT）介入方案，是針對提升中小學生思考能力所設計的方案（Hu et al., 2013）。此方案是建立在 Hu 等人的思考能力結構模式（thinking ability structure model, TASM）、Piaget 的認知發展理論（cognitive development theory）、Vygotsky 的社會建構理論（social construction theory）、以及 Lin 和 Li（2003）的智力理論（theory of intelligence）的基礎下所發展。

LTT 方案對一到八年級的中小學生都有活動設計和特定的手冊，

每一個包含 16 種活動，包含具體思考（concrete thinking）、抽象思考（abstract thinking）及創意思考（creative thinking）等。中學生和小學生有不同的思考特性，因此小學生 LTT 與中學生的活動不一樣，可以分為思考訓練活動（thinking training activities）以及探索活動（inquiry activities），其中，思考訓練活動包含具體思考活動（圖像轉換、想像、空間認知和聯想）、抽象思考（比較、分類、推理、歸納、分析、綜合和分化），以及創意思考（類比、重組、腦力激盪、擴散思考、破除框架和轉移）；探索活動主要包含問題發現（problem finding）、問題解決（problem solving）、故事創作（story inventing）、科學探索（scientific inquiry）的活動。相較於小學生的活動，中學生的課程設計會有更多抽象和創造性思考的訓練活動。在每個活動中，不管是什麼知識、案例和實際演練的安排，都必須要考量學生的知識和興趣，以及與現實生活之間的連結，以激發學生的好奇心和求知慾望，增進其學習吸收程度。在 LTT 活動中，學生有更多的機會學習基本知識、重新發現規律、從創意問題解決任務中，面對挑戰進而喚醒大腦潛能。

五、科學發明課程

本課程主要是 Wang、Ho 和 Cheng（2015）依據科學想像力三階段四能力的構念圖（圖 1）發展一套科學想像力發明課程教案，該課程設計者為臺灣〇〇國小自然科任陳〇〇老師（國立〇〇大學教育研究所教學碩士），其教學年資為二十六年（截自 2013 年），亦是該評量發展團隊的一員，因此對該歷程模式發展具有一定程度的熟悉程度。

陳老師以科學想像力三階段四能力為課程發展基礎，設計一套適用於國小中高年級學生「小小發明家」課程教案，共包含 15 節課，分別依據不同階段設計「生活中的小發明」、「創意設計我最行」、「動

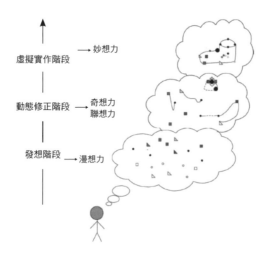

圖 1 科學想像力歷程

資料來源：Analysis of the Scientific Imagination Process, by H. C. Ho, C. C. Wang, & Y. Y. Cheng, 2013, *Thinking Skills and Creativity*, 10, p. 72.

手做發明」等三個單元教案，以及小小發明家主題創作學習單一份。其課程教學理念旨在透過引導使學生認識創意發明，使學生明瞭生活中處處是發明，進而激發學生想像與創造力，動手做設計，使學生不再認為發明是困難的一件事。課程設計簡要說明及成品圖如表 2。

六、科學想像力融入自然科課程教材——「熱和我們的生活」、「簡單力學——力與運動」

　　曾秀玉（2014）依據科學想像力歷程模式（Ho et al., 2013），發展一套融入國小自然科教學之課程，並以準實驗研究方法之不等組前、後測設計，探討融入國小六年級自然與生活科技「熱和我們的生活」單元之教學成效。同樣地，楊棨棠、王佳琪（2019）以科學想像力歷程模式為基礎，以國小高年級學生為對象，發展一套科學想像力歷程融入國小自然科「簡單力學——力與運動」課程之教材，並檢驗

表 2 科學想像力發明課程設計簡要說明

單元課程設計	核心能力	具體教學目標	教學簡易流程	作品
生活中的小發明（3節課）	漫想力 聯想力	1.1 學生能依照問題情境說出可能遇到的問題（例如：不便利、自然現象），說出的問題不可重複。 1.2 學生能說出與生活經驗相關的問題。	1. 引導學生認識創作與發明。 2. 創意發明作品賞析。 3. 創意發明的原則指導 4. 蒐集生活待解決的問題。	
創意設計我最行（3節課）	漫想力 聯想力 奇想力	2.1 學生能提出解決問題的點子。 2.2 學生能針對解決問題的點子，進行外型、功能上的說明。 2.3 學生能重組物品的外型、功能來解決問題。	1. 創作主題的思考與聯想。 2. 主題功能的討論與撰寫 3. 創作主題設計圖設計指導與繪製	
動手做發明（6節課）	妙想力	3.1 學生考量點子實作的可能性，包含選材、組裝與操作等，能將重組後的外型、功能畫（說）出來。	1. 創作作品實作 2. 作品報告撰寫 3. 作品測試與修改 4. 作品發表分享	

資料來源：C. C. Wang, H. C. Ho, & Y. Y. Cheng, 2015, Building a learning progression for scientific imagination: A measurement approach, *Thinking Skills and Creativity*, 17, 1-14. doi: 10.1016/j.tsc.2015.02.001

其實驗教學成效。這兩個課程教案之教學活動設計內容，皆以原本教科書設計之教學目標及教學內容為基礎，加入科學想像力的教學目標——漫想：能從課本生活例子中發現生活周遭的不便或待解決的問題；聯想：能思考、討論，想出更多解決問題的點子；奇想：在眾多點子間引起共鳴，利用重組形成新奇的點子；妙想：能將創意點子精製化，繪出設計圖，內容涵蓋功能、材料等，並付諸實行。教師在各小節結束時分別加入漫想力、聯想力、奇想力、妙想力等特性來引發

學生想像、思考的歷程以引導學生進行有系統的想像力歷程，做有限度的科學發明，設計融入自然科教材之「科學想像力進程——漫聯奇妙」的教學簡案。

七、全球孩童創意行動挑戰（Design For Change, DFC）

Kiran Bir Sethi（吉蘭・貝兒・瑟吉）於 2001 年在印度的亞美達巴德市（Ahmedabad）創辦了河濱學校（Riverside School）與同名基金會。瑟吉校長在 2009 年時於 TED India 演講中，邀請全球的教育工作者共同響應全球孩童創意行動挑戰。為引導中小學孩童透過自主學習發想，尋找身邊或是社會上的問題，並思考改善方法、解決問題的最佳情境，進而實際行動解決問題的挑戰活動，DFC 強調：「感受」（feel）、「想像」（imagine）、「行動」（do）、「分享」（share），引導學生感受環境或生活中需要改變的事情，進一步發揮想像力構想改變的方案，並且實際行動，最後，與人分享歷程，讓孩子活用所學知識積極解決生活周遭問題（林偉文，2011）。

七年來，DFC 挑戰在全球已有超過 40 個國家、4 萬 8 千所學校、超過 6 萬名教師及 200 萬名孩子解決了 1 萬 8 千多個問題。目前全球的 DFC 組織都是以社會企業或非營利組織模式經營，也有部分響應者以個人或民間組織的名義參與；臺灣於 2010 年開始響應，並在 2011 年成立臺灣童心創意行動協會，以非營利組織方式在臺辦理全球孩童創意行動挑戰，詳細的內容可參考 https://www.dfctaiwan.org/aboutus。

八、設計思考迷你方案

世界知名的設計公司 IDEO 執行長提姆・布朗（Tim Brown）定義設計思考（design thinking）：「以人為本的設計精神與方法，考慮

人的需求、行為，也考量科技或商業的可行性。」設計思考結合了同理心、快速試做原型，以及勇於嘗試的精神，將思考的過程貼近使用者的內在需求，布朗認為當現今產品追求設計與產品創新與商業模式創新，設計思考可為各種議題尋求創新解決方案，並創造更多的可能性（Brown, 2008）。

身兼創新設計公司 IDEO 和史丹佛大學設計學院（D. School）創辦人 David Kelly，從 2000 年初，在史丹佛大學與資工 Terry Winograd 教授，管科 Bob Sutton 等人合作，教授非設計科系的學生設計思考，發現學生內心世界某些部分有巨大的改變，21 世紀許多問題是無法在各自領域解決，與其各領域「愈走愈深」，不如分散一點人才到「愈走愈廣」，因此他們成立了 D-School。D-School 將設計思考過程歸納成五大步驟：「同理」（empathize）、「定義」（define）、「發想」（ideate）、「原型」（prototype）、「測試」（test）（圖 2）。其中，同理：讓參與者了解同理心的重要性，以及培養如何具備同理心；定義：為了讓設計目標能更明確、更聚焦，參與者能將所觀察、蒐集到的經驗與資料，透過歸納重點、建立關聯等，以常用的釐清方法，釐清所欲解決的問題；發想：讓參與者能學到發想的技術，進而將發現到的問題轉化為

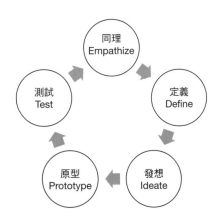

圖 2　史丹佛五階段模式

解決方案；原型：讓參與者提出更接近最終的解決方案，以製作原型，藉此取得使用者的意見回饋；測試：參與者能創造原型進行測試與驗證，了解驗證的重要性，並學習到如何驗證，進而蒐集使用者回饋（Henriksen, Richardson, & Mehta, 2017）。

為了能讓使用者實際體驗設計思考的歷程，IDEO 設計幾個方案之一，即是讓參與者從幫他們的夥伴設計「夢幻皮夾方案」（The dream wallet project）開始，學習透過觀察與訪談，來培養同理心，進而釐清使用者的需求，再透過問題定義，發想出解決問題的點子，最後做出原型以蒐集使用者的回饋來加以測試。

參、創意與想像教學策略

很多學者認為創造力可藉由訓練所提升（Amabile, 1996; Hu et al., 2013），也可以利用不同的素材及教學策略來激發想像力（Eckhoff & Urbach, 2008; Kaewowski & Soszynski, 2008; Mikulan, 2013; Ontell, 2003; Vygotsky, 1930/2004）。過去文獻指出（例如：李賢哲、李彥斌，2002；Dĭlek, 2009; Ho et al., 2013; McLellan & Nicholl, 2011; Ren, Li, Zhang, & Wang, 2012; Wang, Ho, Wu, & Cheng, 2014），當學生進行創造想像相關活動時，教師扮演相當關鍵的角色，教師扮演的角色責任應著重於啟發、協助、鼓勵學生，設法培養學生樂於自己去探索、猜測、懷疑、獨立思考，繼而培養創造發明的能力。因此，整理以下教學策略，提供給教學現場的老師作為激發學生想像力的參考。

一、認識創造與想像本質

想像力是引導創造活動具獨創性的重要能力（Finke, 1990; Vygotsky, 1930/2004）；其次，想像可視為是一種「心智模擬」的能力，其將影響高品質的成果能否順利產出（Thomas, 1999）；第三，當個體投

入想像時，將引發其主動性，若外在環境能適度支持，並提供內在線索引導，可以有效降低工作記憶負荷；第四，想像力能拓展學習者的思考範圍、能協助預知問題而使問題得以提前改善，並能幫助個體連結舊經驗創造新經驗。因此，對教師而言，若能認識想像力的本質，進一步融入想像力於自身的教學設計當中，一方面將帶動自身教學經驗不斷更新與創新；另一方面對於如何帶動學習者想像力，也能具備敏銳度（許育齡、梁朝雲、林志成，2013）。

二、建立自由氛圍

積極建立一個自由、開放、民主、積極向上的氛圍，是學生的創造力、想像力發展的關鍵因素。在這種情況下，學生們不會害怕回答問題失敗，他們會更積極和開放的獲得知識、應用知識、以及解決問題（Hu et al., 2013; Ho et al., 2013）。此外，幽默是發揮想像力的技巧之一（Egan & Judson, 2009）。在學習過程中，透過幽默的笑話或者趣聞來聯結課程教材，有助於學生理解新教材，在幽默有趣的氣氛下學習，也能促使學生產出更多獨特的想法（Hill, 1988）。教師如果能使用幽默的技巧進行教學，並提供學生一種享受學習的氣氛，幽默就會變成鼓勵學生發想，形成正向學習環境的重要條件。換言之，對於教師和學生而言，形塑一個沒有威脅、鼓勵發想的學習環境，可幫助學生聯結新知識，產生更多不同的概念，以及更多天馬行空不受既定思考模式所阻滯的想法（Dilek, 2009; Egan & Judson, 2009; Kuhrik, Kuhrik, & Berry, 1997; Loui, 2006; Sternberg & Williams, 1996）。

三、培養學生說故事的能力

Bruner 曾經說過：很多科學和數學假設是由一些故事或隱喻開始（Hadzigeorgiou & Stefanich, 2000）。King（2007）亦曾提及，故事是培

養豐富想像力、創造力和智慧的來源。吳靜吉認為，說故事是從小培養創造力的最好方法，故事就是從個人的經驗，找到新奇、有意義的方式詮釋它，創造力教育，第一件事一定要從這裡做起（引自楊瑪利，2009）。以全世界公認最會說故事的國家芬蘭為例，他們的學生在求學的過程中，相當重視說故事的能力，慢慢地也培養出驚人的創造力，進而在全球競爭力的創新指標中名列前茅（Schwab & Porter, 2008）。

四、鼓勵學生閱讀

洪蘭認為，閱讀是培養說故事能力的最大助力，其關鍵就在於多元豐富的閱讀，可促進聯想能力（引自呂愛麗，2009）。Osborn（1953）曾說：「閱讀供給想像力之食糧。」是故，閱讀能夠提供人們背景知識，創意就是將這些資源匯集起來所迸出的火花。在資訊爆炸的時代裡，閱讀是擷取訊息的工具；能閱讀，才有思考的素材，藉由閱讀故事的過程，學生發揮無窮盡的想像力，增進閱讀理解，進而帶領我們進入想像的世界（Egan & Judson, 2009; Foley, Wozniak, & Gillum, 2006; Glenberg, Gutierrez, Levin, Japuntich, & Kaschak, 2004）。

五、豐富多元生活經驗

Vygotsky（1930/2004）認為構成想像力的要素是聆聽他人過往所累積的經驗，也就是社會經驗（social experience）。透過他人闡述的過往經驗與情況，來想像從未涉獵的經驗，藉以增加內心記憶的豐富性。因此，教師除了豐富自我生活經驗外，亦可鼓勵學生豐富其生活經驗，在進行教學時，提供大量的教學範例及刺激給學生，以刺激其對不同經驗的聯結。

六、中小學階段教學策略

不同年齡階段的學習者適合發揮不同型態、不同程度的思考力與想像力，必須針對不同族群、不同階段的對象設計不同的適性課程，因此，詹志禹、陳玉樺（2011）提出以下策略：創意想像、條件思考、系統思考、未來思考、未來導向之故事敘說、趨勢預測、電腦模擬、未來導向的樣品實作、未來導向的問題解決等。其中，對於中小學階段，特別是可應用到小學階段使用的策略，像是創意想像、條件思考、系統思考、未來思考、未來導向之故事敘說、未來導向的樣品實作及未來導向的問題解決等（詹志禹、陳玉樺，2011），簡述如下：

1. 創意想像：教學情境並無必要也沒辦法排除幻想，即使沒有鼓勵，也應該容忍學習者未來的無稽、不切實際、甚至違反知識與邏輯的創意想像。

2. 條件思考：條件思考就是「如果……那麼……」的思考形式，很適合在教學情境當中作為提問或評量的題目，用來引導中小學生想像或思考未來，例如：「如果在 2025 年生物醫學家發明一種藥物，可讓人類壽命多延長 100 年，那麼人類心理和社會將產生何種變化？」

3. 系統思考：具有系統思考修鍊的人至少擁有下列二大能力：第一，對於潛在中緩慢發展的問題徵兆相當敏感，因此，能夠置問題於機先；第二，對於問題的解答較能抓到「槓桿解」而非「症狀解」。看似複雜，但一般人甚至高年級兒童也能使用。

4. 未來思考：提供多元取向或方法來探索未來社會在各種領域或各種層面的變化與轉型。未來思考可以刺激對話、拓展可能性、強化領導力，並提供決策資訊。

5. 未來導向之故事敘說：故事敘說受到各種年紀的人們所喜愛，非常適合運用在教育情境，幾乎可融入各種教育階段的各種課程與教學。

6. 未來導向的樣品實作：許多當下成本高昂但具有啟發性或潛在遠景的產品，都適合以「概念○」的樣品形式，先少量製作出來，再逐步改善或等待時機。這種利用「概念○」的樣品去想像未來，適合設計領域或企業界研發使用，但若強調實作過程而非樣品的精緻度，則各階段教育皆適用。
7. 未來導向的問題解決：針對未來可能發生的問題，提出規劃或可能的解決途徑，並實際解決問題，這就是在創造未來。

七、腦力激盪

Osborn（1953）提出腦力激盪（brainstorming）的技術，利用集體思考的方式，使思想相互激盪，發生連鎖反應，可在短時間之內對解決某項問題產生大量的構想。其實施的主要原則包括：1. 延緩批評：鼓勵大家提出自己的見解，禁止批評他人或自己的看法；2. 自由聯想：想法越奇特越好，不合常理或不切實際、標新立異的想法，常會啟發自己或他人的靈感；3. 構想要多：創造思考過程強調盡量提出各種想法，待數量多後再從中選取有效的解決方案；4. 綜合與修正：將自己與他人的觀念綜合歸納加以組合並持續改進。換言之，「想得多」並不一定「想得好」，但「想得好」的前提，是要建構在「想得多」的基礎上（林緯倫、連韻文、任純慧，2005）。

然而，Parloff 和 Handlon（1964）認為，雖然腦力激盪法提供一個群體思考、沒有批評以及能夠增強新奇想法的環境，促使參與者盡可能產生各種不同的想法及點子，但此方式可能也只是降低了自我批判的標準，促進了不經考慮即脫口而出的想法，因而降低想法的品質，無助於問題解決。因此，在想像力的培育上，除了提升各種不同想法的數量之外，也應考量想法的品質。

八、「EFUDDMA」融合式創意教學模式

楊宜倫（2006）融合美國學者 Karplus 和 Their 於 1976 年所提出以 Bruner 的發現教學理論為基礎所發展的一套命名為「學習環」（learning cycle）的三階段教學步驟，以及澳洲學者 Fleer 和 Sukroo 提出的 DMA 教學模式，形成探索（explore）、發現（find）、應用（use）、設計（designing）、討論（discussing）、製作（making）、評鑑（apprasing）等過程的「EFUDDMA」創思教學。其教學流程為：

1. 探索：教師提出問題或點子供學生探索。
2. 發現：學生從探索中發現原理或規則。
3. 應用：教師指導學生應用原理原則於新的創意當中。
4. 設計：根據新的創意設計理想的發明。
5. 討論：與同儕或教師討論，大家腦力激盪出更適切的作法。
6. 製作：以畫好的設計為藍圖，製作新的發明。
7. 評鑑：同學或教師給予評價或回饋，藉由觀摩與指導中，獲得新的創意與想法。

九、運用抽象圖像誘發想像力

在賈千慶、劉諭承、梁朝雲（2016）的研究中指出，在觸發想像方面，Malaga（2000）認為圖像比文字或圖文組合更能誘發創意。學者亦認為，特別在設計發想及概念形成階段，圖像類視覺刺激有助創意釋放，而持續被類比、組合，或轉造成為設計方案（Casakin & Goldschmidt, 2000）。Goldschmidt 與 Smolkov（2006）以實用性和原創性來測量不同視覺刺激對設計師的創意表現，結果顯示諸此刺激的影響會視設計問題而有所改變。Zahner、Nickerson、Tversky、Corter 與 Ma（2010）進一步確認，抽象化（abstracting）和表徵化（representing）都有助於產生原創想法並突破設計僵化。

Liang、Chang、Yao、King 與 Chen（2016）一開始使用不同圖像來觸發農業傳播學生的想像力。該研究指出，逼真的視覺刺激有利於培養學生解決問題的直覺能力，抽象刺激和遠距類比有助於產生獨到見解並打破設計框架。想像力的圖像觸發想像力的方式非常多元，然大體上可分為外在（如社會環境、組織文化、團隊氣氛等）與內在（如人格特質和內在心理），而當設計師在進行設計想像時，會依照其實際需求，聚結內在的心智意象（mental imagery），同時亦搜尋外在的感知表徵（sensory representations）作為其啟發的泉源（inspi-ration sources），設計師們經常會以草圖來溝通問題及解方（Goldsch-midt, 2007），應用視覺刺激來強化其設計創意的尋索，並期能達成新穎且高品質的原創設計（Goldschmidt, 2011）。然而，太過寫實的圖像則會遏止創意的產出，Cardoso 與 Badke-Schaub（2011）認為，不當和過多重複關鍵特質的圖像會導致設計僵化，太過寫實的圖像會降低設計師的創意產出，建議使用抽象圖像，能有助於量產原創的想法。

十、整合創造思考技巧和策略的教學

張雨霖（2016）將創造力訓練或教學的活動整理為兩大類，第一類是根據不同的認知思考功能或歷程（如：擴散性思考中的流暢、變通、獨創、精進等思考特徵，或是問題發現、概念組合、點子生產等創造性歷程）所設計的練習活動。這些活動或作業，很多本身往往就是用來創造思考測量工具所採用的作業。例如：請學生列舉事物不尋常的用途；假設不可能發生的情節，想像會發生什麼事情；或是完成一系列未完成的圖案，並為之命名等。第二類則是各種成套的創造思考技法或創造思考教學方案，這些套裝的思考策略教學活動，若依照其最主要的功能大略區分，可分成生產點子、改進產品、組織點子、綜合決策等，各類功能的特色以及相關策略，舉例如表 3。

表 3 創造思考策略功能、特色及舉例

功能	特色	策略舉例
生產點子	這類思考技法或策略主要的特色，即在於可幫助個人或團體在短時間內產生大量的新穎點子	腦力激盪術、六三五討論法、曼陀羅思考法（九宮格思考法）
改進產品	這類思考技法或策略主要多用於產品的改進或發明上	屬性列舉法、檢核表法、奔馳法（SCAMPER）、型態分析法、萃思法（TRIZ）
組織點子	這類思考技法或策略的主要功能，在於可幫助我們整理各種點子或概念，而透過這種重新的組織，往往可進一步幫助我們形成系統化的記憶、發現因果關係，甚或產生新的頓悟	心智圖法、KJ 卡片法、魚骨分析法
綜合決策	這類思考技法或策略，通常包含若干不同階段，整合許多不同觀點的思考方法，最終希望幫助我們對於創造性的或開放性的問題，找到可行的解決方法	創造性問題解決（CPS）、六項思考帽

資料來源：張雨霖，2016，〈從「教創意‧適性學」到「適性教‧學創意」〉，《中等教育》，67 (1)，36-55。

肆、教與學的創意想像

1980 年代，美國經典科幻喜劇電影《回到未來 2》（*Back to the Future Part II*），主角馬蒂跟布朗博士從 1989 年穿越到了 2015 年 10 月 21 日，看見了飛行汽車、懸浮滑板、虛擬 / 擴充實境、遠端通訊等驚奇事物，當時電影裡預言的新科技，今日竟也成真，證明人類的科學文明及技術演進，沒有做不到的事情，只有想像不到的事情。世界經濟論壇預測面對第四次工業革命，未來人才在 2020 年所需要的主要能力，不再只是聚焦在單一化專業人才的培育，更多的關注則是在跨領域培養的能力，例如：複雜問題解決能力（complex problem solving）、批判思考能力（critical thinking）、創造力（creativity）、人際

管理（people management）、他人合作（coordinating with others）、情緒智商（emotional intelligence）、決策與判斷（judgment and decision making）、服務導向（service orientation）、協商（negotiation）、認知靈活性（cognitive flexibility）。因此，如何培育跨領域的三創（創造、創新、創業）人才，有效提升教育品質、團隊合作、人才培育及競爭力，儼然已成為全球發展潮流。

本文試圖蒐集及整理創意與想像相關的課程與策略，希望這些素材能有助於現在及未來推動想像及創造教育的夥伴，在家庭及學校教育實施的參考依據，讓孩子從小時候就開始埋下想像的種子，成長的過程逐漸形成創意的枝條，最終這些枝條能在社會結成豐碩的創新果實，形成具有創意想像的社會氛圍，有助於培育未來十年的人才所應具備的關鍵能力。若將這些課程及教學策略類比於烹調時所參考的食譜，一道好吃的菜餚，需要有好的廚師加上好的食材，不同的廚師（教師、家長等）參考同樣一份食譜（課程及教材）進行烹調（教學），即便使用的食材相同（教學單元、教學材料），料理出來的菜餚（學生的學習），可能會因為不同的料理手法、火候的拿捏、使用的器具、周圍環境、烹調時間等而有所不同，而菜餚味道的美味與否（學生的學習成效），更著重於烹調者本身的功力（教師專業、教學策略）。因此，本文所提供的創意與想像課程與教學策略，在實踐的過程中，皆與教學者是否具備豐富的專業知能、多元生活經驗、評量素養、以及反省的能力息息相關；更重要的是，教學者必須要能隨時保有對未來教育改變之開放心胸及宏觀視野，唯有如此，才能有助於培養能因應瞬息萬變世界的人才，共塑一個自發、互動、共好的社會創意風氣，提升臺灣的創新能量，進而增進臺灣在國際上的競爭及能見度。

本文部分擷取及改寫自：王佳琪，2015，《科學想像力學習進程之驗證》第二章文獻探討。國立中山大學博士學位論文。

參考文獻

· 王佳琪（2015）。科學想像力學習進程之驗證。國立中山大學博士論文，未出版。
· 吳可久、蘇于倫、曹筱玥（2013）。由激發想像力思維探索設計課程教學方式。建築學報，83，19-35。
· 吳靜吉（2002a）。華人學生創造力的發掘與培育。應用心理研究，15（創造力的發展與實踐），17-42。
· 吳靜吉（2002b）。華人創造力的研究和教育從分享開始。應用心理研究，15（創造力的發展與實踐），92-104。
· 呂愛麗（2009）。愈閱讀，愈創意。遠見雜誌，2009 創意特刊，28-29。
· 李賢哲、李彥斌（2002）。以科學過程技能融入動手做工藝教材培養國小學童科學創造力。科學教育學刊，10 (4)，341-372。
· 林偉文（2011）。創意教學與創造力的培育——以「設計思考」為例。教育資料與研究雙月刊，100，53-74。
· 林緯倫、連韻文、任純慧（2005）。想得多是想得好的前提嗎？探討發散性思考能力在創意問題解決的角色。中華心理學刊，27 (3)，211-227。
· 張雨霖（2016）。從「教創意·適性學」到「適性教·學創意」。中等教育，67 (1)，36-55。
· 教育部（2003）。創造力教育白皮書。臺北：教育部。
· 許育齡、梁朝雲、林志成（2013）。教師發揮教學設計想像力的心理與環境因素探究。當代教育研究季刊，21 (2)，113-148。
· 曾秀玉（2014）。「漫聯奇妙」科學發明想像力歷程之教學成效。國立中山大學教育研究所碩士論文，未出版。
· 楊宜倫（2006）。「小小發明家」創造思考課程之探討。生活科技教育月刊，39 (5)，154-169。
· 楊棨棠、王佳琪（付梓中）。科學想像力歷程模式融入國小自然科課程單元之成效：以「簡單力學——力與運動」單元為例。教育科學研究期刊。
· 楊瑪利（2009）。你今天說故事了嗎？遠見雜誌，2009 創意特刊，10。
· 詹志禹、陳玉樺（2011）。發揮想像力共創臺灣未來——教育系統能扮演的角色。教育資料與研究雙月刊，100，23-52。
· 賈千慶、劉諭承、梁朝雲（2016）。驗證圖像觸發想像力：一個腦波儀與質性的整合研究。資訊傳播研究，6 (2)，71-95。doi: 10.6144/JIC.2016.0602.04
· Amabile, T. M. (1996). *Creativity in context. Boulder*, CO: Westview Press.
· Brown, T. (2008). *Design thinking*. Harvard Business Review, June, 84-92.
· Cai, H., & Do, E. Y.-L. (2007). *The dual effects of inspiration sources: Designers' use of analogy in creative design*. IASDR07 (International Association of Societies of Design Research), Hong Kong, China.
· Cardoso, C., & Badke-Schaub, P. (2011). The influence of different pictorial representations during idea generation. *Journal of Creative Behavior*, 45, 130-146.
· Casakin, H. P., & Goldschmidt, G. (2000). Reasoning by visual analogy in design problem-solving: The role of guidance. *Environment and Planning B: Planning and Design*, 27, 105-119.
· Dilek, D. (2009). The reconstruction of the past through images: An iconographic analysis on the historical imagination usage skills of primary school pupils. *Educational Sciences: Theory & Practice*, 9, 665-689.
· Eckhoff, A., & Urbach, J. (2008). Understanding imaginative thinking during childhood: Sociocultural conceptions of creativity and imaginative thought. *Early Childhood Educ* J, 36, 179-185. doi: 10.1007/s10643-008-0261-4
· Egan, K., & Judson, G. (2009). Values and imagination in teaching: With a special focus on social studies. *Educational Philosophy and Theory*, 41, 126-140. doi: 10.1111/j.1469-5812.2008.00455.x
· Einstein, A. (1920/2000). *Relativity: The special and general theory*. New York: Bartleby.com.
· Finke, R. A. (1990). *Creative imagery: Discoveries and inventions in visualization*. Hillsdale, N.J.: Lawrence Erlbaum Associates.
· Foley, M. A., Wozniak, K. H., & Gullun, A. (2006). Imagination and false memory inductions: Investigating the role of process, content and source of imagination. *Applied Cognitive Psychology*, 20, 1119-1141. doi: 10.1002/acp.1265
· Glenberg, A. M., Gutierrez, T., Levin, J. R., Japuntich, S., & Kaschak, M. P. (2004). Activity and imagined activity can enhance children's reading comprehension. *Journal of Educational Psychology*, 96, 424-436.
· Goldschmidt, G. (2007). To see eye to eye: The role of visual representations in building shared mental models in design teams. *CoDesign: International Journal of CoCreation in Design and the Arts*, 3, 43-50.
· Goldschmidt, G. (2011). Avoiding design fixation: Transformation and abstraction in mapping from source to target. *Journal of Creative Behavior*, 45, 92-100.
· Goldschmidt, G., & Smolkov, M. (2006).Variances in the impact of visual stimuli on design problem solving performance. *Design Studies*, 27, 549-569.
· Hadzigeorgiou, Y., & Stefanich, G. (2000). Imagination in science education. *Contemporary Education*, 71, 23-28.
· Hill, D. (1988). *Humor in the classroom: A textbook for teachers and other entertainers!* Springfield, IL: Charles C.

Thomas.

· Ho, H. C., Wang, C. C., & Cheng, Y. Y. (2013). Analysis of the scientific imagination process. *Thinking Skills and Creativity*, 10, 68-78. doi:10.1016/j.tsc.2013.04.003

· Hu, W., Wu, B., Jia, X., Yi, X., Duan, C., Meyer, W., & Kaufman, J. (2013). Increasing students' scientific creativity: The "learn to think" intervention program. *The Journal of Creative Behavior*, 47, 3-21. doi: 10.1002/jocb.20

· Kaewowski, M., & Soszynski, M. (2008). How to develop creative imagination? Assumptions, aims and effectiveness of Role Play Training in Creativity (RPTC). *Thinking Skills and Creativity*, 3, 163-171. doi:10.1016/j.tsc.2008.07.001

· King, A. (2007). Developing imagination, creativity, and literacy through collaborative storymaking: A way of knowing. *Harvard Educational Review*, 77, 204-227.

· Kuhrik, M., Kuhrik, N., & Berry, P. A. (1997). Facilitating learning with humor. *Journal of Nursing Education*, 36, 332-334.

· Liang, C., Chang, W.-S., Yao, S.-N., King, J.-T., & Chen, S.-A. (2016). Stimulating the imaginative capacities of agricultural extension students. *Journal of Agricultural Education and Extension*, 22 (4), 327-344.

· Lin, C., & Li, T. (2003). Multiple intelligence and the structure of thinking. *Theory and Psychology*, 13, 829-845.

· Loui, M. C. (2006). Teaching students to dream. *College Teaching*, 54, 58.

· Malaga, R. A. (2000). The effect of stimulus modes and associative distance in individual creativity support systems. *Design Support Systems*, 29, 125-141.

· McLellan, R., & Nicholl, B. (2011). "If I was going to design a chair, the last thing I would look at is a chair": Product analysis and the causes of fixation in students' design work 11-16 years. *International Journal of Technology and Design Education*, 21, 71-92. doi: 10.1007/s10798-009-9107-7

· Mikulan, P. (2013). Imaginative science teaching: A brief guide for teachers. Resource from http://ierg.ca/IST/wp-content/uploads/2014/08/IST-Brief-Guide.pdf

· Ontell, V. (2003). Imagine that! Science fiction as a learning motivation. *Community & Junior College Libraries*, 12, 57-70. doi: 10.1300/J107v12n01_09

· Osborn, A. (1953). *Applied imagination*. New York: Charles Scribner's Sons.

· Parloff, M. B., & Handlon, J. H. (1964). The influence of criticalness on creative problem-solving in dyads. *Psychiatry*, 27, 17-27.

· Ren, F., Li, X., Zhang, H., & Wang, L. (2012). Progression of Chinese students' creative imagination from elementary through high school. *International Journal of Science Education*, 34, 2043-2059. doi:10.1080/09500693.2012.709334

· Robinson, A. (2010). Chemistry's visual origins-Vivid imagination was key to unlocking the secrets of molecular structure in the nineteenth century. [Review of the book *Image and Reality: Kekulé, Kopp, and the Scientific Imagination*, by A. Rocke]. Nature, 465, 36.

· Schwab, K., & Porter, M. E. (2008). *The global competitiveness report 2008-2009*. Geneva, Switzerland: World Economic Forum.

· Smith, M., & Mathur, R. (2009). Childrens' imagination and fantasy: Implications for development, education, and classroom activities. *Research in the Schools*, 16, 52-63.

· Sternberg, R. J., & Williams, W. M. (1996). *How to develop student creativity*. Alexandria, VA: Association for Supervision and Curriculum Development.

· Thomas, N. J. T. (1999). Are theories of imagery theories of imagination? An active perception approach to conscious mental content. *Cognitive science*, 23, 207-245. doi:10.1016/S0364-0213(99)00004-X

· Vygotsky, S. L. (1930/2004). Imagination and creativity in childhood. *Journal of Russian and East European Psychology*, 42, 7-97.

· Wang, C. C., Ho, H. C., Wu, J. J., & Cheng, Y. Y. (2014). Development of the scientific imagination model: A concept-mapping perspective. *Thinking Skills and Creativity*, 13, 106-119. doi:10.1016/j.tsc.2014.04.001

· Wang, C. C., Ho, H. C., & Cheng, Y. Y. (2015). Building a learning progression for scientific imagination: A measurement approach. *Thinking Skills and Creativity*, 17, 1-14. doi: 10.1016/j.tsc.2015.02.001

· World Economic Forum, Task Force (2016). *The Global Competitiveness Report 2016-2017*. Retrieved from http://www3.weforum.org/docs/GCR2016-2017/05FullReport/TheGlobalCompetitivenessReport2016-2017_FINAL.pdf

· World Economic Forum, Task Force. (2017). *The Global Competitiveness Report 2017-2018*. Retrieved from http://www3.weforum.org/docs/GCR2017-2018/05FullReport/TheGlobalCompetitivenessReport2017%E2%80%932018.pdf

· Zahner, D., Nickerson, J. V., Tversky, B., Corter, J. E., & Ma, J. (2010). A fix for fixation? Re-representing and abstracting as creative processes in the design of information systems. *Artificial Intelligence for Engineering Design, Analysis and Manufacturing*, 24, 231-244.

尋找科學想像力的聖杯

何曉琪、陳映孜、劉敏如、鄭英耀

摘要

愛因斯坦曾言「想像比知識重要」，許多教育工作者致力於探究創造力與想像力的成分，而創造力與想像力跨領域的特性，交織成創意與想像的多元面貌，相關教學策略與活動設計在教育現場因應而生，一切的投入都是為了培養學習者的創新思維與未來生活的素養。研究團隊自 2009 年起在過去創造力研究的基礎上，呼應國家教育政策以想像力為主題進行相關研究，系列研究兼重理論探討與實務應用，可劃分為「探索萌芽期」、「扎根擴散期」、「展望未來期」三大時期，研究參與者包含國小與國中教師、國小學生、大學教師，研究工具包含量表、檢核表、觀察與訪談，資料分析方式兼採量化與質性方法，並以教師研習、學生營隊、工作坊等型式進行成果推廣，每一個研究的成果均是下一階段研究的起點，在近十年的耕耘之下於教育現場產生一定程度的影響力。

關鍵字：科學想像力、課程發展、教學實驗

何曉琪，靜宜大學教育研究所助理教授。
陳映孜，國立中山大學教育研究所博士候選人。
劉敏如，國立中山大學社會實踐與發展研究中心助理。
鄭英耀，國立中山大學教育研究所教授。

壹、前言

　　還記得多年前博士班創意思考與教學研究的課堂上，老師對著全班同學說「如果不從事教育工作，我就要去學以致用的賣豆漿，而且我會大賺一筆」，乍聽之下不免感到困惑，創意思考與豆漿有什麼關係，然而台上的老師自信滿滿，台下的學生問號滿天飛。老師接著說「我可以開發各式各樣的豆漿品項，除了生產新口味還製造了話題，比如說以茶類搭配豆漿，可以產生紅茶豆漿、綠茶豆漿、清茶豆漿、抹茶豆漿等品項；以水果搭配豆漿可以產生鳳梨豆漿、芒果豆漿、蘋果豆漿等品項；以配料來搭配豆漿可以產生珍珠豆漿、仙草豆漿、芋圓豆漿、蒟蒻豆漿等，是不是名符其實的豆漿大王？」豆漿大王的例子突顯了兩層意義。首先，類別的產生是一種聯想，亦是一種擴散性思考的應用；再者，豆漿大王所帶動的商業價值是可預期的。事實上，這正是 R. E. Mayer（1999）整理出創意的兩大特徵：原創性（originality）與有用性（usefulness）。

　　臺灣自 2002 年教育部頒布《創造力教育白皮書》（教育部，2002）開始，從大學至小學全面推動各級教育之創造力培育工作，包括大學的創意發想與實踐課程、高中職創造力教育推動計畫、智慧鐵人創意競賽，以及全國中小學的地方創造力教育計畫等，試圖讓創意成為全民參與的教育學習活動，成為生活的一部分，在歷經過去數年的努力，創造力教育已在臺灣各個學校生根發芽逐漸茁壯，希望透過創新的教育模式來帶給孩子原創性的思維與有助於未來生活適應的能力。創造力教育的推展帶給臺灣教學創新與開放的動能，並在歷經七年後轉而為對孩子在各學習階段中內隱思考的培養，尤其是關注點子的產生與擴散，亦即國科會科教處於 2009 年開始徵求之「想像力與科技研究／實作能力培育」整合型計畫，以及後續教育部顧問室自 2011 年至 2014 年推動執行之「未來想像與創意人才培育計畫」、科技部 2014 年至 2017 年推行之「想像力與創新思維融入工程教育計

畫」和 2016 年至 2019 年之「跨領域工程教育計畫」。從教育政策推動的脈絡而言，顯示想像力的培育與研究已成為當前國家教育政策重要的主軸，並逐漸在臺灣各地擴散與落實。

然而，究竟對教育工作者來說，何謂想像力？與創造力有何區分？對於專注於創造力、想像力的教育工作者而言，這是一個神祕、具有高度吸引力且充滿樂趣的議題，抱持不同觀點的研究者，對於創造力與想像力會有不同的詮釋角度。不論以何種角度詮釋，共識都是「推動科技進步、藝術創作以及社會發展的原動力是創造力，而創新與發明的成果則源自於豐富的『想像力』（imagination）」。愛因斯坦曾說過：「想像比知識重要」，Osborn（1953）也提出想像力為知識獲得的基本工具，唯有發揮想像力，才能在遭遇到困境時，超越現有知識，跳出經驗的框架，產生新觀念進而解決問題。Vygotsky（2004）則主張所有的人類都具有想像力，想像力是所有創意活動的基礎，也是認知和情感運作的結果，這樣的運作能催化所有創意的活動，同時也是人文和科學生活進展的一種必要的動態（Lindqvist, 2003; Vygotsky, 1930/2004）。細數過去的許多探討想像力的相關研究，聯想力、敏銳觀察力、好奇心、求知慾、開放態度、勇於冒險、多元經驗、興趣廣泛等個人特質，被認為是影響個體想像力發展的因素（Osborn, 1953; Sternberg & Williams, 1996; Wood & Endres, 2004; Zabriskie, 2004; Zarnowski, 2009）。D. H. Pink 也指出未來的社會需要各種不同能力的人才，以應付瞬息萬變的世界及層出不窮的問題（查修傑譯，2006）。因此，培育未來人才之首要目標即是培養他們關心現在、想像未來的能力。

研究團隊帶著這樣的初衷，自 2009 年開始參與科技部「想像力與科技研究 / 實作能力培育」整合型計畫，並執行科學發明想像力相關研究計畫（如表 1）。在近十年的耕耘與投入下，研究團隊針對想像力的定義、歷程、理論模式等已有成果，並且開發了適用於教學現場的教學模組、檢核工具、評量等，近年更積極的推廣到不同的教育

階段，也試圖結合與網路學習平台進一步探究想像力，將系列的研究成果推廣擴散。

表 1 歷年執行之科學發明想像力相關研究計畫

計畫名稱	執行期間	研究參與人員
網路學習平台提升學生二十一世紀科學學習關鍵能力之研究：以國小科學專題式學習為例	2016~2019	鄭英耀、林煥祥、邱文彬、何曉琪、陳映孜
多維度媒體跨領域工程人才培育計畫	2016~2019	鄭英耀、王朝欽、邱日清、程啟正、何曉琪、邱文彬、曾景濱、李思嫻、林鴻君、李怡賡、于欽平、王郁仁、陳威翔、黃婉甄、曾凡碩、謝東佑、陳薇汝、蘇怡錚
工程技術導論與專題實務創新課程模組	2014~2017	王朝欽、邱日清、程啟正、張弘文、陳康興、溫朝凱、鄭英耀、樓基中、林淵淙、于欽平、王郁仁、陳薇汝、何曉琪、陳培娟
科學想像力模式對原住民學童科學學習之效果	2013~2016	鄭英耀、林煥祥、陳映孜、王佳琪、何曉琪
科學想像力學習進程之研究：課程、教學與評量的連結	2011~2014	鄭英耀、林煥祥、何曉琪、王佳琪
未來教學的想像——科學想像力之模式驗證：課程發展與教學實驗	2011~2013	鄭英耀、林煥祥、何曉琪、王佳琪、王雅雪
未來教學的想像——（子計畫二）科學發明的想像力	2009~2011	鄭英耀、莊雪華、何曉琪、王佳琪、王雅雪

基於此，研究團隊希望藉由本篇文章分享近十年在想像力領域的成果，以及對教育現場的觀察，並為未來教學、研究的趨向進行想像。相關研究成果大致可分成三階段：探索萌芽期、扎根擴散期、展

望未來期，分別詳述如下。

貳、探索萌芽期

自 2009 年開始，研究團隊為呼應教育政策的推展以及教育潮流的轉變，開始進行一連串與科學相關的想像力研究，包含 2009 年至 2011 年之「科學發明的想像力（NSC 98-2511-S-110-008-MY2）」以及 2011 年至 2013 年之「未來教學的想像——科學想像力之模式驗證：課程發展與教學實驗（NSC 100-2511-S-110-007-MY2）」。除了蒐集與記錄教師指導學生科學發明之歷程，同時也試圖釐清科學想像力的定義、運作歷程，以及影響因素等，並進一步驗證科學想像力歷程模式，據以發展能有效運用於教學現場之課程與教材。

首先，建立一個臺灣教育現場的理論觀點探討想像力是研究團隊最關注的焦點，在 2009 至 2011 年的「科學發明的想像力」中以質性研究方法進行探究。這項研究主要以高雄市 5 名國小發明展績優教師（3 男 2 女）與其指導之四組學生為對象，藉由訪談、現場錄影觀察等，有系統地蒐集、記錄和分析其指導學生科學發明的歷程，試著以質性方法歸納影響科學想像力之內在特質與外在環境因素，釐清科學想像力的定義、運作歷程以及作用機制等；同時也建構科學想像力的量化指標，並發展適當的科學想像力教學策略檢核工具，供教育場域實際使用。研究資料分析結果可由個人的人格特質（Personality）、發展歷程（Progression）、心智想像（Picture in mind）以及周遭環境（Surrounding）等四個成分，建構出科學想像力的 3PS 理論模式，由此進一步解釋影響科學想像力的要素並描述其運作機制（鄭英耀、莊雪華，2010, 2011；Wang, Ho, Wu, & Cheng, 2014）。其中，個人特質指的是何種人格特質有助於科學想像力的產生；發展歷程代表科學想像力的運作是一種階段性的發展，即三個階段與四個能力，三階段分別為發想階段（initiation stage）、動態修正階段（dynamic adjustment stage）與虛擬實作階段（virtual implementation stage），每個階段包含不同的能力，分別是漫想力（brainstorming）、聯想力（association）、奇想力（transformation, elaboration）以及妙想力（conceptualization, organization, formation）（如圖 1）。這三個階段以循環的方式，透過分離、重組等方式，持續地依解決問題的需求，不斷地產生相應的點子（Ho, Wang, & Cheng, 2013；鄭英耀、莊雪華，2010, 2011；Wang, Ho, Wu, & Cheng, 2014）。心智想像亦即心像在科學發明歷程中的作用；而周遭環境則是指有助於想像力發展的周遭環境。在教師想像力教學檢核表的部分，透過專家會議討論的方式，以概念圖的方式釐清與檢驗科學想像力發展各階段之概念，更發展出用以檢核教師科學想像力教學檢核表之架構，以作為未來延續研究計畫之依據與日後教學實務的參考。

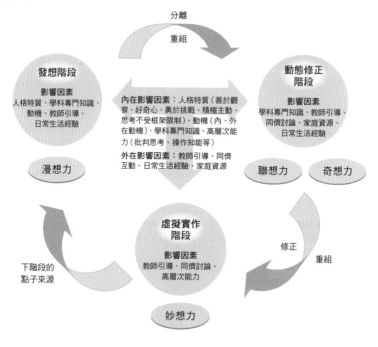

圖 1 科學想像力發展歷程圖（鄭英耀、莊雪華，2011）

事實上，各階段與能力的命名，不啻也是研究團隊想像力發揮的結果。當時在整理與分析眾多的質性資料，隱約之間覺察到想像力的歷程似乎呈現了階段性與主要的特徵，再佐以課室觀察與師生訪談的資料下，研究團隊提出了三階段、四能力的原型。後續則透過多次與現場實務教師的焦點團體會議，科學想像力歷程模式因應而生，成為團隊在研究上的理論基礎。

　　為了進一步提供想像力相關因素的探討以及如何具體落實在教學現場，研究團隊自 2011 年至 2013 年間開啟了第二階段研究「科學想像力之模式驗證：課程發展與教學實驗」。這是延續「科學發明的想像力」所進行之研究，主要在驗證先前提出的科學想像力模式（含運作歷程、影響因素、教師教學檢核表、相關評量工具等），並發展能有效使用於教育現場的相關課程與教材。除了建構科學想像力的評量指標、修編教師科學想像力量表、發展將科學想像力融入國小自然與生活科技領域的課程教材，同時也探討教師專業背景（自然科／非自然科）、指導科展經驗（獲獎／未獲獎）、教學經驗（專家／生手）在科學想像力上所展現的差異，並以實徵資料驗證教師人格特質、專業知識、教學經驗等對科學想像力之影響。結果發現自然科教師與非自然科教師在教師科學想像力得分並未有差異，而指導科展得獎的教師在科學想像力得分顯著高於未得獎的教師，生手與專家教師在科學想像力得分則並未有差異。從這項研究中可以發現，教師的專業背景、教學經驗在教師科學想像力上並沒有顯著的差異，反而是得獎的成功經驗，成為影響教師科學想像力上得分差異的主要原因。此外，得獎教師的人格特質和心智想像的能力顯著高於未得獎的教師，但周遭環境的分數卻沒有顯著差異，可見教師本身的專業背景及教學經驗，或許不是造成教師科學想像力差異的主要原因。反之，教師本身的人格特質才是主要影響教師科學想像力高低的原因，這項發現也呼應了過去探討科展績優教師創意思考的研究，即科學競賽績優教師擁有許多有利於創造之個人特質和能力，例如興趣廣泛、勇於冒險嘗試、積

極、對新奇的事物充滿興趣、喜歡從另一個角度思考問題等（鄭英耀、王文中，2002）。從心像能力上來說，在腦中組合不同物體的能力即是心智想像能力（Wang, Ho, Wu, & Cheng, 2014）；當學生進行科學發明時，這樣的能力在想像力運作的歷程扮演重要的角色，換言之，若指導教師沒有心智想像的能力，無法將不同物體的功能做聯想，也就較難適時地引導學生進行發想。最後，建立一個鼓勵想像、創新以及正向的環境，固然是產生想像力、創造力的條件，但如同本研究得出的結果，獲獎教師與未獲獎教師的周遭環境分數並無顯著差異，就像 Sternberg 與 Lubart（1996）認為的，鼓勵和重視創新的環境有助於想像力、創造力的展現，然而即便在良好的支持環境下，創造力也不一定能發揮到最佳狀態。換言之，影響想像力、創造力的因素，可能是一種複合式組成因素，而非單一因子，更可能是一種動態式的互動作用的結果，這也是未來研究上可再深入探討的影響因素。

在教案設計與教學反思上，由教師教學省思札記可知，從事創意發明的教學活動時，時間的安排運用是較難掌控的因素，有時會因學生太過熱烈地討論並提出優異的想法，使得課程進度時間被拖延；有時也會因為學生參與討論的興致低落，導致教師像是在唱獨角戲。因此，建議教師在教學準備時應多著重於學習動機的激發，如：蒐集一些獨特的、有趣的新發明，引導學生進行概念的類化與討論。此外，在師生討論的過程中，由於學生的回答是多樣化的，無法事先預知，因此，能否有效地在討論中達成預期的教學目標，也是教師在教學前須多加考量的，同時在教學過程中也應多運用一些技巧引導學生加入討論。在這過程中，有時學生會發想出很無厘頭的點子，此時教師不應立即否定學生的想法，可透過修正、補充學生的說法，使學生願意表達出自己的想法。整個過程中的師生互動，對教師而言是高難度的教學歷程，除了要能包容各種想法，也需有效批判分析學生發表的內容，引導其有效學習且達成預定目標。而在最後的實作階段中，學生很有可能因為事前材料的準備不足，導致遲遲無法開始動手設計與操

作，因此，教師除了需事先提醒學生準備材料、提早將學生帶至教室外，也應該預先準備一些可用的物件材料備用，盡可能避免出現無事可做的情形；另外，實作中所需的工具（如美工刀、剪刀、切割墊、鐵尺等）及美工材料（如彩色鉛筆、油性筆、美工紙等）等也都應該事先準備妥當，避免因材料問題而耽誤進度。整體而言，創意發明是一項具挑戰性但存在一些不易掌控因素的教學活動，故而指導教師應先充實一些相關知識與經驗，抱持開放的心胸，接納不同想法，並適時提供學生較具體且有建設性的建議，這樣也較能啟發學生在創意發明的學習之路。學生創意發想相關資料參見下圖（鄭英耀、林煥祥，2013）。

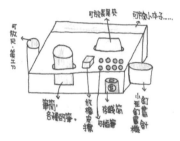
學生創意文具盒設計圖繪製（1）

學生創意文具盒設計圖繪製（2）

參、扎根擴散期

在前述兩個計畫中，研究團隊在一系列的訪談與觀察中，歸納建構出科學想像力的 3PS 理論模式，那麼，這樣的一套理論模式，是否能夠應用於其他學習階段？科學想像力又要怎樣評估？可以教嗎？又該怎麼教呢？諸如此類的問題開始一一浮現；因此，在這個時期的研究主要涵蓋四項科技部研究計畫以探討上述問題，分別是 2011 年至 2014 年之「科學想像力學習進程之研究：課程、教學與評量的連結」、2013 年至 2016 年之「科學想像力模式對原住民學童科學學習之效果」，以及 2014 年至 2017 年推行之「工程技術導論與專題實務

創新課程模組」和 2016 年至 2019 年之「多維度媒體跨領域工程人才培育計畫」。此時期的研究計畫皆以科學想像力歷程模式為主軸，進行不同族群（如原住民）、不同學習階段（如國小、大學）之實驗課程教學、評量等，試圖驗證該歷程模式之通用性；同時也積極辦理教師工作坊以及學生營隊，進行模式之教學推廣與應用，藉以提升教師與學生之創造力、想像力、問題解決能力以及跨領域整合協調能力。

2011 年至 2014 年的「科學想像力學習進程之研究：課程、教學與評量的連結（MOST 100-2511-S-110-002-MY3）」除了探究科學想像力的發展機制，並試著以學習進程（learning progressions）的觀點，開發相關的評量工具、課程與教材，進一步將想像力教育落實於教學現場，藉著多次的課室觀察（包含國小發明展與科展教學）、訪談和專家討論會議，發展出科學想像力歷程模式，從而瞭解到科學方面的想像力應是偏重於有目的的想像，是一種運用科學原理原則，結合日常生活經驗而產生新穎點子的心智活動。同時，研究團隊也依照漫想、聯想、奇想與妙想四個能力編製出四組情境式試題。最後以 BEAR 評量系統架構，發展科學想像力之學習進程，進而發現到每一個階段雖有主要運作的能力，但不同的能力在每一個階段都會有程度上的變化，形成一種循環的歷程，而這種情形也符合 Wilson（2009）所提出的教育現場中有許多概念是具有循環架構的。而這一套科學想像力歷程模式，也持續作為後續各項計畫的實驗教學主軸並運用之。

學生將發想結果做成紀錄

教師介紹過去／現在／未來的科學發明想像

除了模式建構與發展，團隊也進行教師研習工作坊辦理、學生科學想像力營隊暨創意發明工作坊以推廣該模式，活動成果皆頗受好評。相關紀錄參見上頁圖（鄭英耀、林煥祥，2014）：（1）科學想像力實作研習工作坊（1.5 日，共 33 位國小教師參與）、（2）學生科學想像力暨創意發明工作坊（共 3 日，107 位學生參與）。

　　當想像力理論模式、相關評量工具與課程模組產生效果後，研究團隊逐步進行跨樣本的驗證，對象包含原住民學童與大學生。2013年至 2016 年「科學想像力模式對原住民學童科學學習之效果（計畫編號 NSC 102-2511-S-110-002-MY3）」，此計畫主要是將科學想像力歷程模式，拓展至原鄉地區學校，試著瞭解原住民學生的學習特性與狀況，發展能夠激發原住民科學想像力的教學方法，尤其原住民日常生活中的打獵、石板造屋、盪鞦韆、石板烤肉等活動皆蘊含了科學原理的應用，因此，研究團隊與合作教師也試圖編製融入原住民文化背景之科學想像力課程與教材，並進行實驗教學以檢驗成效，試著由課程發展、教學策略研發、種子教師培育與推廣等面向，提出有助於原住民學生科學學習之研究成果，進一步觀察跨族群之科學學習成效，也期望原住民學生能在科學學習的過程中，獲得正向的學習經驗，進而提高對族群的自我認同，除了能保有原民傳統的文化特色外，亦能對未來學習產生創新的思維。基於此，研究團隊以高雄市國小的原住民教師與原住民學生為對象，發展科學想像力相關課程以及族群認同量表、科學自我效能量表改編，並進行實驗教學、教學成效評估和教材修正。其中，與原住民教師合作的課程中，配合國小四年級自然科領域「水的移動」主題，設計了一項「濾水器製作」的實作活動，結合外出打獵時對乾淨水源的需求，運用簡易或隨處可得的材料，如寶特瓶、麥飯石、菜瓜布、砂粒等，請學生討論並製作出過濾效果最好的濾水器。該活動在戶外教室中進行，場域開放、自由且貼近自然，學生也能夠盡情討論並逐一測試濾水效果。課程結束後，教師也表示學生對該活動非常投入、玩得很開心，並希望授課老師能夠設計更多

類似的課程。另外，研究團隊也針對參與實驗教學之學生，進行兩次的追蹤測驗，藉由實驗教學成效之回饋，進行課程調整，並透過教師研習工作坊的辦理，將科學想像力課程教材及教學策略推廣至教學現場。最後，於原鄉地區舉辦科學想像力創意發明營隊活動，將一般地區的學生與原住民學生隨機分組進行課程教學，除了體驗不同風俗文化，同時也以太陽能為主題，設計一系列的活動，讓學生從中培養互助合作與創意發明的思考能力，進而激發其主動參與科學學習和發明競賽的意願與成效。參與營隊之學生也在回饋單中提及，在兩天的課程活動中獲得滿滿的科學知識，且小組討論與發表的過程中，也認識了新的朋友，並接觸到不同的校園風格和生活方式，是一次很新鮮有趣的體驗。活動紀錄參見下圖（鄭英耀、林煥祥，2016）。

學生進行太陽能電力測試　　　　　　　　學生進行創意太陽能車競賽

　　此外，研究團隊積極與大學工學院系所進行合作。2014年至2017年的「工程技術導論與專題實務創新課程模組（計畫編號MOST 103-2511-S-110-010-MY3）」，此為進行跨樣本驗證的第二個探索。邁入本計畫之前，研究團隊皆是與國小教師和學生合作進行模式建構與實驗教學，然而科學想像力歷程模式是否有可能應用在不同學習階段呢？在人才培育的宗旨下，本團隊試圖兼顧產業發展並提升工程系所學生適應創新未來能力，因而與國立中山大學工學院合作，開設六門實驗教學課程，課程皆融入Ho等人（2013）提出之科學想像

力歷程模式，並運用多元化的資料追蹤學生之學習成效。參與實驗教學教師共 6 名，背景分別為電機、機電、光電、通訊、環工等領域；課程中以「教師自我檢核表」及「師生互動觀察檢核表」對教學行為及策略進行檢視，並於課程結束後進行訪談以深入瞭解教師之教學歷程、感想與建議。學生的部分，在三年計畫執行期間內累計共有 600 名大學生和碩、博士生參與，同時於課程前、後分別進行新編創造思考測驗（含語文創造思考測驗、圖形創造思考測驗）（吳靜吉、郭俊賢、林偉文、劉士豪、陳玉樺，1998），並以自編之「學習回饋單」施測以瞭解學生對課程之想法及建議。回顧三年所開設之課程，並逐一分析研究結果，發現多數課程將科學想像力歷程融入教學後，學生的創造力確實較教學前更好（例：語文創造思考測驗中，獨創力皆達到顯著差異）。惟參與的課程不同（例如有些課程內容較偏向理論教學），故學生在創造能力上有不同面向與程度上的提升。而授課教師也認為，採用實驗課程的教學方式，需要較以往投入更多的時間與精力在課前準備與教學上，但學生展現出的學習成效與創造能力確實是令人驚豔的。

此外，本計畫每年皆會辦理課程檢討工作坊，邀請創造力相關之領域專家進行演講與分享，希冀能藉此激發與會教師的想法，提升其創造力教學知能，並針對當年度的教學進行更深入的討論與反思，進而提出改善建議。另外，授課教師亦將課程內容編寫成完整的教案，上傳至計畫網站提供合作夥伴參閱，期望這些活動有助於提升參與師生的創造力（王朝欽等人，2017）。

藉著想像力與創新思維融入工程教育計畫的研究成果，研究團隊因應目前資訊科技的發展提出「多維度媒體跨領域工程人才培育計畫（MOST 105-2511-S-110-007-MY3T；2016-2019）」延續進行更深入的研究探討，目前已進行至第二年尾聲，正在籌備「2018 跨領域工程專題競賽與成果展」，並將於 11 月中旬完成決賽。此外，本計畫亦結合工學院、社會科學院、文學院及產業界（智崴資訊科技公司）之

資源，同樣以科學想像力歷程模式為基礎，透過競賽、實驗教學、教師工作坊、科學想像力前、後測、課室觀察與訪談等計畫相關活動的執行，提升工程相關系所教師／學生的創造力，力圖培養具備多維度媒體素養以及跨領域合作能力的人才。目前參與實驗教學之對象包含本校工學院專任教師 7 名、文學院音樂系之專任教師 1 名及其合作教師 2 名，共計 10 位教師以及修課學生約 277 人。目前所有課程皆依序完成實驗教學前測，後續將進行課室觀察、後測、教學訪談等。研究工具包含「新編創造思考測驗」（吳靜吉等人，1998）、自編之「學習回饋單」、教學與課室觀察檢核表及訪談大綱。另外，計畫執行至今共辦理教師工作坊 9 場（含已辦理與即將辦理），講者橫跨資訊業、金融業、旅館業、文化創意等不同領域，並鼓勵學生及助理共同參與，希望能藉由業界創新經驗之分享與交流，激發與會者的創新思維，進而對創業環境、產業資訊等有更深入的瞭解，提升跨領域創新能力與自我成長。相關活動紀錄參見下圖（鄭英耀等人，2018）。

學生運用光電阻製作發聲音箱

肆、展望未來期

有鑑於過去計畫執行實驗教學時，學生雖能展現出極佳的創意發

明成果，然而在其討論過程中，是否有哪些好點子在不經意中被丟棄？或是因技術問題無法完成轉而改變發想的方向？研究團隊雖有進行課室觀察，但關注重點放在教師如何引導學生進行發想、如何進行課程教學與活動設計以及師生互動等等，較少注意到學生討論過程中微小的細節，因此，近期研究將主題訂為「網路學習平台提升學生二十一世紀科學學習關鍵能力之研究：以國小科學專題式學習為例」，主要在運用芬蘭科技平台 EdVisto（https://edvisto.com/）進行課程學習記錄，並結合問題導向學習、科學專題學習等，藉由將想像力轉化為具體創造力以達成問題解決的過程來培養學生想像力、創造力、問題解決能力、自我導向學習以及合作學習等關鍵能力。研究期程自 2016 年 8 月至 2019 年 7 月，主要對象為高雄市國小學生與教師，除了將科學想像力歷程模式、專題式學習等融入課程進行實驗教學，同時也預定辦理兩場教師工作坊與學生營隊，透過分享與活動辦理，讓更多教師與學生能夠參與其中。此外，科技平台 EdVisto 融入課程也能讓使用者和全世界產生更多的合作和溝通，連結全球各地的教師與學生共同分享教學的點子，透過數位學習環境以及溝通科技，使學生和教師可在平台上交換想法、記錄學習過程，並主動創造內容。本團隊亦仔細翻譯製作中文版使用手冊，並自行錄製操作影片上傳至 YouTube（http://t.cn/R3xGmfK），提供參與教師多元管道以熟悉平台使用方法。從 EdVisto 平台的教學活動中可發現，學生在小組討論時會試著進行分工，如資料說明、設計圖解、編排影像設計與背景配樂等，同時也會互相提醒需補充的內容或調整的部分，體現合作學習的意義。而在創新發明的課程活動中，學生也比較願意主動進行一些點子或想法的發想、討論與發表，並虛心接受他人的提問與建議，進一步完善自己的創意點子。相關紀錄參見下頁圖（鄭英耀、林煥祥、邱文彬，2018）。

向教師示範 EdVisto 平台操作　　　　　　　學生討論 EdVisto 剪輯大綱

學生剪輯成果

　　回顧過去近十年的研究歷程，研究團隊釐清了科學想像力的定義、運作歷程，也建構出科學想像力的量化指標，發展了合適的科學想像力教學策略檢核工具。這一路走來，尤其是將科學想像力歷程模式推廣至許多學校與課程，並試著將之應用於不同的學習階段，未來也期望能夠進行更多跨領域的實驗教學，在不同的學科領域中，驗證該模式的跨領域適用性。展望未來應有一個重點放在「想像」想像力歷程模式可以演化或發展，以及釐清文化差異性在想像力歷程及產出的不同，發揮在臺灣或華人社會之人才培育的價值。許多參與過計畫的現場教師們，也並未在計畫結束後即停止這樣的教學模式，反而進一步做更多的嘗試，企圖影響更多的教師和學生；如同教育家 J. A. Comenius 的話：「假我數年從事教育活動，我將要改造世界」，研究團隊也期待科學想像力歷程模式的運用，能持續在教育現場播種開

花，讓未來的孩子們都有機會獲得滿滿的創造力與想像力，並讓這樣的能力成為改變世界的能量。

參考文獻

· 王朝欽、邱日清、程啟正、張弘文、陳康興、溫朝凱、鄭英耀（2017）。想像力與創新思維融入工程教育計畫（子計畫六──工程技術導論與專題實務創新課程模組）。科技部研究計畫期末報告（MOST 103-2511-S-110-010-MY3）。高雄：國立中山大學教育研究所。

· 吳靜吉、郭俊賢、林偉文、劉士豪、陳玉樺（1998）。新編創造思考測驗研究。教育部輔導工作六年計畫研究報告。臺北：教育部。

· 查修傑（譯）（2006）。未來在等待的人才（*A Whole New Mind Moving from the Information Age to the Conceptual Age*）（原作者：D. H. Pink）。臺北：大塊文化。

· 教育部（2002）。創造力教育白皮書。臺北：教育部。

· 鄭英耀、王文中（2002）。影響科學競賽績優教師創意行為之因素。應用心理研究，15，163-189。

· 鄭英耀、王朝欽、邱日清、程啟正、何曉琪、邱文彬、曾景濱（2018）。多維度媒體跨領域工程人才培育計畫（總計畫暨子計畫四）（2/3）。科技部研究計畫期中報告（MOST 105-2511-S-110-007-MY3T）。高雄：國立中山大學教育研究所。

· 鄭英耀、林煥祥（2013）。未來教學的想像──科學想像力之模式驗證：課程發展與教學實驗。行政院國家科學委員會研究計畫期末報告（NSC 100-2511-S-110-007-MY2）。高雄：國立中山大學教育研究所。

· 鄭英耀、林煥祥（2014）。科學想像力學習進程之研究：課程、教學與評量的連結。科技部研究計畫期末報告（MOST 100-2511-S-110-002-MY3）。高雄：國立中山大學教育研究所。

· 鄭英耀、林煥祥（2016）。科學想像力模式對原住民學童科學學習之效果。科技部研究計畫期末報告（NSC 102-2511-S-110-002-MY3）。高雄：國立中山大學教育研究所。

· 鄭英耀、林煥祥、邱文彬（2018）。網路學習平台提升學生二十一世紀科學學習關鍵能力之研究：以國小科學專題式學習為例（2/3）。科技部研究計畫期中報告（MOST 105-2511-S-110-005-MY3）。高雄：國立中山大學教育研究所。

· 鄭英耀、莊雪華（2010）。未來教學的想像──（子計畫二）科學發明的想像力（1/2）。行政院國家科學委員會研究計畫期中進度報告（NSC 98-2511-S-110-008-MY2）。高雄：國立中山大學教育研究所。

· 鄭英耀、莊雪華（2011）。未來教學的想像──（子計畫二）科學發明的想像力（2/2）。行政院國家科學委員會研究計畫期末報告（NSC 98-2511-S-110-008-MY2）。高雄：國立中山大學教育研究所。

· Ho, H. C., Wang, C. C., & Cheng, Y. Y. (2013). Analysis of the Scientific Imagination Process, *Thinking Skills and Creativity*, 10, pp. 68-78.

· Lindqvist, G. (2003). Vygotsky's theory of creativity. *Creativity Research Journal*, 15, 245-251.

· Mayer, R.E. (1999). Fifty years of creativity research. In R. J. Sternberg (1999). *Handbook of Creativity* (p. 450). New York: Cambridge University Press.

· Osborn, A. (1953). *Applied imagination*. New York: Charles Scribner's Sons.

· Sternberg, R. J., & Lubart, T. I. (1996). Investing in creativity. *American Psychologist*, 51 (7), 677-688.

· Sternberg, R. J., & Williams, W. M. (1996). *How to develop student creativity*. Alexandria, VA: Association for Supervision and Curriculum Development.

· Vygotsky, S. L. (1930/2004). Imagination and creativity in childhood. *Journal of Russian and East European Psychology*, 42, 7-97.

· Wang, C. C., Ho, H. C., Wu, J. J., & Cheng, Y. Y. (2014). Development of the scientific imagination model: A concept-mapping perspective. *Thinking Skills and Creativity*, 13, 106-119.

· Wilson, M. (2009). Measuring progressions: Assessment structures underlying a learning progression. *Journal of Research in Science Teaching*, 46, 716-730.

· Wood, K. D., & Endres, C. (2004). Motivating student interest with the imagine, elaborate, predict, and confirm (IEPC) strategy. *The Reading Teacher*, 58, 346-357.

· Zabriskie, B. (2004). Imagination as laboratory. *Journal of Analytical Psychology*, 49, 235-242.

· Zarnowski, M. (2009). The thought experiment: An imaginative way into civic literacy. *Social Studies*, 10 (2), 55-62.

創造力的複合觀點：以教育創新為例

林偉文

摘要

有機體透過「分殊」與「統整」兩個相對卻相互輔助的複合力量，不斷生長與發展；在創造的歷程與影響因素中，亦存在著這樣的複合性；本文以教育創新為案例，探討從個人、環境、團隊／組織乃至於社會文化中的複合現象及其與教育創新的關係，透過創造力的複合系統，解析教育創新的發生與推動。

關鍵字：創造力（creativity）、**複合性**（complexity）、**教育創新**（educational innovation）

林偉文，國立臺北教育大學教育系暨教育創新與評鑑碩士班教授兼系主任。

壹、前言

Csikszentmihalyi（1993）以「複合」（complexity）的動態系統，詮釋「自我」的演化與「心流經驗」的產生。所謂的複合性，指涉了一種秩序，其為所有系統狀態的基礎，而這種秩序具有兩種互補卻又相對的特質，此兩種特質分別是「分殊／分化」（differentiation）與「統整」（integration）特質。Csikszentmihalyi（1996）認為此一包含著「分殊」與「統整」的歷程，能夠對所有生物成長發育的歷史加以解釋：從最簡單的阿米巴原蟲，到最複雜的人類，甚至到社會系統。基本上，所有複合性的系統（生物的、認知的、家庭的或社會的），都同時尋求分殊與統整特質，而在一個運作良好的複合系統中，這樣分殊與統整的運作歷程，同時也能促進系統本身持續性健全的成長與創造。Csikszentmihalyi（1993）認為，對我們人類來說，辨識出生活中的複合性是一種挑戰，它能訓練我們在演化時，應該如何去分辨各式各樣的機會，並從中作出選擇，才能得到最好的發展。

一如有機體的發展過程，透過不斷的分化，使得有機體的各器官功能更具特殊性，而這些不斷分化的部分，亦必須相互協調統整，使得能夠發揮協助有機體生存的功能；如果僅有分化，沒有統整，那麼有機體將無法協調一致地運用其本身各部分單獨的功能，以適應生存環境的各種挑戰；但如果僅有統整，而沒有分化，則無法使得有機體器官發展更精密的特殊性與功能，因此分化與統整交互作用的過程，使得有機體不斷成長，並且發揮適應生活挑戰的能力，推動創造的發生。人類社會組織亦存在著這樣的複合系統，人類社會組織隨著文明的不斷演進，組織中的各部門持續地因應環境的要求，精緻化或發展其功能，使得整體社會組織邁向「分工專業化」，但如果各個專業分工的部門，無法有效相互協調或統整，那麼將使得此一社會組織無法發揮整體的作用，進而分裂，無法成為一個生存的整體。

若以複合性觀念來看創造的發生，無論是個人，所處的社會系統

及其所在的環境脈絡，似乎都存在著複合的系統特性；個體創造力的研究指出，創造是擴散思考（divergent thinking）與聚斂思考（convergent thinking）的交互運用（Guilford, 1950; Torrance, 1962; Isaksen, 1983）Finke、Ward 和 Smith（1992）提出「生產探索模式」（geneplore model）來解釋創造的發生，「生產」（generate）代表個體透過發想，產生前發明結構（pre-inventive structure），接著透過「探索」（exploration）的歷程，創造者根據問題條件檢驗所產出的前發明結構是否能夠有效解決問題；Csikszentmihalyi（1988, 1996）的研究也發現創造性人物在創造歷程中，會有一種「心流經驗」（flow experience），是一種全神貫注、渾然忘我的高峰經驗，產生心流經驗的重要條件，是「挑戰」（challenge）與「技能」（skill）的平衡，如果技能超過挑戰，則個體感到無聊，如果挑戰高於技能，則個體感到焦慮；從上述種種創造相關研究結果發現，在個體的創造歷程中，存在著有趣的複合現象，亦即個體成長與創造，是兩種對立卻有互補特質交互作用的結果。

在影響創造的社會系統中，亦存在所謂的複合現象，Rathunde（1988, 1989）曾調查個人對於家庭處境的主觀知覺，發現家庭的「複合性」對孩子創造力與心流經驗具有正向的影響。在家庭系統中，「分殊特質」容許個別差異的存在，鼓勵個人追求不同的發展與興趣；統整特質則是其家庭提供情緒上的支持，或是發展出清楚的規則，以盡可能避免混亂的狀態。故複合性能藉著統整與分殊交互作用的歷程，促使個體經歷到「最適經驗」（optimal experience）以及全神貫注、樂在其中的心流經驗，同時，個體在此時也具有最佳的創造性；Amabile（1997）以成分理論（componential theory）探究組織對個體創新所產生的影響時，也發現影響組織創新的因素中，亦同時並存著統整與分殊的複合現象，其中「組織的鼓勵」、「共同目標」、「團隊支持」都是支持組織中團隊或個人創新的重要因素，同時，提供「自由」與接受不同想法，亦是組織創新的重要影響因素；追求「相同」的組織鼓勵、共同目標、團隊支持，看似與鼓勵個別差異的自由

「相互」矛盾，但從複合性的觀點來看，此兩股力量的交互作用，正是激發創新的重要因素。因此，無論從社會系統或是個體來看，複合性在創造歷程中具有重要的意涵。

近年來，面對時代的改變與需求，為了更有效達成教育目標，「教育創新」（innovation in education/educational innovation）日漸受到重視；聯合國兒童基金會（UNICEF, 2017）認為，教育創新不一定指的是新科技，教育創新可以展現在歷程、服務、計畫與夥伴關係中的新穎教育行動，「教育創新」必須包含：1. 改善學習、公平（equity）與系統（system）；2. 以簡明的方式解決真實問題（導源於真實需求）；3. 達到問題解決所預期的標準。經濟與合作發展組織（OECD）定義「教育創新」為「教育組織」導入：1. 新產品或服務，例如新的教學大綱、教科書、教育資源；2. 以新的歷程或方法提供服務，例如運用資訊科技；3. 以新的方式組織活動，例如運用資訊科技和家長、學生溝通；4. 新的行銷技巧，例如研究所課程的差異化收費等，以更多的方式改善教育。這些關於教育創新的定義，與創造力追求「新穎」（novelty）與「價值」（value）的標準一致，教育創新即在以新穎的方式提供更佳的教育服務，達成教育目的，亦為創造力的實踐。國內目前有許多個人、團體、組織或學校投入教育創新的推動，例如親子天下（2017）針對國內的教育創新，評選出「教育創新 100」，遠見雜誌（2017）亦評選出「未來教育、臺灣 100」，溫世仁基金會（2017）則評選出臺灣的「教育創新學人獎」，可見社會對教育創新的重視逐漸升溫。

教育創新存在許多不同的樣貌，如果從創新的主體來看，創新的主體可能是個人、團隊／社群或是組織；從創新的實踐場域來說，教育創新可能實踐於教室、學校、組織、教育系統或社會；從創新的形式來看，教育創新可能發生在正式教育或非正式教育；且在教育創新的創造與發生歷程中，亦存在著複合性的現象，透過複合性觀點，幫助我們更深入理解教育創新的發生，並有助於教育創新的推動。

貳、創造力的複合系統

一陰一陽之謂道。

——《易·繫辭傳》

複合性的概念最先是起自於對生命有機體的描述，透過有機體內部不斷分化的器官，相互協調整合，能發揮許多需要共同運作的功能；其中，不斷分化的器官，即是系統中「分殊」的歷程，而相互協調整合，即是系統中「統整」的歷程，所謂的複合性，即是在一個系統的運作中，不是只有分殊歷程或統整歷程的單一作用，而是「分殊」與「統整」兩個歷程的動態適應，透過兩個歷程的交互作用，使得有機體能夠不斷成長、發展以適應其生活挑戰；複合性的概念雖起源自於生物領域上的特質，其也能夠運用在許多其他的領域中，它強調個體在不同脈絡下的向度是多元的，實為一種能同時引導穩定與成長的狀態。

從人類心理與社會現象的探究來說，複合性是一種重要的組織概念，它能藉著本身同時整合兩股互補卻又相對力量的特性，來幫助解決許多會導致教育與人格心理學混亂的誤解。目前有許多心理學家與教育學者，傾向於將許多概念分開解釋：「追求成就的需求」相對於「單純的好奇心」、「聚焦注意力」相對於「對新奇事物的開放性」、「外在動機」相對於「內在動機」等，學者們往往在各個議題上各據一端並互相駁斥，但這些相對的概念卻往往能在許多事物或個體上完美呈現。而在教育領域上，目前研究似乎也都偏向某個極端（black-and-white approach），Rathunde 與 Csikszentmihalyi（2006）認為要發展孩子的天賦，分殊或統整會是最有效能的特質，偏執一端的做法，往往會錯失另一個相對層面所帶來的重要幫助，更無法促進主觀經驗到的心流狀態。在創造力的動機研究中，亦表現出這樣複合的趨勢，過去探討動機與創造力的關係時，大多學者認同內在動機有助於創造力，

外在動機會扼殺創造力，然而，Amabile（1996, 1997）的研究發現，內在和外在動機，都可能增進創造力的表現，因而提出了「綜效」（synergy）的概念，她與其研究夥伴發現，有些外在動機可以與內在動機產生對創造力的綜效，因此推翻了過去認為僅有內在動機對創造力有益，而外在動機可能扼殺創造力的說法。因此，在探討人類及其生活環境的歷程，採取「複合」的觀點，有其重要的意義。

　　能增進個體正向經驗品質的外在與內在方法並不是相對的，學習常只會發生於兩種極端的交流處，一個足以讓孩子感到安全，進而感受到快樂與精力；一個足以讓孩子感到挑戰，進而了解目標導向的重要性，這兩種特質若能同時存在，則較能增加孩子發展其天賦的機會（Csikszentmihalyi, Rathunde, & Whalen, 1993）。此即為複合性中合成的概念，在秩序與混亂中尋求特別的平衡，並不偏執於任何一端，而是兼容並蓄的納入不同特質，達到一加一大於二的成效。由此可知，複合性的確是提供了一種紀律，幫助人們從容地克服生活中混亂的情況，同時也尋求更高的刺激與挑戰，此種自我組織的系統是極具適應性的，擁有足夠的穩定度去開創具創造力的生活，增進人類與文化的發展（Csikszenmihalyi, 1993）。

一、心理上的複合性

　　在心理上的複合性（psychological complexity），指的是一種自我調節的能力，能幫助個體藉著自我－環境間適配度的協調──在分殊與統整間找到平衡點，以朝向最適經驗（optimal experience）邁進。此種心理上複合性所定義的個體，所描述的並不是自身與環境間關係的穩定狀態，而應視個體為一不斷往前邁進，並致力於授予自身新形式的一種存在。

　　在複合性的系統脈絡下，個體會尋求一種平衡的調適狀態：當個體處於過度焦慮（anxiety）的狀態時，會降低其工作記憶（working memory）的能耐，甚至無法處理原本能同時兼顧的事務，最後將無法處理危機並真正解決問題。在這種狀態下，個體多會選擇短期性的解決方法以安置此種壓力（如接受安全的現況），但此種做法，最後會妨礙發展與成長；另一方面，當個體處於無聊（boredom）狀態下時，其無法從活動中發現興趣，將會因缺乏挑戰而停止有意義的成長。此種失衡狀態下的個體，生理激發降低、注意力較弱、思考也顯得緩慢（Larson, 1988），虛弱的注意力及能力的消耗，將導致其在發展上的僵局。以上這兩種負面狀態，都起因於個體能力與挑戰、自我與環境間的失衡（disequilibrium），亦即是個體無法產生複合性的系統運作，以致無法幫助個體產生能促進成長與最適發展的問題解決能力（Rathunde & Csikszentmihalyi, 2006）。

但此種失衡狀態，對個體成長及演化皆是沒有助益的。因此，在面對無聊時，個體則會以分殊特質去尋求改變，此為一種發現問題的歷程（paratelic），透過對有意義挑戰的追求，以好奇心與興趣處理無聊的情境，其主要關注的是歷程而非結果；而在經歷此種發現問題的歷程後，個體會因為所面對的高挑戰而產生焦慮狀態，此時其則會傾向以統整特質來創造應有的秩序，此為一種追求目標的歷程（telic），個體嘗試處理自身的困境，而隨著問題的成功解決，焦慮漸漸消失，自我經驗也得到增進，其主要關注的是活動的目標。這兩種歷程之最終目的，便是個體在焦慮與無聊狀態間取得平衡，同時經歷發現問題（paratelic）與追求目標（telic）的歷程，以達最適經驗的狀態（Csikszentmihalyi & Rathunde, 1998）。簡單的說，便是在一個具複合性特質的系統中，統整的特質能提供一個具整合性的條件，如統整的價值觀、目標、自我與能力知覺等等，分殊的特質能提供持續性的注意力，以及對技能與挑戰的要求，幫助個體保持有效率的注意力，並熱衷於其將從事的活動，藉著此種複合性的特質，幫助個體最後達到創造力的心流狀態。

二、環境脈絡的複合性

除了個體心理上的複合性，個體所處的環境脈絡，亦具有複合性特質，生活在具有複合性脈絡特質的個體，將較能感受到較多的心流經驗、正向情感與創造力。

（一）家庭環境的複合性

Rathunde（1988）調查個人對於家庭處境的主觀解釋，探究家庭脈絡具複合性對孩子帶來的影響。在家庭的複合性中，存在著「支持」和「刺激」兩個重要力量。

1. 支持（support）——支持是統整特質的主要向度，它代表著個體在家庭環境中，能夠感受到強烈的歸屬感、價值與安全感。其主要由兩個因素所組成：

a. 和諧（harmony）：指一種有效能的家庭組織架構，並擁有清楚的家庭規則；家庭成員的行為是和諧一致的。此向度主要強調家庭內部為和諧與有架構的，能夠為家庭成員提供核心價值與行為的界限。

b. 幫助（help）：指個體為家庭中注意力的核心；家庭成員會顧慮彼此，修訂原本的計畫；且孩子遇到挫敗時，提供同理心加以支持。總括來說，此向度主要強調家庭成員彼此在情感上的支持與連結。

2. 刺激（stimulus）——刺激是分殊特質的主要向度，它鼓勵個體藉著尋求新的挑戰與機會，而發展其自主性與個別性。其主要由兩個因素所組成：

a. 投入（involvement）：指家庭鼓勵個體應專注於所從事的事務上，容忍競爭性等。總括來說，此向度強調的是個體對新的刺激與挑戰的專注投入與接受。

b. 自由（Freedom）：指個體在投入於其感興趣的事物時，不會

被家中的瑣事或義務所打斷；在家中能夠擁有安靜思考的時刻；擁有能夠逃到「自己的世界」的隱私。總括來說，此向度所強調的是個體能在家庭中，尋求獨立與自主性的發展。

相關研究指出，孩子若在家庭中感受到「支持」，並且擁有發展獨立性與個體性的「刺激」，在此種複合性脈絡特質下，其創造表現會比那些單獨只感受到支持、只感受到刺激、或兩者皆無的孩子要好（Cooper, Grotevant, & Condon, 1983; Rathunde, 1996; Howe, 1999；劉家瑜，2009）。

複合性是許多創意人物的生活中心，複合性的家庭架構則能促進個體的創造力（Gute, Gute, Nakamura, & Csikszentmihalyi, 2008），父母若能在許多相對的狀態中，取得「統整」與「分殊」的平衡：像是在建立道德與物質限制的同時，也對個體興趣提供充足的支持；在花時間陪伴孩子的同時，也給他們一定的個人時間與空間；在寄予厚望的同時，也能接受孩子的失敗與錯誤。但若偏於一端，如過度注重「統整」特質，完全拒絕提供自由或挑戰，幫助孩子掌控其活動，則最後很可能導致孩子對其興趣與傾向，失去應有的目標與連結；另一方面，若過度注重分殊特質，完全拒絕在情緒上為孩子提供任何支持，更可能會妨礙其獨立與探索的機會。

Bloom（1985）曾訪談 120 位在體育、藝術、音樂、數學與科學領域有天賦的個體、其父母或教師，從中探究個體學習的歷程與狀態，並發現父母與教師為孩子所營造的學習環境，對個體的天賦發展有相當大的影響，肯定了高度支持與挑戰的脈絡特質，的確對所有領域的發展都有正向幫助，支持了複合性脈絡之重要性。

Howe（1999）在其研究中發現，個體早年的生活脈絡對孩子的學習與發展有很大的影響：在「刺激」——父母為孩子提供學習機會與高期待的程度——與「支持」——家庭為孩子提供溫暖支持與規律的程度——特質兼具的家庭脈絡中，孩子對學習有較正向的觀感、較能享受其中，且較能全神貫注於各種學習活動，此能幫助孩子

培養投入於生產性活動的習慣，而在未來擁有愉悅的創意生活。

（二）團體或社會系統的複合性

Rogers（1954）曾提出創意環境理論（Theory of Creative Environments），認為創造力的建構較可能發生在兩種狀況下，分別是心理上的安全（psychological safety）與心理上的自由（psychological freedom）（引自 Gute et al., 2008）。Dewey（1938, 1992）在其研究中，提到了教師、教室脈絡，以及學生在學校的經驗間的關係。他認為學習的最佳脈絡是：發生在學生本身的經驗是愉快的，並且與未來的成長相關，因此教學者有兩件主要的任務：（1）對學習者如何經驗其現階段的任務，有一定的敏感性；（2）控制狀況以建構朝向重要目標邁進的規律。師長必須在幫助孩子邁向目標以促進成長的同時，也敏感於短暫的感受，也就是說，需要同時具備支持與刺激的特質，同時也指出「複合性」的概念，是一種在家庭與學校中皆須兼備的脈絡特質。在一個同時具有統整性與分殊性特質的家庭或學校環境中，藉著增進這兩種注意力狀態，結合兩種向度，能夠創造最適經驗的脈絡，對孩子有一定的正向幫助。

Reeve、Bolt 與 Cai（1999）提出了自主－支持教師的概念，正好對應了分殊教特質中所強調的「自主性」，以及統整特質中所強調的「支持性」。研究中指出，有些教師藉辨識與支持學生的興趣，以及支持學生內化學校的價值與議題（agenda），來教導與激發學生，此即為自主－支持的特質，教師支持學生的興趣，並重視教育。一般說來，具自主－支持複合性特質的教師較能使學生留在學校，並幫助其擁有較佳的自我覺知、學業能力、增強的創造力、對最適挑戰的偏好、較佳的概念理解、較正向的情緒、較高的學業內在動機、較佳的學業表現，以及較高的學業成就等。

Hans（2008）從複合性理論出發，認為一個正向且不斷成長的團體，是在分殊與不斷統整歷程中進行的，當一個團體或組織處於統一

的目標、結構下時，自然能夠維持和諧，但是卻無法往前進步（低統整、低分殊）；若環境中出現挑戰，或團體能夠容許較大自主性與自由度時，則分殊程度逐漸提升，但由於過度分化，使得團體出現不和諧（高分殊、低統整）；此時，團體如果繼續分化下去，則會使得團體呈現碎裂與解離；但是「簡單團體」的另一個發展方向則是，當團體繼續保持統整與齊一性，不容許個別性或自由追求挑戰時，那麼團體將成為過度統整團體（高統整、低分殊），且因為過度侷限的規則、價值觀等等，使得團體內部亦會出現不和諧；如果團體能夠分殊與統整兼具，則會在這兩股力量的交互和諧帶領下，使得團體不斷成長，成為複合性團體（高分殊、高統整）。

　　古代中國的自然觀中，提出了陰陽特質的概念，認為「陰」的作用提供了安全的基礎與穩定的力量；「陽」的特質則提供了成長與挑戰的追求，這兩者有所調和，萬物才能得到適當的發展。這也類比著一種生物藉著生理上統整與分殊的交互作用而成長的歷程，而就創造來說，支持向度代表了統整性，它提供了追求挑戰的基礎，有助於基本能力的發展；另外，刺激向度則代表了分殊性，幫助個體在穩固的基礎下，往更高層級的技能與挑戰發展，這樣相輔相成的歷程，才能產生新的創造。所以統整與分殊應為相對而非對立的概念，以動態的觀點來詮釋這兩股動態的作用，能在複合性特質上提供更深的洞見。從影響創造的因素與歷程來看，若個體的內外在因素，具有複合性特質時，能夠激發創造的表現；根據 Gardner（1993）、Csikszentmihalyi（1996）、Sternberg & Lubart（1996）、Amabile（1996）等創造力學者的理論，認為創造力是一種匯合的現象，亦即創造力不僅發生在個人，而是發生在個人及其與所處環境系統的交互作用所產生；教育創新，亦發生在個體及其與所在環境脈絡交互作用的結果，創造力複合系統如圖 1 所示。

　　圖 1 中，太極代表個人及其發展歷程、團隊 / 社群、組織、社會 / 文化中所存在的複合性，這些複合性有以下特性：

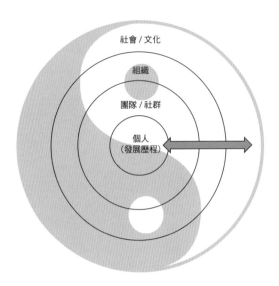

圖 1 創造力的複合系統

1. 所謂的複合性，指涉了一種秩序，其為所有系統狀態的基礎，
   而這種秩序具有兩種互補卻又相對的特質或力量。
2. 創造發生於這兩個的相對特質或力量的交互作用。
3. 複合性不一定僅與同一個次系統中的複合力量相互互動；例如
   原生家庭中如果缺少對個體創造力的支持，可能由學校或社會
   次系統提供支持，而使得個體的創意得以發展。
4. 創造的發生，可能來自次系統中複合性的作用，亦可能來自不
   同次系統中複合性的交互作用。

   以下將從創造力的複合觀點出發，探討教育創新案例中，發生於
個體及其社會系統的複合現象。

參、教育創新及其複合性

   隨著時代的不斷演進，人類社會從工業時代的勞力密集，進入到

知識經濟時代，現在又將進入人工智慧時代（Artificial Intelligence, AI），教育的對象，從「數位移民」（digital immigrants）轉變為「數位原住民」（digital natives），知識的普及與容易取得，使得新時代教育的需求有了大幅的改變，傳統以知識傳遞、教師為中心的教育型態，已經無法滿足培育未來人才的渴求；過去教育一直無法解決的問題，或難以達成的目標，需要更新穎的方式來提升教育的成效；因此，教育的創新，成了一個新時代的重要課題，世界各國亦紛紛投入教育創新的行動，以促進教育更能達到改善學習與促進教育公平性的目的。

聯合國兒童基金會（UNICEF）近年來推動教育創新計畫，提供支持給教育創新行動，在其計畫中明確定義教育創新與選擇支持對象的標準指出：教育創新不一定指的是新科技，教育創新可以展現在歷程、服務、計畫與夥伴關係中的新穎教育行動，「教育創新」必須包含：1. 改善學習、公平（equity）與系統（system）；2. 以簡明的方式解決真實問題（導源於真實需求）；3. 達到問題解決所預期的標準（UNICEF, 2017）。

經濟與合作發展組織（OECD, 2014）定義「教育創新」為「教育組織」導入：1. 新產品或服務，例如新的教學大綱、教科書、教育資源；2. 以新的歷程或方法提供服務，例如運用資訊科技；3. 以新的方式組織活動，例如運用資訊科技和家長、學生溝通；4. 新的行銷技巧。

Leadbetter 和 Wong（2010）根據「正式／非正式教育」，「持續性創新（sustaining innovation）／破壞性創新（disruptive innovation）」兩個向度，交集出四種教育創新類型，第一類是「改善」（improve），透過更好的設備、教師與領導以改善學校；第二類是「補充」（supplement），透過與家庭和社區合作；第三類是「重新發明」（reinvent），創造符合現代需求的教育；第四類是「轉化」（transform），以根本創新的方式來轉化學習。

親子天下（2017）募集教育創新提案，以「跳脫框架的創新性」以及「建構系統永續的可能」，作為評選的標準，選出「教育創新100」，共有一百三十位創新者的教育創新提案；他們將這些教育創新案例分成四類「建構與帶領社群」、「新興教育創業家」、「實驗教育先行者」、「打破體制框架者」。

　　如果從創造產品的角度來定義教育創新，教育創新必須符合新穎（novelty）與價值（value）兩個判準，教育創新是教育創新者以有別於過去的方式，進行教育的實踐，以能夠更有效的達成教育的價值與目標；如果從創新的主體來看，創新的主體可能是個人、團隊／社群或是組織；從創新的實踐場域來說，教育創新可能實踐於教室、學校、組織、教育系統或社會；從創新的形式來看，教育創新可能以正式教育或非正式教育的方式展現。而教育創新的發展與實踐中，亦可發現複合性的現象，以下將從教育創新的案例，探究創造力的複合性。

一、教育創新的複合性——個體層面

　　在教育創新的案例中，許多教育創新來自於個別教師的發想與創意，這些複合性的現象，存在於個體的人格特質，也存在於其教育創新的發想歷程中，以近年來在臺灣推動「學思達」教學法的張輝誠老師來分析，其學思達教學法原本只是在自己教學中的一種嘗試，從開放教室提供其他教師在任何時間進行公開觀課，形成廣大的教學社群，許多老師紛紛在小學、中學甚至大學教學中進行學思達教學法，並推廣至亞洲各地的華人教師社群中，同時也正在籌備學思達學校的設立，可謂是近年臺灣社會一項重要的教育創新；其學思達教學法的創發，也可發現「分殊」與「統整」的複合歷程。

　　張輝誠（2015）認為學思達教學法是針對學生學習所設計出來的教學法，訓練學生自「學」、「思」考、表「達」，並且透過以問題為

導向的講義，小組之間暨競爭又合作的學習模式，將學習權還給學生；他認為學思達教學的形成，受到五個刺激：1. 北京的完全開放教室——同事自北京四中參訪回來，分享北京四中校長拿出全校課表，讓參訪的師生自行選擇進到任何一間教室上課；2. 佐藤學「學習共同體」教學主張的激盪；佐藤學認為教學必須從由老師「教」轉變為學生為主體的「學」，惟有學生自主、高效率、充滿思考、體驗、討論式的學習，才能把從學習中逃走的孩子拉回來；3.「中國好聲音」的競合形式，激發他將這套「既競爭又合作」的模式應用在教學中，引發學生學習；4. 學生當評審，學習位階變高；在大學兼課的經驗，為了解決評量龐大學生小說和影片作品的壓力，發想出同學互評的作法，意外的得到良好的效果；5. 學生專注聽講做筆記時的神情；因為在大考前幫學生製作講義，訓練作文時，看見學生專注寫筆記的神情，覺得感動又難過，感動的是學生的專注，難過的是自己變成補習班教師，因而希望未來在每一堂課中，都要看到學生這樣專注的神情。這些看似無關的「刺激」，卻在張老師不斷尋求更佳教學的動力下，「統整」出「學思達教學法」。張輝誠（2015）認為學思達就是他在教學現場多年實驗出來的新教學方法，他之所以急著要改變這種僵化的教學現象，是因為他認為「真正的教學其實非常嚴肅，也非常活潑；雖然嚴肅，但學生不會覺得折磨；雖然活潑，學生卻可以深刻學習」，這段話，將其教育創新的複合性特質，表露無遺。

張老師不僅在其學思達教學法的創發過程中，表現出複合性特質，在其人格特質中，亦存在 Csikszentmihalyi（1996）的創造性人物的複合性人格（complex personality），所謂的複合（complexity），不代表中性或平均，也不是可有可無，而是可以視情況由一個極端轉至另一極端的能力，並且確實明瞭兩個極端，而且以相同的強度體驗，而不致有內心的衝突，在 Csikszentmihalyi 所發現的十項複合特質，亦展現在張老師的身上，張輝誠（2015）提到他過去採取傳統講述法時，也能夠獲得眾多肯定，他也對自己的教學頗為自信，但有一次經

驗：

> 一團「上海特級國文教師」來校參訪，本校要推出三人來示範教
> 學，我是其中之一，剛好要教《孟子》；示範之後，連我的學生
> 都忍不住跑來跟我說，老師教得真好；但有另一個學生來說，一
> 團來訪的老師從後門走出後，其中一位老師拉著她，對她說：
> 「你們老師教得雖好，卻是傳統講述法，學生沒有互動，也沒有
> 回答！」我聽了之後，頗不以為然，覺得我的得意之作被羞辱了。
>
> （張輝誠，2015: 52）

　　Csikszentmihalyi（1996）的十項創意複合性人格中，有一項是「既
謙卑又自負」（humble and proud），從上面的引述中可以發現，張老
師對自己的教學有高度的自信，甚至自負；然而在聽到上海教師的批
評後，雖然感到不以為然，但同時也啟動了他的自我反思，開始看見
自己教學的盲點，並且進一步改進修正，而發展出以學生學習為主體
的學思達教學法；若無謙卑聽進他人的批評，並進一步反思，尋求解
決方法，或許今日就不會有學思達教學法的出現。

　　另一位在臺灣當代的教育創新代表人物——臺大電機系教授葉丙
成教授，他首創將多人競技線上遊戲與 MOOC 及一般課程結合，同
時其所帶領的團隊所發展的 PaGamO 線上遊戲，超越 43 國 426 所名
校，贏得 Wharton-QS Reimagine Education 世界教學創新大獎；他也
是第一位在國際線上授課平台 Coursera 以華語授課的老師；葉丙成
（2015）談到他發展 PaGamO 前身 BJT-online 的歷程中提到，在 2001
~2010 的教學歷程中，他所追求的是「把課講述得很清楚，讓學生聽
得很有趣」，他做到了這個目標，並且也得到臺大教學傑出獎，但他
反思：「下一個教學追求的目標是什麼？」面對時代的邅變，學生每
五年可能就換了一個世代，他將目標設定在「如何讓學生真的有熱
情、有動機學習」，於是他在「機率與統計」課程的設計時，思考著

如何讓學生有學習動機，當他看著電視一堆線上遊戲廣告，靈光乍現的想到：「如果我把課程變成線上遊戲，學生會不會比較有動機？」於是，他便開始了結合線上遊戲提升學生學習動機的一連串創新實踐；從此一歷程分析，其中亦蘊含了複合性的存在：當葉老師在十年以教師為中心的教學後，累積了相當的成功經驗，可謂是「統整」過去經驗的作用，然而，如果繼續維持統整，便會安於現狀，個體便不會有成長或創造的發生；當葉老師注意到時代的變化，學生的需求不斷改變時，他開始挑戰自己過去的教學經驗，開始運作「分殊」的力量，設定以提升學習動機為目標的挑戰，並且透過對於現在學生生活經驗與線上遊戲廣告的整合，發想出以線上遊戲提升學習動機的教學創新。這僅是針對葉丙成老師的教學創新，進行初步的分析，若深入探究其創造歷程，相信可以發現更多複合性的作用。

其他國內外的教育創新案例，也都發現存在這樣的複合性（林偉文，2008；劉安婷，2014；王政忠，2014；Gruwell, 2008; Varkey Foundation, 2017）。「統整」與「分殊」，「挑戰」與「技能」交互作用，促發了創造的發生與個人的成長。

二、教育創新的複合性——社會系統層面

教育創新所在的社會系統與環境脈絡中的複合性，亦促發了教育創新的發生，所謂的社會系統，可能是個體的原生家庭、組織、社區或社會，在這些系統中所存在的複合性，亦可能促使教育創新的發生；一個極度穩定或封閉的系統，其產生創新的可能性較低，但系統中如果存在穩定支持的導向力量，或是有來自系統外的支持力量，同時又存在著改變的壓力或者是容許改變的可能性，則可能滋養教育創新的發生。

從前述教育創新者張輝誠老師和葉丙成老師的背景來探究，都可以看見其所在的家庭、學校與社會系統中的複合性，如何影響其教育

創新的發生。張輝誠（2015）提到，在他的人生中有三個重要的貴人，一位是他的父親；一位是愛新覺羅・毓鋆老師；另一位則是祐生基金會的林俊興董事長；他的父親和毓鋆老師滋養他內在系統中的統整力量，而林俊興董事長則滋養他內在系統的分殊力量，張輝誠回憶：「我從小就感受到父親的威嚴，他總是用孔老夫子的話來訓我……他是第一個真正教我生命學問的人，他告訴我做人應該要怎麼做才對，做事應該要怎樣做才對」（2015: 35）；「毓老師讓我知道，必須像我父親影響我一樣，影響學生一輩子……毓老師真實深入傳統經典，讓我的專業知識與生命學問貫串，結合在一起，讓我終於找到了生命和教學的源頭活水」（2015: 42）；父親的家庭教育，和毓老師的經典教育，使得張老師確立了生命與成為良師的人生價值與方向，是其人生發展過程的統整力量；而打開張老師生命視野與看見世界不同樣貌，開放接收各種新知的，則是林俊興董事長，張輝誠提到他從大學三年級開始，接受祐生研究基金會的栽培，時間長達二十年，費用高達數百萬，他回憶林董事長說：「你們是臺灣下一代傑出的年青人，你們要有『知識、見識跟膽識』，沒有見識的話，就先去外面看看全世界」（2015: 37），於是他跟著祐生基金會，去了南美洲、東南亞、非洲、北歐，九年的時間，免費環遊全世界，看全世界最頂尖的東西；林董事長為他們辦讀書會讀三千本書，培養通識能力，請各行業最頂尖的人士來演講，提供高額研究經費，找專業教授來一起合作、指導進行專題研究。這樣的經驗，提供了張老師國文之外，分殊領域的專業知識，成就了今日學思達的教育創新。

　　上述例子，是發生在教育創新者發展歷程中社會系統複合性對其創造的影響；在教育創新的歷程中，社會系統亦會直接影響創新的發生，以下即舉例探討教育創新歷程中，社會系統複合性所產生的影響。

　　目前國內許多教育創新，發生於面臨少子化挑戰的偏鄉學校，許多偏鄉學校因為人口外移與少子化，因此形成學校人數大幅降低，面

臨廢校的危機；同樣面臨少子化危機，有些學校因招生不足，因而受到廢校或併校的危機；有些學校卻能透過創新作法，逆勢成長。位於汐止區的保長國小，即面臨同樣的問題，保長國小位於新北市汐止區，學區內多為工廠或貨櫃場，是「不山不市」的偏鄉，近年來亦面臨人口下滑，父母親教育參與較低，學生學習成效低落的問題；當周德銘校長至該校擔任初任校長時，班級數僅剩下每個年級一班的困境，面臨種種重大挑戰；周校長透過其就讀博士論文指導教授的引介，導入富邦文教基金會與沛德國際教育機構外部資源推動「自我領導力教育」，並凝聚校內教師團隊，參與自我領導力教育的訓練，進一步凝聚共識，建立共同願景，六年之內，使該校成為在全球三千多所推動自我領導力教育的學校中，10%能夠受到國際認證成為自我領導力燈塔學校之一，榮獲教育部品德教育特優學校的肯定。從社會系統來說，少子化、人口外移或是社區內家長參與低落，隔代教養等問題，是學校的挑戰，屬於整個教育系統個殊的問題，可謂是複合性中「分殊」的力量；然而透過引進社會外部資源的協助，形成統整的力量，推動學校的創新；組織內部亦透過自我領導力教育的清晰願景，整合原本組織內部的分殊力量，教導主任程一民提到：「改變老師的心態最困難，老師教了二十幾年的書，卻要被教練指點，同時又有專案進度壓力」（程晏鈴，2017）；培訓教師們學習「自我領導力教育」的教練柯沛寧也提到：「必須同理老師的痛苦，讓老師感受到被賦權，而非只是被動接受教材，老師跟我們一起想辦法，不是我告訴你該怎麼做，逐步建立信任」（程晏鈴，2017），可以看見團隊從分殊到統整的過程，逐漸創新出學校的新樣貌。

從整個社會系統的運作中，也可以發現其複合性對於教育創新的影響，原本的教育系統，存在著一種穩定、改變緩慢的特質，教育系統透過知識的傳遞與品質確保機制——考試，成為社會中培育人才的穩定力量；然而面對時代的改變，許多人對於教育的現狀感到不滿，自二十年前，開始有森林小學、種子學苑、全人中學、人文國中小等

實驗教育開始出現，但由於系統的統整穩定特質，並無法激發改變的發生，使得這些不同的教育嘗試，成為一種「特例」或少數人擁有的選擇；但自從 2014 年底「實驗教育三法」通過之後，實驗教育如雨後春筍般蓬勃發展，無論是「非學校型態實驗教育」、「學校型態實驗教育」、「公立國民小學及國民中學委託私人辦理」，提供教育系統中分殊的力量，使得各種不同型態的教育創新得以發生，根據親子天下（2017）統計，全臺十九縣市，已有 124 所實驗學校；此即是整個社會系統中的複合性，推動教育創新的重要現象。

肆、運用複合性，孕育創新

從前述分析中，可以發現複合性在創造力與創新歷程中的重要性，因此，從個人到社會系統層面，如能健全系統中的複合性力量，並使其達到動態的平衡，將可孕育創造力與創新的發生。以下將討論如何動態平衡系統中的複合性：

（一）省察系統中的複合力量，透過省思檢視系統中各個次系統的「統整」特質與「分殊」特質，亦即檢視在系統中，是否存在兩類的特質，或是偏於一端，又或者兩者兼弱；以個人為例，可以檢視自己是否有明確的價值信念、良好的學習與工作習慣、穩定的情緒支持等等統整特質，同時，是否具有開放心胸可以接納不同經驗與刺激，願意接受新的挑戰；以社會系統而言，則需檢視社會系統中是否存在穩定運作的「統整」力量，例如價值觀、工作規則與方式、人際和諧與支持等；但同時亦需檢視系統中是否存在激發變異的「分殊」力量，例如包容不同聲音、容許新的嘗試、有效傳遞內外部的新訊息等。

（二）滋養系統中的複合力量，如經過檢視，發現系統中僅存在單一力量，或是兩種力量皆薄弱時，則必須滋養複合力量的發生，或是建構有助於複合性發生的制度或機制，如同教育現場中的教師，若

已經形成一套自己有效的教學信念與方法，且行之有年，或可以讓自己有機會接觸不同的教學觀念與跨領域經驗的刺激，林偉文（2002, 2008）的研究發現，創意教學行為較高的教師，傾向於主動尋求挑戰與新資訊，常常會主動搜尋並參與有助於自己專業成長的學習機會。

透過複合性的滋養，將有助於創造力與創新的發生；從研究的角度出發，未來可以透過探索在創造與創新系統中的複合性，驗證複合性的存在，並且更豐富的發展複合性的理論論述與探究複合力量的交互作用；而在實務工作中，亦可透過複合性的觀點，檢視創造與創新系統中的複合性特質，使得系統可以更有效的孕育創新的發生；此一複合性符應於《易經》與老子所詮釋的天地造化力量，老子云：「道生一，一生二，二生三，三生萬物」，亦即宇宙間生生不息的原初力量中，蘊含著兩種性質的力量，也就是陰與陽的作用，透過陰與陽的交互作用，而產生萬物；陳鼓應（2013: 106）在解釋本段時也說到：「《易經》所說『一陰一陽之謂道』；『二』就是指『道』所稟賦的陰陽兩氣，這陰陽兩氣便是構成萬物最基本的原質。道再向下趨於分化，則陰陽兩氣的活動亦漸趨於頻繁。『三』應是指陰陽兩氣相互激盪而形成的均適狀態，每個新的和諧體就在這種狀態中產生出來。」透過複合性的相互激盪，將可產生更多益於人類發展創造與創新。

參考文獻

· 王政忠（2014）。老師，你會不會回來。臺北：時報出版。
· 林偉文（2008）。教師創造力之系統觀點：學校、社群、個人與創意教學。臺北：心理出版社。
· 張輝誠（2015）。學思達：張輝誠的翻轉實踐。臺北：親子天下。
· 陳鼓應（2013）。老子今註今譯及評介。臺北：臺灣商務。
· 程晏鈴（2017）。自我領導力引路，保長國小讓孩子找到天賦。天下雜誌，第 623 期，2017 年 5 月 24 日。
· 溫世仁文教基金會（2017）。GHF 教育創新學人獎。2017 年 11 月 1 日，取自 http://www.ghfhub.org/Content/Messagess/Contents.aspx?SiteID=1&MmmID=745600107002623121。
· 葉丙成（2015）。為未來而教：葉丙成的 BTS 教育新思維。臺北：親子天下。
· 賈馥茗（主編）（1992）。經驗與教育（原作者：J. Dewey）。臺北：五南（原著出版年：1938）
· 劉安婷（2014）。出走，是為了回家：普林斯頓成長之路。臺北：天下文化。
· 劉家瑜（2009）。國小教師原生家庭類型、教學風格與其創意教學行為之關係研究——複合理論觀點。國立臺北教育大學心理與諮商學系碩士班碩士論文，未出版。
· 親子天下（2017）。教育創新 100。親子天下，第 94 期。臺北：親子天下。
· Amabile, T. M. (1996). *Creativity in context*. Boulder, CO: Westview Press.

· Amabile, T. M. (1997). Motivating creativity in organizations: On doing what you love and loving what you do. *California Management Review*, 40, 39-58.
· Berg, B. L. (2007). *Qualitative research methods for the social sciences*. (6th ed.). Boston: Pearson.
· Bloom, B. S. (1985). *Developing talent in young people*. New York: Ballantine.
· Cooper, C. R., Grotevant, H. D., & Condon, S. M. (1983). Individuality and connectedness in the family as a context for adolescent identity formation and role-taking skill. In H. D. Grotevant & C. R. Cooper (Eds.), *Adolescent development in the family* (pp. 43-59). San Francisco: Jossey-Bass.
· Csikszentmihalyi, M. (1993). *The evolving self: A psychology for the third millennium* (pp. 149-174). New York: Harper Collins.
· Csikszentmihalyi, M. (1996). *Creativity: Flow and the Psychology of Discovery and Invention*. New York: HarperCollins.
· Csikszentmihalyi, M., & Csikszentmihalyi, I. (1988). Introduction to part IV. In M. Csikszentmihalyi, & I. S. Csikszentmihalyi (Eds.), *Optimal experience: Psychological study of flow in conscious* (pp. 251-265). New York: Cambridge University Press.
· Csikszentmihalyi, M., & Rathunde, K. (1998). The development of the person: An experiential perspective on the ontogenesis of psychological complexity. In W. Damon & R. M. Lernert (Eds.), *Handbook of child psychology: Vol. 1. theoretical models of human development* (5th ed., pp. 635-684). New York: Wiley.
· Csikszentmihalyi, M., Rathunde, K., & Whalen, S. (1993). *Talented teenagers: The roots of success and failure*. New York: Cambridge University Press.
· Finke, R. A., Ward, T. B., & Smith, S. M. (1992). *Creative cognition: Theory, research, and applications*. Cambridge, MA: MIT Press.
· Gardner, H. (1993). *Creating minds: An anatomy of creativity seen through the lives of Freud, Einstein, Picasso, Stravinsky, Eliot, Graham, and Gandhi*. New York: Basic Books.
· Gruwell, E. (2007). *Teach with your heart: Lessons I Learned from the Freedom Writers*. New York: Broadway Books.
· Guilford, J. P. (1950). Creativity. *American Psychologist*, 5, 444-454.
· Gute, G., S. Gute, D., Nakamura, J., & Csikszentmihalyi, M. (2008). The early lives of highly creative persons: The influence of the complex family. *Creativity Research Journal*, 20 (4), 343-357.
· Holsti, O. R. (1969). *Content analysis for the social sciences and humanities*. Reading, MA: Addison-Wesley.
· Howe, M.J. A. (1999). Prodigies and creativity. In R. J. Sternberg (Ed.), *Handbook of Creativity* (pp. 431-446). New York: Cambridge University Press.
· Isaksen, S. G. (1983). Toward a model for the facilitation of creative problem solving. *Journal of Creative Behavior*, 17, 18-31.
· Knoop, Hans Herik (2008). Wise creativity and creative wisdom. 發表於 2008 創造力教育國際學術研討會。 2008 年 10 月 24 日。
· Leadbetter, C., & Wong, A. (2010). *Learning from the extremes*. San Jose, CA: Cisico.
· Nakamura, J., & Csikszentmihalyi, M. (2002). The concept of flow. In C. R. Snyder & S. J. Lopez (Eds.), *Handbook of positive psychology* (pp. 89-105). New York: Oxford University Press.
· OECD (2010). *Measuring Innovation in Education: A new perspective*. Educational Research and Innovation, OECD Publishing. http://dx.doi.org/10.1787/9789264215696-en
· Rathunde, K. (1988). Optimal experience and the family context. In M. Csikszentmihalyi & I. S. Csikszentmihalyi (Eds.), *Optimal experience: Psychological studies of flow in consciousness* (pp. 342-363). New York: Cambridge University Press.
· Rathunde, K. (1989). *Family context and optimal experience in the development of talent*. Unpublished doctoral dissertation, University of Chicago.
· Rathunde, K. (1996). Family context and talented adolescents' optimal experience in school-related activities. *Journal of Research on Adolescence*, 6 (4), 605-628.
· Rathunde, K., & Csikszentmihalyi, M. (1991). Adolescent happiness and family interaction. In K. Pillemer & K. McCartney (Eds.), *Parent—child relations throughout life* (pp. 143-162). Hillsdale, NJ: Lawrence Erlbaum Associates.
· Rathunde, K., & Csikszentmihalyi, M. (2006). The developing person: An experiential perspective. In R. M. Lerner (Ed.), W. Damon (Series Ed.), *Handbook of child psychology: Vol. 1. theoretical models of human development* (6th ed., pp. 465-515). New York: Wiley.
· Rogers, C. R. (1954). Towards a theory of creativity. *ETC: A Review of General Semantics*, 11, 249-260, as cited in Gute, G., S. Gute, D., Nakamura, J., & Csikszentmihalyi, M. (2008). The early lives of highly creative persons: The influence of the complex family. *Creativity Research Journal*, 20 (4), 343-357.
· Sternberg, R. J., & Lubart, T. I. (1995). *Defying the crowd: Cultivating creativity in a culture of conformity*. New York: Free Press.
· Torrance, E. P. (1962). *Guiding Creative Talent*. Englewood Cliffs, NJ: Prentice-Hall.
· UNICEF (2017). Innovation in Education. 2017 年 12 月 1 日,取自 https://www.unicef.org/education/

bege_73537.html

· Varkey Foundation (2017). The Global teacher Prize Winners. 2017 年 12 月 1 日，取自 http://www.globalteacherprize.org/

· Wenk, D., Hardesty, C. L., Morgan, C. S., & Blair, S. L. (1994). The influence of parental involvement on the well-being of sons and daughters. *Journal of Marriage and the Family*, 56 (1), 229-234.

創造力的不同類型：
以雙重歷程理論探討開放式與封閉式
創造力的差異

林緯倫

摘要

在創造力研究領域中，研究者區分不同的創造力類型，包括由貢獻程度區分大C、專業 c、小 c 以及迷你 c 的分野（Kaufman & Beghetto, 2009），抑或是由領域知識與特性闡明藝術以及科學創意的差異（Feist, 1999; Simonton, 2008）。過去研究者雖較少著墨於創造力潛能的不同種類，但近來研究顯示開放式與封閉式創造力不應混為一談，兩者涉及不同的內在歷程與生理機制，與諸多認知因子（如注意力、工作記憶、認知抑制等）以及性別、人格特質、思考風格、情緒等因素關係不同，也具有相異的發展軌跡。本文以「雙重歷程理論」說明兩類型創造力潛能的不同內在歷程，並以實徵證據佐證之。

關鍵字：創造力的雙重歷程理論、開放式創造力、封閉式創造力

林緯倫，佛光大學心理學系教授。

壹、前言

想像力比知識更重要。因為知識是有限的，而想像力是無限，它
包含了一切，推動著進步，是人類進化的源泉。

——愛因斯坦

現代人要成功，最重要的是創意及永不服輸的毅力。

——微軟創辦人比爾‧蓋茲

創造力的重要性不言可喻，是科技進展、所有重要發明背後的火
種，由社會整體層次來看，其代表著民族、國家或機構發展的競爭
力；而以個人的層次來看，在面對世界快速變化前進的這個時代，創
造力已不再是一種奢侈品，而是工作保障和自我實現的必要條件
（Robinson, 2001；黃孝如、胡琦君譯，2011）。英國《金融時報》即
曾預言，在 21 世紀末，我們目前熟悉的職業將有 70% 被自動化技術
取代（賀桂芬，2016）；英國創意文化與教育中心執行長也指出，未
來人們的工作目前還有 60% 未被發明；IBM 於 2010 年針對全球 1500
位 CEO 的訪談報告中指出，創造力是這些 CEO 一致認為最需具備
或培養的特質。是以，歐美與亞太許多先進國家皆陸續於政策面列入
創造力培養的重要目標（Plucker, Kaufman, & Beghetto, 2015），創造力
更為 21 世紀學子所應具備的 4Cs 關鍵能力之一（Abdulla & Cramond,
2017）（4Cs 分別為創造與創新：Creativity、批判性思考與問題解決：
Critical thinking and problem solving、有效溝通：effective Communica-
tion、團隊共創：Collaboration and building）（Trilling & Fadel, 2009）。

然而，創造力是什麼？這是個培育或發展創造力之前首應回答的
問題。每每提到創造力，它總蒙上一抹神祕的色彩，帶著令人看不
清、摸不透的況味兒。這樣的認知來自兩個可能的原因。首先，由許
多傑出創作者的自傳式報告中，往往難以清楚揭露自身創作的歷程，

而歸諸於神賜的靈感。例如柏拉圖曾指出，沒有繆斯（muse，古希臘神話中的藝術之神）賦予靈感並祝願的詩人是無法創作的，不朽的詩人是被神所選定，繼而闡述其所接收到的創造性意念；貝多芬描述自己在作曲時，完全被一個靈魂所控制並默寫出其所賦予的音樂；英國作家吉卜齡亦曾提及一個存在他筆中的精靈，他總是跟隨精靈的引領、等待，並照著做（Lubart, 2003；蔣國英譯，2007）。事實上，這樣對創造力抱持神祕取向的看法是為創造力研究領域中的一個早期研究取向（Sternberg, Lubart, Kaufman, & Pretz, 2005）。

後續於 20 世紀初，德國完形心理學家（Gestalt Psychologist）發展一系列頓悟問題（insight problem）。此類問題在解題時往往令解題者遭遇困境，但在某一時間點突然有茅塞頓開的「A-Ha!」經驗，是一種需要創造力的問題，因為熟悉的解題方式往往不是正確解題的途徑，解題者需跳出題目的框架，才能在條件限制的情況下找出可以達成目標的正確解答（Weisberg, 1995）。例如著名的九點問題（nine-dot problem，以四條連續直線通過 3×3 排列的九個點）（Maier, 1930）。研究者指出解決頓悟問題經歷四個階段：準備期（preparation，發現問題、收集有用訊息）、醞釀期（incubation，苦思不得後，將問題暫時擱置，並沒有針對問題的、有意識的工作）、豁朗期（illumination，醞釀期成熟之後，突然頓悟或出現靈感，迸出解決問題的新方法）以及驗證期（verification，對所得想法針對解題目標進行驗證），其中醞釀期與豁朗期並不在意識層面進行（Wallas, 1926）。在一個經典的實徵性研究中（Metcalfe & Wiebe, 1987），研究者令一半參與者解決頓悟問題，另一半參與者解決一般性的代數問題，要求所有參與者於解題過程中每 15 秒報告一次「感覺溫暖的程度」（feeling of warmth），即自己的解題狀態與解答有多接近。結果發現，解決代數問題組其感覺溫暖的程度隨著解題時間逐漸攀升，而解決頓悟問題組直到解出答案的前一次評量仍覺得自己距離遙遠，也就是解答的產出是驟然而生的，且解題者無法清楚意識自身的解題歷程。近來利用認知神經科學

的技術進行頓悟問題解決探討的研究也得到類近的結論，例如研究者利用腦波儀量測參與者解決頓悟問題時的腦波變化，發現在得出解答的前 1.5 秒，參與者的感覺皮質區（特別是視覺區）產生 alpha 腦波，即感覺皮質處於不激發狀態、暫停訊息接收，以利大腦顳葉（temporal lobe）中長期記憶的前意識（preconscious）概念整合（Jung-Beeman, Bowden, Haberman, Frymiare, Arambel-Liu, Greenblatt et al., 2004）。 另外，佛洛伊德的門徒 Kris（1952）曾提出理論，認為創造力涉及由意識處理的次級思考模式（secondary thinking mode）退化至（regress to）潛意識初級思考模式（primary thinking mode）的歷程。這些理論觀點與研究結果指向創造力與前意識或潛意識關係密切而不易檢證。

第二個令創造力難以明確定義的可能原因，來自於創造力研究領域中常存在分歧的結果。例如智力與創造力的關係為何？在 1970 年代探討智力與創造力是否為同一構念的研究中，研究者檢驗智力測驗分數與創造力表現間的相關程度，歸納出閾值理論（threshold theory）（Runco, 2007），即智力與創造力在一定智力程度以上（IQ 120）即無相關，智力與創造力是可被分離的兩個獨立心理構念；然而，另一些研究又顯示智力與創造力存在穩定的中度正相關（Sternberg et al., 2005）。情緒與創造力的關係也是諸多研究者很感興趣的議題，研究者透過音樂、影片、回憶等方式引發參與者不同的情緒狀態，再令其進行創造力測驗，檢驗何種情緒狀態有利於創造力表現。結果卻是，一些研究顯示正向情緒有利創造力表現（例如：Hirt, Devers, & McCrea, 2008）、一些研究顯示負向情緒對創造力有所助益（例如：Kaufmann & Vosburg, 1997），而一些研究又顯示在正、負向情緒狀態下的創造力表現皆優於中性情緒狀態（例如：Kaufmann, 2003）。此外，研究者探討高創造力者具有何種人格特質。在廣被使用的「創造力人格量表」（Creative Personality Scale, CPS）（Gough, 1979）中，研究者延伸形容詞檢核量表的方式指出高創造力者的人格特質包含能幹的、聰明的、幽默的、有洞察力的、智力高的、興趣廣泛的、深思的、足智多

謀的……等，若自評自身具有其中特質即可計分；Lubart（2003）也歸納出高創造力者具有堅毅、可容忍曖昧不明的狀態、對新經驗抱持開放態度、自信、敢冒險等正向的特質。然而，一些研究卻顯示高創造力者具有反社會態度、對社會議題漠不關心（Dellas & Gaier, 1970）、藝術家相較於一般人更不嚴謹（Feist, 1999）的負面發現，Eysenck（1995）更提出「創造力的因果理論」（the Causal Theory of Creativity）指出高創造力者具有精神分裂傾向（Psychoticism），且此人格特質具有基因基礎，是以可見歷史上許多傑出創作者常常受到精神疾病的困擾，例如音樂家舒曼、畫家梵谷以及獲得諾貝爾獎的數學家納許等。

貳、創造力的不同類型

上述有關創造力神祕的前意識或潛意識探討，目前不僅在創造力研究領域、且在整個心理學界，前意識歷程都是引起廣泛興趣與熱烈討論的議題，透過認知神經科學等技術或發展操作型定義指標的實徵研究，亦如火如荼的開展。至於創造力研究結果分歧的問題，一個解決的可能途徑為：更細緻化創造力的區別，也就是過去研究中常針對不同的族群、或是採用不同的創造力評量，而不同類型的創造力不應混為一談。

Sternberg（1999）提出創造力貢獻的推進理論（the Propulsion Theory of Creative Contributions），區分出不同類型的創造力貢獻，包括：複製（replication）——根據創作領域現存的狀態進行重複性的生產；重新定義（redefinition）——對創作領域現存的狀態進行重新定義；前向增進（forward incrementation）——跟隨現存領域移動的方向向前增進；進階向前增進（advanced forward incrementation）——比現存領域移動的方向更向前跨進一步；重新導向（redirection）——不跟隨現存領域移動的方向，而是從另一新的方向發展；重新建構／導向（reconstruction/redirection）——回復至現存領域過去的狀態再重

新發展;重新起始（reinitiation）——根據現存的領域重新創造起點，發展至不同方向。前四種類型屬於接受現存的典範，而後三種類型則為拒絕現存的典範。此理論闡明創造性作品不僅在程度上有所差異，亦具有不同類型，有助於在特定領域中評估創造性作品的特性並瞭解或引導領域的發展方向，可運用於不同領域中，包括科學性理論（Sternberg, 1999）、藝術與文學創作（Sternberg, Kaufman, & Pretz, 2001）或是創意領導（Sternberg, Kaufman, & Pretz, 2003）……等。

　　類近於推進理論對於創造性作品與貢獻不同類型的區分，Kaufman 和 Beghetto（2009）提出大 C（Big-C）以及專業 c（Pro-c）的概念。大 C 意指客觀評價下偉大的創造力成就，例如塞尚的畫作；而專業 c 則為在專業領域中進行創作或以此維生，但尚未受到社會公認或成名的創作者。上述推進理論以及大 C、專業 c 的看法聚焦於實際領域中創造性作品的分類。Kaufman 和 Beghetto（2009）另外區分出迷你 c（mini-c），意指每個人在日常生活中可能發生的主觀性創造經驗，例如嘗試一種新的菜色、聯想到一個新鮮有趣的主意……等。創造力研究領域中諸多研究者亦強調與重視這類個人層次的創造力展現，例如 Runco（2007）擴充 Rhodes（1961）4P 模型中歷程（Process）、成品（Product）、人格特質（Person）以及環境（Press）的觀點，加入說服（persuasion）與潛能（potential）兩個面向，其中潛能的面向有別於創意表現或成就，對應了迷你 c 的概念；心理計量領域中所發展的許多創造力測驗（例如發散性思考測驗）、或是前所提及的頓悟問題，也是在評量與探討一般人的創造力潛能差異。

　　Wakefield（1992）以兩個向度進一步區分探討一般性創意的創造力問題：問題的開放 vs. 封閉，以及解答的開放 vs. 封閉。若問題與解答皆為封閉式，則純屬邏輯性思考；若問題與解答皆為開放式，則為天馬行空式的創造性思考；頓悟問題定義並不明確，但具有唯一解答，屬於開放式問題、封閉式解答的象限；而發散性思考問題定義明確，但鼓勵多種答案，即具有封閉式問題、開放式解答的性質。

根據 Wakefield（1992）的看法，筆者在過去一系列的研究中以解答的性質將廣泛用來探討一般人創造力潛能的創造力問題分別稱為開放式創造力與封閉式創造力，前者意指發散性思考測驗中的問題，後者例如頓悟問題或是遠距聯想測驗（Remote Associates Test, RAT）（Mednick, 1968）。發散性思考測驗中的問題（例如：竹筷子有什麼功用？）（吳靜吉，1998）指示受測者針對問題產生大量且不平凡的反應，通常以四個指標來評量此能力：流暢力（fluency）──代表著在短時間產出大量想法的能力；變通力（flexibility）──代表著從不同角度思考問題的靈活性；獨創力（originality）──代表想法與眾不同的程度；精進力（elaboration）──代表在細部上描述事物的能力。著名且應用最廣的陶倫斯創造思考測驗（Torrance Tests of Creative Thinking, TTCT）（Torrance, 1966）即屬於此類。而在封閉式創造力問題方面，除了頓悟問題外，遠距聯想測驗根據連結理論（Mednick, 1962）的觀點所編製，題目中給予三個刺激詞（例如：rat, blue, cottage），受測者需聯想出一個與三個刺激詞皆相關的目標詞為解答（例如：cheese），以答題的正確率評量創造力程度。臺灣業已發展了一系列由兒童（羅珮文等人，2017）至成人（黃博聖、陳學志，2013）的中文詞彙遠距聯想測驗。若以創造力的兩大要素（新奇性與適切性）來看，開放式的發散性思考測驗著重於受測者想法的數量與新奇性，較不考量想法對目標的適切性（例如：用竹筷子來挖土，雖然新奇但卻不實用）。相較之下，封閉式的創造力問題有唯一正解，因此其解題需要兼顧想法的新奇性與適切性，以滿足條件限制而達成解題目標（林緯倫、連韻文、任純慧，2005；蔡秉勳、林緯倫、林烘煜，2013；Lin & Lien, 2013a）；兩類創造力具有不同的特性與要求。一些實徵研究確實也顯示同一受測者在開放式與封閉式創造力問題上的表現並無相關（例如：林緯倫等人，2005；黃博聖、陳學志、劉政宏，2012）。那麼，兩類創造力是否涉及不同的歷程？

參、創造力的雙重歷程理論

「雙重歷程理論」（dual-process theories）（Evans & Stanovich, 2013; Sloman, 1996; Stanovich & West, 2000）近年來由思考心理學家提出，獲得 2002 年諾貝爾經濟學獎的心理學家 Kahneman 所著的科普書籍《快思慢想》（*Thinking, Fast and Slow*, 2011）即以此理論解釋人們的決策與判斷行為。事實上，此雙重歷程的相關看法早見於心理學其他領域中，例如前述心理分析學家 Kris（1952）所提出的初級與次級思考模式、Shiffrin 和 Schneider（1977）對於自動化和控制歷程的探討，以及記憶現象中的內隱（implicit）或外顯（explicit）記憶的區別（Evans & Over, 1996; Reber, 1993）……等，統整於雙重歷程理論中。此理論認為人在進行同一認知活動（例如：推理作業）時可能涉及兩種不同歷程或運作模式，其一牽涉直覺的、連結的、經驗的、整體的歷程（稱為第一類歷程，Type 1 processing），另一則涉及抽象的、推理的、分析的、耗費認知資源的歷程（稱為第二類歷程，Type 2 processing）。以三段式論證（syllogism）為例，推理者需要根據前提判斷結論的真假（例如前提：沒有警犬是凶惡的。一些高度訓練的狗是凶惡的。推論：所以一些高度訓練的狗不是警犬），若這些敘述與個人先前的經驗或知識有關，推理者可藉由這些經驗或知識進行內容對錯的判斷（第一類歷程），或是根據抽象的形式邏輯進行推理（第二類歷程）。兩類不同的推理歷程一般稱為「以信仰為基礎」的推論歷程（belief-based process）以及「以邏輯為基礎」的推論歷程（logical-based process）（例如：Evans, 2003）。近年來，認知神經科學的證據亦支持自發的（spontaneous）與主導的（deliberate）運作歷程源於不同的神經通路（Dietrich, 2004; Dietrich & Kanso, 2010）。

根據「雙重歷程理論」的看法，筆者提出「創造力的雙重歷程理論」（Dual-process account of Creativity）（Lin, Hsu, Chen, & Wang, 2012; Lin & Lien, 2013a），分析不同創造力潛能評量涉及了不同的歷程。開

放式創造力問題並無一明確的解題目標，評量指標著重受測者想法的數量與新奇性，主要倚重第一類歷程直覺的、經驗的、連結的運作。而封閉式創造力問題有一明確的解題目標，除了新奇性外，需考量題目限制、兼併想法的適切性，涉及第一類型與第二類型歷程的交互運作。也就是開放式與封閉式創造力對於兩種歷程具有不同程度的涉入。

　　由於第一類歷程與第二類歷程的分野主要在於是否涉入認知資源，筆者與同事在一個研究（Lin & Lien, 2013a）的實驗一中以雙重作業典範（dual task paradigm）操弄認知資源的多寡，視其對兩類創造力表現的影響。研究中以 2×2 的實驗設計進行，令一般大學生參與者進行發散式的「新編創造思考測驗」（吳靜吉，1998）或是封閉式的規則發現作業（Wason〔1960〕的 2-4-6 作業，筆者區分假設產生歷程中的新角度假設與修正性假設，前者展現較高的創造力）（Lien & Lin, 2011）；另外，一半參與者接受剝奪認知資源的雙重作業操弄，在解決創造力問題的過程中，需要隨著節拍器的節奏（2 秒 1 次）循環且清楚地唸出「一千零一、一千零二、一千零三、一千零四、一千零五、一千零一⋯⋯」。結果發現，相較於依照標準程序進行的對照組，負荷組在規則發現作業的正確率顯著降低，也顯著難以產生符合題目條件要求且跳脫原假設框架的新角度假設；但在發散性思考方面，令人驚奇的，負荷組的表現非但沒有下降（不受認知資源限制），甚至部分指標的表現（例如流暢力）顯著高於對照組。筆者推論由於認知資源被剝奪無法進行第二類型歷程的運作，反而有利於第一類型歷程的發揮。同一研究的實驗二中採用個別差異的方法，評量參與者的認知資源多寡（操作廣度作業，operational span task，令參與者進行主要記憶作業的同時進行數字運算的次要作業，若主要作業表現越佳，代表認知資源或操作廣度越大）（Turner & Engle, 1989）、發散性思考、規則發現作業以及一些經典頓悟問題的表現，結果發現，個體的認知資源與規則發現作業中的正確率、新角度假設呈顯著

正相關，也與頓悟問題表現呈顯著正相關，但與發散性思考表現無關。此研究結果支持開放式與封閉式創造力對於第一類型與第二類型歷程的涉入程度不同。

根據「雙重歷程理論」（Evans & Stanovich, 2013）的看法，第二類型歷程的順序性運作相較於第一類型歷程的平行性運作反應較慢，因此若要能順利進行第二類型歷程，需要抑制第一類型歷程的快速反應。筆者與同事以提取引發遺忘作業（Retrieval-Induced Forgetting task, RIF）（Anderson, Bjork, & Bjork, 1994）探討認知抑制（cognitive inhibition）與兩類創造力表現的關係（Lin & Lien, 2013b）。在提取引發遺忘作業中，首先令參與者學習類別名稱與例子的配對（例如：花－百合、花－滿天星、衣物－裙子……等），接著練習其中一些類別中一半例子的提取（例如，花的類別中僅練習「花－ㄅ」，此時「百合」稱為 Rp+ 例子，Retrieval-Practiced examples），經過分心作業後，再進行所有類別的自由回憶。研究穩定的發現提取引發遺忘效果，即與練習時提取目標同一類別下的相關概念（例如「滿天星」，稱為 Rp- 例子，亦即未經提取練習例子）的回憶率會低於與提取目標不同類別的無關概念（例如「裙子」，稱為 Nrp 例子）的回憶率。Anderson 等人（1994; Anderson & Spellman, 1995）認為此現象反映了由記憶中提取某一特定概念（練習階段中提取「百合」）時，與此概念相關高的其他概念（「滿天星」）會與其產生競爭而受到抑制。因此 Nrp 例子（未在練習階段中受到激發或抑制，作為對照基準）與 Rp- 例子的回憶率差即可代表抑制功能高低的指標。筆者與研究團隊在實驗一中先由上百位參與者中經前測篩選出發散思考表現優異的開放式創造力組、規則發現作業表現優異的封閉式創造力組，以及表現一般的對照組，令三組參與者進行提取引發遺忘作業測量其認知抑制程度。結果發現，封閉式創造力組與對照組顯示穩定的提取引發遺忘效果，但開放式創造力組則無；且實驗二中以個別差異方法進行研究，亦顯示開放式創造力表現與認知抑制呈現顯著負相關。此結果意涵了較低的認知抑制

程度無法順利進行第二類型歷程對第一類型歷程的抑制，有利於第一類型運作以及開放式創造力表現，而發散性思考表現優異者因為較低的認知抑制程度，更擅於第一類型歷程的運作。

　　過去研究顯示高創造力者具有較大的注意力寬廣程度（breadth of attention），更能注意到除了目標以外的無關訊息。例如 Dykes 和 McGhie（1976）發現高創造力者在雙耳分聽的作業中較一般人更能攫取無關頻道的訊息；Mendelsohn 等人（1966, 1972, 1976）、Ansburg 與 Hill（2003）發現在遠距聯想測驗中的高分者，更能利用原本無關的周邊訊息來解決目標作業。筆者認為，要能收錄並處理周邊訊息需要較高的認知資源，而擅於第一類型與第二類型歷程交互運作的封閉式創造力表現優異者，應較僅擅於第一類型歷程運作的開放式創造力表現優異者具有更大的注意力寬廣程度。研究中以有效視覺場域作業（useful field of view task）（改編自 Sekuler, Bennett, & Mamelak, 2000）以及說數作業（enumeration task）（參考自 Green & Bavelier, 2003）測量參與者注意力的範圍與數量。有效視覺場域作業是在電腦螢幕中凝視點（圓心）10°、20° 以及 30° 視角的米字形八個方位處快速呈現目標刺激後消失，隨後呈現遮蔽項，要求參與者正確的判斷刺激出現的位置；說數作業則是在電腦螢幕中隨機快速呈現 1 ～ 10 個的白色實心方塊，要求參與者判斷刺激的數量。結果發現，以頓悟問題表現區分創造力高、低組，高分組在有效視覺場域作業與說數作業中皆較低分組有顯著較高的正確率（楊倬睿、林緯倫、周蔚倫，2014），顯示封閉式創造力表現優異者具有較高認知資源與較大的注意力寬廣程度。研究中另顯示這樣較大的注意力寬廣程度有利於建立較豐富的知識表徵（較平緩的概念連結層級）（Mednick, 1962），而發散性思考表現優異者則與一般人的知識表徵型態無異（亦見林緯倫等人，2005）。

　　筆者與研究團隊陸續探討一些個人變項因素與兩類創造力的不同關係。以 HEXACO-PI-R 的中譯版（Hsu, 2010）測量大學生參與者的大五（Big-Five）人格特質，同時測量參與者開放式與封閉式創造力

表現，相關分析結果發現，開放式創造力表現與對新經驗的開放性人格特質以及外向性呈現顯著正相關，而封閉式創造力表現則與情緒不穩定性呈現顯著負相關（Lin et al., 2012）。另一個研究中，以理性－經驗量表（Rational-Experiential Inventory, REI）的中譯版（陳柏宏，2010）測量參與者的認知風格（個體偏好處理訊息的方式），同時測量參與者開放式與封閉式創造力表現，相關分析結果發現，開放式創造力表現與經驗認知風格（整體性、直覺式的思考偏好）呈現顯著正相關，而封閉式創造力表現則與通用認知風格（versatile cognitive style）（Sadler-Smith, 2009）有關，即越能兼併使用經驗、理性認知風格（分析式、邏輯性思考偏好）者，封閉式創造力表現越佳（劉珈妤、林緯倫、蔡秉勳，2016）。此外，根據過去研究者指出，女性較倚重第一類型歷程運作而男性更擅於第二類型歷程運作（Wang, 2011），我們的研究也發現，女性大學生參與者在發散性思考測驗的表現優於男性大學生參與者，而男性大學生參與者在頓悟問題作業的表現則較佳（Lin et al., 2012）。這些結果呼應了「創造力的雙重歷程理論」。

誠如前已提及，研究探討情緒與創造力的關係常產生不一致的結果，筆者與研究團隊採用 5×2 的實驗設計，以影片操弄大學生參與者五種情緒狀態（高度正向、中度正向、中性、中度負向以及高度負向），並分別進行開放式與封閉式創造力作業，結果發現，中度正向情緒狀態有利於封閉式創造力表現，而越高程度的正、負向情緒狀態皆有利於開放式創造力表現（蔡秉勳、林緯倫、林烘煜，2013）。我們進一步探討中度正向情緒提升封閉式創造力表現的機制。過去研究顯示正向情緒可提升認知彈性（cognitive flexibility），例如在產生或選擇假設時使用更彈性的策略（De Dreu, Bass, & Nijstad, 2008）、在整體－局部作業中更能靈活轉換注意力（Baumann & Kuhl, 2005）⋯⋯等，筆者與研究團隊認為，這樣的效果對於涉及第一類型與第二類型歷程交互運作的封閉式創造力至為關鍵。研究中以轉換作業（switch task）（Dreisbach & Goschke, 2004）測量參與者的認知彈性，在前 40 次嘗試中，電腦中以綠色與紫色呈現兩個 2~9 的數字，參與者被要求盡量又快又正確的判斷綠色數字為奇數抑或是偶數；而判斷規則由第 41 次嘗試開始轉變，此時呈現綠色與灰色的數字，參與者需又快又正確的對灰色數字進行判斷。研究穩定的發現，規則轉換後五次嘗試的反應時間顯著大於規則轉換前五次嘗試的反應時間，此即為轉換花費（switch cost），可作為認知彈性的指標，若轉換花費越小，代表越能彈性轉換規則。研究中參與者在接受情緒影片的操弄後（中度正向、中性、中度負向）進行轉換作業，再進行開放式或是封閉式創造力作業。中介分析結果發現，正向情緒狀態透過提升參與者的認知彈性促進封閉式創造力表現，但開放式創造力無此中介效果（Lin, Tsai, Lin, & Chen, 2013），支持我們的看法。

根據皮亞傑對認知發展的階段理論（Piaget, 1970），抽象、邏輯、假設性推理的認知能力於形式運思期（period of formal operations）始得展現，即第二類型歷程運作應由國小中、高年級之後逐漸衍生、發展。筆者與同事採用縱貫順序法設計（longitudinal-sequential design），針對國小三至五年級學童，於兩年期中評量其開放式創造力、封閉式創造力表現的發展趨勢，並以三段式論證作業（劉蓓蓓，2007）評量學童的演繹推理能力。如前述，此三段式論證作業設計了邏輯正確度與結論可信度相衝突的題目，學童若越能正確的進行邏輯判斷，越能反映第二類型歷程運作的能力。結果發現，開放式創造力表現於三年級至四年級呈現下滑的趨勢，顯示了典型的四年級滑落現象（fourth-grade slump）（Torrance, 1968）；然而，封閉式創造力表現及三段式論證表現則由三年級至五年級逐漸上升，且推理能力能顯著預測封閉式創造力的發展，無法預測開放式創造力的表現（Lin & Shih, 2016a）。此結果顯示第二類型歷程運作（或是形式運思）的萌芽妨礙了倚重經驗、直覺、連結式運作的開放式創造力（亦見 Guignard & Lubart, 2006），但對封閉式創造力的發展有所助益。

近來，筆者與研究團隊採用認知神經科學方法探討「創造力的雙重歷程理論」的生理基礎。過去研究指出，初級思考模式（即第一類型歷程運作）涉及 alpha 波的腦波狀態，而次級思考模式則涉及 beta 波（Lindsley, 1960; von Stein & Sarnthein, 2000）。研究中的實驗一中經由前測篩選出開放式與封閉式創造力表現優異者以及表現一般者，令其分別進行中文詞自由聯想作業（開放式）以及中文遠距聯想作業（封閉式）（任純慧、陳學志、練竑初、卓淑玲，2004），前者的每個嘗試中給予參與者一個中文詞彙（例如：海洋），令其在一分鐘內自由聯想相關的詞彙，並根據常模比較其聯想的獨創性；後者的每個嘗試中呈現三個中文字（例如：療、防、統），參與者需於一分鐘內想出與三個字皆能形成合法中文詞彙的中文字（例如：治），每題有唯一正解。在每嘗試的一分鐘解題歷程中，參與者同時接受腦波儀的測量，分析題目呈現後 5~35 秒的腦波狀態，分析指標為 alpha 波的頻次、beta 波的頻次，以及 alpha 與 beta 的轉換頻次。回歸分析結果發現，alpha 波的頻次能顯著預測開放式創造力表現，而 alpha 與 beta 的轉換頻次則顯著預測封閉式創造力表現。實驗二中我們複製過去 Martindale 和 Armstrong（1974）未發現顯著效果的作法，區分了兩類創造力，評量兩類創造力表現優異者的腦波控制能力（cortical control）。實驗程序以神經回饋儀（Neurofeedback）進行，參與者接受四段為時 150 秒的回饋程序，告知參與者若能處於自由自在幻想的狀態，儀器即會發出聲音（神經回饋儀偵測到 alpha 波時發出 400Hz 的回饋音）；若處在專注的心理狀態，儀器就不會發出聲音。前兩段嘗試為 alpha 波增加嘗試，參與者被要求盡量讓回饋音出現；後兩段嘗試為 alpha 波減少嘗試，參與者被要求盡量不讓回饋音出現，腦波控制能力指標為 alpha 波增加嘗試與 alpha 波減少嘗試的平均 alpha 波頻次差異，若差異越大，代表越能在 alpha 波增加嘗試產生 alpha 波狀態，而在 alpha 波減少嘗試避免 alpha 波的產生，即有較佳的腦波控制能力。呼應了實驗一的發現，封閉式創造力表現優異者比一般者具

有顯著較高的腦波控制能力,而開放式創造力表現優異者僅較一般者於 alpha 波增加嘗試產生較多 alpha 波(Li, Tseng, Tsai, Huang, & Lin, 2016),即封閉式創造力涉及第一類型與第二類型歷程運作的轉換,反映於 alpha 波、beta 波的彈性轉換與控制能力上。

藉由上述的發現,筆者與同事進一步以神經回饋程序設計提升創造力表現的介入方式。在「alpha 波增加組」的每次訓練中,要求一般大學生參與者於四段 150 秒的嘗試中盡量讓回饋音出現,「alpha 波轉換組」則被要求前兩段讓回饋音出現、後兩段不要讓回饋音出現。為使研究情境一致,對照組參與者進行同樣時間的腦波測量,但僅計數預先錄製好回饋音,不需進行神經回饋的練習。經過為期十天的訓練或測量後,alpha 波增加組確實提升了 alpha 波的產生,alpha 波轉換組提升了 alpha 波增加與減少的控制能力,而對照組的腦波狀態則無改變。更重要的是,以共變數分析(ANCOVA)控制三組參與者開放式與封閉式創造力的前測表現,後測採用副本測驗時,alpha 波增加組較對照組顯著提升了開放式創造力表現,封閉式創造力則無差異;而 alpha 波轉換組在開放式與封閉式創造力表現上皆顯著高於對照組(Lin & Shih, 2016b)。此結果顯示針對創造力歷程設計介入方式的有效性,僅 alpha 波轉換訓練能有效提升封閉式創造力表現。上述所回顧的一系列實徵研究結果亦支持開放式與封閉式創造力潛能涉及不同的歷程,應加以區分。

肆、對華人創造力的意涵

雖然筆者的研究聚焦於以認知觀點與角度探討一般人的創造力潛能,並未比較華人與西方或其他民族的創造力表現差異,也並未探討創造性作品或創意成就,但這些研究結果對於華人創造力議題應有所啟發。正如創造力研究取向中的匯流取向(confluence approaches)(Sternberg et al., 2005)所強調,創造性作品或創意成就需要多方條件

的配合始得展現，包括動機、領域能力、創造力相關技能（Amabile, 1996），或是人格、動機、環境條件、智力、認知風格、智力（Sternberg & Lubart, 1996）……等觀點，但創造力潛能是其中最關鍵與重要的條件（Eysenck, 1995; Sternberg et al., 2005）。研究者曾指出藝術創意與科學創意的差異，藝術家較不受限於客觀事實的解釋去「創作」（create）作品，而科學家依據現象與證據「發現」（discover）自然界的規律（Simonton, 2008; Stent, 2001）。筆者認為開放式與封閉式創造力潛能的區別可類比於藝術家與科學家的分野，例如自然取向研究中屢屢發現藝術家伴隨著負向情緒問題（Lubart, 2003；蔣國英譯，2007），與筆者研究中發現負向情緒促進發散性思考的結果吻合；過去研究中顯示藝術家在創作時十分容易受到噪音干擾，例如作曲家 Edward Elgar 為了逃避汽車的噪音而躲進衣櫥中創作（Kasof, 1997），與筆者研究發現開放式創造力表現優異者的認知抑制功能較低一致；Feist（1999）藉由後設分析發現藝術家與科學家具有不同的人格特質，亦顯現於筆者研究中人格特質與兩類型創造力潛能的不同關係上。若開放式與封閉式創造力潛能可具體而微地反映藝術創意與科學創意的差異，根據其涉及的不同歷程，學校教育中培養不同創意人才的方式也應有所區別，特別在華人的教育體系中，往往著重於學科領域的琢磨，忽略藝術課程的陶冶，非但不利於開放式創造力潛能、藝術潛質的培育，甚至有礙需要第一類型歷程與第二類型歷程交互運作的封閉式創造力、科學創意的發展，值得吾等深思。

參考文獻

・任純慧、陳學志、練竑初、卓淑玲（2004）。創造力測量的輔助工具：中文遠距聯想量表的發展。應用心理研究，21，195-217。
・吳靜吉（1998）。新編創造力思考測驗研究。教育部輔導工作六年計畫研究報告。執行單位：學術交流基金會。
・林緯倫、連韻文、任純慧（2005）。想得多是想得好的前提嗎？探討發散性思考能力在創造力問題解決的角色。中華心理學刊，47，211-227。
・陳柏宏（2010）。心理距離對超自然現象信念之影響：理性－經驗系統的調節效果。國防大學心理與社工學系研究所之碩士論文，未出版。

· 賀桂芬（2016 年 4 月）。李開復：最大白領失業潮來襲 4 種「師」首當其衝。天下雜誌，596 期。取自 https://www.cw.com.tw/article/article.action?id=5075945。

· 黃孝如、胡琦君（譯）（2011）。讓創意自由（原作者：K. Robinson）。臺北：遠見天下。

· 黃博聖、陳學志（2013）。遠距聯想創造測驗指導手冊。臺北：中國行為科學社。

· 黃博聖、陳學志、劉政宏（2012）。「中文詞彙遠距聯想測驗」之編製及其信、效度報告。測驗學刊，59，581-607。

· 楊倬睿、林緯倫、周蔚倫（2014）。注意力如何影響創造力表現？探討注意力寬廣程度與創造力的關係及知識表徵的中介效果。創造學刊，5，5-30。

· 劉珈妤、林緯倫、蔡秉勳（2016）。對的風格遇上對的人，謂之創意──人格特質、認知風格與兩類創造力之關係探討。教育心理學報，48，211-228。

· 劉蓓蓓（2007）。如何提升兒童的科學推理表現──探討練習時認知負荷量與工作記憶廣度的影響。國立臺灣大學心理學研究所碩士論文，未出版。

· 蔡秉勳、林緯倫、林烘煜（2013）。心情對了，創意就來了──情緒對發散性思考與頓悟問題解決的不同影響。教育心理學報，45，19-38。

· 蔣國英（譯）（2007）。創意心理學──探索創意的運作機制，掌握影響創造力的因素（原作者：T. Lubart）。臺北：遠流出版。（原著出版年：2003）

· 羅珮文、游勝翔、黃博聖、陳學志、施依伶、林緯倫（2017）。兒童封閉式創造力潛能測量：「兒童版中文詞彙遠距聯想測驗」之編製及信、效度研究。測驗學刊，64，237-258。

· Abdulla, A. M., & Cramond, B. (2017). After Six Decades of Systematic Study of Creativity: What Do Teachers Need to Know About What It Is and How It Is Measured? *Roeper Review*, 39, 9-23.

· Amabile, T. M. (1996). *Creativity in context: Update to the social psychology of creativity*. Boulder, CO: Westview Press.

· Anderson, M. C., & Spellman, B. A. (1995). On the status of inhibitory mechanisms in cognition: Memory retrieval as a model case. *Psychological Review*, 120, 68-100.

· Anderson, M. C., Bjork, R. A., & Bjork, E. L. (1994). Remembering can cause forgetting: Retrieval dynamics in long-term memory. *Journal of Experimental Psychology: Learning Memory and Cognition*, 20, 1063-1087.

· Ansburg, P. I., & Hill, K. (2003). Creative and analytic thinkers differ in their use of attentional resources. *Personality and Individual Differences*, 34, 1141-1152.

· Baumann, N., & Kuhl, J. (2005). Positive affect and flexibility: Overcoming the precedence of global over local processing of visual information. *Motivation and Emotion*, 29, 123-134.

· De Dreu, C. K. W., Baas, M., & Nijstad, B. A. (2008). Hedonic tone and activation level in the mood-creativity link: Toward a dual pathway to creativity model. *Journal of Personality and Social Psychology*, 94, 739-756.

· Dellas, M., & Gaier, E. L. (1970). Identification of creativity: The individual. *Psychological Bulletin*, 73, 55-73.

· Dietrich, A. (2004). The cognitive neuroscience of creativity. *Psychonomic Bulletin & Review*, 11, 1011-1026.

· Dietrich, A., & Kanso, R. (2010). A review of EEG, ERP, and neuroimaging studies of creativity and insight. *Psychological bulletin*, 136, 822-848.

· Dreisbach, G., & Goschke, T. (2004). How positive affect modulates cognitive control: Reduced perseveration at the cost of increased distractibility. *Journal of Experimental Psychology: Learning, Memory, and Cognition*, 30, 343-353.

· Dykes, M., & McGhie, A. (1976). A comparative study of attentional strategies of schizophrenic and highly creative normal subjects. *British Journal of Psychiatry*, 128, 5-56.

· Evans, J. St. B. T. (2003). In two minds: dual-process accounts of reasoning. *Trends in Cognitive Science*, 7, 454-459.

· Evans, J. St. B. T., & Over, D. E. (1996). *Rationality and reasoning*. Hove: Psychology Press.

· Evans, J. St. B. T., & Stanovich, K. E. (2013). Dual-process theories of higher cognition advancing the debate. *Perspectives on Psychological Science*, 8, 223-241.

· Eysenck, H. J. (1995). *Genius: The natural history of creativity*. Cambridge, UK: Cambridge University Press.

· Feist, G. J. (1999). The influence of personality on artistic and scientific creativity. In R. J. Sternberg (Ed.), *Handbook of Creativity* (pp. 273-296). Cambridge, England: Cambridge University Press.

· Gough, H. G. (1979). A creative personality scale for the Adjective Check List. *Journal of Personality and Social Psychology*, 37, 1398-1405.

· Green, C. S., & Bavelier, D. (2003). Action video game modifies visual selective attention. *Nature*, 423, 534-537.

· Guignard, J. H., & Lubart, T. I. (2006). Is it reasonable to be creative? In J. C. Kaufman & J. Baer (Eds.), *Creativity and reason in cognitive development* (pp. 269-281). Cambridge, UK: Cambridge University Press.

· Hirt, E. R., Devers, E. E., & McCrea, S. M. (2008). I want to be creative: Exploring the role of hedonic contingency theory in the positive mood-cognitive flexibility link. *Journal of Personality and Social Psychology*, 94, 214-230.

· Hsu, K. Y. (2010). *The age differences of personality traits on HEXACO–PI–R from early adolescence to adulthood*. Unpublished manuscript, Fo-Guang University, Ilan, Taiwan.

· Jung-Beeman, M., Bowden, E. M., Haberman, J., Frymiare, J. L., Arambel-Liu, S., Greenblatt, R., & Kounios, J. (2004). Neural activity when people solve verbal problems with insight. *PLoS biology*, 2 (4), e97. https://doi.org/10.1371/journal.pbio.0020097

· Kahneman, D. (2011). *Thinking, Fast and Slow*. New York, NY: Farrar, Straus and Giroux.
· Kasof, J. (1997). Creativity and Breadth of Attention. *Creativity Research Journal*, 10, 303-315.
· Kaufman, J. C., & Beghetto, R. A. (2009). Beyond big and little: The four C model of creativity. *Review of General Psychology*, 13, 1-12.
· Kaufmann, G. (2003). Expanding the mood-creativity equation. *Creativity Research Journal*, 15, 131-135.
· Kaufmann, G., & Vosburg, S. K. (1997). "Paradoxical" mood effects on creative problem solving. *Cognition and Emotion*, 11, 151-170.
· Kris, E. (1952). *Psychoanalytic exploration in art*. New York, NY: International Universities Press.
· Li, Y. H., Tseng, C. Y., Tsai. C. H., Huang, C. H., & Lin, W. L. (2016). Different brain wave patterns and cortical control abilities in relation to different creative potentials. *Creativity Research Journal*, 28, 89-98.
· Lien, Y. W., & Lin, W. L. (2011). From falsification to generating an alternative hypothesis: Exploring the role of the new-perspective hypothesis in successful2-4-6 task performance. *Thinking and Reasoning*, 17, 105-136.
· Lin, W. L., & Lien, Y. W. (2013a). The different role of working memory in open-ended versus closed-ended creative problem solving: A dual-process account. *Creativity Research Journal*, 25, 85-96.
· Lin, W. L., & Lien, Y. W. (2013b). Exploration of the relationships between retrieval-induced forgetting effects with open-ended versus closed-ended creative problem solving. *Thinking Skills and Creativity*, 10, 40-49.
· Lin, W. L., & Shih, Y. L. (2016a). The developmental trends of different creative potentials in relation to children's reasoning abilities: From a cognitive theoretical perspective. *Thinking Skills and Creativity*, 22, 36-47.
· Lin, W. L., & Shih, Y. L. (2016b). Designing EEG neurofeedback procedures to enhance open-ended versus closed-ended creative potentials. *Creativity Research Journal*, 28, 458-466.
· Lin, W. L., Hsu, K. Y., Chen, H. C., & Wang, J. W. (2012). The relations of gender and personality traits on different creativities: A dual-process theory account. *Psychology of Aesthetics, Creativity, and the Arts*, 6, 112-123.
· Lin, W. L., Tsai, P. H., Lin, H. Y., & Chen, H. C. (2014). How does emotion influence different creative performances? The mediating role of cognitive flexibility. *Cognition and Emotion*, 28, 834-844.
· Lindsley, D. B. (1960). Attention, consciousness, sleep and wakefulness. In J. Field, H. W. Magoun, & V. E. Hall (Eds.), *Handbook of physiology: Section 1. Neurophysiology* (Vol. 3, pp. 1553-1593). Washington, DC: American Physiological Society.
· Lubart, T. (2003). *Psychologie de la créativité*. Paris: Armand Colin.
· Maier, N. R. F. (1930). Reasoning in humans. I. On direction. *Journal of Comparative Psychology*, 10, 115-143.
· Martindale, C., & Armstrong, J. (1974). The relationship of creativity to cortical activation and its operant control. *Journal of Genetic Psychology*, 124, 311-320.
· Mednick, S. A. (1962). The associative basis of the creative process. *Psychological Review*, 69, 220-232.
· Mednick, S. A. (1968). The Remote Associates Test. *The Journal of Creative Behavior*, 2, 213-214.
· Mendelsohn, G. A. (1976). Associative and attentional processes in creative performance. *Journal of Personality*, 44, 341-369.
· Mendelsohn, G. A., & Griswold, B. (1966). Assessed creative potential, vocabulary level, and sex as predictors of the use of incidental cues in verbal problem solving. *Journal of Personality and Social Psychology*, 4, 423-431.
· Mendelsohn, G. A., & Lindholm, E. (1972). Individual differences and the role of attention in the use of cues in verbal problem solving. *Journal of Personality*, 40, 226-241.
· Metcalfe, J., & Wiebe, D. (1987). Intuition in insight and noninsight problem solving. *Memory & cognition*, 15, 238-246.
· Piaget, J. (1970). Piaget's theory. In P. Mussen (Ed.), *Carmichael's manual of child psychology* (Vol. 1) (pp. 703-732). New York, NY: Wiley.
· Plucker, J. A., Kaufman, J. C., & Beghetto, R. A. (2015). *What We Know about Creativity*. P21 Research Series, Washington DC: Partnership for 21st Century Learning. http://www.p21.org/our-work/4cs-research-series/creativity
· Reber, A. S. (1993). *Implicit learning and tacit knowledge*. Oxford: Oxford University Press.
· Rhodes, M. (1961). An analysis of creativity. *The Phi Delta Kappan*, 42, 305-310.
· Robinson, K. (2011). *Out of our minds: Learning to be creative*. John Wiley & Sons.
· Runco, M. A. (2007). *Creativity: Theories and themes: Research, development and practice*. Oxford, UK: Elsevier Academic Press.
· Sadler-Smith, E. (2009). A duplex model of cognitive style. In L. F. Zhang & R. J. Sternberg (Eds.), *Perspectives on the nature of intellectual styles* (pp. 3-28). New York, NY: Springer.
· Sekuler, A. B., Bennett, P. J., & Mamelak, M. (2000). Effects of aging on the useful field of view. *Experimental Aging Research*, 26, 103-120.
· Shiffrin, R. M., & Schneider, W. (1977). Controlled and automatic human information processing II: Perceptual learning, automatic attending and a general theory. *Psychological Review*, 84, 127-189.
· Simonton, D. K. (2008). Creativity and genius. In O. P. John, R. W. Robins, & L. A. Pervin (Eds.), *Handbook of personality: Theory and research* (pp. 679-700). New York, NY: Guilford.

· Sloman, S. A. (1996). The empirical case for two systems of reasoning. *Psychological Bulletin*, 119, 3-22.

· Stanovich, K. E., & West, R. F. (2000). Individual differences in reasoning: Implications for the rationality debate. *The Behavioral and Brain Science*, 23, 645-726.

· Stent, G. S. (2001). Meaning in art and science. In K. H. Pfenninger & V. R. Shubik (Eds.), *The origins of creativity* (pp. 31-42). Oxford, UK: Oxford University Press.

· Sternberg, R. J. (1999). A propulsion model of types of creative contributions. *Review of General Psychology*, 3, 83-100.

· Sternberg, R. J., & Lubart, T. I. (1996). Investing in creativity. *American psychologist*, 51, 677-688.

· Sternberg, R. J., Kaufman, J. C., & Pretz, J. E. (2001). The propulsion model of creative contributions applied to the arts and letters. *Journal of Creative Behavior*, 35, 75-101.

· Sternberg, R. J., Kaufman, J. C., & Pretz, J. E. (2003). A propulsion model of creative leadership. *Leadership Quarterly*, 14, 455-473.

· Sternberg, R. J., Lubart, T. I., Kaufman, J. C., & Pretz, J. E. (2005). Creativity. In K. J. Holyoak & R. G. Morrison (Eds.), *The Cambridge handbook of thinking and reasoning* (pp. 351-369). Cambridge, MA: Cambridge University Press.

· Torrance, E. P. (1966). *The torrance tests of creative thinking-norms-technical manual research edition-verbal tests, forms A and B-Figural tests, forms A and B*. Princeton, NJ: Personnel Press.

· Torrance, E. P. (1968). A longitudinal examination of the fourth grade slump in creativity. *Gifted Child Quarterly*, 12, 195-199.

· Trilling, B., & Fadel, C. (2009). *21st Century Skills: Learning for Life in Our Times*. San Francisco, CA: John Wiley & Sons.

· Turner, M. L., & Engle, R. W. (1989). Is working memory capacity task dependent? *Journal of Memory and Language*, 28, 127-154.

· von Stein, A., & Sarnthein, J. (2000). Different frequencies for different scales of cortical integration: From local gamma to long range alpha/theta synchronization. *International Journal of Psychophysiology*, 38, 301-313.

· Wakefield, J. F. (1992). *Creative thinking: Problem-solving skills and the art orientation*. Norwood, NJ: Ablex.

· Wallas, G. (1926). *The art of thought*. New York, NY: Harcourt Brace Jovanovich.

· Wang, J. W. (2011). *Gender differences in the development of implicit and explicit scientific thinking*. Unpublished manuscript, Fo-Guang University, Ilan, Taiwan.

· Wason, P. C. (1960). On the failure to eliminate hypotheses in a conceptual task. *Quarterly Journal of Experimental Psychology*, 12, 129-140.

· Weisberg, R. W. (1995). Case studies of creative thinking: reproduction versus restructuring in the real world. In S. M. Smith, T. B. Ward, & R. A. Finke (Eds.), *The creative cognition approach* (pp. 53-72). Cambridge, MA: MIT Press.

臺灣的想像力與創造力教育：
與系統觀點共舞

郭旭展

摘要

研究者主要整合了 Csikszentmihalyi and Wolfe（2000）、Amabile（1996）、Sternberg and Lubart（1995）等學者的觀點，透過實徵資料的分析驗證而發展了「想像力與創造力教育系統」觀點。在該系統中，想像力與創造力教育的實踐主要由三個互為因果、相互連結的動態次系統所組成，它們分別為（1）學習文化（Learning cultures）、（2）學習者（Learners），以及（3）開放學門（Open field）。本文將對上述三種次系統進一步探討，並針對各子系統提出相關教育指標，以供教育當局及教育工作者用來檢視想像力及創造力教育的規劃與實踐。

關鍵字：想像力教育、創造力教育、創造力系統理論

郭旭展，國立成功大學教育研究所及師資培育中心助理教授。

壹、前言

> 在還沒有進行創造力與未來想像課程之前，美術課的考試作業是
> 畫一朵花」……我們連畫一朵花都要畫得一模一樣，一樣的順
> 序、一樣的輪廓、一樣的顏色，不然會被教師罵、處罰或扣分。
>
> （引自 Kuo, 2014: 183）

　　這是發生在一群天真無邪四年級學生的真實案例，大概也是很多
在華人教育現場的縮影，雖然殘酷卻也極為真實。在我過去所受的教
育當中，這樣箝制想像與創造的國家機器不斷有意無意的影響著我們
一切的所見、所學、所說、所做。不知不覺、睜隻眼閉隻眼，以及沉
默不語就這樣烙印在我們及下一代學子身上，有人說這是「槍聲中且
戰且走」或「黑暗裡找光」，我說這是「裝睡的人叫不醒」。

　　本文將於下面各節中依序回答三個有趣卻關鍵的教育問題，包含
（1）除了臺灣以外，想像力及創造力教育在世界各國是否受到重視？
（2）如何有效地進行想像力與創造力教學？過去文獻是否已為想像力
及創造力教育指引出一些方向？（3）如何以「系統」觀點討論想像
力與創造力教育？此外，是否有明確的教育指標能供教育當局及教育
工作者作為想像力及創造力教育規劃與實踐之依據。

貳、想像力與創造力的培育為世界趨勢

　　人類文明的演進、國家社會的變化，都極度仰賴著人們對於生
命、生存，以及生活的各種想像，它影響著國家、社會、經濟、文
化，以及每位個體。因此，想像力、創造力，以及創新被視為是國家
競爭力的代名詞（Egan, 2005; Leonard & Straus, 1997）。過去許多研究
指出想像力與創造力具有剪不斷理還亂的連帶關係（Imagination Insti-
tute, 2014; Mellou, 1995, 1996; Wang et al., 2014; 邱發忠等，2012）。想

像是創造所需要的條件，但並非充分條件（Imagination Institute, 2014; Robinson, 2013; Mapes, 2014）。創造力被視為各個工作領域的核心能力（Chermahini & Hommel, 2010; Shalley, Zhou, & Oldham, 2004）。想像與創造存在於環環相扣且相互依存的動態網絡中，以達爾文的現代演化論（Modern Evolutionary Theory）來看，演化機制（the mechanism of evolution）源自某一物種中產生或已存在的「變異」（variation that exists among organisms within a species），而物種的變異必須經過天擇與人擇之挑選，因為適者生存（survival of the fittest/strongest），所以那些經過嚴苛考驗而生存下來的變異得以複製繁衍。大膽借用現代演化論的觀點，我們的所有想像，都可視為是變異的開端，而所有變異與演化都是創造力的體現。想像力可被視為創造力的「引擎」，想像大致決定了創造的可能範圍（White, 1990；邱發忠等，2012）。更簡單來說，創造需要想像當成基礎，但想像卻未必能夠成就創造，因此想像是創造所需要的條件，但並非充分條件。「創造是想像經過產品校標執行後之成品」，想像力到創造力之間需要透過一層篩選機制（Filter），它由許多因素所組成，包含有人格特質、知識、智慧、動機、機會、實踐能力、外界回饋、邏輯推演等。

　　許多領域均強調想像創造的重要，包含教育領域（Craft et al., 2007; McLellan & Galton, 2012; Csikszentmihalyi & Wolfe, 2000; Amabile & Hennessey, 1992; Sternberg & Lubart, 1995, 1996）、商業與工業領域（Florida, 2002, 2005a, 2005b）及工商管理領域（Amabile et al., 2005; Amabile et al., 2006）。Beghetto（2010）更直言想像力與創造力教育已成為全世界的教育政策。許多國家將想像力與創造力教育視為是國家發展的重要基石，也有許多機構發展研究中心來推廣相關教育計畫。以臺灣為例，教育部於 2002 年出版了《創造力教育政策白皮書》，也正式揭開了臺灣創造力教育蓬勃發展的序章。期許臺灣成為「創造力王國」（Republic of Creativity, R.O.C）。從 2011 年開始，臺灣進入了另一個想像力與創意人才培育階段。除了原本推行的創造力教育，

進一步將教育焦點擴散至全民想像力培育。希望「透過未來想像教育，豐富學子的思想資源，提升核心價值問題之思考能力，從而引導出社會整體之多元角度的科技與人文素養，及整體性地思考未來及未來想像的能力」。教育部成立相關辦公室，廣納各領域的專家學者來共同推動「未來想像與創意人才培育」。該計畫與英國的創意夥伴計畫有相同的假設——「未來世界中有 60% 的工作今天還沒有被創造出來，因此，我們希望培養的是工作發明者，而非是工作尋求者」（教育部，2011；Ofsted, 2006; Creativity, Culture and Education, 2011）。教育部未來想像計畫希望提升學生的想像力、創造力、未來力，以及面對未來所需具備的相關素養，讓他們有能力及意願去想像未來。其終極目標是讓這一群未來的主人翁們可以付諸行動創造更美好的未來，也讓國家達到永續發展的目標（教育部，2011；詹志禹等，2011）。

除了臺灣之外，世界上許多國家也正努力推動想像力教育計畫（Imagine Nation, 2008）。以加拿大 Simon Fraser 大學的教育學院為例，該學院於 2001 年成立想像力教育研究中心（Imaginative Education Research Group, IERG）。該機構成立宗旨在於推行想像力促進方案並融入教師課程教學中（邱發忠等，2011）。雖然 IERG 計畫眾多，但這些計畫當中有一些相似點，他們均著重於激發學生對於學習內容的情感投入與想像力，讓課程變得更鮮活，發展出生動而且有意義的學習，進而提升教育成效（IERG, 2015）。

美國的賓州大學（University of Pennsylvania）成立了想像力機構（Imagination Institute），由提出習得無助感的 Martin Seligman 以及想像力與創造力專家 Scott Barry Kaufman 所主導。該機構在 2014 年時曾向全世界尋求研究計畫，提供 15 個研究團隊或專家介於 15 萬到 20 萬美金不等的經費從事兩年想像力相關研究。想像力機構的期待是透過全世界各領域的專家發展瞭解、客觀測量以及發展想像力商數（Imagination Quotient）指標或研究工具。其他教育機構如美國麻省理工學院（Massachusetts Institute of Technology, MIT）設有想像力、計算

與表達實驗室（Imagination, Computation, and Expression Laboratory, ICE Lab）。該實驗室主導了一系列比較媒體學習學程（Comparative Media Studies － CMS Program），利用團隊互動合作的模式，在課程活動中激發學生的想像及創造思考能力，期待學生可以習得適應未來所必要的思維、能力與技術。

以英國於 2002 年開始推動的創意夥伴計畫（Creative Partnership, CP）為例，其目的是讓學生在學習中發展想像力與創造力，參加最高品質的文化活動，建立合作夥伴關係。創意夥伴計畫指出了在 21 世紀中，想像力與創造力是未來主人翁成功的必備技能之一（詹志禹、陳玉樺，2011）。創意夥伴的推行讓全英格蘭 36 個地區，超過 100 萬名學生、9 萬名教師參與超過 8000 個計畫。英國政府及相關機構自 2002 到 2011 年間共提供至少 2 億 3,700 萬英鎊給予該計畫（Creative Partnerships, 2009: 6-7），以 2002 年到 2011 年的平均匯率來計算，英國政府共支助了創意夥伴計畫約 133 億臺幣[1]（創意夥伴計畫在英國的推行是從 2002 年到 2011 年為止，因此我們是以該年段的歷史平均匯率來算）。自 2011 年以後，創意夥伴計畫改變運作策略，將該計畫的推動範圍擴展到其他歐洲國家（European Commission, 2014）。

參、如何有效地啟發想像力與創造力呢？

學者 Ken Robinson[2] 曾以 "Do school kill creativity"（學校扼殺創意嗎？）為題在 TED 2006 發表演說，他認為想像力是全部人類成就的來源，但是目前的教育體系與生活規範卻常常有系統、日復一日且不

---

1 英鎊 GBP 兌台幣 TWD 的歷史匯率的資料來源：http://twd.lookly.com/Average-Analytics/GBP/。

2 同時是撰寫了《讓天賦自由》（*The Element*, 2009）、《發現天賦之旅》（*Finding Your Element*, 2013）、《創意學校》（*Creative Schools*, 2016）、《你、你的孩子，以及學校》（*You, Your Child, and School*, 2018）等書的作者。

假思索地摧毀孩子以及我們自己的這項「超能力」（Robinson, 2006, 2013）。對臺灣人而言，「如何培養學習者想像力」挑戰著我們對於教育的既有概念及社會期待。如何權衡於想像力、創造力、學業成就，以及升學主義，確實是臺灣，甚至是整個華人世界共同的議題。「創造力之父」（Father of Creativity）E. Paul Torrance 的徒弟「臺灣創造力之父」吳靜吉教授（2002）曾指出臺灣學生創造力與想像力往往受限於升學主義文化而無法充分發揮。在創意發想的源頭，學生正準備產生天馬行空富有想像力的點子時，即被凡事求快、要求標準答案、考試背多分的升學制度所扼殺。研究者常到推動想像力與創造力教學的學校進行實地觀察、對師生進行深度訪談，發現「僵化的考試與評比方式是扼殺孩童想像力與創造力的最大幫兇之一」。如果位於教育實踐尾端的考試方式與內容不變，那位於教育前端的教學與學習內容也難有太大的變化，更別說是提升學童想像力了（Kuo, 2014: 265-268）。

那究竟何種教育學習方式有助於激發學生的想像力？過去研究指出幾個方向：1. 建立安全、尊重與欣賞的文化氛圍與開放態度；2. 討論合作與腦力激盪；3. 提供豐富的素材或使用新的教學媒介；4. 融入在地文化或生態特色的想像教學。分述如下。

一、建立安全、尊重與欣賞的文化氛圍與開放態度

許多專家學者指出對於模糊地帶的容許能力 / 開放性（Tolerance to Ambiguity）是產生想像力與創造力的重要特質之一（Csikszentmihalyi, 1996; Sternberg & Lubart, 1995）。許多學者專家將想像力與創造力之間用實踐力（implementation, or bring idea into reality）這個面向來加以區隔。某種程度而言，想像力比創造力更沒有方向性，它不像創造力一樣常需要衡量其想法或產品的實用性（usefulness/valuableness）。學校教育確實很多時候是扼殺學生創造力與想像力的（Amabile, 1996;

Robinson, 2006）。圖 1 是研究者進行實地觀察所拍攝的，那是 5 位小朋友對於 2030 年未來動物園的想像作品。左下角的籠子正關著兩個人，學生們興高采烈的說，因為未來世界被外星人佔據了，所以籠子裡關著人。這樣的創意想像馬上被教師溫柔「規勸」所扼殺了。教師是這樣回答學生的：「你們覺得關人類會不會有點殘忍？」「要不要試著畫其他東西呢？」到了學期末，他們的作品沒有被展示出來，只知道，那個籠子不見了，變成了一個我們隨處可見的溜滑梯。

圖 1 一組五年級學生對於未來動物園的想像

資料來源：引自 H. C. Kuo, 2014, *An Investigation of the Perceived Impact of Programme of Creativity and Imagining the Futures in Education*, p. 201. PhD Thesis, Faculty of Education, University of Cambridge.

　　希望更多教育者珍惜、鼓勵每一位學習者那好不容易長出來的想像幼苗。我傾向於使用 Beghetto 與 Kaufman（2009）的 mini-c——「迷你創意是個人對於生活經驗、行動，或者是事件做出有意義的詮釋」，或者是 Craft（2002）的 little-c 概念——「創造力是每個人都有的能力」來談教想像與創造，建立一個安全、尊重與欣賞的文化氛圍是必要的。除了尊重與欣賞每位學習者想像以外，營造出富有玩興的學習氛圍也被視為是利於培養創造力與想像力的方法，玩興對於提升

學生的學習動機而言是非常有益的，對於他們的創造力與想像力發展也具正面影響。

二、討論合作與腦力激盪

創造力發想前期可以被視為是想像力發展階段（邱發忠等，2012；Wang et al., 2014; Mapes, 2014）是近幾年來學者對於創造力與想像力關係的共識。常見的創造力與想像力教學模式有 Wallas（1926）的創造歷程模式（Creative Process），Finke、Ward 與 Smith（1992）的生產探索模式（Geneplore model），Isaksen、Dorval 與 Treffinger（2004）的 Creative Problem Solving（CPS），Carlson 與 Bloom（2005）的問題解決循環（Problem-Solving Cycle）、問題導向教學法（Problem-based learning），或者是 Wang 等（2014）的科學想像力進程（Scientific Imagination Process）等，這些模式有幾個相似點，想像力的發生是需要時間與空間的，而想像的開端往往是來自於問題的提出、澄清與定義。這可能來自日常生活當中的真實問題，未來可能必須面對的待解問題（例如：如果附近未來因溫室效應而海水倒灌，那我們該發明哪些科技產品？），甚至是一個考驗學生天馬行空想像力的假想問題（例如：如果你在別的星球遇到了外星人，他大概長什麼樣子？）。而幫助學生提出或澄清問題後，便是想像力主要活動的進行，腦力激盪與討論合作均是最常見的教學方法。

腦力激盪（brainstorming）與集思廣益是由 Osborn 於 1953 年所提出來，他認為使思想相互激盪，發生連鎖反應，可在短時間之內對某項問題的解決，產生大量的構想。實施的主要原則包括：（1）延緩批評：鼓勵大家提出自己的見解，禁止批評他人或自己的看法；（2）自由聯想：想法越奇特越好，不合常理或不切實際、標新立異的想法，常會啟發自己或他人的靈感；（3）構想要多：創造思考過程強調盡量提出各種想法，待數量多後再從中選取有效的解決方案；

（4）綜合與修正：將自己與他人的觀念綜合歸納加以組合並持續改進。想像力可以被視為是創造力的引擎，雖然想得多並不一定想得好，但想得好的前提是必須建構在想得多的基礎上（林緯倫、連韻文、任純慧，2005）。就像邱發忠等（2012）所言「想像力大概決定了創造力的範圍」。因此，讓學習者想出最多的可能，無形間也加廣了他們可能的創造力表現。

讓學生以小組的方式討論與合作也是非常有效的想像力培育方法，而除了增進想像外，討論合作還有許多其他功能。Jones（2006）指出小組教學有助於提升學生的主動參與程度、專心地面對特定挑戰（活動），並促進批判省思。McCrorie（2005）認為學習者中心的討論教學可以讓學生自由地在特定議題下進行討論，有助於他們產生富有想像或創造性的思考。Webb（2009）則認為這樣的教學法可以讓學生在與其他同學的互動中主動建構知識、學習或精進自己的想法，對學習參與感以及分享能力都有所提升。其他的效果如：增進人際互動與內省技能（Gardner, 1993）；增加參與感、愉悅感，以及自我復原力（Thomas, 1998, 2000）；幫助學生增進一些可以轉化到日常生活當中所使用的能力，像是問題解決、合作與溝通等（SRI, 2000）；以及增進學生的學習責任感，甚至是學業成就（Boaler, 1997; SRI, 2000）等。

三、提供豐富的素材或使用新的教學媒介

以創造來看，Amabile（1996）、Csikszentmihalyi（1996）均說明資源、創造力相關知識及技能，對於產生創意產品是重要的。Csikszentmihalyi 與 Wolfe（2000）認為創意相關知識與資訊是否可親可近，學習者是否可以在課程或教學活動當中習得需要的技能，會是創造力教育成功與否的關鍵。素材的提供與技能訓練也被提倡於想像力教育之中。Egan（1997）是該領域的引領者之一，他認為在想像力教學活動當中，教師可透過發展學生的五項認知能力來做出更有意義的想

像，包含有身體的（somatic）、神話的（mythic）、浪漫的（romantic）、哲學的（philosophic），以及批判的（ironic）認知能力。除了五種能力的使用之外，Egan 還提倡使用故事來引導學生想像，他認為故事有強大的社會功能，可以連結學習、想像以及記憶。它可喚起人們的情緒能量，透過二元對立的情節，個體可以產生故事或人物影像、想像情節，也可讓學習者更投入於學習，擁有對於未來事件做出預測的能力等（Egan, 1989; King, 2007）。Hayes（2010）指出多元素材的提供可以增進學童的想像力，例如，用不同的方式使用日常生活中隨處可見的物品，讓它們擁有許多新的可能，透過具有力道的音樂、深富表達性的詩句，或是生動的圖片喚起學生的情緒反應及激發他們的想像力等。

信息及通訊科技（Information and Communication Technology, ICT）也常被使用於想像力及創造力教學上（Kuo, 2014）。Loveless（2003）認為 ICT 科技帶給學生更多創造與想像的可能，它讓課程更加有趣，也讓學生更樂於投入學習。Scanlon 等（2005）與 Seiter（2005）則指出 ICT 融入教學可以增進學生的學習發展，也可提升其創意表達能力等。英格蘭藝術委員會（Arts Council England）於 2003 年時發表了一篇報告，篇名為〈想像力的鑰匙：藝術教育中的 ICT〉（Key to Imagination: ICT in Art Education），報告書中也不斷地呼籲教育當局、第一線教學現場必須重視 ICT 的使用。因為 ICT 不僅可以增加學習者的想像力、創造力，也能夠改善學習經驗及提升學習動機等（Arts Council England, 2003）。

四、融入在地文化或生態特色的想像教學

將文化或在地特色融入教學大概是最常被使用的想像力教學法之一。以英國 2002~2011 年所進行的創意夥伴計畫為例，計畫一開始，政府當局便是找出文化最不利的地區開始試辦。加拿大想像力教育研

究中心也推崇這樣的想像力教育策略。他們還特別發展了想像力生態教育（Imaginative Ecological Education）方案。該中心指出我們必須重新想像人類與自然的關係，讓學生的學習既富有想像也加深它們對於生態的認識與認同。在地化的生態教育可以連結人類的感受與思想，激起學生的情感，促使他們主動關心生態並提升他們的地方感（sense of place）等（IERG, 2018，請見 IEE 方案介紹 http://ierg.ca/IEE/）。

以臺灣的教育現場為例，圖 2 的兩所學校是研究者過去的個案研究對象。他們都把在地文化與生態當成是想像力的活教材。從兩所學校的空照圖而言，我們可以發現明顯的差異：A 小學緊鄰著河道，B 小學則位於山腳。A 小學的未來想像課程均圍繞著那道河流。他們讓學生先認識附近的社區環境，然後舉辦一系列海嘯課程，因為他們想要喚起學生的危機意識，瞭解未來整個社區可以因為溫室效應及海水倒灌的緣故而淹沒。讓學生想像未來社區的環境以及產業，並實際創作一系列的未來社區圖、未來科技的想像模型（如：會移動的房子）等。B 小學的想像力課程則是圍繞著「山」來進行，學生試著思考這

圖 2 兩所使用在地化想像力教學的學校空照圖

資料來源：引自 H. C. Kuo, 2014, *An Investigation of the Perceived Impact of Programme of Creativity and Imagining the Futures in Education*, p. 97. PhD Thesis, Faculty of Education, University of Cambridge.

座山以後會如何演變，山上的動物園在 2030 年時又會變成什麼呢？他們以圖畫、3D 模型的方式將想像的未來變成是一件件實體作品。該校更辦理了一系列生態闖關活動，讓學生親自到山林裡去，接觸自然環境及當地有名的臺灣獼猴。而學期末時，學校則邀請所有家長及社區朋友到校觀賞由學生自編自導自演的生態保育劇場（Kuo, 2014: 97-103, 112-116）。

過去的研究指出，以在地文化與地理環境為主的教學方式可以讓學生辨別居住環境目前遇到什麼問題，進而想像未來可能遭遇的困境（Eijck & Roth, 2010; Duffin et al., 2004; Smith, 2002; Sobel, 2004; Villani & Atkins, 2002）。這樣的教育方式讓學校可以將該地區的特色以及地方資源融入教學當中，也可以將課程與日常生活的差異填補起來，讓學生更能夠體驗生活，有更高的動機及興趣學習課程裡的知識與技能等。就像 Sobel 所言，「在地化課程讓學生與社區之間建立更強的連結，讓學生更能夠欣賞自然世界的奧妙，進而發展出更高的意願，成為主動且具貢獻性的好市民。」（Sobel, 2004: 7）

肆、想像力與創造力教育系統觀點

想像力與創造力的發生、變異、形塑以及實踐，都是許多因素交互作用而成的，它們存在一個動態系統當中。因此，研究者整合 Csikszentmihalyi 與 Wolfe（2002）、Amabile（1996）、Sternberg 與 Lubart（1995）等學者的觀點，透過實徵資料的分析驗證，而發展了「想像力與創造力教育系統」觀點。在該系統中，想像力與創造力教育的實踐主要由三個互為因果、相互連結的動態次系統所組成，它們分別為：學習文化（Learning cultures）、學習者（Learners），以及開放學門（Open field）。

*文化
營造利於想像力發展的學習氛圍與環境

*課程
將想像力元素與活動導入課程設計

*知識與技術
提供所需領域知識、引導使用想像的技術

學習文化

開放學門　　　　　　　　　　　　學習者

*守門人
態度開放且延遲判斷，但仍具有審視想像的能力
引導澄清問題，進行有意義討論，使用多元評量等

*資助者
能協助學習者發想、鼓勵跳脫框架的思維

*表現場域與時間（展演場）
必須有讓學生自由展現自己想像力的空間與時間

學生 *
課程活動需考量學生不同的個人因
素，如思考風格、人格特質、領域
知識、想像動機等

其他學習者 *
想像力教學活動必須包含許多不同
的學習者，如教師、創意夥伴、學
生家長與義工等

圖 3 想像力教學系統觀點

資料來源：H. C. Kuo, 2014, *An Investigation of the Perceived Impact of Programme of Creativity and Imagining the Futures in Education*, p. 271. PhD Thesis, Faculty of Education, University of Cambridge.

一、學習文化系統

如圖 3 所示，第一個次系統是「學習文化」（Learning Cultures），它由環境氛圍（Ethos）、課程設計與傳授（Curriculum and Practice）、技巧與知識（Skills and Knowledge）所組成。想像力教學在這個次系統中必須做到以下幾點，包含：教學的環境與教室文化必須是鼓勵學習者自由想像的安全氛圍，他們可以「犯錯」（事實上，在很多想像階段中，我們應當無條件的欣賞所有個體的所有想像，因為想像本身是沒有任何對錯的），可以自由地表達自己最原始的想法。在課程活

動的設計上必須要含有想像元素、有充足的時間與空間讓學習者想像，以問題導向的教學模式將想像力融入課程，問題或任務能與真實生活做出連結等。在知識與技術向度中教師們需要思考教學的過程是否讓學習者活用自己的生活經驗呢？是否提供充足的素材，讓學習者獲得所需的領域知識呢？而教學者是否可以根據自己的經驗提供引導，讓學習者活用有效的想像與創造技巧呢？

以「學習文化」而論，在實施想像力與創造力教育時，有至少下列 15 項指標可幫助檢視教育環境的建構與營造（修改自 Kuo et al., 2017）：

（1）課程／活動中是否營造彼此互相尊重及欣賞的氛圍？

（2）學校／班級中是否有讓學生可以分享其想法或作品的空間？

（3）創意夥伴們是否有機會進入校園進行教學？

（4）學生在課程／活動中是否學習到想像或創造的技巧？

（5）學生在課程／活動中是否能思考未來世界的樣貌？

（6）學生在課程／活動中是否能思考世界是如何改變的？

（7）學生在課程／活動中是否能學會問題解決的技巧與態度？

（8）學生在課程／活動中是否能與其他人合作或討論？

（9）學生在課程／活動中是否能學會提出有意義的問題？

（10）學生在課程／活動中是否自由自在地發表其富有想像力及創造力（即使是那些對其他人而言可能是奇怪或悖離現實）的作品或想法？

（11）課程／活動中是否融入想像力與創造力相關技能或知識的元素？

（12）課程／活動中是否能讓學生學習特定的相關領域知識（如：國文、數學等）？

（13）課程／活動中是否鼓勵學生探索真實世界所面臨的問題？

（14）課程／活動（特別是在剛開始時）是否以「弱結構」方式呈現，讓學生可以在毫無限制的安全環境下思考？

（15）課程／活動的設計是否有趣？允許參與者順著「玩興」學習，進而讓他們達到「心流經驗」？

二、學習者系統

第二個次系統為「學習者」（Learners）。影響個人想像力發展的因素眾多，想像可以存在於各種形式或狀態中，可以是知覺的、視覺的、心象的、哲學的、數理的、舊有的、可能的，不可能的，或者是富有情緒的。在想像力教學活動中，我們是否重視甚至鼓勵學習者去開展他們的想像潛能？教學主導者如教師、創意夥伴們是否可以有經驗地對學習者不同的個別差異做出立即反應呢？當然，本研究也希望對於學習者的想像力表徵有更清楚的定義。以英國的創意夥伴計畫為例，其計畫書以及國家教育標準局的報告書（Ofsted, 2006; Creative Partnerships, 2011）中明確的說明了該計畫希望學童發展的幾項特質，包含提出有意義的問題（questioning）、有想像力（imaginative）、增加可能性與開放性（open possibilities），對不同的事物做出有意義的連結（questioning），以及批判性地省思想法與行動的效果（reflect critically on the effect of ideas and actions）等。本研究也希望可以針對臺灣的想像力教育找出在學習者身上我們想要達到的目標，這項工程有待本研究在未來實徵資料的收集與分析中做更具建設性的討論。最後，過去的研究習慣將學習者視為是學生（例如：Csikszentmihalyi & Wolfe, 2002）。但就我們過去的研究結果而言，事實上在整個教學過程當中，教師以及其他教學夥伴也有非常多的改變。

以「學習者」向度而論，在實施想像力與創造力教育時，有至少下列 15 項指標可幫助檢視學習者在相關課程或活動中的學習效果（修改自 Kuo et al., 2017）：

（1）學生們相信自己有創造的可能（潛能）

（2）學生是被鼓勵的，讓他們對於自己的想像力以及創造力具有

信心

（3）學生能體驗到想像或創造的過程

（4）學生能活用其想像力

（5）學生能發展其問題解決的態度與能力

（6）鼓勵學生反思、批判，進而改善其創意想法或作品

（7）能增進學生的學習動機，特別是內在動機

（8）學生能享有高品質的學習

（9）學生能發展自己有效的學習方法

（10）學生能欣賞他人獨特的想法、作品以及行為

（11）當別人與自己的想法相左時，學生能尊重個別差異

（12）鼓勵學生與他人分享或合作

（13）學生樂於與他人分享或合作

（14）鼓勵學生在自由自在且毫無拘束的氛圍下展現自己的想法
　　　或作品

（15）鼓勵學生多元拓展自己的生活經驗

三、開放學門系統

　　第三個系統為「開放學門」（Open field），它由三個元素所組成，包含守門人（Gatekeepers）、促發者（Facilitators），以及表現場域與時間（Contestation，也可以稱之為展演場）。無論是 Csikszentmihalyi（1996）、Sternberg 與 Lubart（1995）都曾提出守門人在創造力的發生中扮演著非常重要的角色。Csikszentmihalyi 更表明了「學門（field）是由一群掌握特定社會組織的人所組成，學門的重要性在於判定創新是否可以是被認可的」（Csikszentmihalyi, 1996: 41）、「創造力並非個人特質，他是由社會系統做出價值判斷以後的結果」（Csikszentmih-alyi, 1996: 144）。Sternberg 與 Lubart（1995）則是認為創造力的體現是個買低賣高（Buy low and sell high）的過程，當然，對於潛在買家

而言，一個富有想像力或創造力的點子或產品是否可以被「買走」是決定因素。換句話說，如果沒有得到社會或學門認可，那是不是代表這想法或產品是不具想像或創意的？這當然考驗著所謂守門人的智慧、品味以及開放性，而這其實也考驗著這想像者或創意者的溝通能力。

　　對於將守門人當成是唯一的學門要素，研究者認為在想像力的教學活動當中是有待考驗的。第一點，從過去研究的發現看來，想像力是創造力的引擎，它大致上決定了創造力的可能範圍，而它們兩個最大的差距在於創造力更具有方向性，它必須經過實用、有價值、或是合適（usefulness/valuableness/appropriateness）效標的檢驗，但這樣的效標在想像力上卻不見得是必要或適合（邱發忠、陳學志、林耀南、涂莉苹，2012）。換句話說，學習者的想像力需不需所謂的守門人做出價值判斷？在檢視想像力教學中學門這個面向上，也許可以加入迷你創意（mini-c）的概念增加學門定義的彈性與構念容許度。Beghetto與Kaufman（2007: 4）指出「迷你創意是個人對於生活經驗、行動，或者是事件做出有意義的詮釋」，Kaufman（2009）指出對於外在世界而言，迷你創意不必是新穎或合適的。這樣的解釋更貼近了未經過校標考驗的想像力（raw imagination）的發生。因此我們對守門人這個概念提出了一些指標，他必須有審視想像的能力，對於學習者所表現出來富有想像力的想法或作品必須保持開放的態度與延遲判斷，他需要有能力引導學習者澄清問題，進行有意義討論，並使用多元評量等。再者，我們認為這個次系統中不見得要有所謂的守門人，但一定需要有「促發者」，相關的指標包含他必須能協助學習者發想，鼓勵發想跳脫框架的思維，建立學習者的信心與自我效能感等。這個次系統中最後的元素是「表現場域與時間」。假設想像力可以是很自由且個人的，那讓學習者們有充分的時間與空間展現自己的想像力是重要的。在這個場域當中，學習者們可以彼此發表、討論，甚至是競爭，獲得回饋進而激發更多更廣的想像，因此我們認為它可以是個空間與

時間，而非只是限定於人物。

以「開放學門」向度而論，在實施想像力與創造力教育時，有至少下列 20 項指標可幫助檢視教育環境的建構與營造（修改自 Kuo et al., 2017）：

（1）教師相信自己、學生以及所有人都有想像及創造的可能（潛能）

（2）教師願意拓展自身的生活經驗

（3）教師具有耐心，願意對於學生及其他人的想法「延宕判斷」（delay judgements）

（4）教師對於新想法保持開放態度，願意容忍「模糊地帶」（tolerate to ambiguity）

（5）教師善於欣賞及獎勵（包含有形及無形的獎勵）學生或他人的富有想像及創意的想法

（6）教師願意鼓勵學生們想像創造，並增進其信心

（7）教師曾親自經歷過想像創意的歷程

（8）教師享受想像創意的歷程

（9）教師願意參與想像創造相關進修，以增進其專業素養與知能

（10）教師擁有優良的教學品質

（11）教師發展自己的教學特色

（12）教師將想像創造相關元素融入其教學設計與實踐之中

（13）教師對於學生的學習採用多元方式進行評量

（14）教師親身參與想像創造力教學相關社群（community of practice）

（15）教師將地方特色融入其教學設計與實踐之中

（16）對於學生及他人的想像創造想法或作品可以做出合宜的價值判斷

（17）教師可以引導學生想得更深更廣，進而改善其想法或作品

（18）教師對於改變持開放態度（樂於改變）

（19）教師瞭解學生的學習狀況，進而幫助學生建立鷹架，學得更深更廣

（20）學校校長、主任及教職員們均能支持教師們實施想像力及創造力教學

　　整個想像力與創造力教育系統的運作，學習者（通常是學生）受到學習型文化中鼓勵想像的氛圍所影響，在課程活動當中定義與澄清問題，也開始有問題意識與想像動機；在汲取了想像所需具備的知識與技能後，他們開始產生具有想像力的想法或作品，最後於「開放學門」中表現出來。這時候教育者必須同時扮演著守門人以及促發者的角色，需要有效地引導學習者澄清問題與相互討論，並使用更多元的角度來珍視學習者所有的想像以及他們所付出的努力。

　　綜觀以上，研究者整合多位學者而發展「想像力與創造力教育系統觀點」，包含了「學習文化」、「學習者」，以及「開放學門」三個子系統，也針對各系統發展對應指標，但在此必須特別說明三個子系統之間彼此是互相依存且互相影響的。在推行想像力與創造力教育時，我們應該重新思考如何在內在個人特質以及外在環境等因素上做彈性對位與調整。為了啟發學生的想像力，教育者應該提供孩子們更多元的刺激環境，促發他們無意識或有意識且自主地進行想像。臺灣及華人社會長期被人詬病的教育問題是過度強調標準答案、學科成就以及升學主義。在想像力教育的推行上，我們應該讓孩子有更多的想像空間與時間、有更多表現機會，並營造出輕鬆幽默且減緩價值判斷的學習環境，才可以幫助學子們建立想像與創造的信心。

參考文獻

‧吳靜吉（2002）。華人學生創造力的發掘與培育。應用心理研究，15，17-42。
‧邱發忠、陳學志、林耀南、涂莉苹（2012）。想像力構念之初探。教育心理學報，44，2，391-412。
‧林心茹譯（2013）。想像力與第一民族文化融合教育：LUCID 計畫的部分剖釋。想像力教育——跟你想像的教育不一樣。臺北：遠流。
‧詹志禹、陳玉樺（2011）。發揮想像共創臺灣未來——教育系統能扮演的角色。教育資料與研究雙月刊，100，23-52。

- 教育部（2002）。創造力教育白皮書。臺北：教育部。
- 教育部（2011）。未來想像與創意人才培育計畫書。臺北：教育部。
- Amabile, T. M. (1996). *Creativity in context*. Boulder, CO: Westview Press.
- Amabile, T. M., Barsade, S. G., Mueller, J. S., & Staw, B. M. (2005). Affect and Creativity at Work. *Administrative Science Quarterly*, 50 (3), 367-403.
- Amabile, T. M., Schatzel, E. A., Moneta, G. B., & Kramer, S. J. (2006). Corrigendum to "Leader behaviors and the work environment for creativity: Perceived leader support". *The Leadership Quarterly*, 17 (6), 679-680. doi:10.1016/j.leaqua.2006.10.010
- Arts Council England (2003). *Key to Imagination: ICT in Art Education*.
- Balke, E. (1997). Play and the arts: the importance of the "unimportant". *Childhood Education*, vol. 73, no. 6, 355-60.
- Beghetto, R. A. (2010). Creativity in the classroom. In J. C. Kaufman & R. J. Sternberg (Eds.), *The Cambridge handbook of creativity* (pp. 447-463). Cambridge, UK: Cambridge University Press.
- Boaler, J. (1997). *Experiencing School Mathematics: Teaching Styles, Sex and Settings*. Buckingham, UK: Open University Press.
- Bomba, A. K., Moran, J. D., & Goble, C. B. (1991). Relationship between family style and creative potential of preschool children. *Psychological Reports*, 68 (3), 1323-1326.
- Carlson, M. P., & Bloom, I. (2005). The cyclic nature of problem solving: An emergent multidimensional problem-solving framework. *Educational Studies in Mathematics*, 58, 45-75.
- Chermahini, S., & Hommel, B. (2010). The link between creativity and dopamine: Spontaneous eye blink rates predict and dissociate divergent and convergent thinking. *Cognition*, 115 (3), 458-465.
- Csikszentmihalyi, M. (1996). *Creativity: Flow and the psychology of discovery and invention*. New York, NY: HarperCollins Publishers.
- Csikszentmihalyi, M., & Wolfe, R. (2000). New conceptions and research approaches to creativity: Implications of a systems perspective for creativity in education. In K. A. Heller (Ed.), *International Handbook of Giftedness and Talents*. New York: Pergamon.
- Craft, A. (2002). *Creativity and Early Years Education: A Lifewide Foundation*. London: Continuum.
- Craft, A., Cremin, T., Burnard, P., & Chappell, K. (2007). Teacher stance in creative learning: A study of progression. *Thinking Skills and Creativity*, 2 (2), 136-147. doi:10.1016/j.tsc.2007.09.003
- Creative Partnerships (2008). *Creative Partnerships*.
- Creative Partnerships (2009). *The Information Book of Creative Partnerships*.
- Cropley, A. J., & Urban, K. K. (2000). Programs and strategies for nurturing creativity. In K. A. Heller, F. J. Monk, R. J. Sternberg, & R. F. Subotnik (Eds.), *International Handbook of Giftedness and Talent* (pp. 485-498). NY: Elsevier.
- Dewey, J. (1929). *The Quest for Certainty, a Study of the Relation of Knowledge and Action*. Gifford Lectures.
- Duffin, M., Powers, A., Tremblay, G. et al. (2004). *Place-based Education Evaluation Collaborative: Report on cross-program research and other program evaluation activities*.
- Eijck, M., & Roth, W.-M. (2010). Towards a chronotopic theory of "place" in place-based education. *Cultural Studies of Science Education*, 5 (4), 869-898. doi:10.1007/s11422-010-9278-2
- Egan, K. (1989). *Teaching as Story Telling: An Alternative Approach to Teaching and Curriculum in the Elementary School*. University of Chicago Press, Chicago.
- Egan, K. (1992). *Imagination in teaching and learning: Ages 8-15*. London, England: Psychology Press.
- Eisner, E. (2002). *The Educational Imagination: On the Design and Evaluation of School Programs*. New York: Macmillan.
- Egan, T. M. (2005). Creativity in the context of team diversity: Team leader perspectives. *Advances in Developing Human Resources*, 7, 207-225.
- European Commission (2014). *Policy Handbook on Promotion of Creative Partnerships*. European Commission.
- Hayes, D. (2010). *Encyclopedia of Primary Education*. London: David Fulton Publishers.
- Finke, R. A., Ward, T. B., & Smith, S. M. (1992). *Creative cognition: Theory, research, and applications*. Cambridge, MA: The MIT Press.
- Florida, R. (2002). *The Rise of the Creative Class: And How it's transforming work, leisure, community and everyday life*. New York: Perseus Book Group.
- Florida, R. (2005a). *Cities and the Creative Class*. London: Routledge.
- Florida, R. (2005b). *The Flight of the Creative Class: The New Global Competition for Talent*. New York: Harper Business.
- Gardner, H. (1993). *Frames of minds*. London, UK: Fontana.
- Grant, E. (2004). Scientific imagination in the middle ages. *Perspectives on Science*, 12 (4), 394-423.
- Greene, N. (1995). *Releasing the imagination*. San Francisco: Jossey-Bass.
- Heath, G. (2008). Exploring the imagination to establish frameworks for learning. *Studies in Philosophy and*

Education, 27, 115-123.
· Imagination Institute (2004). *Request for Proposals: An international grants competition for research and intervention projects on the measurement and improvement of imagination*. Imagination Institute.
· Isaksen, S. G., & Treffinger, D. J. (2004). Celebrating 50 years of reflective practice: Versions of creative problem solving. *Journal of Creative Behavior*, 38 (2), p. 77.
· Isaksen, S. G., Dorval, K. B., & Treffinger, D. J. (2000). *Creative approaches to problem solving*. (2nd Ed.). Dubuque, IA: Kendall/Hunt.
· Isaksen, S. G., Lauer, K. J., Ekvall, G., & Britz, A. (2001). Perceptions of the best and worst climates for creativity: Preliminary validation evidence for the situational outlook questionnaire. *Creativity Research Journal*, 13 (2), 171-184.
· Jones, R. W. (2006). Problem based learning: description, advantages, disadvantages, scenarios and facilitation. *Anaesth Intensive Care*, 34, 485-488.
· Kaufman, J. C., & Baer, J. (2006). *Creativity and Reason in Cognitive Development*. New York: Cambridge University Press.
· Kaufman, J. C., & Beghetto, R. A. (2009). Beyond big and little: The four c model of creativity. *Review of General Psychology*, 13 (1), 1-12.
· King, A. (2007). Developing imagination, creativity, and literacy through collaborative storymaking: A way of knowing. *Harvard Educational Review*, 77 (2), 204-227.
· Kuo, H. C. (2014). *An Investigation of the Perceived Impact of the Programme of Creativity and Imagining the Futures in Education*. PhD Thesis, Faculty of Education, University of Cambridge, England, UK.
· Kuo, H. C., Burnard, P., McLellan, R., Cheng, Y. Y., & Wu, J. J. (2017). The development of indicators for creativity education and a questionnaire to evaluate its delivery and practice. *Thinking Skills and Creativity*, 24, 186-198. doi: 10.1016/j.tsc.2017.02.005 (SSCI, Q1, 57/235 in Education and Educational Research)
· Leonard, D., & Straus, S. (1997). Putting your company's whole brain to work. *Harvard Business Review*, July-August, 111-121.
· Lothane, Z. (2007). Imagination as reciprocal process and its role in the psychoanalytic situation. *International Forum of Psychoanalysis*, 16, 152-163.
· Loveless, A. (2003). *The role of ICT*. London, UK: Continuum.
· McCrorie P. (2006). *Teaching and Leading Small Groups*. Association for the Study of Medical Education, Edinburgh.
· McLellan, R., Galton, M., Steward, S., & Page, C. (2012). *The impact of Creative Partnerships on the wellbeing of children and young people*. Creativity, Culture and Education.
· Mapes, J. (2014). *Imagination, Creativity, and Innovation: Open up a World of Possibility*. Washington Speakers Bureau. Retrieved on 31, March, 2015 from: http://www.washingtonspeakers.com/speakers/speaker. cfm?SpeakerID=449
· Mellou, E. (1995). Creativity: The imagination condition. *Early Child Development and Care*, 114, 97-106.
· Mellou, E. (1996). The two-conditions view of creativity. *Journal of Creative Behavior*, 30 (2), 126-143.
· Nielsen, T. W. (2009). Imaginative and culturally inclusive First Nations education: some LUCID insights. In Sean Blenkinsop (Ed.), *The imagination in education: extending the boundaries in theory and practice*. United Kingdom: Cambridge Scholars Publishing.
· Nettle, D. (2007). A module for metaphor? The site of imagination in the architecture of the mind. *Proceedings of the British Academy*, 147, 259-74
· OFSTED. (2006). *Creative Partnerships: initiative and impact*.
· Oldham, G. R., & Cummings, A. (1996). Employee creativity: Personal and contextual factors at work. *Academy of Management Journal*, 39 (3), 607-634.
· Osborn, A. (1953). *Applied imagination*. New York: Charles Scribner's Sons.
· Paivio, A. (1971). *Imagery and verbal processes*. New York: Holt, Rinehart and Winston.
· Smith, G. A. (2002). Going local. *Educational Leadership*, 60 (1), 30-33.
· Smith, G. A. (2007). Place-based education: breaking through the constraining regularities of public school. *Environmental Education Research*, 13 (2), 189-207.
· Robinson, K. (2006). *Do schools kill creativity*. Transcription of the presentation at TED 2006 conference, Monterey, CA.
· Robinson, K. (2013). *Out of Our Minds: Learning to be Creative*. Transcription of the Stander Symposium keynote address at University of Dayton Speaker Series.
· Rosiek, J., & Beghetto, R. A. (2009). Emotional scaffolding: The emotional and imaginative dimensions of teaching and learning. In P. A. Schutz & M. Zembylas. (Eds.). *Advances in teacher emotion research: The impact on teachers' lives*. New York: Springer.
· Roth, I. (2003). Just imagine.... *Trends in Cognitive Sciences*, 7, 475-477
· Scanlon, E., Colwell, C., Cooper, M., & Di Paolo, T. (2004). Remote experiments, re-versioning and rethinking

science learning. *Computers and Education*, 43, 153-163.

· Seiter, E. (2006). *A Review of the Internet Playground: Children's Access, Entertainment, and Mis-Education, Popular Culture and Everyday Life*. New York: Peter Lang.

· Shalley, C. E., Zhou, J., & Oldham, G. R. (2004). The effects of personal and contextual characteristics on creativity: Where should we go from here? *Journal of management*, 30 (6), 933-958.

· Sobel, D. (2004). *Place-based education: Connecting classrooms & communities*. Great Barrington, MA: The Orion Society.

· SRI International (2000, January). *Silicon valley challenge 2000: Year 4 Report*. San Jose, CA: Joint Venture, Silicon Valley Network.

· Sternberg, R. J., & Lubart, T. I. (1995). *Defying the crowd: Cultivating creativity in a culture of conformity*. New York: The Free Press.

· Sternberg, R. J., & Lubart, T. I. (1996). Investing in creativity. *American Psychologist*, 51 (7), 677-688.

· Sternberg, R. J., & Williams, W. M. (1996). *How to develop student creativity*. Alexandria, VA: Association for Supervision and Curriculum Development.

· Thomas, J. W. (1998). *Project-based learning: Overview*. Novato, CA: Buck Institute for Education.

· Thomas, J. W. (2000). *A review of research on project-based learning*. San Rafael, CA: Autodesk.

· Villani, C., & Atkins, D. (2002). Community-Based Education. *School Community Journal*, 10 (1).

· Vygotsky, L. S. (2004). Imagination and creativity in childhood. *Journal of Russian and East European Psychology*, 1, 7-97.

· Wallas, G (1926). *The Art of Thought*. New York: Harcourt Brace.

· Wang, C.-C., Ho, H.-C., Wu, J.-J., & Cheng, Y.-Y. (2014). Development of the scientific imagination model: A concept-mapping perspective. *Thinking Skills and Creativity*, 13 (0), 106-119. http://doi.org/10.1016/j. tsc.2014.04.001

· Webb, N. (2009). The teacher,s role in promoting collaborative dialogue in the classroom. *British Journal of Educational Psychology*, 79.

· White, A. (1990). *The language of imagination*. Oxford, England: Blackwell.

· Zhao, M., Hoeffler, S., & Dahl, D. W. (2009). The role of imagination-focused visualization on new product evaluation. *Journal of Marketing Research*, 46 (1), 46-55.

網站資料

· 想像力教育研究中心－ Imaginative Education Research Group: IERG, Simon Fraser University. Retrieved on 4, April, 2018, from http://ierg.ca/

· 想像力中心（機構）－ Imagination Institute, University of Pennsylvania. Retrieved on 4, April, 2018, from http://imagination-institute.org/

· 想像力、計算與表達實驗室－ Imagination, Computation, and Expression Laboratory: ICE Lab, Massachusetts Institute of Technology. Retrieved on 4, April, 2018, from http://groups.csail.mit.edu/icelab/

· 創意夥伴計畫－ Creative Partnerships, Retrieved on 4, April, 2018, from

  http://www.creative-partnerships.com/

從創新擴散觀點探討跨領域共備社群發展——以一所臺灣高中前導學校為例

莊雪華、謝明宏

摘要

本研究以一所獲得教育部高瞻計畫、均質化和優質化,以及申請十二年國教前導學校經費補助的學校為例,以創新擴散觀點探討及分析跨領域共備社群發展推動及執行方式。為達成研究目的,本研究採用質性研究的方法,以立意取樣方式,並採用半結構訪談進行三位高中教師的觀點調查,根據創新擴散五大認知屬性編制訪談大綱,並使用主題分析法進行資料分析。研究結果產出共備的認知屬性和影響共備的「文化情境因素」兩個主要範疇。在共備五大認知屬性,訪談教師反映(一)參與共備,利大於弊;(二)共備與教育趨勢符合;(三)共備,取決複雜程度;(四)共備需要可試驗性,可複製成功經驗;(五)可觀察性——見賢思齊焉。而在影響共備的「文化情境因素」,訪談教師認為,亞洲儒教文化圈中,高風險的考試(high-stakes testing)、績效責任(accountability)仍會阻礙推動共備和進行翻轉教學,課程推動者需考量整體社會文化情境脈絡,教師要有具體課程目標,才能真正落實共備社群理念,利於長期推動共備社群。最後,本研究亦根據研究結果提出建議和未來研究方向,以作為共備規劃及推動之參考。

莊雪華,國立中山大學教育研究所教授。
謝明宏,國立中山大學教育研究所博士生。

關鍵字：創新擴散、教師觀點、共備社群

壹、前言

一、話說從頭

　　文彬（匿名）回首教育來時路，初踏入職場，感受到過去在教育學程的培訓，不足應付未來 108 課綱上路後，教師在教學現場所需能力。初任教師研習、教師專業發展評鑑和學科中心辦理的差異化教學等，無不參加。憑著一股新手教師的滿腔熱血，希冀從研習中學到法寶，立即應用在學生身上。「你有聽過學思達、開放教室嗎？臺北中山女高有開放教室。有機會你可以去觀課，從前輩的教學中汲取經驗。」一次文彬私下與同事聊天時談到。他問到：「開放教室是什麼？跟教學觀摩有何不同？」這名曾經在中山女高服務的筱琪（匿名）回答說：「張輝誠有聽過嗎？他是臺灣率先打開教室，分享自製學思達講義和引進翻轉教學的先驅。我有入班觀課過。你可以詢問友校是否有開放教室呀！」

　　「翻轉教室？學思達講義？我怎麼都沒聽過！」文彬內心的疑問堆積如山，但又想掩飾自己專業不足，就決定不再追問下去。以一種海綿的心態，繼續吸取研習講師分享的教學經驗，心想：「十年磨一劍，總有一天我也可以成為台上那種屬害的老師吧！」

　　因家庭因素，文彬第二年捲土重考，考到離家較近的一所社區型高中。文彬記得，那一年該校參加聯招，一共招考了八名新進熱血教師，雖分屬不同學科領域，但都對教育抱持著一股熱忱，希望帶給學生新鮮、創意、活潑、有趣的教學體驗。文彬擔任八人小組「聚餐組組長」，時常聚集夥伴吃飯，聊天內容除了學生、教學、課程，就是平時的生活點滴，互吐職場苦水。文彬跟小組老師們經常聚餐，也多

了私下對話的機會。另外，因共享同一個大辦公室，彼此互動、聯繫方便，也經常聽到彼此教學討論。

　　考上那年，聽聞教師公會邀請中山女高張輝誠老師分享學思達理念，在國文科夥伴號召之下，文彬也共襄盛舉。這種自發性、跨科、跨年級的研習，對文彬這教育界的菜鳥，可謂大開眼界。之前對於翻轉教室、學思達、開放教室等教育新詞彙不熟悉的他，也藉著參加這次的研習，有了初步的認識。後來，因著同事開放教室，文彬有幸到該名夥伴的課堂中觀課，以及後續課程討論。這種觀課模式，也演變成現在臺灣教育現場推動的公開觀課三部曲：說課、觀課、議課。甚至還有數名老師進行跨科和跨領域的共同備課，共同設計教案、學習單、評量等。文彬搭著公開觀課和共同備課的順風車，也想嘗試做改變。

　　這個改變的契機，根植於文彬平常和老師們的互動和默契。當時，文彬邀請了一位英文科同仁和家政老師兼好友，共同設計美食專題，透過 Schools Online 平台，媒合一所尼泊爾學校，和當地學生進行跨國課程。

　　文彬和其他兩位老師分工合作，英文老師負責學生簡報練習和語言表達，家政老師負責介紹食物營養成分的學科內容知識。兩位英文老師入班觀察家政課，了解家政老師課程進度和內容，例如：計算一天所需卡路里、每日應攝取的五大類營養食物、海報設計規範等。最後，老師們共同協議教學產出，包括專題發表和烹飪美食。

　　其實，這次的共同備課和入班經驗，促進了老師間的情感交流和專業互助。如果單就一人之力，難以完成這困難度極高的挑戰。但是，每個老師拿出自己擅長的部分，集結在一起，這對學生的學習不僅有幫助，對於教師專業發展也相得益彰。這可從學生最後的成品和報告看出，師生辛苦的付出是值得的。因為這次成功的合作經驗，也促使文彬思考如何推廣共備和創新教學的理念。

二、全球在地化的教師專業發展

從教師專業成長的角度，教師職業通常被視為一種專業性工作，教師是持續發展的個體，透過持續性學習與探究歷程，不斷累積專業知能（饒見維，2003）。過去，教師專業發展模式是以專家講課為主，教師大多從研習、工作坊中學習新的教學觀念和實務，再應用在課堂中。自 1990 年代，美國對於教師專業發展採用的傳統模式，進行批判與省思（Sparks, 1994: 1），Robb（2000）指出過去教師發展模式的主要缺失：短期教師培訓、一體適用的培訓內容、行政人員極少參與、缺乏後續支持。另外，過去教師專業發展的研究，以教學法、工作坊等技術層面的培訓為主，這種由上至下的培訓方式，並未能切中第一線教師的成長需求，例如：教師專業發展評鑑制度的退場。

隨著 21 世紀學習轉型，教師的研習進修已經不敷整體教學環境的變化。事實上，教師擁有教學自主能力和創造力，欲落實教師專業成長，需藉由下至上組成專業社群，根據教師實際需求，透過各樣的教學實踐，激盪教學創新火花，提升學生學習成就。

近年來，受到全球化的影響，教師專業發展在世界各地遍地開花。從美國 Sams and Bergman 的翻轉教室（flipped classroom）、日本的授業研究（lesson study）到臺灣的學思達教學（Share-start teaching），各地教育界掀起一波草根性、具有本土創意的教師專業發展模式。其中，教師共同備課（以下簡稱共備），是近年來臺灣提倡的教師專業發展模式的策略，近期也有相關研究報告（Liu & Tsai, 2017）。

三、演化中的教師專業發展

事實上，這種情境式、與環境有所關聯，具本土創意教師發展模式，過去也有學者（Niu, 2012）提出類似的概念，Niu（2012）稱之為情境式創意（co-creativity 或是 contextual creativity）。東方華人儒教

圈強調集體主義，人際之間的互動是必須的，個體無法獨立生活，創新必須有傳統文化作為基礎。創新在教育模式應用上，須經由環境評估某一創新想法、觀點是否契合本土教學情境。創新（novelty）可被視為傳統的延續（novelty can be seen as the extension of tradition）。另外，Wen（2009）指出，情境式創意是一種獲得並促進意義出現的過程（the process of commanding meaning and facilitating the emergence of significance）（2009: 89）。因此，創新在東方的觀點，可能更適合用漸進式、演化的觀點來看待。筆者的教師共備案例，正可與 Niu（2012）與 Wen（2009）學者提出的觀點相呼應。

相對於教師專業發展社群（teacher professional development community）（Spencer et al., 2018），共備是臺灣近年來發明的教育詞彙，實務上也在各級學校和工作坊有眾多討論。然而，從 Rogers（2003）創新擴散（diffusion of innovations, DOI）的角度，在教學現場的老師如何看待共備這項新穎的教育創新？此外，共備怎麼影響更多第一線的老師投身其中，促進教師專業成長？從研究的角度來說，需要更具系統性和理論的探討。

本研究梳理過去在教師專業發展領域教師共同備課之研究，以及從創新擴散理論的相關研究，探討參與專業發展社群中，高中教師如何看待共備，以及怎麼將共備此新穎創新觀點擴散出去，補足相關研究之空缺。

貳、文獻回顧

一、教師共同備課

從教師專業發展角度，教師被視為一種專業，需要長期不斷的發展。然而，通常由上而下、非自發性的研習並未對準教師成長需求，成效也不顯著。過去探討教師專業發展的相關研究，主要在探討專業

發展的措施和培訓（饒見維，2003），較無針對從教師的觀點，探討由下而上，具有創意的教師專業發展模式和策略。例如：臺灣近年來提出教師共同備課（以下簡稱共備）的創意教師專業成長模式。教育部推動 108 課綱之際，期待學生要能自發、互動、共好（教育部，2013），為了能鼓勵孩子學習，培養批判思考與社會參與，成為終身學習者，教師也需要成為終身學習者，教師自發性組成共備社群，集思廣益，解決當前教育問題。

過去二十年來，日本也有推出類似共備觀念的學課計畫（lesson study），學課為教師專業發展的實踐活動，教師們協同合作發展學課計畫和課室觀摩，並蒐集學生學習資料，最後根據觀察結果修正學課計畫，不僅能幫助教師解決問題，還能增進教師對課程與教學的了解，增進教師的教學專業知識（pedagogical content knowledge）（Taka-hahi & Yoshida, 2004; Yoshida, 1999）。

藉由與同業老師們進行備課、說課、觀課、議課等教師專業成長的實踐活動，提供自我檢視的機會，提升教師專業成長（劉世雄，2017），社群成員能夠說出真正的想法，討論才能激盪出更好的火花，課程才能更符合學生學習需求，讓成員都能從中獲得能量與幫助（藍偉瑩，2017）！

21 世紀的數位世代，網際網路無遠弗屆，教師可以透過臉書、Line 和通訊媒體參與共備。例如，蔡秋季（2016）進行中小學教師參與臉書共備社群與教師專業成長之研究，其研究發現：教師參與臉書共備社群的動機和「增進自我的專業成長」及「增進教學能力」有正相關，當教師參與共備動機與參與意願的態度越正向時，在整體專業成長的表現也越佳。專業成長以「參與動機」與「參與意願」的預測力最高。此外，劉世雄（2017）曾經調查臺灣國中教師對共同備課、公開觀課與集體議課的實施目的、關注內容以及專業成長知覺之研究。但是，從創新擴散的角度來說，共備是透過何種方式達到擴散，如何影響更多老師能投身其中，增進自身專業成長，目前尚欠缺

此方面研究發現。

以下就 Rogers（2003）的創新擴散理論，將共備此新穎的創新教育概念，運用創新擴散理論之五大認知屬性，加以論述分析。

二、創新擴散

Rogers（2003）創新擴散理論（DOI）將擴散定義為一個過程，在這個過程中：一項創新事物透過特定溝通管道，於一段時間內在社會體系中的某些成員之間傳播。根據定義，我們可得知創新擴散的四大要素：創新、溝通管道、時間和社會體系。大部分被研究的創新擴散，都是科技上的創新（例如： Lee, Hsieh, & Hsu, 2011; Vanderlinde & van Braak, 2011），我們通常說科技創新都是指硬體的部分，但有時候，創新本身可能完全由資訊構成（Rogers, 2003），例如：基督教的宗教信仰，或是本篇研究欲探討教師專業發展的共備社群概念。

創新擴散理論在過去二十幾年來，廣泛應用在跨領域的實徵研究。尤其，在教育領域，創新擴散的五大認知領域是經常探討運用的理論架構。例如，Parker、Bianchi 與 Cheach（2008）研究在高等教育中教師對於科技教育的觀點，Ajayi（2009）研究職前教師對於實施非同步線上討論平台的觀點，Cope 與 Ward（2002）調查老師對於學習科技的觀點。van Braak 與 Tearle (2007) 評量大學生如何看待電腦輔助學習，並發現認知屬性對於電腦使用有很大的影響。這些研究的共同點在於：知覺被視為將科技成功融入在教育情境中的關鍵要素。

綜合上述相關文獻，本研究希望透過 Rogers（2003）創新擴散理論（DOI）分析教師接受共備的觀點，Rogers（2003）強調使用創新者的感受，並能預測未來使用創新的傾向、意願和採用的行為。Rogers（2003）勾勒出創新五大屬性，影響個體對創新的感知。以下針對創新五大屬性做出定義和說明：

第一，**相對優勢**（relative advantages）是指創新比被其取代的現有

觀念或技術優越的程度。相對優勢通常是以經濟利益（例如：獲得工作獎金）、社會聲望等方式來衡量（Rogers, 2003）。

第二，**相容性**（compatibility）是指創新被認為和目前價值系統、過去的經驗和潛在接受者需求相同的程度（Rogers, 2003）。三個因素影響相容性：社會價值系統和信仰系統、過去曾推廣且被接受的思想，以及教師對創新的需求。

第三，**複雜性**（complexity）是指理解和使用創新的難易程度（Rogers, 2003）。有些創新本身的意義很容易為潛在接受者了解，但有些卻不然。例如：科技融入各科教學，有些老師缺乏資訊科技能力，因此不利推廣。據此，教師認知的共備越複雜，越不可能參與共備。相反，若共備對於老師能容易上手，會可能接受共備，提升教師專業知能。

第四，**可試驗性**（trialability）是指創新可以在有限基礎上被試驗的程度（Rogers, 2003）。通常那些可以做階段性試驗的創新，較那些不能進行試驗的創新，會更快被人們接受。個人適用是以個人方式詮釋創新，檢視是否符合自己的需求，這可以消除對共備的不確定性，也有所謂的再發明（reinvention）（Rogers, 2003）。

第五，**可觀察性**（observability）是指創新後果可被他人觀察的程度（Rogers, 2003）。有些創新很容易注意，也容易了解（例如：手機和平板的使用）；但有些創新卻不易明白，如近年提倡的素養導向教學，不少教學現場的老師對於新課綱提倡的素養，或是本篇研究欲探討的共備，可能還不甚了解內涵，也不知道操作後的成果是否有效。

三、研究動機

本篇研究動機有二：第一，過去研究對形成共備社群之創新認知屬性探索有限。過去研究將重點放在理解社群對組織成員以及組織表現的影響。過去實證研究探討了共備模式、步驟和實施方式（參見

Jackson & Temperley, 2006）。近年臺灣中學不斷推廣的教師共同備課，也尚未有相關研究從創新擴散的角度探討共備社群發展。另外，研究對於教師參與共備的實際觀點和共備教學行為，也缺乏系統性的解釋（Liu et al., 2015; Liu, 2016）。其二，從創新擴散的角度（Rogers, 2003），影響教師參與共備的認知屬性（cognitive attributes）之教師觀點為何？過去文獻缺乏相關的發現和討論。

再者，先前研究並未探討教師共備過程中的關鍵因素，Rogers（2003）提出五大認知屬性（包括相對優勢、相容性、複雜性、可試驗性、可觀察性）之外，是否還有其他影響共備的因素。Rogers（2003）提到認知屬性應由受訪者確認，因此除了五項主要認知屬性，還有其他的附加屬性，例如：共備在執行時的靈活性和社會文化情境、自願性、社會形象等，都可能影響教師共備。

四、研究問題

本研究從 Rogers（2003）創新擴散之五大認知屬性角度，探討教師參與共備的觀點為何？此外，除了五大認知屬性外，還有其他影響教師創新的關鍵因素？

參、研究設計

一、研究場域

108 課綱實施之際，教育部為了提倡十二年國教，在國中小、高中端推動各式計畫，諸如：優質化、高瞻計畫、均質化、前導學校計畫等。

本研究的場域為高中端，採立意取樣（purposeful sampling），該校為高雄市某公立高中，全校一共約 100 位教師，全校三個年級，共

有 42 個班級。該校於 105 學年度向教育部申請前導學校，規劃校定必修，開發多元選修課程，並邀請有興趣、合格專業教師參與跨科共備（約 20 位），該校校長帶領全校同仁進行公開觀課、備課和議課，目的成為 108 課綱實施的模範學校。因此，考量該校共備的風氣，成為本研究主要的研究場域。

二、跨域社群共備

為了說明跨域社群，以該校閱讀新勢力（閱讀理解）為例，該課程規劃期從 2018 一月起至 2018 六月，每個月固定週五開會一次，共同領域時間為一個小時。參加成員有各科代表和行政人員，一共有五大領域，國文、英文、數學、社會、自然的教師成員，從 106 學年上（籌備期）到 106 學年下（規劃期），預計 107 學年上試行，先以高一多元選修方式開課，有兩個班，各班兩位老師協同授課（人文、自然領域），其他尚未開課的社群老師會入班觀課；107 學年下，也以多元選修方式，但根據上學期的課程安排和學生回饋，做反思修正，再開設兩個班，一樣會做討論與修正，預計將開課成果與校內同仁和各領域老師分享成果。108 學年配合課綱上路，閱讀理解成為校定必修，規劃課程分成上、下學期各一學分。

三、研究工具

在進行質性資料分析時，研究者本身即為研究工具之一，本研究之研究群共兩位，一名某國立大學教育研究所教授，其專長為質性研究方法論；一名為某國立大學教育研究所博士班學生，曾修習過質性研究課程，且具有實際執行質性資料編碼之經驗。因此，在本研究中，先由博士班學生進行初步訪談、逐字稿，彙整及編碼，初步進行資料分析後，再與某國立大學教育研究所教授針對分析結果進行討論

與檢驗，以檢視資料分析與結果萃取的分類架構是否適切，以及研究結果是否合理，以避免研究結果圍於單一研究者之觀點或偏見，對於研究資料範疇歸類分析與過程，亦較為客觀，以提升本研究嚴謹性及研究資料分析、萃取與結果歸納之可信賴度（trustworthiness）。

四、質性訪談

本研究訪談學校國、英、數參與共備社群的領頭老師（或是在推動課內共備的先驅者），本研究一共訪談三位有意願的老師。質性訪談資料解釋不只是何種屬性重要，也能說明原因。訪談大綱根據文獻，分成創新教學、社群共備和創新認知屬性等三大部分，採半結構式訪談（semi-structured interviews）（Creswell, 2009）。根據 Rogers（2003）和相關創新擴散文獻（例如：Corrigan, 2012）編制訪談大綱（interview protocol）。

第一部分：了解教師自身的創新教學，（1）請您簡述自己以往的教學經驗？（2）為何後來會想嘗試創新教學？並根據受訪者的回答，追問嘗試創新教學的動機、行動、反思和延續。

第二部分：創新擴散的認知屬性，（1）共備在創新擴散的階段，請受訪者判斷，並說明原因。（2）就創新的認知屬性，請受訪者表達認知屬性的重要性。也請受訪者按照優先順序排列。例如，就五大認知屬性，研究者問受訪者以下問題：

I. 創新／社群共備對自身有什麼好處？──相對優勢

II. 社會和自我價值體系是否與創新／社群共備相符？──相容性

III. 執行、接受創新／社群共備的困難程度？──複雜性

IV. 可以個人的方式來詮釋和操作創新／社群共備？──可試驗性

V. 創新／社群共備可被他人觀察的程度？──可觀察性

第三部分：探討除了五大認知屬性外，有其他影響團隊成員願意投入共備，以及共備社群運作可能碰到的問題和阻力。（1）你認為還

有什麼因素可以推動跨科共備社群?(2)執行過程有碰到困難的地方嗎?怎麼解決?舉例說明。

五、資料分析

　　訪談內容全程錄音,轉成逐字稿,本研究採用 Braun 與 Clarke (2006) 提出的主題分析法 (thematic analysis) 進行分析訪談資料。其中,主題分析法是一種強調從外顯表現探索內隱意義的方式 (Vaismoradi, Turunen, & Bondas, 2013);文本分析的過程是依循「整體-部分-整體」的詮釋循環流程,首先將文本逐字謄錄之後,寫下整體閱讀的反思(整體),接著從逐行逐句的文本中將一些研究者認為重要的句子、片語標示,進行初次編碼(部分),繼而從部分的個別理解基礎下進行整體閱讀(整體),思索之前的劃記或編碼是否有遺漏。Braun 與 Clarke (2006) 強調研究者與主題之間持續反省對話的主題分析法,嘗試「從資料中辨識、分析及揭示組型/主題」(2006: 87)。

　　本研究之質性資料轉化與分析步驟如下:

(1) 產生初始編碼:彙整個別教師的問卷資料並給予一代碼,受訪者資料代碼只有一碼,為教師隸屬編號(國文科 A,數學科 B,英文科 C)。

(2) 檢核主題:根據問卷原始資料,萃取研究有關部分資料,並做意義與註記主題,檢核主題與編碼是否相關。

(3) 定義命名:持續修正每個主題的細節,給予每個主題定義和名稱。

(4) 統整分類:將類型與內容相仿統整在一起,將不同類別歸類相對應的研究議題,並做分類、歸納與比較。

(5) 產出報告:將具有說服力的內容和例子,搭配摘錄,回答研究問題並與文獻對話,產出分析報告。

有關資料分析及萃取過程範例,請參閱表 1。

表 1 資料分析及萃取過程——以「共備的相對優勢」為例

產生初始編碼	檢核主題	命名	定義
在校訂必修這一塊，可以符合學生在閱讀策略的能力，不論讀哪一種類型的文本都可以。（A）	比起單獨授課，共備可以幫助學生閱讀能力	相對優勢	藉由共備，獲得許多好處，不論在課程設計、評量、學生成效，或是自身的授課鐘點，都能獲得保障，師生共同成長，獲得喜悅，因此教師願意參加共備。
以後時數變少，如果我們不用一門課教這個，會很辛苦。（A）	未來授課時數減少，共備可以減輕進度壓力		
參加閱讀理解，也是想要學習怎麼教孩子怎麼閱讀理解，怎麼擷取訊息、歸納。（B）	共備提升自我教學能力，勝過個人備課		
老師和學生就是玩得很開心，我覺得老師、孩子都很開心，這個部分，當時這些會是重點……會有很多的收穫。（C）	共備帶給老師們喜悅感和快樂，師生成長		

肆、研究發現

本研究以主題比較法分析共備的「五大認知屬性」和影響共備的「文化情境因素」兩個主題來說明研究發現。

一、跨領域共備社群的認知屬性觀點

（一）參與共備，利大於弊

三位受訪老師提到，在社群中共備有許多理想的好處，也是他們

願意投身其中的原因。例如：共備能讓老師學習差異化教學，不再只是為了應付考試和成績。此外，共備的課程符合自己科目的核心教學目標，例如：培養學生閱讀策略和技巧，對於未來學生學習很有幫助。最後，教師可以藉由共備，明白提問技巧和課程設計能力。未來授課時數變少，也多了一堂課可以教，補足基本授課時數的不足。

> 我覺得我們的教學好像不是只為了分數，但是有很多教學現場，有很多不同能力，就是同時在一個時空裡，然後尤其像職校的學生，更明顯，落差更大，然後那時候我還有夜校的課，然後學生根本無法聽老師傳統講述。（A）

> 在校訂必修這一塊，可以符合學生在閱讀策略的能力，不論讀哪一種類型的文本都可以。（A）

> 以後時數變少，如果我們不用一門課教這個，會很辛苦。（A）

> 閱讀理解對學生有幫助，高一學完之後，之後的老師稍微點到，過去用到什麼，前提是你要知道有什麼。（A）

> 參加閱讀理解，也是想要學習怎麼教孩子閱讀理解，怎麼擷取訊息、歸納、有一次社群各組要設計問題，發現每一組設計的問題都不一樣，我可以看到各科提問的差異，還有提問的技巧，需要練習。（B）

有一位受訪老師表示，他教學已經十年，若不改變自身單打獨鬥的教學，「就會覺得今天，現在的學測，在英、數這兩科 M 型化越來越大。過去每一科都可以守住均標，到現在學生進來的差異，就變成守不住均標。」（B）因此，為了提升學生學習成效，他願意和同儕

教師共同備課，即便在他的科內，尚未有如此般的氛圍。

當然，並非所有共備的老師，在共備的過程中，盡如人意，也有接收來自導師端和家長端的懷疑和質疑。

> 導師懷疑說，因為孩子要應付這樣的課程，要花很多的時間，上課要預習，老師們會懷疑說，我們這樣子的要求，對學生來講是，是不是好的？（C）

事實上，共備可能佔據老師額外的時間和體力設計課程、分享、討論和反思教學，但設計出來的課程，或許還會需要和學生端、家長和導師端溝通。誠如一位受訪老師提到過去的經驗：「家長因為不理解，為什麼要用這種方式上課。」

共備對於這些受訪老師來說，並非洪水猛獸，也許有些尚未加入團隊的老師，因為擔心、不確定，以及沒有成功的經驗，需要有部分老師帶著走，扮演領頭羊的角色，跟著前面帶頭的老師做，累積成功經驗，就會願意投身其中。

> 我們絕對沒有辦法勉強一個老師，可能要了解這個老師不想要嘗試新的方法的真正原因是什麼，我覺得我們可能要了解，或許是他有一些擔心或害怕，那我們解決他的不安、憂慮，那他可能就會願意試試看，那當然有人帶著會更好，就是說，一個團隊裡面，至少有人是願意做的，那我們可以帶著。所以那個團隊只有一個老師，其他四位老師都不做，那就很困難，一個團隊至少要兩、三位。（C）

以上受訪教師，藉由共備，獲得許多的好處，不論在課程設計、評量、學生成效，或是自身的授課鐘點，都能獲得好的保障，因此他們願意投身其中，參加共備，但共備的團隊成員需要有多一點的夥

伴，有人願意做，大家會更好。

（二）共備與教育趨勢符合

　　談到教師共備，受訪者很認同此一想法，符合現在的教育潮流，共備與教育潮流相容性一致，是指共備和目前的價值系統、過去的經驗和潛在接受者的需求相一致的程度。共備對於教師而言，若不確定性低，也符合目前狀況，教師會更願意投入共備。受訪者反應，在社群共備，可以針對自身的科目屬性，降低額外備課的需求，另外，教師對於想透過共備，設計小組分工的方式，讓學生可以更有動力。「同儕可以一起做的那個動力，是我在教學上一個我很想努力的點。」（B）再者，牽涉教師個人教學信念，不希望考試和學習畫上等號，課程不是變成以考試為導向，應該要跟學生家長充分溝通，降低學生的不安和焦慮。「我們都應該要完整的教，符合新課綱的全人精神。跟學生和家長溝通最新的教育新知，降低學生的不安、焦慮。」（A）共備的成員能凝聚共識，以培養學生學習能力為核心，並藉著分享，和願意一起嘗試的老師做，招募更多的老師加入共備的行列。

　　　我們在國文課都在做剛才提到的事，在校訂必修可以減少自己在做閱讀理解這件事情。（A）

　　　我覺得還是老師的信念，可否看到成效，有沒有理想的成績。（A）

　　受訪教師也提到，共備要有共識，想法、理念能接受，和自身的教育背景和舊經驗有無衝突，也需要時間接受。例如：

　　　可是我覺得這真的不能急。要慢、要願意投入。就是真的自己要能願意做這件事情，才能看到成效。我有想過，如果這個課程，

後來大家信念不一樣，然後模擬出來的畫面是，針對考題解題，但是那是不希望朝向的方向。（A）

分享歸分享，每一個老師擷取他要的部分，就是說，他其實不要全部都吸收，可是有些部分他覺得不錯，他就吸收。他就嘗試那個部分，也覺得不錯。（C）

另外，也有老師認為，教學研究會和公開場合，如期初和期末教學研究會，可以分享並鼓勵老師們，但要尊重老師們，視個人需求，若能成功推廣共備給同仁，切合老師們在教師專業上的需求，就會增加參與共備的意願。

鼓勵老師們勇於分享，並不是你的東西，大家一定要全盤接收，就是我有一些不一樣的做法，不要給大家太大的壓力，就是說，我很快樂的分享。（C）

（三）共備，取決複雜程度

複雜性指理解和使用共備的難易程度，有些老師對於操作課程，可能因為教學經驗較不足，負荷相對較大，也有老師因為過去設計的講義問題過多，也會精簡，對於授課老師的負擔，相對沒有那麼重，也比較願意嘗試。例如：

可能是因為那些老師教學年資沒有像我和另外一位老師，我們對於課程很熟，備課新手對於活動上面又要去投入時間，那個時候我們比較沒有考慮到比較新的、沒有經驗老師的需求。（C）

我會分組，依照我需要的時間，回答問題。所以我現在的講義不會很多，學習單的數量很少。（A）

受訪老師分享，自己曾經想要推廣社群共備，希望同年級的老師們能改變課堂授課方式，受到成員的反抗。例如：

> 他們操作的時候，有碰到困難。因為他們覺得說，是很花時間的。就是對於習慣傳統教法的老師來說，這是很沒有效率的，所謂的沒有效率，他當下要看到進度或是成果，那這一種模式不見得是立竿見影的，成效不是像考試就可以看得出來的。還有老師要能忍受那種緩慢的速度。（C）

該受訪老師表示，後來共備就沒有延續，因為老師操作碰到困難，也要花時間學習，質疑共備對於學生學習成效。有另一位老師表示，為了降低老師授課負擔和備課壓力，盡量降低授課難度，例如：

> 可以分享我在課堂這樣子做，但就是怕有些老師會有負擔。就是帶回去做，每個人回去想那個上層的概念是什麼。其實這樣回來看課程設計，我會覺得會比較有效率。（A）

（四）共備有可試驗性，可複製成功經驗

社群中，新成員要能操作課程設計方法，並且運用在自己課堂，三位受訪者指出，會操作在研習、學科中心、社群中學到的新方法，但是主要還是在一、二年級，尤其是自己的導師班。受訪老師表示，能夠不斷滾動修正，看到自身缺失，讓學生進步，就是好的改變。另外，社群要能運作，共備要能推動，要有共同的領域時間，也要有一起的空堂時間備課。再者，從過往經驗和對自己能力的了解，學習的方法必須是老師能力範圍所及，不超出老師專業，較有可能進行共備。如以下所述：

> 導師班就是一年級，所以就是我的學生會讓我操作。（A）

我覺得這一年的嘗試，沒有退步，對我來說，在我心目中就是進步。今年是我第十年教書，我原來的方法用了九年，我原本頭腦已經想不出什麼方法讓學生改變，但我現在的這個方法，成績沒有明顯退步……在處理事情的細膩度上，下一輪我再嘗試，我可以看到今年的一些缺失。（B）

我們要一起做，好像會碰到一些狀況，好像之前是時間點或是課程安排，可能就沒有一起共備的時間。（C）

我覺得有些人很會教，但是我觀察，我會做不到，譬如我高中老師很會教，講話抑揚頓挫，她的肢體語言很大，她為了讓自己這樣，去學舞蹈和合唱，學了這樣的抑揚頓挫、聲調。對我來講，我觀了她的課，我還是做不到。（B）

有趣的是，受訪者 B 用個比喻說：「我看了劉德華唱歌，我還是唱不出來他的聲音。」對這位受訪者，他進一步談到：「可複製性是他可以成功，我也可以成功。動機可以提升、成績可以提升。我就願意嘗試看看。……不要成為另外的負擔。對你而言，有教學相長的感覺。」教學相長，聽起來或許司空見慣，但對於老師能夠嘗試並參與教師共同備課，並看到學生的成績進步，是非常重要的。另外，操作能上手，可看出老師參與共備的意願提升。

（五）可觀察性——見賢思齊焉

事實上，老師平常備課的辛苦，有時不是容易看得到的。往往課堂的教學、成果，必須透過觀課，或是間接聽到教師分享，才能明白共備的運作和執行方式。三位訪談者中，有一位老師曾經打開教室進行公開觀課，她的備課會跟資深的前輩討論，並開放教室讓實習生和友校老師觀摩，會後進行議課。例如：

有的還有實習生，大學部的，有正在讀書，大學快要畢業的也會來。對，那一年就在交朋友的。高雄像是瑞○、左○、新○、路○，還有……臺南的光○女中，還有聖○女中，還有嘉義、桃園、新竹的老師也有來。（A）

另外，B 老師提到，共備必須拿出成績，不光是學習的成績，包含上課態度和課堂參與，還有課堂表現，都會影響老師願意投身其中。

你要說服他，首先你要拿出成果，成果不見得只是成績上的，上課睡覺的學生人變少，或者看到學生怎樣……如果有看到什麼改變，學生有好表現，那慢慢地，可能有人會嘗試轉變。（B）

當然，也有老師認為，多觀摩別人的長處，沒有人是完美的，從別人身上學習，彼此成長，也是重要的。

很務實，對，我覺得大家的心更開一點，每個人多看，總是有他的長處，當然我們的教法都還不夠完美，但是可以從別人的身上看到或學到一些東西，我覺得大家這樣會越來越成長。（C）

為了讓社群中的新老師能投身其中，比較有經驗的老師會帶著沒有經驗的老師動手做，除了經驗傳承，也讓參與的老師明白操作過程，看得到社群中老師們的討論和共備內容、教材。例如：

像○○老師，我就會刻意讓她做一些事，做小說，討論後要給學生 sample 那我自己就做了一章，那她就會從中知道，學生在做的過程會碰到什麼問題，她也會做，學生問她時，她也有經驗可以分享。（C）

二、影響共備的文化情境因素

事實上，三位有參與共備的老師，在面對高三升學的壓力之下，提到高風險考試仍會阻礙推動共備，到了接近考試日期，老師們還是會以拚學測為主，目的是幫助學生升學，考取好大學，因此老師們就會回復原本的上課模式——以升學為考量。如以下所述：

> 補習班填鴨，然後重點，就是解題技巧，就是我只要看到關鍵字就好，然後就會忽略掉很多的訊息。所以這兩種是衝突的系統，對於我們學校體制的推動，其實是阻礙。那個是大環境的一種阻礙。（A）

> 我可能考試暫時沒有這樣操作，那我高三不知道其他學校怎麼樣，高三主要拚學測，其實我們的進度沒有太多的考試，大多的都是複習考，我高三的時候一直覺得，要把學生帶進好大學。（B）

在理想和現實之間，怎麼拔河？有受訪老師提到，社群成員，尤其是領頭者，要清楚共備社群的定位和目標，例如：

> 社群中需要有人清楚目標，譬如我們現在做的閱讀理解課程，有沒有明確的教學目標。（C）

另外，與同科和跨科的老師推動的過程，組織文化的氛圍也很重要，在創新決策的階段，了解共備的意義、尋求共識、制定目標、做出決策、執行確認，除了配合前述的五大認知屬性，推動共備的過程，對於整體的學校體系規範、教師價值觀和溝通方式也需要有所了解，對於長期要推動共備是有益的。

跨領域、同科，好像在推動的過程，怎麼讓老師有參與，了解課程，讓老師更投入，現在多元選修，老師們在課程上討論，一起討論課程內容、大綱、評量。我就看到這個部分，我覺得蠻好的，老師們透過一些主題，討論，有一些共識，就非常好。（C）

伍、結論與討論

（一）推動教師共備，須說服教師共備優點，符合教師增能需求，降低執行共備的困難度，成功複製他人經驗，彼此觀摩、激發教學創意、提升課程設計能力

本研究發現，受訪教師認為要能夠增加教師共備的參與度，需要能說服教師共備好處（相對優勢），能鼓勵教師投身其中。其中，因為各校普遍學生程度落差大，教師能否在各樣共備研習、分享獲得符合個人需求的知能（相容性），例如：差異化教學的方法，兼顧到各樣學習類型的學生需求。此外，鼓勵教師共備，要能符合核心教學目標，例如：培養學生閱讀策略和技巧，以學生為中心，有益於學生學習。教師也提升教師專業能力。

共備給教師課程發展機會，進行課程組織革新、研發教學策略、發展評量模式等，使師生能持續教學相長。社群老師進行備課、說課、觀課、議課，教師專業成長活動，提供自我檢視的機會，提升教師專業成長（劉世雄，2017；蔡秋季，2016）。教師平常工作負擔大，容易產生教師倦怠。藉由共備，可以引起老師思考多元的教學方法，有更多創意發想，降低備課壓力（複雜性）。

呼應藍偉瑩（2017）曾提到，與社群夥伴討論時，能激發火花，讓成員都能從中獲得能量與幫助！過去的研究（Liu et al., 2015; Liu, 2016; Liu & Tsai, 2017）曾經探討共備提升教師專業成長，本研究發現，共備對於專業能力是有幫助的。另外，本研究發現共備讓參與老師有彼此觀摩學習的機會，看到學生的學習成長，提升學生課堂參與

（Takahahi & Yoshida, 2004; Yoshida, 1999），並且有成功複製的機會，這能激勵更多老師接受共備觀念。

（二）推動共備須考量整體社會文化情境脈絡，領頭者須清楚目標，才能真正落實共備社群理念，長期推動社群經營

臺灣隸屬亞洲儒教文化影響區，自古即重視升學制度，要在目前108課綱政策的推波助瀾之下，推動課程革新和教學模式，還是會碰到根深蒂固的考試領導文化情境脈絡下的衝擊，例如臺灣的國中畢業會考、高中學測和指定入學考試（吳清山、林天佑，2011）。這些總結性考試的目的是：了解學生在畢業時各科老師教學下之學習成效，作為補救教學、文憑授予或升學之參考依據。測驗結果不僅用來了解學生學習情形，而且作為獎懲和經費補助，這種測驗屬於高風險的考試（high-stakes testing），具有濃厚的績效責任（accountability）目的（Nichols, Glass, & Berliners, 2012）。受訪教師普遍認為，考試和成績依舊是和理想拔河的因素。因此，在推動教學和課程翻轉過程，如何尋求與校內同科和跨科的老師認同，需要營造良好的組織文化氛圍。除了前述的五大認知屬性，推動共備的先驅者，對於整體的學校體系規範、教師價值觀和溝通方式要有全盤的了解。正如藍偉瑩（2017）所述，一群夥伴進行共備時，需要建立互相協作的學校文化。當有越多的老師認同共備是教育潮流所趨，也有越多成員參加共備社群，領頭者清楚團隊目標和願景，這對於推動共備、長期經營社群的老師，一點情境改變，可能是教育變革的契機。

（三）未來研究方向

本研究採用質性訪談方式針對某一所前導學校三位教師進行訪談，可初步瞭解該所學校教師對108課綱推動之教師共同備課的各樣觀點與意見。但囿限於資料蒐集時間與研究對象之因素，無法針對未參與共備的教師再做深入的探討與進行資料間的比對。另外，建議未

來研究可將研究對象擴大至其他臺灣前導學校之老師與學生，並結合問卷調查，以交叉驗證方式比對研究資料與分析結果，期使研究結果更加完備。

此外，本研究僅針對一所前導學校之教師觀點進行調查，建議未來研究可擴大範疇至未申請前導學校計畫的學校，比較不同學校對推動教師專業發展，洞悉教師共同備課的實施現況與成效，期望能鼓勵更多教育人員參與教師專業成長，提升教師對於教師工作的認同感與參與度（饒見維，2003）。

最後，本研究僅探討創新擴散的四大要素中的創新認知屬性，未來研究可以從溝通管道、時間和社會系統等其他三大要素（Rogers, 2003），分析共備在教師專業發展中如何達到擴散的效果。

參考文獻

· 吳清山、林天佑（2011）。教育名詞：畢業會考。教育資料與研究雙月刊，101 期，頁 193-194。
· 教育部（2013）。十二年國民基本教育課程綱要總綱。取自 https://drive.google.com/file/d/1SLjOJ211XtKya_bv1FNvFjRmcE5ySihZ/view
· 蔡秋季（2016）。中小學教師參與臉書共備社群與教師專業成長之研究。銘傳大學教育研究所碩士在職專班 " 教育研究所碩士在職專班碩士論文，未出版。
· 劉世雄（2017）。臺灣國中教師對共同備課、公開觀課與集體議課的實施目的、關注內容以及專業成長知覺之研究。當代教育研究季刊，25 (2)，43-76。
· 藍偉瑩（2017）。共同備課的意義。取自 http://chemed.chemistry.org.tw/?p=25187
· 藍偉瑩（2017）。三部曲——共備、觀課與授課。取自 http://case.ntu.edu.tw/CASEDU/?p=9933
· 饒見維（2003）。教師專業發展：理論與實務。臺北：五南。
· Ajayi, L. (2009). An exploration of pre-service teachers' perceptions of learning to teach while using asynchronous discussion board. *Educational Technology & Society*, 12 (2), 86-100.
· Braun, V., Clarke, V. (2006). Using thematic analysis in psychology. *Qualitative Research in Psychology*, 3 (2), 77-101.
· Cope, C., & Ward, P. (2002). Integrating learning technology into classrooms: The importance of teacher' perceptions. *Educational Technology & Society*, 5 (1), 67-74.0Corrigan, J. (2012). The implementation of e-tutoring in secondary schools: A diffusion study. *Computers & Education*, 52, 925-936.
· Creswell, J. (2009). *Research Design: Qualitative, Quantitative, and Mixed Methods Approaches*. Sage Publications.
· Dearing, J. W., & Meyer, G. (1994). An exploratory tool for predicting adopting decisions. *Science Communication*, 16 (1), 43-57.
· Jackson, D., & Temperley, J. (2006). From professional learning community to networked learning community. Paper presented at International Congress for School Effectiveness and Improvement (ICSEI) Conference, Fort Lauderdale, FL.
· Lee, Y. H., Hsieh, Y. C., & Hsu, C. N. (2011). Adding Innovation Diffusion Theory to the Technology Acceptance Model: Supporting Employees' Intentions to use E-Learning Systems. *Educational Technology & Society*, 14 (4), 124-137.
· Liu, S. H, Tsai, H. C., & Huang, Y. T. (2015). Collaborative professional development of mentor teachers and pre-service teachers in technology integration. *Educational Technology & Society*, 18 (3), 161-72.
· Liu, S. H. (2016). Development of lesson study approach in three rural elementary schools of Taiwan. *Asia Pacific Social Science Review*, 16 (2), 97-107.

· Liu, S. H., & Tsai, H. C. (2017). Teachers' experiences of collaborating in school teaching teams. *Asian Social Science*, 13 (2), 159-168.

· Martins, C., Steil, A., & Todesco, J. (2004). Factors influencing the adoption of the Internet as a teaching tool at foreign language schools. *Computers & Education*, 42 (4), 220-237.

· Nichols, S. L., Glass, G. V, & Berliner, D.C. (2012). High-stakes testing and student achievement: Updated analyses with NAEP data. *Education Policy Analysis Archives*, 20 (20), 1-28. Retrieved from http://epaa.asu.edu/ojs/article/view/1048

· Niu, W. (2012). Confucian ideology and creativity. *Journal of Creative Behavior*, 46 (4), 274-284.

· Parker, R. E., Bianchi, A., & Cheah, T. Y. (2008). Perceptions of instructional technology: Factors on influence and anticipated consequences. *Educational Technology & Society*, 11 (2), 274-293.

· Robb, L. (2000). *Redefining staff development: A collaborative model for teachers and administrators*. Portsmouth, NH: Heinemann.

· Rogers, E. M. (2003). *Diffusion of Innovations* (5th Ed.). Free Press.

· Sparks, D. (1994). A paradigm shift in staff development. *Journal of Staff Development*, 15 (4), 26-29.

· Spencer, P., Harrop, S., Thomas, J., & Cain, T. (2018). The professional development needs of early career teachers, and the extent to which they are met: a survey of teachers in England. *Professional Development in Education*, 44 (1), 33-46.

· Takahahi, A., & Yoshida, M. (2004). Ideas for establishing lesson-study communities. *Teaching Children Mathematics*, 10 (9), 436-443.

· van Braak, J. & Tearle, P. (2007). The Computer Attributes for Learning Scale among university students: scale development and relationship with actual computer use for learning. *Computers in Human Behavior*, 23 (6), 2966-2982.

· Vaismoradi, M., Turunen, H., & Bondas, T. (2013). Content analysis and thematic analysis: Implications for conducting a qualitative descriptive study. *Nursing and Health Sciences*, 15, 398-405.

· Vanderlinde, R., & van Braak, J. (2011). A New ICT Curriculum for Primary Education in Flanders: Defining and Predicting Teachers' Perceptions of Innovation Attributes. *Educational Technology & Society*, 14 (2), 124-135.

· Wen, H. (2009). *Confucian pragmatism as the art of contextualizing personal experience and world*. Lanham, MD: The Rowman & Littlefield Publishers, Inc.

· Yoshida, M. (1999). *Lesson study : A case study of a Japanese Approach to improving instruction through school—based teacher development*. Unpublished Doctoral Dissertation, University of Chicago.

內外在動機、文化與創造力

鄭雯、謝齊

摘要

本研究主要目的是在探討內外在動機、東西方文化與創造力之間的關係。學者多認為內在動機是影響創造力發展的關鍵因素，但對於外在動機的看法則不一致。透過文獻整理，我們發現內在動機與外在動機交互作用在某些條件下可共同幫助創造力的發展。西方個人主義文化重視每位學生的獨特性，故內在動機與學生的創造力表現有舉足輕重的關係；而當個體具備高度的內在動機時，外在動機將產生綜效性的加成效果，表現出更高的創造力。然而，外在動機在東方集體主義文化中的角色卻更為重要。集體主義中的個體往往依據群體的共同規範來決定自己行為，與眾不同的創造力表現可能需要外在環境的「去抑制」才較能顯現；因此當外在環境明確的指導及鼓勵創意行為時，創造性能力才更能發揮。整體而言，內外在動機對於創造力表現皆可產生正向效果，但在不同文化中的作用可能有所差異。

關鍵字：內在動機、外在動機、文化、創造力

鄭雯，國立中山大學師資培育中心副教授。
謝齊，國立中山大學教育研究所碩士生。

壹、緒論

Martindale（1989: 211）曾說「一個有創造性的想法會有三種特徵：它必須是原創性的，對於發生的情況必須是有用的或適當的，且實際上必須是用於某種用途上。」故可知創造力應該包含三項特質——「原創性」、「適當性」及「可行性」，而可以在工作的過程中使用新穎方式、原創且獨特的想法，以及適當地解決問題是恰當和重要的（Amabile, 1988, 1997; Oldham & Cummings, 1996; Shalley, 1991）。認知心理學家傾向於用心理歷程（mental process）定義創造力（Smith, Ward, & Finke, 1995），實驗心理學家將創造力定義為一種結果產物（product; Martindale, 1990; Simonton, 1989），而人格心理學家則傾向於把創造力視為一種特質（trait）（Barron, 1969; Eysenck, 1993）。

但對於個人而言，願意主動發揮創造力，將其運用於事物之中，則關乎於「動機」。Amabile 等學者針對「內在動機」及「外在動機」對於創造力影響之模式進行研究（例如：Amabile, 1983, 1996; Hennessey & Amabile, 2010）。

貳、內在動機與外在動機

過往文獻中，均指出內在動機越強的人，其創造力也會隨之而提升。所謂內在動機，即個人的內在情感行為被觸發而獲得滿足感、成就感，且持續保持下去，儘管沒有任何的金錢、酬賞等明顯的外在誘因影響，仍然從事此種行為，而這種行為就可用內在動機來解釋（Benabou & Tirole, 2003）。

Amabile（1983）認為，每個人可能都會有某種有利於創造性的能力及創造性的特質，而此能否真正發揮出創造性，最後取決於他們內在動機因素。為了要擁有創造性的能力，個人必須對創造性這個問題產生內在的興趣，並且有動力的去尋求解決方法（Steiner, 1965）。

因此，創造力的重要來源之一是個人的內在興趣的動機，此動機會影響新的選擇以及新的思維模式（Rogers, 1954）。另一方面，Amabile（1996）也指出，個人的創造力會受到「領域特定的知識」、「創造力相關的能力」和「內在動機」三方面的影響；而強調內在動機則有助於增強創造力的發展。那麼若是外部因素呢？或許我們可以先從下面的研究談起。

1973 年時，Lepper、Greene 和 Nisbett 做過一個經典的心理學實驗，他們先觀察記錄一群幼兒園孩子自由使用彩色筆畫畫的時間，然後再將他們分至三個不同的情境中讓他們畫畫。在第一組的情境裡，孩子們被告知只要他們畫圖，就會得到獎品；第二組的孩子則是事前並未被告知有獎品，但在畫畫完後收到驚喜（獎品）；第三組的情境中，孩子則是從頭到尾都未被告知有獎品，最後也沒有得到獎品。一週之後，這些孩子都被帶到研究室進行一個「神奇畫筆（magic marker）」的活動，而研究者則隔著單面鏡觀察孩子們畫畫的情況。

如 Lepper 等人所預期的，第一組的孩子花最少的時間畫畫，同時他們的圖畫品質也相較於其他兩組來得低；Lepper 他們稱這個現象為「過度辯證（overjustificaton）」，第一組的孩子在一開始即被告知作畫就會有獎品，這樣的「外部期待」成為他們主要的動力，同時也可能破壞了他們原本對於畫畫的興趣（Lepper, Greene, & Nisbett, 1973）。自此，許多心理學家致力於研究外在酬賞與個人內在興趣的關係，而有了一連串的外在動機（extrinsic motivation）與內在動機（intrinsic motivation）的研究。

在創造力的相關研究上，內在動機可以說是與創造力表現有關的重要因素，而過往研究卻發現外在動機（誘因、獎賞、成績等）則會抑制創造力的表現。Amabile 初期和她的同事進行了一系列的研究及文獻回顧，如同上述 Lepper 等人（1973）的研究一樣，他們發現外在約束和外在動機等因素，包括預期獎勵（expected reward）、預期評估（expected evaluation）、監督（surveillance）、競爭（competition）和

限制選擇（restricted choice）等，可能會破壞內在動機以及創造力的發展（例如：Amabile, 1996）；當個人從事某種活動，受到外在因素影響（獎賞、金錢、名聲、地位）而參與時，若這些外在因素消失，個人參與活動的意願性，便也會跟著消失（Amabile, Hill, Hennessey, & Tighe, 1994; Tierney, Farmer, & Graen, 1999）。

　　社會心理學家在研究創造力時，也發現到內外在動機傾向等因素與創造力有著相當複雜的關係，特別是外在動機中的預期獎勵的部分。在某些特定條件下，增強外在動機預期獎勵，會對個體的內在動機與創造力表現產生負面的影響（例如：Amabile, 1996; Amabile, Hennessey, & Grossman, 1986; Baer, 1997, 1998; Hennessey, 2001），然而，令人驚訝的是，在另一些條件下卻不會對個人內在動機或個體上的創造力表現產生負向影響（詳見本書第394頁，「對外在獎勵『免疫』效果」的實驗），甚至還可以產生正向效果（例如：Eisenberger & Armeli, 1997; Eisenberger, Armeli, & Pretz, 1998; Eisenberger & Cameron, 1996）。

　　下面我們來看幾個實驗。

一、「契約獎勵（contracted-for reward）與非契約獎勵（non-contracted-for reward）」實驗

　　Amabile、Hennessey 和 Grossman（1986）提出，過度強調成績表現、獎勵等外在動機，可能會降低內在動機，因而對於創造力產生負面效果。Amabile 等人提出當外在動機過於顯著時，「過度辯證」就可能產生。「過度辯證」發生於當個體的起始行為是自發性的，但後來卻因為獲得外部酬賞而改變，造成內在興趣與動機減弱消失；意指個體的行為表現受到外在獎勵的影響而削弱了自身的興趣。

　　因此，Amabile 等人（1986）探討了獎勵對於兒童及成人是否會影響創造力的發展，進行了三項實驗，研究假設推論接受獎勵（contracted-for reward）將會對創造力產生負面影響，而最後的研究結果都支持這三項假設。

　　第一個實驗研究，共有 115 位年齡從 5 到 10 歲不等的學生，隨機被分配到無獎勵與契約獎勵的研究組。這項實驗共有三項任務：第一項是「創造力實作的測試」，讓學生進行拼貼的活動；第二項是「口頭創造力測試」，讓學生進行說故事的活動；第三項「創造力的問題解決測試」，讓學生進行解謎（solve a puzzle）的活動。所有的學生在一開始都被告知完成三項任務後，可以使用拍立得相機拍兩張照片。對無獎勵組的學生來說，拍照是一項另外需要參與的任務；但有獎勵組的學生則被告知只要完成任務，就可以玩相機（使用相機作為獎勵）。在整個實驗研究期間，並未讓學生將所拍的照片帶回自己教室中，而是將所有照片放在學校的布告欄上，目的是要操控參與實驗研究的學生對於得到獎勵有明確的期待。研究結果發現，沒有獎勵組的學生比有獎勵組的學生在創造力相關任務中，表現出更高的創造力。

　　第二個實驗研究，則是在實驗一的內容中增加新的操弄──是否具有選擇的權利（choice）。實驗二共有 80 位年齡從 8 歲到 11 歲不等的學生，隨機分配到四個組別中，為 2（沒有獎勵 vs. 有獎勵）× 2（沒有選擇 vs. 自由選擇）的實驗設計。這項實驗有兩項任務，分別為「拼貼」與「說故事」活動，實驗者對學生進行以下簡短的說明。

　　在「**自由選擇 / 有獎勵**」組的學生可以自己先去選擇要「拼貼」、「說故事活動」或者「離開回到教室裡」，若孩子選擇拼貼或說故事活動時，則可用拍立得相機拍攝兩張照片，當作他們的獎勵。有些孩子決定留下來，並為獎勵活動工作，有些孩子則會選擇離開。

　　在「**自由選擇 / 沒有獎勵**」組的學生則是自己先去選擇要「拼貼」、「說故事活動」或者「離開回到教室裡」。

　　在「**沒有選擇 / 有獎勵**」組的學生必須要做「拼貼」和「說故事活動」，所以可以先讓他們用拍立得去拍攝兩張照片，當作是給予他們的獎勵。

在「**沒有選擇／沒有獎勵**」組的學生，與第一個實驗研究一樣，拍照只是一項另外參與的任務，並不是獎勵。

研究結果發現如圖 1 與圖 2 所示，在拼貼活動和說故事活動中，「自由選擇／有獎勵」組的學生，其創造力是最低的，且明顯低於其他組的學生。

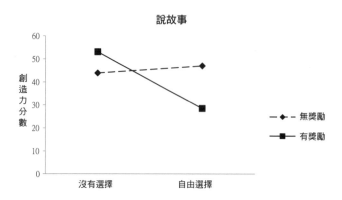

圖 1 選擇與獎勵在「說故事」活動的創造力分數

改編製自 Amabile, Hennessey, & Grossman, 1986, p. 19.

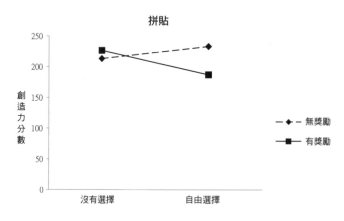

圖 2 選擇與獎勵在「拼貼」活動的創造力分數

改編製自 Amabile, Hennessey, & Grossman, 1986, p. 19.

第三個實驗與第二個實驗研究最大不同是受試者都是成年女性，而非男女學生；在獎勵的部分，將拍立得更改成金錢。60 位成年女性隨機分配到四個組別中，為 2×2 因子設計（沒有獎勵 vs. 有獎勵 × 沒有選擇 vs. 自由選擇）。受試者被告知將要進行人格印象（personality impressions）的研究，而這項研究是會需要觀看他人在各種情境表現的錄影帶，並根據影片的內容評量此人的人格；然而，這個目的其實是假的！而在觀看的過程中，錄影帶會突然沒有聲音，實驗者會失望的說「錄影機又壞掉了」，因此暫停此項實驗——這也是預先安排好的橋段。但在這個當下，實驗者會提出以下的要求：

　　「**沒有選擇／無獎勵**」組的受試者被告知將用剩下的時間來完成另一個實驗——花 15 分鐘完成一張拼貼成的畫。研究者直接讓受試者沒有選擇的餘地，進行創造力相關的拼貼活動，也沒有提供任何酬賞。

　　在「**沒有選擇／有獎勵**」組的受試者，除了和「沒有選擇／無獎勵」相同的說明外，實驗者也會告知前項未完成的人格印象研究會給予實驗時數（credit），並且此一測驗也會再給與 2 美元當作獎勵。在此一設計中，因為受試者並沒有選擇，必須完成前「人格印象」研究中的契約，所以又稱之為契約獎勵組（contracted-for reward）。

　　在「**自由選擇／無獎勵**」組的受試者被「詢問」是否願意將剩下的時間做另一個實驗——花 15 分鐘完成一張拼貼成的畫。目的在提供受試者選擇參與的機會並詢問意願。

　　在「**自由選擇／有獎勵**」組的受試者被告知可以獲得前項實驗參與的部分時數（credit），並且詢問受試者是否有意願製作一張拼貼的圖畫，若願意的話可以給予 2 美元，當作是獎勵。在此一設計的受試者可以自行選擇是否參與，不需完成前項人格印象研究的契約，所以又稱之為非契約獎勵組（non-contracted-for reward）。

　　研究結果發現如圖 3，「有選擇／有獎勵」的組別，其創造力是最低的，且明顯低於其他組別。

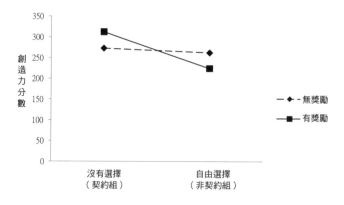

實驗三 拼貼

圖 3　成年女性在有無選擇（契約）與獎勵下進行拼貼活動的創造力分數

改編製自 Amabile, Hennessey, & Grossman, 1986, p. 20.

　　這三項實驗研究，證明對創造力非契約獎勵的負面影響，非契約獎勵與其他外在因素相似，例如：評估期望（evaluation expectation）、監督（surveillance）、競爭（competition）和限制選擇（restricted choice）（Amabile, 1979, 1982; Amabile & Gitomer, 1984; Amabile et al., 1983）。在三個實驗研究中的「自由選擇 / 有獎勵組」（非契約獎勵組，non-contracted-for reward），受試者將他們的任務視為未得到獎勵而需完成的工作，目的在能獲得獎賞；相比之下，其他組別的受試者（特別是契約獎勵組），參與創造力活動的目的並不是為獲得獎勵而答應參加，因此可能更願意聚焦在任務和材料中的細微處，進行探索和創造，而使用更多特別的方式來處理這些拼貼材料。

二、「對外在獎勵『免疫』效果」的實驗

　　Hennessey、Amabile 和 Martinage（1989）曾提出「加強內在動機的訓練」，認為加強內在動機訓練可以使學生在面對預期獎勵時，仍

維持相同的內在動機及創造力水準；而雖然外在動機一般來說會降低創造力的發展，但學生在經過加強內在動機培訓之後，不會受到獎勵等外在因素的干擾，內在動機和創造力也不會被削減。Hennessey 他們稱此效果為「對外在獎勵『免疫（immune）』效果」。

Hennessey 等人（1989）進行了另一項實驗，研究對象為 7 歲到 11 歲不等的學生，共 113 位。受試者被隨機分配到以下四個條件之一：「內在動機培訓／有獎勵」、「內在動機培訓／無獎勵」、「無培訓／有獎勵」以及「無培訓／無獎勵」。前兩組（內在動機培訓）的學生觀看與他們相同年齡的小孩與成人討論學業的錄影帶，這些錄影帶的劇本是專門設計的，錄影帶中的小朋友展現了高度內在動機，以便作為他人效法的典範。這些錄影帶想要傳遞的主要目標有兩個：第一個目標是讓學生能夠專注於學校課業的內在原因，並享受學習帶來的樂趣。以下為培訓錄影帶的內容描述：

> 影片中的訪問者，訪問學生在校園裡最喜歡做的一件事是什麼？該學生回覆都是關於在校園「學習」的樂趣：喜歡人與人之間相互學習、喜歡做報告時，學習到新知識，做這些事而學習到新東西，會使該名學生感到高興。最後，訪問者總結學生的答案，並給予肯定；目的就是要傳遞在學校學習時可以帶來的樂趣。
>
> （詳細對話記錄於 Hennessey, Amabile, & Martinage, 1989: 216）

第二個目標是能夠有意識地將自己遠離外在社會所給予的約束，在面對獎勵或成績等外在因素時，仍保持內在動機。以下為內容概述：

> 影片中的訪問者，先肯定男女學生都喜歡在學校裡學習，再詢問他們學習完後該如何從老師或父母當中，獲得好的獎勵呢？男學生思考後回答父母總是給予金錢上的鼓勵，但他認為這並非他學

習的目的，是因為他喜愛學習新知識，才會想要多瞭解一些；而女學生思考後回答會在意老師給予的分數，但後來發現若是自己喜愛的事情，就不會考慮成績的好與壞了。最後，訪問者總結學生的答案，並給予肯定；目的是要傳遞學習比成績或獎賞，還要來得重要。

（詳細對話記錄於 Hennessey, Amabile, & Martinage, 1989: 216-217）

　　內在動機培訓的學生連續兩天都與實驗者見面兩次，每次約 20 分鐘的訓練。課程培訓內容為觀看上述錄影帶片段，並用穿插討論的方式。在討論的過程中，讓這些學生也試著回答影片裡的問題，並引導討論影片中學生的「內在動機」觀點。最後，實驗者總結討論也分享了自己的想法，目的是讓學生學會如何去應對外在的約束及提升內在的動機。課程結束後，會讓學生完成一個簡短的紙筆練習，描述他們在執行最喜歡的活動時感受如何等等的問題。

　　無培訓組的學生，實驗者與他們討論的話題，主要圍繞著他們喜歡的東西（食物、電影、動物等等）。課程結束後，也會讓學生練習說出自己喜歡的事情（音樂團體和一年中的季節）。所有學生都參加了某種形式的小組討論活動，並進行簡短的書面練習和參加了小組討論。

　　在培訓階段後，則對於創造力進行測量；而在測量的同時，將學生隨機分為獎勵組與無獎勵兩組。依照 Amabile 等人先前實施過的研究程序（Amabile et al., 1986），在獎勵組方面，實驗者告知每位學生可以使用拍立得拍攝兩張照片，但前提是他們需先承諾稍後會做一項有關說故事的活動，讓學生先仔細的翻看圖片後，再請他們對每一頁的插圖，都說「一則故事」（創造力表現的測量）；透過這種方式，拍立得的使用被認為是一項任務的獎勵。而另一方面，對於無獎勵條件下的孩子來說，拍攝被視為實驗活動的一部分而非獎勵。

　　研究結果發現「免疫」效果非常成功地發生在內在動機培訓且有

獎勵的這組學生身上，學生在經過上述的內在動機培訓之後，並不會受到獎勵等的外在因素的干擾，創造力和內在動機不會遭到損害。同時研究結果也發現，接受了內在動機培訓的學生在獲得酬賞等外在因素時，反而表現出比一般水平還要更高的創造能力！外在動機破壞的效果不僅被克服了，甚至反被扭轉而提升。此系列研究證明了創造力雖然最常源自於內在動機，而外在動機有時可能會妨礙創造力的表現，但有時兩者卻能相輔相成，讓個體更有持續創作的動力及熱忱。

從此研究結果可知，如果一個人的內在動機可以維持在一定的高度水平，那麼即使這些獎勵、限制等外在因素，也不會是特別的干擾，反而能提高正向的影響來促成創造力表現。另一方面，高外在動機者對於環境的要求較為敏感，因此當環境著重在獎勵高創造性行為時，亦可能表現出高度的創造力（Choi, 2004），而此現象特別常出現在以儒家文化為主的東方社會中。

參、東方文化的內外在動機與創造力

Markus 和 Kitayama（1991）指出，一個人所處的文化環境會對情感經驗產生極大的影響。在社會心理學中，研究文化對於人類行為的影響，常以「個人主義（individualism）」和「集體主義（collectivism）」來論述個人與群體間的關係（Hui, 1988）。

「個人主義」強調個人的自主性與獨立的人格，其特點包括鼓勵人們爭取自身的成就與目標的達成，並認為依賴他人相較而言是比較不成熟的，主要重視的是「我（I）」的身分，例如英美文化。而「集體主義」則是推崇組織之間成員的和諧，個人往往較服從於團體的整體利益，成員經常考慮組織與成員的感受而表現出互相依存的義務與忠誠，主要重視的是「團體（we）」的和諧，例如：臺灣、中國大陸與日本（Hofstede, 1980; Hui, 1988; Chan, 1994; Yamaguchi,1994; Kitayama, Markus, Matsumoto, & Norasakkunkit, 1997）。

楊國樞和陸洛（2008）則明言，亞洲文化在行為上傾向於人際取向的集體主義，心理及行為上容易受到他人影響並重視相互依存，在「關懷（concern）」與「服從（obedience）」之下，人們往往依據共同規範來決定自己行為與情緒表達（Suh, Diener, Oishi, & Triandis, 1998）。同時，自我克制更被視為一種重要的社交能力（Kitayama, Markus, & Kurokawa, 2000）。相較之下，在西方文化的個人主義氛圍下，其價值與成就較傾向於主動追求與表現（Mesquita & Albert, 2007），而在普遍重視自主性的情況下，人們認為主動而直接的行為與表達，對社交來說是一種積極而正面的做法（Tsai, 2016）。

　　緣此，過去（包含上述）創造力相關的研究多以西方觀點與視角進行，認為內在動機是創造力表現的主要因素，外在動機則是削弱或輔助內在動機對於創造力之作用。但在亞洲儒家文化盛行之地，外在環境、酬賞的效果可能有其特殊性。例如 Tsai、Horng、Liu、Hu 和 Chung（2015）就進行了一項實驗研究，探討正面和負面的學習環境與學生動機和知識共享行為間之關係，以及其與創造力的發展之關聯性。受試者共 579 位大三學生，分別來自臺灣北、中、南九所大學的旅遊、餐飲和飯店管理等科系，希望藉由此研究來瞭解這些學生透過同儕間的互動及知識共享，在個人創造力發展上的表現為何？結果發現，正面的學習環境和合作文化，均有助於創造力的表現；而無支持的氣氛（unsupportive climate）和厭惡的領導（aversive leadership），皆對學生的創造力產生負面的影響。Tsai 等人（2015）的這項研究亦發現了「內在動機」和「知識的共享」中介了學習環境對於學生創造力的預測效果；意指正向的學習環境可以提升內在動機與知識共享行為，進而提升創造力表現。

　　過去臺灣創造力相關的研究中，也有許多學者發現「內在動機」與創造力間的正向關聯（例如：詹志禹，2004；蕭佳純，2012；鄭英耀、莊雪華、顏嘉玲，2008），可見華人的內在動機也與創造力呈現緊密的關聯性。在此同時，外在環境的氣氛對於創造力表現也十分重

要；此發現如同 Jung、Ineson、Hains 和 Kim（2013）提出的衝突和不良的學習環境，會造成大學生在知識方面產生負面影響，進而降低創造力成果。而外在和同儕、教師的人際互動（如課堂氛圍），對於臺灣大學生的學習和創造力表現是有關的。鄭英耀、莊雪華、顏嘉玲（2008）在研究臺灣國小六年級自然科科展績優教師的創意教學時，也發現外在環境的支持（學校、家長、學生）對於教師的創意教學亦十分重要。

這樣的話，外在因素和亞洲地區學生的創造力是怎麼樣的關係呢？Niu 和 Liu（2009）以 180 位來中國北京和南京三所不同學校的高中一年級學生為樣本進行研究，主要目的在研究兩種不同類型的指導方式與創造力表現的關聯性。提示式指導（prompting instruction）是在活動中提示要有創意的表現，而啟發式指導（heuristic instruction）則是在提醒要有創意表現外，增加說明並舉例該如何做才會有創造力。

這些高中學生被要求完成兩個不同的作業（藝術：拼貼設計，文學：說故事），測量其中的創造力表現程度。在藝術作業部分，每位學生都會收到一組具有不同形狀、顏色和大小的貼紙，並被要求從三個主題（「幸福」、「我的家」和「我的夢想」）中選擇一個主題用拼貼設計的方式來呈現所選的主題。而在文學作業方面，則是給予學生一個情境，要求學生根據情境來完成一篇情節完整的短篇故事。

在第一組「**沒有聚焦在創意上**」的學生（n=57），只有簡單的告訴他們需完成兩項創意任務，其他有關於創意的教導或如何發揮，都沒有提到。例如：在拼貼設計活動中，僅告知學生，從三個主題中（「幸福」、「我的家」和「我的夢想」）選擇一個感興趣的主題，並在 15 分鐘內以拼貼圖畫的方式來呈現；可以任意使用現場提供的材料，且沒有限制使用材料的多寡，但只能夠運用現場所提供的材料來製作。

在第二組「**有聚焦在創意上（提示式指導）**」的學生（n=60），

除了提供與第一組相同的說明語之外，還增加了一句：「請試著發揮
創意」。

在第三組「**詳細指導創造力（啟發式指導）**」的學生（n=63），
除了給予相同的說明語之外，還增加更多有關於該如何做才會有創造
力的教學，明確告知參與者該如何使用才能具有創意性。例如：在拼
貼設計任務中告知學生，必要時可以將紙對折或撕開等，這樣可以讓
材料的形狀和大小改變，而產生更多的應用（詳細內容請參考 Niu &
Liu, 2009: 95）。

這項研究顯示指導的方式明顯改變了創造力。在拼貼設計任務中
（如圖4），「詳細指導創造力（啟發式）」明顯高於「沒有聚焦在創
意上」和「有聚焦在創意上（提示式）」；而在故事完成任務中（如
圖5），「詳細指導創造力（啟發式）」也是明顯高於其他組別。故可
得知，當學生獲得了有關如何創造性的詳細說明，其創造力會明顯得
到提升。而在性別方面，女性的創造力被評為高於男生，但只有在故
事完成任務中，有顯著的差異；此點可能與女生在語文表現上普遍較
男生表現佳有關。

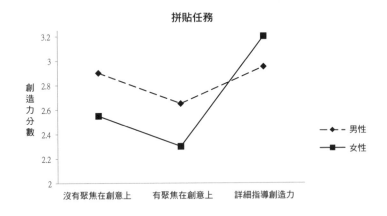

圖4　男女高中生在不同創意指導語下進行「拼貼」活動的創造力分數

改編製自 Niu & Liu, 2009, p. 97.

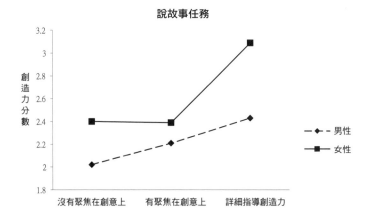

圖 5 男女高中生在不同創意指導語下進行「說故事」活動的創造力分數

改編製自 Niu & Liu, 2009, p. 97.

從這項研究得出的一個重要發現，指導方式的變化可能會影響中國學生的創造力。當教師不僅提供有關創意的指導，甚至給予學生更加詳細的指導，關於如何有創意的線索時，他們的創意表現會是最佳的。

因此，Niu 和 Zhou（2010）提出了一個中國式的教師培訓模式及其推廣機制，鼓勵教師從同行的集體智慧中學習「創意性」的教學策略。更具體地說，就是實行「模範課程」的一種認知學徒制，由經驗較少的新手教師去觀察創意教學經驗豐富的教師，使新手教師也能設計和執行一門課程。過程中，開放觀課、同事間相互回饋與批判，以及可能產生的教學競爭等等，都屬於外在動機。然而 Niu 和 Zhou 的研究發現，此種外在動機卻是實現創意性教學的有效途徑，建議廣泛使用。從此可得知，在華人社會中，內在動機似乎有助於創造力的發展，但外在動機卻不一定就是負面的影響因素。

根據 Niu 和 Kaufman（2013）審視中國與美國在創意教育方面的政策及做法上的不同，可以讓我們思考兩種文化上的差異：「由上而

下」和「由下而上」的作法不同。從美國的研究清楚地表明了內在動機與創造力之間的正相關，這支持了由學生自主產生創意的「自下而上」創意性模式。然而，中國由外在提倡創意的「自上而下」方法也意味著外在動機，仍可作為激發個人創造力之有效工具。此外，Niu和 Liu（2009）還發現，若明確地告訴中國學生創造力的目的和如何獲得創造力的方法時，實際上是可以增加其創造力的發展；參與研究的中國學生若有明確的支持與鼓勵，並得到相關創意訓練，也能夠提升其創造力之發展（Niu & Sternberg, 2001）。

東方儒家文化的教育方式中，重視集體社會的和諧，並較趨向服從由上而下的行動（楊國樞、陸洛，2008）。因此，Niu 和 Kaufman（2013）提出應多鼓勵亞洲學生良性競爭，透過定期的訓練與競賽，能夠激盪出更多的創意思維，提升學生間對創意思考的靈活度。而這些外在因素和他人因素，包含壓力或鼓勵（特別是權威人士的鼓勵）可能會成為亞洲學生進行創意性思維任務的有效動力（Niu & Kaufman, 2013）。

肆、結語

根據 Deci 和 Ryan 的自我決定論（self-determination theory）（Deci & Ryan, 2000, 2008, 2012），若要透過建立預期獎勵增強創造力的動機、有更高的創意表現，可能應從增強「自我決定（autonomy）」、「個人的能力（competence）」以及與個人的「相關性（relatedness）」來著手。除了預期獎勵效果外，也可以透過像是對於優良行為表現的獎賞來增強感知的自我決定程度和個人能力，而這些因素反過來也會增強內在動機以及對任務的興趣，最終促進創造力表現。如此看來，獎勵等外在因素實際上是可以增強內在動機和創造力的，且最有效的是那些內在動機一開始已經相當高的人（Amabile, 1993）。反之，若在內在動機缺乏時就採用強度的外在酬賞，則有可能產生「過度辯證」而

造成降低自我決定感和內在動機（Deci & Ryan, 1999）。

　　綜觀以上內在動機與外在動機和創造力的研究，我們意識到個人的內在與外在動機對於創造力皆可能產生重要的影響。雖然，過去西方的研究集中於內在動機作為創造力的關鍵因素（例如：Amabile, 1988），但亦有發現外在動機對創造力的加成效果，內在和外在動機皆可共同幫助創意性的發展（例如：Hennessey, Amabile, & Martinage, 1989）。在東方的研究中，外在動機的重要性更被提出，特別是明確定義和鼓勵創造力表現（例如：Niu & Liu, 2009; Niu & Zhou, 2010, Niu & Kaufman, 2013）。從文化的角度來看，集體文化中的「與眾不同」似乎並不被鼓勵，除非直接被告知「獨特」與「創意」是被認可的行為時，創造力的表現才會更容易顯現。因此，在不同的文化中，對於鼓勵創造力表現的方式，可能也會有所不同。以西方的個人主義文化為例，內在動機的培養極為重要；然而在東方集體主義文化中，外在環境的「去抑制」和「鼓勵」似乎又更需要被考慮了。

參考文獻

· 楊國樞、陸洛（編）（2008）。中國人的自我：心理學分析。臺北：國立臺灣大學。

· 詹志禹（2004）。臺灣發明家的內在動機、思考取向及環境機會：演化論的觀點。**教育與心理研究**，27 (4)，775-806。

· 蕭佳純（2012）。國小學生內在動機、學科知識與創造力表現關聯之研究：教師創造力教學的調節效果。**特殊教育研究學刊**，37 (3)，89-113。

· 鄭英耀、莊雪華、顏嘉玲（2008）。揭開創意教材的神祕面紗。師大學報（科學教育類），53，61-85。

· Amabile, T. M. (1979). Effects of external evaluation on artistic creativity. *Journal of Personality and Social Psychology*, 37, 221-233.

· Amabile, T. M. (1982). Social psychology of creativity: A consensual assessment technique. *Journal of Personality and Social Psychology*, 43, 997-1013.

· Amabile, T. M. (1983). *The social psychology of creativity*. New York: Springer Verlag.

· Amabile, T. M. (1988). A model of creativity and innovation in organizations. In B. M. Staw & L. L. Cummings (Eds.), *Research in organizational behavior*, 10, 123-167. Greenwich, CT: JAI Press.

· Amabile, T. M. (1993). Motivational synergy: Toward new conceptualizations of intrinsic and extrinsic motivation in the workplace. *Human Resource Management Review*, 3, 185-201.

· Amabile, T. M. (1996). *Creativity in context: Update to the social psychology of the creativity*. Boulder, CO: Westview.

· Amabile, T. M. (1997). Motivating creativity in organizations: On doing what you love and loving what you do. *California Management Review*, 40, 39.

· Amabile, T. M., & Gitomer, J. (1984). Children's artistic creativity: Effects of choice in task materials. *Personality and Social Psychology Bulletin*, 10, 209-215.

· Amabile, T. M., Goldfarb, P., & Brackfield, S. (1983). *Social influences on creativity: Effects of evaluation, coaction, and surveillance*. Unpublished manuscript, Brandeis University, Waltham, MA.

· Amabile, T. M., Hennessey, B. A., & Grossman, B. S. (1986). Social influences on creativity: The effects of

contracted-for reward. *Journal of Personality and Social Psychology*, 50, 15-23.
· Amabile, T. M., Hill, K. G., Hennessey, B. A., & Tighe, E. (1994). The work preference inventory: Assessing intrinsic and extrinsic motivational orientations. *Journal of Personality and Social Psychology*, 66, 950-967.
· Baer, J. (1997). Gender differences in the effects of anticipated evaluation on creativity. *Creativity Research Journal*, 10, 25-31.
· Baer, J. (1998). Gender differences in the effects of extrinsic motivation on creativity. *Journal of Creative Behavior*, 32, 18-37.
· Barron, F. X. (1969). *Creative person and creative process*. New York: Holt, Rinehart, & Winston.
· Benabou, R., & Tirole, J. (2003). Intrinsic and extrinsic motivation. *The Review of Economic Studies*, 70 (3), 489-520.
· Chan, D. K. (1994). COLINDEX: A refinement of three collectivism measures. In U. Kim, H. C. Triandis, C. Kagitcibasi, S. Choi, & G. Yoon (Eds.), *Individualism and collectivism: Theory, methods, and applications* (pp. 200-210). Thousand Oaks, CA: Sage Publications.
· Choi, J. N. (2004). Individual and contextual predictors of creative performance: The mediating role of psychological processes. *Creativity Research Journal*, 16, 187-199.
· Deci, E. L., & Ryan, R. M. (2012). Motivation, personality, and development within embedded social contexts: An overview of self-determination theory. *The Oxford Handbook of Human Motivation* (pp. 85-107).
· Deci, E. L., & Ryan, R. M. (2008). Self-determination theory: A macrotheory of human motivation, development, and health. *Canadian Psychology/Psychologie canadienne*, 49 (3), 182-185.
· Deci, E. L., Koestner, R., & Ryan, R. M. (1999). A meta-analytic review of experiments examining the effects of extrinsic rewards on intrinsic motivation. *Psychological Bulletin*, 125, 627-668.
· Eisenberger, R., & Armeli, S. (1997). Can salient reward increase creative performance without reducing intrinsic creative interest? *Journal of Personality and Social Psychology*, 72, 652-663.
· Eisenberger, R., & Cameron, J. (1996). Detrimental effects of reward: Reality or myth? *American Psychologist*, 51, 1153-1166.
· Eisenberger, R., Armeli, S., & Pretz, J. (1998). Can the promise of reward increase creativity? *Journal of Personality and Social Psychology*, 74, 702-714.
· Eysenck, H. J. (1993). Creativity and personality: Suggestions for a theory. *Psychological Inquiry*, 4, 147-178.
· Hennessey, B. A. (2001). The social psychology of creativity: Effects of evaluation on intrinsic motivation and creativity of performance. In S. Harkins (Ed.), *Multiple perspectives on the effects of evaluation on performance: Toward an integration* (pp. 47-75). Norwell, MA: Kluwer Academic.
· Hennessey, B. A., Amabile, T. M., & Martinage, M. (1989). Immunizing Children against the Negative Effects of Reward. *Contemporary Educational Psychology*, 14 (3), 212-227.
· Hennessey, B. A., & Amabile, T. M. (2010). Creativity. *Annual Review of Psychology*, 6, 1569-1598.
· Hofstede, G. (1980). *Culture's Consequences: International Differences in Work-Related Values*. Beverly Hills, CA: Sage.
· Hui, C. H. (1988). Measurement of individualism-collectivism. *Journal of Research in Personality*, 22 (1), 17-36.
· Jung, T., Ineson, E. M., Hains, C., & Kim, M. (2013). Contributors to hospitality students' knowledge enhancement. *Journal of Hospitality, Leisure, Sport & Tourism Education*, 13, 97-106.
· Kitayama, S., Markus, H. R., & Kurokawa, M. (2000). Culture, emotion, and well-being: Good feelings in Japan and the United States. *Cognition & Emotion*, 14 (1), 93-124.
· Kitayama, S., Markus, H. R., Matsumoto, H., & Norasakkunkit, V. (1997). Individual and collective processes in the construction of the self: Self-enhancement in the United States and self-criticism in Japan. *Journal of Personality and Social Psychology*, 72 (6), 1245-1267.
· Lepper, M. R., Greene, D., & Nisbett, R. E. (1973). Undermining children's intrinsic interest with extrinsic reward: A test of the "overjustification" hypothesis. *Journal of Personality and Social Psychology*, 28, 129-137.
· Markus, H. R., & Kitayama, S. (1991). Culture and the self: Implications for cognition, emotion, and motivation. *Psychological Review*, 98 (2), 224-253.
· Martindale, C. (1989). Personality, situation and creativity. In J. A. Glover, R. R. Ronning, & C. R. Reynolds (Eds.), *Handbook of creativity* (pp. 211-232). New York: Basic Books.
· Martindale, C. (1990). *The clockwork muse: The predictability of artistic styles*. New York: Basic Books.
· Mesquita, B., & Albert, D. (2007). The cultural regulation of emotions. *Handbook of emotion regulation* (pp. 486-503). New York: Guilford Press.
· Niu, W., & Kaufman, J. C. (2013). Creativity of Chinese and American Cultures: A Synthetic Analysis. *Journal of Creative Behavior*, 47 (1), 77-87.
· Niu, W., & Liu, D. (2009) Enhancing Creativity: A Comparison Between Effects of an Indicative Instruction "to Be Creative" and a More Elaborate Heuristic Instruction on Chinese Student Creativity. *Psychology of Aesthetics, Creativity, and the Arts*, 3 (2), 93-98.
· Niu, W., & Sternberg, R. J. (2001). Cultural influences on artistic creativity and its evaluation. *International Journal*

of Psychology, 36, 225-241.

- Niu, W., & Zhou, J. Z. (2010). Creativity in Chinese mathematics classrooms. In R. Beghetto & J. Kaufman (Eds.), *Nurturing creativity in the classroom* (pp. 270-288). New York: Cambridge University Press.
- Oldham, G. R., & Cummings, A. (1996). Employee creativity: Personal and contextual factors at work. *Academy of Management Journal, 39,* 607-634.
- Rogers, C. (1954). Toward a theory of creativity. ETC: *A Review of General Semantics,* 11, 249-260.
- Ryan, R. M., & Deci, E. L. (1985). Intrinsic and extrinsic motivations: Classic definitions and new directions. *Contemporary Educational Psychology, 25,* 54-67.
- Shalley, C. E. (1991). Effects of productivity goals, creativity goals, and personal discretion on individual creativity. *Journal of Applied Psychology, 76,* 179-185.
- Simonton, D. K. (1989). Shakespeare's sonnets: A case of and for single-case historiometry. *Journal of Personality,* 57, 695-721.
- Smith, S. M., Ward, T. B., & Finke, R. A. (Eds.) (1995). *The creative cognition approach.* Cambridge, MA: MIT Press.
- Steiner, G. A. (1965). Introduction. In G. A. Steiner (Ed.), *The creative organization* (pp. 1-24). Chicago: University of Chicago Press.
- Suh, E., Diener, E., Oishi, S., & Triandis, H. C. (1998). The shifting basis of life satisfaction judgments across cultures: Emotions versus norms. *Journal of Personality and Social Psychology,* 74 (2), 482-493.
- Tierney, P., Farmer, S. M., & Graen, G. B. (1999). An examination of leadership and employee creativity: The relevance of traits and relationships. *Personnel Psychology, 52,* 591-620.
- Tsai, C., Horng, J., Liu, C., Hu, D., & Chung, Y. (2015). Awakening student creativity: Empirical evidence in a learning environment context. *Journal of Hospitality, Leisure, Sport & Tourism Education (Elsevier Science),* 17, 28-38.
- Tsai, J. (2016). Culture and emotion. Retrieved April 10, 2016, from http://nobaproject.com/modules/culture-and-emotion
- Yamaguchi, S. (1994). Collectivism among the Japanese: A perspective from the self. *Individualism and Collectivism: Theory, method and applications* (pp. 175-188). Thousand Oaks, CA: Sage Publications.

科學創造力：
當「實事求是」遇到「天馬行空」

黃琴扉

摘要

科學講求實事求是，一般創造力則鼓勵天馬行空，而科學創造力就是整合科學與創造力的鑰匙。科學創造力不但是推進科學的動力，也是一個國家開創未來的根基，本文針對科學創造力評量工具、臺灣中學生科學創造力表現狀況、情緒與科學創造力之相關性等多元面向進行分析說明，希冀研究成果能提供教育相關單位、研究人員與教育人員參考，並期盼能激發相關領域專業教育人員共同架構適合科學創造力培育的課程綱要與教材教法，逐步引導學生發展科學創造力。

關鍵字：科學創造力、評量工具、情緒

黃琴扉，國立高雄師範大學科學教育暨環境教育研究所助理教授。

科學創造力是國力的根基，也是先進國家開創未來的趨勢

近幾年來，網路有一句很熱門的流行語是「這不科學」！當人們看到網路上一些有違常理的現象，或照片經由修圖而顯得不自然等，就會用「這不科學」來進行幽默表述。然而，在真實世界中，人們到底是用什麼依據來判斷某件事或某個現象，是否符合「科學」呢？

國民中學自然與生活科技第一冊裡提到，所謂的「科學方法」大致上分成以下幾個步驟：觀察、提出問題、假說（假設）、實驗、結論；換句話說，至少需要符合上述的科學方法與邏輯，人們才會認定這件事或這個現象，是科學的。那麼，當被問到「科學有什麼特性」時，你的腦中閃出了什麼詮釋呢？許多人對於科學的特性最直接的反應就是「科學講求客觀」、「科學務必實事求是」等，也就是說，大多數人對於科學特質的定義，是「嚴謹、客觀、實事求是」。

接著，我們先轉換思緒，來到另外一個領域──「創造力」。當被問到「創造力有什麼特性」時，你的腦中又會閃出什麼形容詞呢？人對於創造力的詮釋是「天馬行空的」、「聯想力豐富的」、「思緒跳脫的」等，換句話說，大多數人對於創造力特質的定義，是「跳躍、聯想、天馬行空」。

那麼，科學創造力又是什麼？「實事求是」與「天馬行空」可以融合嗎？根據國內外學者的研究中可以發現「一般創造力」與「科學創造力」存在不同的定義；筆者在 2010 年發表的文章中（黃琴扉、劉嘉茹，2010），參考了國內外許多科學創造力研究的定義，將一般創造力與科學創造力進行了區分，兩者最大的差別包含以下兩項，其一是科學創造力包含了科學的內容知識，而一般創造力沒有特定背景知識的需求；其二是科學創造力衍生後的產品或成果仍必須透過嚴謹客觀的科學研究方法驗證，而一般創造力的成果檢驗則較為主觀開放。國外學者 Csikszentmihalyi 在 1996 年也提到，雖然不同領域的創造結構都很相似，但是其創造力本質均有所不同，例如美術創作與科學問題解決中所包含的創造力，在結構上雖然都是發揮人們的聯想

或創意完成一個任務，但美術創作可能強調心情的抒發、意象的模擬，而科學問題解決的創造力則需要運用科學原理以解決實際問題，兩者在本質上有所不同，聚焦而言，科學創造力是科學領域知識與創造力的交集，必須將天馬行空的創意架構在科學原理與知識之主體上，才是科學創造力完整的精神與意義（Bermejo, Ruiz-Melero, Esparza, Ferrando, & Pons, 2016）。

在科學的發展與演進過程中，科學創造力及各種科學想像力也扮演了極度重要的角色（王佳琪、何曉琪、鄭英耀與邱文彬，2017）。舉例來說，1903年萊特兄弟駕駛自製的航空器，開啟人類史上第一次的動力飛行，其航空器的發明動機包含了天馬行空的創意，然而航空器的製作與誕生，包含的卻是紮實的科學原理。由此可見，科學創造力的落實，可能引領著科學與科技的演進；國外學者Victor、Jenaro、Carlos和Amparo在2002年的研究發表中指出發展與培育學生的科學創造力是國力的根基，也是先進國家開創未來的趨勢；有鑑於此，教育部也於2002年頒布了創造力教育白皮書，將創造力的培育認定為是教育工作中的重點項目之一，並在2003年的科學教育白皮書中將科學創造力制定為科學教育的重要目標；時序至今，科學創造力仍是國內外認定影響深遠且具迫切性的教育工作之一（Yang, Lin, Hong, & Lin, 2016）。

尋求合適的科學創造力表現評量工具，是科學創造力培育的第一步

承上所述，雖然科學創造力是教育重點工作之一，發展適切的培育架構與內涵也是當務之急，然而所有教育的開端均來自對學生現有狀態的掌握，而每一個教育的段落則必須檢驗學生的成長狀況；換句話說，倘若沒有適切的工具可以評量學生的科學創造力表現，則教育的起始點將無法因才適教，而教師教學後，也將無法掌握學生的學習成效，因此，尋求合適的評量工具以掌握學生的科學創造力表現，是科學創造力培育的第一步。

近十年來，有兩份科學創造力評量工具在國內外被普遍使用，其中一份為 2002 年，由 Hu 和 Andy 提出的「科學創造力測驗（Scientific Creativity Test）」，另一份則是 Ayas 和 Sak 於 2013 年提出的「創造性科學能力測驗（Creative Scientific Ability Test, C-SAT）」。以下將針對上述兩份評量工具的特性進行分析說明。

Hu 和 Adey 主張科學創造力是一種運用科學知識或技能，產出具有特定目標的產品或想法，並能給予個人或社群具有獨特價值的回饋；簡言之，Hu 和 Adey 認為缺乏科學知識或技能，是無法產出科學創造力的；而他們也在這樣的理念架構下，發展了一份科學創造力評量工具。舉例來說，Hu 和 Adey 的科學創造力評量工具中，有一道題目是「假如沒有重力，請描述這世界將像什麼？」；如果學生不知道什麼是重力，也不知道重力的概念與特性，這道題目就很難完成。

由於 Hu 和 Adey 兩位學者認為科學創造力當中，科學背景知識與創造力是並存且交互影響的，因此兩人也於 2002 年提出了科學創造力結構模型（Scientific Structure Creativity Model, SSCM）（如圖 1），其結構模型中將科學創造力區分為產品（product）、特性（trait）、過程（process）三大向度，產品向度中包含「科學產品」、「科學知識」、「科學現象」、「科學問題」；特性向度中包含「流暢性」、「變通性」與「獨創性」；過程向度中則包含「思考」與「想像」；上述三個向度與子向度的交互作用，將可產出 24 個立體方格，每個立體方格均可明確表達其對應的產品、特性與過程，也可運用此對應迅速掌握學生的科學創造力表現。

Hu 和 Adey 依據科學創造力結構模型（如圖 1 所示）中的 24 個立體方格進行評量題目的開發，每個方格的特性開發出 2 道題目，共計 48 題，經過研究與評量工具信效度的檢測後，篩選出 7 道題目以建立「科學創造力測驗（Scientific Creativity Test）」。筆者與研究者王冠智共同進行文獻分析與翻譯後，參考 Hu 和 Adey 的研究發表，將「科學創造力測驗」的 7 道題目，依照產品向度、特性向度與過程向

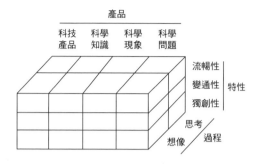

圖 1 科學創造力結構模型（Scientific Structure Creativity Model, SSCM）

參考自 Hu & Adey, 200；王冠智，2017

度進行歸類，如表 1 所示。

上述這份科學創造力測驗的計分方式，乃是根據 Torrance 於 1966 年提出的創造思考測驗之評分方式，將學生的答案依照流暢性、變通性與獨創性進行計分。其中，流暢性的計分方式是計算學生的答案中總共產生多少個點子，而變通性則是計算學生在每題答案中所用到的概念種類，最後一項獨創性則是計算學生的答案中，每一個答案在整體答案群中的出現率，出現率越高表示越不獨創，因此分數較低，出現率越低表示該答案很獨特，因此得分較高。以分數來說明，若學生的回答出現率是小於所有人數的 5% 則給予 2 分、出現率在 5% 到 10% 之間則給予 1 分、出現率若大於 10% 則給予 0 分。

「科學創造力測驗」中共有 7 道題目，第 1 到 4 題以流暢性、變通性、獨創性的加總總分計算，而第 5 到 7 題則依照不同權重進行計分，最後 7 道題目所有分數加總，即為學生的科學創造力表現總分。

由表 1 中可以發現，「科學創造力測驗」的 7 道題目中可以涵蓋科學創造力結構模型中多元向度的交互作用，也能依據學生答題的狀況反應出學生科學創造力的優勢與劣勢層面，教師也可據此掌握學生科學創造力表現的初始程度與學習成效。

表 1 科學創造力測驗與其各向度之整理（Hu & Adey, 2002）

題號	題目內容	產品向度				特性向度			過程向度	
		科學知識	科學問題	科學現象	科技產品	流暢性	變通性	獨創性	思考	想像
一	請盡可能寫下一片玻璃的科學用途越多越好，例如作試管。	*				*	*	*	*	
二	如果你能搭太空船到太空旅遊，有什麼科學問題是你想研究的，請寫下越多越好，例如那邊有任何生命嗎。		*			*	*	*	*	*
三	請盡可能想出所有可能改善一輛腳踏車的方法，使它更有趣更有用。				*	*	*	*	*	*
四	假如沒有重力，請描述這世界將像什麼，例如人們將漂浮著。			*		*	*	*		*
五	請使用任何可能的方法將一個正方形平分成相同的四等份，請畫下或寫下。		*				*	*	*	*
六	這裡有兩種毛巾，你如何測驗哪一條比較好，請寫下所有能想到的方法、工具、原理及過程。			*			*	*	*	
七	請設計一台蘋果採摘機，畫圖並指出各部分的名稱及功能。				*		*	*	*	*

註：1. ＊符號代表當題是由其子向度所構成的
　　2. 本表由筆者與研究者王冠智共同完成，並列於王冠智 2017 年碩士論文中

上述的科學創造力測驗是 Hu 和 Adey 針對科學創造力的成分因子開發之評量工具，但 Ayas 和 Sak 於 2013 年針對上述工具提出一項概念性的挑戰。Ayas 和 Sak 認為科學創造力的展現，並不能只著重於想法與產品的產出結果，更應該重視學生在整體科學過程技能中所產生的創造力成分，包含學生如何運用創意設計驗證實驗、如何從數據中推演出創意結論等，因此 Ayas 和 Sak 以科學領域（areas of science）、科學相關技能（science-related skills）、一般創造力技能（general-creativity skills）三個向度作為理論架構，並輔以流暢性、變通性以及複合創造力（composite creativity）作為評分，發展出新型態的科學創造力測驗，命名為「創造性科學能力測驗」。在 C-SAT 測驗中，Ayas 和 Sak 共提出五個主要題幹，如表 2 所示。

表 2 創造性科學能力測驗（C-SAT）題幹

題幹	創造性科學能力測驗（C-SAT）題幹	科學領域	科學相關技能
題幹一	第一題：果蠅實驗 由研究者設計與果蠅實驗的相關圖形，學生則據此生成盡可能多的假設。	生物	假說產生
題幹二	第二題：變化曲線 由研究者設計兩個變量和效果的變化圖，學生需思考盡可能多的變數配對以符合此圖。	跨學科	假說產生
題幹三	第三題：糖實驗 由研究者設計此實驗圖以及顯示出研究者對此問題的假設圖形，學生需思考此實驗中應做的變化以證明假設。	化學	假說測試
題幹四	第四題：彈簧實驗 由研究者設計力的實驗圖，學生需思考此問題應做什麼變化以達目標。	物理	假說測試
題幹五	第五題：食物鏈 由研究者設計食物鏈的圖形及食物鏈的變化圖，學生需思考變化原因。	生態	證據演繹

註：本表由筆者與研究者王冠智共同完成，並列於王冠智 2017 年碩士論文中

與 Hu 和 Adey 的科學創造力測驗不同的是，在 C-SAT 評量工具中，科學相關技能向度包含了假說產生（hypothesis generation）、驗證假說（hypothesis testing）、證據演繹（evidence evaluation）三個子向度；而在評分方式中，Ayas 和 Sak 以複合創造力的計算方式取代 Hu 和 Adey 提出的獨創性評分方式。Ayas 和 Sak 發展的複合創造力計分方式是採用創造力商數（creativity quotient, CQ）的計算公式進行流暢性與變通性的加權總分，公式為：$CQ = \log_2\{(1+u_1)(1+u_2)...(1+u_c)\}$（Snyder, Mitchell, Bossomaier & Pallier, 2004），公式中的 u 代表在不同類別中正確答案數量。

　　根據上述說明，可以發現 C-SAT 科學創造力測驗的主軸在於測量學生在科學過程技能中所產生的創意思維，其中第一題與第二題在評量學生於假說產生過程中的科學創造力表現、第三題與第四題為評量學生於假說測試中科學創造力表現、第五題則在於了解學生於證據演繹過程中科學創造力之表現，若教師能善用此工具，即能依據學生答題的狀況掌握學生在不同科學過程技能步驟中的創意表現狀況，並藉此進行教學或輔導。

參與研究的臺灣中學生科學知識與一般創造力總分，對科學創造力表現都有預測力；但科學知識表現與科學方法中的假說測試與證據演繹無顯著相關；而一般創造力表現較佳的同學，其科學證據演繹能力也較佳

　　為了進一步了解臺灣中學生現階段的科學創造力表現，並釐清科學知識、一般創造力與科學創造力之間的關聯，筆者與共同研究者王冠智協力，隨機挑選 49 位臺灣中學生（平均年齡 14.6 歲）進行研究。在研究過程中，被挑選的中學生必須完成四份問卷，其一是科學知識測驗，其二是一般創造力測驗，其三則是 Hu 和 Adey 於 2002 年開發的科學創造力測驗，其四則是 Ayas 和 Sak 於 2013 年開發的 C-SAT 創造性科學能力測驗。

在科學知識測驗中，筆者與共同研究者王冠智從民國 101 年至民國 105 年之間的國中基本學力測驗與國中教育會考等具有公信力的測驗中進行選題，先挑出選擇題 20 題，其中包含生物題 6 題、物理題 8 題、化學題 6 題，經庫李信度（KR_{20}）檢驗後，信度達 .70，顯示該測驗具備良好的信度檢測力。在一般創造力測驗中，筆者與共同研究者王冠智，採用吳靜吉、陳嘉成、林偉文於 1998 年發表之「新編創造力思考測驗」為研究工具進行資料收集與分析；在吳靜吉、陳嘉成、林偉文的原研究中，其研究工具的信度 Cronbach's α 值為 .93，而本研究重新進行量表檢測，經量化分析後其信度 Cronbach's α 值達到 .91；而 Hu 和 Adey 開發的科學創造測驗經過重測後信度達 Cronbach's α 值 .87；Ayas 和 Sak 開發的 C-SAT 創造性科學能力測驗經過重測後信度則達 Cronbach's α 值 .98；上述結果顯示每份測驗都達到統計學上的良好信度。

經過筆者與共同作者之研究後發現，參與研究的中學生，其科學知識得分越高者，科學創造力測驗的得分也會越高，在量化統計中呈現中度相關（r=.484；p<.005）；而一般創造力表現較佳的學生，其整體的科學創造力表現也越好，在量化統計中也呈現中度相關（r=.687；p<.005）；但是，科學知識與一般創造力兩者之間則呈現低度相關（r=.373；p<.005）。此結果呼應了國內外過去的研究成果，顯示出科學創造力確實應包含科學知識與一般創造力兩種成分，而兩者的表現均與科學創造力的整體表現呈現正相關。

接著，筆者與共同作者再分析參與研究的中學生在 C-SAT 創造性科學能力測驗上的表現，結果發現中學生的科學知識得分越高，在 C-SAT 測驗中的「假說產生」向度得分也略高，兩者呈現低度正相關（r=.329；p<.05）（表 3），但除此之外，科學知識測驗得分與假說測試及證據演繹，都沒有顯著相關；簡單來說，科學知識得分較高的學生，在科學過程技能中的假說測試與證據演繹能力，都不見得比科學知識低分組學生表現得好。比照臺灣目前教育現況，在科學教育中仍

存在以考試引導教學之模式，在科學的教與學內容中也仍較多著墨於知識的背誦與計算；反之，對於「設計與規劃假說測試研究」、「進行試驗性實驗」與「對證據提出詮釋」等科學素養之培育仍不足夠，因而此結果也顯示出臺灣中學生即使具備科學知識，也尚未完善自身之科學素養；這也是未來科學教育應著重的培育方向。

表 3 科學知識、創造力和 C-SAT 三個子向度相關分析表

		科學知識總分	創造力總分
假說產生	皮爾森相關	.329*	.237
	顯著性	.021	.101
假說測試	皮爾森相關	.039	.221
	顯著性	.790	.128
證據演繹	皮爾森相關	-.031	.351*
	顯著性	.831	.013

註：N=49；*p<.05
註：本表由筆者與研究者王冠智共同完成，並列於王冠智 2017 年碩士論文中

再從表 3 的一般創造力向度來看，參與研究的臺灣中學生之一般創造力表現，與 C-SAT 測驗中的假說產生向度達低度正相關（r=.329；p<.05）（表 3），也就是說一般創造力表現比較好的同學，其假說產生向度的科學創造力表現也略好一些。

除了上述研究結果外，筆者與共同作者執行研究的過程中也發現參與研究的中學生在假說測試向度填答表現普遍不佳，根據 2015 年國際學生能力評量計畫（the Programme for International Student Assessment, PISA）成果指出臺灣有超過 50% 的國中生並沒有設計實驗的經驗，亦即中學生們對於如何測試假說是十分陌生的；然而，假說測試與驗證是科學方法與科學過程技能中極為重要的一環，未來如何建立

合適的課程綱要與教材教法，培育學生假說測試與驗證的科學素養，並將創造力融入其中，將是臺灣科學教師的考驗與挑戰。

正向與負向情緒的誘發，對於科學創造力表現都有提升的成效，且主要反應在流暢度的表現

　　未來科學教師的其中一項挑戰，便是如何設計合適的教材教法，以培育學生的科學創造力，而在筆者過去研究中，發現透過情緒力的引導以激發學生的科學創造力表現，可望是具有成效的教學策略之一。國內外許多研究都提出引導學生釋放適當的情緒，對於提升學習成效有很大的幫助（Huang, Huang, & Wu, 2014; Moridis & Economides, 2012）。Haviland-Jones、Rosario、Wilson 和 McGuire 於 2005 年提出情緒可以大範圍的歸納為正向情緒（Positive Emotion）、中性情緒（Neural Emotion）與負向情緒（Negative Emotion）；其中正向情緒的定義是指能讓人們感受到舒適、放鬆或開心的情緒；中性情緒則是讓人們情緒緩和、較無起伏；負向情緒則指讓人們感到恐懼、害怕、不安等不舒適的情緒。根據筆者於 2015 年與共同作者團隊所進行的腦波研究中也有類似的發現（Liu, Huang, Liu, Chien, Lai, & Huang, 2015），當時的研究成果中顯示給予學生正向情緒誘發，例如對學生的良好表現適時給予鼓勵，將提升學生的測驗成績。

　　即使有許多研究支持正向情緒對於學生的學習有較佳的幫助，但針對創造力而言，恐怕就有不同的看法。筆者於 2010 年曾針對情緒與創造力表現之關聯性進行文獻回顧與分析，結果發現 Tighe（1992）、George 和 Zhou（2002）、葉玉珠（2006）等國內外學者均提及負向情緒有助於提升創造力的表現。反之，Petty 和 Cacioppo（1986）、Ashby、Isen 和 Turken（1999）則指出正向情緒對於創造力有促發的效果；而 Filiopwicz（2006）則提出負向情緒對於創造力的提升有幫助，但正向情緒對於創造力的表現可能提升也可能抑制，其成效並不穩定。

雖然上述研究已經針對情緒與創造力進行許多驗證與詮釋，但均未針對情緒與「科學創造力」的關聯性進行相關驗證。筆者認為科學創造力中涵蓋科學知識成分與一般創造力成分，因此不能單以一般創造力的研究論之。為了驗證情緒與科學創造力的關聯，筆者與共同作者協力，選取臺灣國小學生共 102 名進行研究（黃琴扉、劉嘉茹，2010）。研究過程中，我們先讓學生填寫科學創造力測驗前測；接著利用情緒回憶法、國際情緒圖片誘發法以誘發學生的不同情緒，並透過情緒狀態量表確認學生的情緒被正確誘發完成；待學生情緒誘發完成後，再讓學生填寫科學創造力測驗後測。在這個研究中，筆者與共同研究者參考 Hu 和 Adey（2002）開發的科學創造力測驗（請參考表1），將題目濃縮為 3 題，並將題意修改為國小學童可以接受的寫法，經統計分析後該測驗的信度達 Cronbach's α 值 .82，顯示其信度良好；測驗的評分方式依照 Hu 和 Adey 的標準進行給分，包含流暢性（計算學生的答案中總共產生多少個點子）、變通性（計算學生在每題答案中所用到的概念種類）與獨特性（計算學生的答案中，每一個答案在整體答案群中的出現率）。

經過統計分析後，結果顯示不論正向情緒或負向情緒，比起中性情緒，對於參與本研究的國小學生之科學創造力都有提升的效益；但是，再細究情緒與科學創造力不同向度的關係，可以發現兩種情緒對於流暢性向度的提升均有幫助，但對於變通性與獨創性的相關性則未達顯著。

根據筆者上述研究結果可以發現，正向情緒與負向情緒對於學生的科學創造力都有助益，但是考量學生的身心發展，筆者建議教師運用情緒誘發方式設計教材教法時，應以營造正向情緒為主，並多留意學生在科學創造力上變通性與獨創性的啟發。

結語：「實事求是」融合「天馬行空」將是科學教育重要的下一步

科學講求實事求是，一般創造力則鼓勵天馬行空，而科學創造力

就是整合科學與創造力的鑰匙。科學創造力不但是推進科學的動力，也是一個國家開創未來的根基（王佳琪、何曉琪、鄭英耀與邱文彬，2017；Yang, Lin, Hong, & Lin, 2016）。雖然培育孩童科學創造力十分重要，然而如何根據科學創造力的特性，架構合適的課程綱要與教材教法，逐步引導學生發展科學創造力，則是科學教育重要的下一步，也是科學教師們的一大挑戰。

　　本文針對科學創造力評量工具、臺灣中學生科學創造力表現狀況、情緒與科學創造力之相關性等多元面向進行分析說明，希冀研究成果能提供教育相關單位、研究人員與教育人員參考，若能藉此相互交流與啟發，將是筆者最大的榮幸。

參考文獻

· 王佳琪、何曉琪、鄭英耀與邱文彬（2017）。科學想像力學習進程之驗證：測量觀點。教育心理學報，49（1），69-94。
· 王冠智（2017）。採用不同科學創造力測驗工具評估學生科學創造力之有效性探討。國立高雄師範大學科學教育暨環境教育研究所碩士論文，未出版。
· 吳靜吉、陳嘉成、林偉文（1998）。創造力量表簡介（發表於技術創造力特性與開發研究第二次研討會）。高雄市：國立中山大學。
· 黃琴扉、劉嘉茹（2010）。探討情緒對國小五年級學生科學創造力之影響。屏東教大科學教育半年刊，31，95-110。
· Ashby, F. G., Isen, A. M., & Turken, U. (1999). A Neuropsychological Theory of Positive Affect and Its Influence on Cognition. *Psychological Review*, 106 (3), 529-550.
· Ayas, M. B., & Sak, U (2013). Creative Scientific Ability Test (C-SAT): A new measure of scientific creativity. *Psychological Test and Assessment Modeling*, 55 (3), 316-329.
· Bermejo, M., Ruiz-Melero, M., Esparza, J., Ferrando, M., & Pons, R. (2016). A New Measurement of Scientific Creativity: The Study of its Psychometric Properties. *Annals of Psychology*, 32 (3), 652-661.
· Csikszentmihalyi, M. (1996). *Creativity: Flow and the psychology of discovery and invention*. New York. NY: Harper Collons.
· Filipowicz, A. (2006). From positive affect to creativity: the surprising role of surprise. *Creativity Research Journal*, 18 (2), 141-152.
· George, J. M., & Zhou, J. (2002). When openness to experience and conscientiousness are related to creative behavior: An interactional approach. *Journal of Applied Psychology*, 86 (3), 513-524.
· Haviland-Jones, J., Rosario, H. H., & McGuire, T. R. (2005). An environmental approach to positive emotion: flowers. *Evolutionary Psychology*, 3, 104-132.
· Huang, Y.-M., Huang, S.-H., & Wu, T.-T. (2014). Embedding diagnostic mechanisms in a digital game for learning mathematics. *Etr&D-Educational Technology Research and Development*, 62 (2), 187-207. doi: 10.1007/s11423-013-9315-4
· Hu, W., & Adey, P. (2002). A scientific creativity test for seconfary school students. *International Journal of Science Education*, 24 (4), 389-403.
· Liu, C. J., Huang, C. F., Liu, M. C., Chien, Y. C., Lai, C. H., & Huang, Y. M. (January, 2015). Does gender influence emotions resulting from positive applause feedback in self-assessment testing? Evidence from neuroscience. *Educational Technology & Society*, 18 (1), 337-350.
· Moridis, C. N., & Economides, A. A. (2012). Applause as an achievement-based reward during a computerised

self-assessment test. *British Journal of Educational Technology*, 43 (3), 489-504.

· Petty, R. E., & Cacioppo, J. T. (1986). The elaboration likelihood model of persuasion. *Experimental Social Psychology*, 19, 123-205.

· Snyder, A., Mitchell, J., Bossomaier, T., & Pallier, G. (2004) The Creatvity Quotient: An objective scoring of ideational fluency. *Creativity Research Journal*, 16 (4), 415-420.

· Tighe, E. M. (1992). *The motivational influences of mood on creativity*. Ph.D. diss., Brandeis University.

· Torrance, E. P. (1966). *Torrance tests of creative thinking: norms-technical manual*. Princeton, N. J.: Personnel Press, Inc.

· Victor, R., Jenaro, G., Carlos, F., & Amparo, V. (2002). Spanish teachers' views of the goals of science education in secondary education. *Research in Science & Technological Education*, 20 (1), 39-52.

· Yang, K-K., Lin, S-F., Hong, Z. R., & Lin, H-S. (2016). Exploring the Assessment of and relationship Between Elementary Students' Science Inquiry, *Creativity Research Journal*, 28 (1), 16-23.

談校長在 108 課綱中教學創意領導的應為與不為

湯家偉、王俐淳

摘要

十二年國教課程綱要於 108 年登場,其對目前學校教學最大的衝擊為必、選修科目的內容與設計之改變、教師教學以及學生學習的整體性變革。換言之,其推動成敗的關鍵乃繫於學校整體進行教學與課程變革,而身為一校之首的校長,其角色在這一波改革實屬關鍵。在前述脈絡下,作者就國內外相關管理理論與實證研究結果,針對校長在領導教師團隊進行教學創新之有效或干擾作為進行梳理。本文先從了解學校團隊成員的動機屬性出發,接續討論學校目標與願景的真誠開放溝通,最後聚焦於增益教師創造力之組織物理空間與無形的組織氣氛,並歸納其結果,做出建議提供臺灣教育第一線之校長或主任進行教學領導之參考。

關鍵字:十二年國教課程綱要、課程領導、教學創新

湯家偉,國立中山大學師培中心助理教授。
王俐淳,國立中山大學教育研究所博士生。

一、前言

　　隨著時代演變，臺灣教育改革自民國 57 年實施九年國民教育、民國 103 年起實施十二年國民教育制度後，緊接著十二年國教課程綱要也將於 108 年登場，取代現行九年一貫課綱及高中課綱。其最大的變革除了保留傳統的教學與課程設計中之必修科目以培養學生基礎學力之外，學校將須透過必修課程的分層分級與選修科目的開課設計，以更真實地回應學生個別化與差異化學習的需求。在學習的內容範圍部分，新課綱從原本的七大領域，另增開了第八大「科技領域」，翻轉過往在教學現場長期被忽略的資訊科技和生活科技課之地位，並設為國、高中必修科目。此外，因應新南向政策及新移民子女的增加，新課綱明訂國小階段在閩南語、客語和原住民語之外，尚需增開新住民語，成為每個小學生的必選修。此次課綱引領的變革中，改變已不再只是涉及學生的學習內容，更大的變化在於第一線教師團隊的課程設計與教學創新。簡言之，108 課綱推動的關鍵乃繫於學校整體進行教學與課程變革。而身為一校之首的校長，除了隨時確保校務順利運作外，更背負著帶領學校教職員與學生共同成長的重要使命，其角色在這一波改革實屬關鍵。

　　106 學年度高雄市各級學校校長會議於 8 月 24 日在高醫大舉行，435 位校長與會，當天教育局特別安排 20 分鐘的新課綱議程。雖然新課綱的推動勢不可逆，校長對於自身在該過程中的角色定位卻有不同的看法。教育產業工會理事長廖建中對此樂觀其成，認為校長可發揮領頭羊作用，與教師一起面對教育現場。第一位公開授課並開放觀課的瑞祥高中校長林香吟說，國中高中教師都是專業獨立教學，有著濃厚的個人特色風格，所以，校長授課不是要主導教學，而是營造友善的教師彼此觀摩分享學習的氛圍。但也有人抱怨校長處理事務繁雜，從校內教師到親師生衝突，還要兼負募集教育資源，連登革熱防疫都要參與，如今工作再添一樁。不願具名的校長自我調侃：「現在

真的是校長兼撞鐘了」（李義，2017）。

其實，前述校長對於本身在這一波變革中的具體角色看法不一的狀況，也呼應了組織行為研究中的發現。Shalley 與 Gilson（2004）針對管理者進行調查研究，發現雖然大多數管理者都希望員工能更具有創造力，但他們對於如何領導組織成員達成預期的目標卻常常不甚清楚，畢竟創新（例如開設多元選修課程）相對於既有具體工作項目的執行（例如以講授法完成某課本章節之教學），從投入創新的過程到最後創新結果產出之間往往隱含著許多的未知，比如組織成員對陌生領域以及新穎技術的嘗試與探索等。若從相關研究來看，創造力的發展與實踐主要受到個人因素與外在因素的影響。個人因素包含：心智能力、不同的背景、認知能力、學歷、專業領域相關知識、內在動機、人格特質等；外在因素則受到社會與情境影響，如：領導者領導風格、工作條件或環境、組織文化、工作氣氛等等（Amabile, 1988; Choi, 2007）。Woodman、Sawyer 與 Griffin（1993）發現領導者如果可以先注意員工的特質，再輔以適當的領導方式，將能更有效地提升組織創造力，而學校領導者若是能成功提供學習機會、學習空間和學習經驗之工作環境，不僅能提升學校組織的創新氣氛，更能促進教師個人的教學效能與投入創造力教學的意願（邱怡蓁，2017）。這些面向環環相扣，且皆為迎向新課綱，校長在帶領教師同仁們實踐教學創新時，所需要關注的面向。

是以，本文希望就國內外相關管理理論與實證研究結果，針對校長在領導教師團隊進行教學創新之有效或干擾作為進行梳理，並據以提供臺灣教育第一線之校長或主任們參考與反思。下面，我們先從了解學校團隊成員的動機屬性出發，接續討論學校目標與願景的真誠開放溝通，最後我們將焦點放在增益教師創造力之組織物理空間與無形的組織氣氛。

二、並非所有教師都一樣：
理解教師的動機特質並權變你的領導方式

　　Sternberg 與 Lubart（1996）提出了創造力「投資理論」（investment theory），其指出動機為提升創造之關鍵因素之一，而於職場上工作動機又可分為內在動機與外在動機。在討論相關研究發現之前，我們先從一則自馬克・吐溫《湯姆歷險記》中的小故事說起：

> 在美國文豪馬克・吐溫（Mark Twain）名著《湯姆歷險記》中，主角湯姆・索耶有一天從阿姨那接到一個可怕的任務：把 800 多平方呎的圍籬全都漆成白色。正當湯姆愁眉苦惱之際，一個靈感突然湧至。他故意對著嘲笑他在做苦工的朋友班恩說：「粉刷圍牆才不是苦差事呢，這是一種千載難逢的殊榮。」並假裝對於班恩的嘲笑感到不解。湯姆的這席話，立刻把眼前的苦差事變得令人好奇，讓班恩忍不住要求湯姆讓自己也刷刷看。湯姆一開始不斷拒絕，直到班恩提議用蘋果交換粉刷的機會，他才假裝不情願把刷子讓給班恩。沒過多久，又來了一票男孩，而他們一個個也都中了湯姆的計，自願粉刷起圍籬來，甚至還重複刷了好幾層。
>
> ——〈湯姆索耶效應：為什麼獎賞員工，有時反而會讓他們不努力？〉，《經理人》

　　故事中機智的湯姆只用了一句話，便扭轉原先只是想看笑話的朋友班恩的行為，關鍵在於其將苦差事變成了殊榮的表徵。因為湯姆知道，班恩和其他男孩在內心都渴望獲得肯定，再加上湯姆表現出不情願交換的樣子，更會讓對方視其為難得的機會，當然，相較於手中看見的蘋果來說，殊榮（油漆的任務）便更顯得有價值了。在這過程中，湯姆提升了這些男孩對於刷油漆這件事情的內在動機，並讓他們

自發地投入這件差事。

　　內在動機指的是個體接觸某事物或表現特定行為背後之動機係出於個體內在的理由，如發自對其愛好。而內在動機可以增加，當然也可以削弱，但對於領導者來說，該怎麼增加使其達到提升動力、創造力的目的，便是一門學問。在研究中，內在動機被視為促進創造力的重要元素之一（Amabile, 1996），因為在創造的過程中，當事者很可能會面臨許多挫折與阻礙，若本身沒有強烈的內在動機，實在很難長久地支撐住並維持創新的動力。因此，對於學校領導者來說，在推動教學創新變革之初或選擇校內核心創新團隊夥伴之際，除了教師本身專業背景，更應了解其是否具備投入該工作的內在動機，畢竟如果能將對的人放在對的位置，教師既能完成學校任務，同時也能滿足他們內在的需求。許玫琇、張富鈞與鄭秀貴（2008）發現，當教師有「正向肯定」的需求，且有較高的「抗壓信念」時，其「創意教學內在動機」會越高。此外透過真誠領導的方式，亦會促進員工因為增加心理安全的認知和內在動機，從而使他們更具創造力（Černe, Jaklič, & Škerlavaj, 2013）。就前述研究發現來看，校長對於本身創新意願較高的教師，可以透過賦予更多設計課程的自主性及採用高度信任的方式，鼓勵其自我實現。

　　反過來說，如果故事中湯姆的朋友班恩或是後來加入油漆的這群男孩，是因為湯姆拿出其他條件如：阿姨的點心，而選擇加入幫忙的話，則是湯姆促進了他們對刷油漆這件事情的外在動機。外在動機是指促使個體從事某項行為的外部因素（如獎賞等）。以創新來說，創新的開始意味著其可能將面臨到高度不確定及風險（Tesluk, Farr, & Klein, 1997），而對於風險的挑戰，除了本身喜愛冒險且具有勇於挑戰性格的人之外，多數人是不願意貿然投入到這類型工作的。因此，為了吸引大家的投入，業界往往給予更多的報酬，予外派至海外開拓疆土的員工。

　　某種程度而言，外在動機的概念其實相當契合交易型領導（transactional leadership）的理論，其強調在領導者與部屬間存在著一種特定的契約式交易（Hollander, 1978）。而部屬間所獲得的便是促使他行動之外在動機替代物。通常在雙方交換中，領導者提供部屬報酬、實物獎勵、晉升機會、榮譽等，以滿足部屬的需要與期望；而部屬則以服從領導的命令指揮，完成其所交給的任務作為回報。過去對於領導者提升員工外在動機的方式，學界主要給予較負面的評價，如 Amabile（1996）指出，透過獎勵去影響員工行為的交易型領導者，其代價可能會犧牲了持續刺激創新的內在動機，然其在 1998 年的實證研究時，卻修正了原先的看法，認為有害創造力之外在動機主要為控制型（controlling）獎酬，如同給予評價反饋（evaluative feedback）（Amabile, 1998）。最直接的例子，莫過於傳統的評鑑制度，設立了評價的上限，可能是 A 或是 A⁺，讓當事者得到一個評比結果。如同教師給孩子打了一個分數，並由分數去定義好與壞，容易讓當事者進到一個賽局迷宮。反觀，資訊型（informational）及增能型（enabling）獎酬方式著重在透過引導方法 How to make it better? 帶領部屬或夥伴一同思考，不但激發其想像力更增進其創造力。

此外，近期也有更多的研究顯示，內外動機兩者間不一定存在互斥的效應（張劍、郭德俊，2003），也就是說，對於當事者而言，魚與熊掌或許可以兼得，但要如何做到呢？彼得‧聖吉（Peter M. Senge）所著的《第五項修練》中對此有著獨特的見解，其打破了我們習以為常及傳統的二分法，但他認為前提是領導者必須用對方法！

＊魚與熊掌可以兼得

以下摘錄書中的一小段話：

有的時候，即使是最兩難的矛盾，當我們由系統的觀點看來時，便會發現它們根本不是什麼矛盾。一旦改採深入觀察變化過程的「動態流程思考」，我們就能識破靜態片段思考的錯覺，而看到全新的景象。譬如，多年以來製造業認為他們必須在低成本與高

品質之間作抉擇，因為他們認為品質較高的產品，製造的成本也必定較高，因為要花較長的時間裝配，需要較昂貴的材料與零組件，並且必然要更嚴密的品管。他們一直沒有考慮過，以長期來看，提高品質與降低成本是可以兼得的。因為只要基本工作流程改善，便能夠消除重作、縮減品檢人員、減少顧客抱怨、降低售後保固維修成本、提高顧客忠誠度，以及減少廣告及促銷等成本。相反的，他們通常不採取兩者兼得的方式，他們寧願專注在其中一個目標。當然時間、金錢和組織變革是發展新策略必須先期投入的成本。只要你有耐心，先專注在流程改善上，隨後一段時間，品質會上升，成本也會上升；但不久之後，你就發覺有些成本快速下降，數年之內，成本大幅下滑，兩者兼得。由此可知，找出高槓桿解，便能有兩全其美的結果，正如同動機綜效模型一般。

——郭進隆（譯）（1994），《第五項修練》，頁 94

文中提到的動機綜效模型（Amabile's Motivational Synergy Model）主張內在動機（由個人工作的內在價值產生）有機會與外在動機形成達到相輔相成之效，並指出綜效性的動機會提升員工的工作滿足感及績效，更能使其產生高水準之創造性（Amabile, 1993）。蔡啟通與高泉豐（2004）驗證 Amabile 動機綜效模型其成果亦發現，當員工的外在動機及內在動機均高，則其更會積極表現出創新行為。因此，領導者應不斷地透過增強員工的兩種動機與能力來引發其創造力。

對於教育現場來說，校長必須要先深入了解其教職員特性，以及其擔任工作的內外在動機為何？再分別對症下藥，如：可以藉由賦予高度自主與信任及鼓勵教師自我實現以提升內在動機，亦可獎勵教師採用創新教學及參與行動研究方式，無私誠懇地分享更多的專業知能協助提升教師信念，以提高其外在動機。

反過來談，校長應該避免增設太多外在強制性的措施去要求教師

投入相關的工作，因為此舉可能會導致教師們從事教學創意的內在動機降低。以臺灣的校務評鑑為例，當評鑑者或教育主管機關張著「績效責任」的大旗，要求學校須定時提報資料、書面說明目標達成程度時，其實可能反而讓教師感覺到這些原本的工作內容變成是一種被強迫、被逼著去從事的錯覺，而這些增加學校教師額外工作時間的瑣碎事項，也會減弱教師對於其工作的熱情與投入，更可能壓縮到他們投入到真正重要工作的精力與時間。換言之，校長在領導學校教師從事教學創新工作時，最終都應以提升或維持教師從事相關工作的內在動機為目標（例如：讓教學創新變成是真正幫助提升教師教學效能與學生學習，並讓教師從中獲得工作成就感與自我實現感），方為長久之計。

　　談完領導者如何釐清教師同仁的內外在動機並進而權變規劃提升他們對投入教學創新的內外在動機機制後，接下來回到問題的根本，要怎麼做，才能讓群體團結，進一步增加其創造力。

三、發揮領導者的影響力：
　　界定並認清問題、設立目標、創造共同願景

> 「請你告訴我，我該走哪條路？」愛麗絲問。
> 「那要看你想去哪？」貓說。
> 「去哪兒無所謂。」愛麗絲說。
> 「那麼走哪條路也就無所謂了。」貓說。
> ——摘自劉易斯·卡羅爾的《愛麗絲漫遊奇境記》

　　彼得·杜拉克曾說過：「過去的領導者可能是一位知道如何解決問題的人，但未來的領導者必將是一個知道如何提問的人。」由此可看出，有效的溝通，要從「懂得問」開始，提問往往亦是聚焦問題的關鍵。在前言所提到的高雄市各級學校校長會議中，各校校長對於

108 年課綱的變化與學校教育革新，並沒有一致的看法。面對新課程所帶來的許多不確定性，校長作為整個學校的領導者，首先責無旁貸地必須肩負起帶領團隊釐清目前對於學校來說真正核心的問題是什麼？是目前的組織結構、行政運作不足？缺乏充足的師資條件？教材教法過時？教學評量方式不當？……這一連串的提問都值得反覆思量與討論，直至問題重點釐清。

《清醒的企業》一書作者寇夫曼（Fred Kofman）便提醒領導者，「領導就是一個人為其他人設定一個目標，並激勵他們以有效能且完全的承諾去追求此一目標的過程，因此領導者的任務，就是發展與維持一個高績效的團隊。」而 Amabile 和 Gryskiewicz（1987）發現，引發團隊產生高創造力的關鍵因素往往是領導者先設定了明確的組織目標。相反地，如果連管理者本身對於目標制定不明確，甚至不清楚他要的是什麼時，就更別指望組織成員能夠達成目標或是發揮驚人的創造力了。

那到底領導者該設立什麼目標方能提高創造力呢？其實，創新本身並不一定具備意義，其意義寄託於其後續產生的實際效用與價值──亦即創新的課程與教學的價值，以及學生學習與自我實現之促進。換言之，教學創新不該被用來直接當作學校推動 108 課綱的目標，而由於創新本身就是一個不具體的目標，所以學校的領導者會需要先與學校成員設定具體希望達成的教育變革／創新效果，並打造一個大家一齊努力的終極目標－願景，再一同努力在此前提下以所處之學校未來具體的教學創新、具體作為與項目為前進的動力。

在領導理論中，轉型領導（transformational leadership）理論亦強調設立共同願景，根據林明德、王明忠與鄭靖國（2004）對校長提出的轉型領導建議，學校領導者應視必要性，主動邀請相關利害者（學生、教師、家長或社區人士）共同參與，共同擬定學校未來發展的共同願景或目標。此外，於願景追求過程中，領導者應引導成員對整體環境（教室、學校內外，以及整體教育環境與政策等）變遷的觀察能

力，並給予鼓勵賦予高度期望與信任，建立他們自我專業成長的目標。一個成功的轉型領導者可以透過激勵員工，發展員工創新所需的能力，使他們有更好的表現，並鼓勵他們以創造性的方式進行思考（Jung, Chow, & Wu, 2003; Sarros, Cooper, & Santora, 2008）。此外，Cooperrider 與 Whitney（2000）提出，創造良好共同願景的方式，首先領導者需要以正向導引的方式探詢組織成員的需求，以建構理想的組織型態，再營造對未來的夢想，進一步發展對變革的設計。於教育現場中，謝傳崇（2011）建議校長可以採取「肯定式探詢」（相對於批評／否定式的質問），發掘和利用正向的因素，關注過程，強調集體與持續的共同創造，進而促進教育績效的提升。

另一個值得校長注意的研究發現，是團體以及個人願景設定的差異性。被譽為「20 世紀對商業戰略影響最大的 24 個偉人之一的彼得・聖吉在其 1990 年出版的名著《第五項修練》一書中點出，要使企業茁壯成長，必須建立學習型組織（learning organization），更提出團隊創造共同願景的重要性，他指出共同願景是從個人願景匯聚而成，而唯有個人願景才能產生激勵作用。然作者也指出，領導者卻常常忽略，以為直接創造一個共同願景就是好的，其實不然，領導者若有意建立組織的共同願景，必須持續不斷的鼓勵成員發展自己的個人願景，進而達到自我超越，而唯有自我超越的同時，才有助於發展出共同願景，並產生創造性張力。此過程尤其重要，亦被稱為激發創造性不可或缺的重要過程，因為透過團隊共同設立目標及發展願景，彼此間更容易獲取重要信息，並在作出決定時考慮更多元的選擇，其更是創新的關鍵因素，跳脫唯一（Campion, Medsker, & Higgs, 1993）。Li、Mitchell 與 Boyle（2016）的研究也呼應了聖吉的說法，他們發現過於強調團體願景與創造力的組織中，反而可能會減損了個人的創造力與願景的開展，但這樣的結果並不利於學校組織整體性的發展，特別是在創意的產出上。

四、發揮影響力不等於由上而下的領導模式： 談真誠與開放溝通的重要性

領導力、創造力、溝通力，一直以來，是領導者必須具備的特質，缺一不可。團隊中的創新是一個互動的過程，個人必須與群體經由討論、修改和了解產生新的想法（Kanter, 1988），最後也需要團隊的每個人努力落實，因此團隊成員之間的溝通至為關鍵。彼得・聖吉於《第五項修練》書中就談論過，我們留於心中而沒有說出口的內心假設（稱為心智模式）如何影響著我們的知覺與行為，如同《列子》中疑鄰盜斧故事中的農夫一樣：

> 農夫遺失了一把斧頭，他懷疑是鄰居孩子偷的，便暗中觀察他的行為。他發現孩子走路的樣子鬼鬼祟祟，路上遇到他時，對方也顯得驚慌失措，怎麼看，都覺得那孩子是偷竊者。後來，這位農夫才發現原來斧頭並沒有遺失，只是他忘了帶出門，之後他再碰到鄰居的孩子時，只見那孩子走路抬頭挺胸，應對十分有禮貌，根本不像是偷他斧頭的小偷。
>
> 【出處】戰國・鄭・列禦寇《列子・說符》：「人有亡斧者，意其鄰之子。視其行步，竊斧也；顏色，竊斧也；言語，竊斧也；動作態度，無為而不竊斧也。」

想想，在生活中的誤會，有多少是因為人與人之間溝通不良（甚至是放棄溝通）而形成的誤解呢？而著名的左手欄練習（left-hand column）便是為避免溝通誤解而生的一項自我檢視工具，其目的在於：（1）將隱藏的假設攤出來，並顯示出這些假設如何影響行為。（2）利用左手欄學習面對衝突。（3）利用攤出左手欄來檢視自己的假設是否有不合理之處，以化解不必要的誤會。其練習方式如下表所述，透過表格練習，審視自己的心智模式，也可以更了解阻礙自己說

出口的到底是什麼？唯有攤開下來正視問題，才有助於解決問題。

想說而未說出口的話（左手欄）	說出口的話（右手欄）
1.	1.
2.	2.

註：筆者自行整理

　　就管理以及成員的溝通互動來看，左手欄的澄清有助於雙方的溝通上，更有效率地將事情的目的、指令傳遞清楚，而學校領導者與教師溝通時也應表現出真誠的態度，特別是於創新的起初階段，雙方皆在探索過程，彼此間的信任感及支持情誼顯得格外重要，知名系統思考學家寇夫曼也曾說道：「有事實根據的資訊交流是一切良好合作的第一步。相互信任與尊重更是每個高效率團隊的互動核心。」林明德等人（2004）也建議，學校領導者應積極用心關懷成員，運用走動式管理（management by walking around）深入了解學校成員不同意見，特別是針對新進或較不主動發聲的教師，給予溝通、指導、關心，並透過各種正式或非正式組織活動，營造增進彼此互動、溝通交流的機會。

五、給予教師發揮創意的空間：打造創新的工作環境

　　工作環境條件對個人創造力表現會產生不同的影響（Shalley, Gilson, & Blum, 2000），其又可進一步分為近端及遠端的影響。近端指的是對於員工來說工作本身的複雜程度；遠端則是組織的政策或制度。就近端方面，學者建議領導者若能讓員工對工作具有相當的自主性，他們將更認同工作價值，並有效提升其創造力（Spenner, 1990）。著名的西南航空便有類似的作法：

美國西南航空（Southwest Airlines Inc.）是全世界規模最大的廉價航空，其擁有極高的知名度，飛行前的宣導方式除了是吸引旅客的活招牌，更是每年榜上有名的高點閱率影片。關鍵在於，西南航空相當支持員工的創意點子，在招募員工時，執行長便明確的表態，最大的考量是對方是否具有幽默感！因此其管理者允許空服員以自己的方式，幽默地向旅客介紹安全注意事項，其效果除了讓員工們不必刻意裝模作樣以外，也為消費者營造出輕鬆幽默的乘機體驗。

此外，公司增設許多開放式辦公室，減少職員間的交流障礙，也讓管理者有更多機會直接與員工接觸，這樣的設計也讓職員們對每一項專案與計畫，更勇敢地表達自己的想法。辦公室中亦不設傳統的領導座位，去除掉不必要的牆壁隔板，讓負責相同專案的人聚集在一個空間。

——子婷，〈員工至上！不願員工受到任何委屈，才是西南航空屹立不搖的原因〉，《創新拿鐵》

上述改造辦公空間案例屬於比較成功的，其結果不僅提升了員工溝通力與創造力，更為公司帶來更高的績效。反之，過於嚴格的制度、單調乏味的管理方式、不當的監督如：監視器管理，上述種種不只無法提升員工的創造力，更會使其工作意願降低、削弱員工創造力。這邊我們以另一個公司的案例作說明：

身為 2016 年最佳僱主第一名的 Google，於美國矽谷總部，薪水高、福利好，相信是不少人的畢生夢想。但英國 Business Insider 揭露 Google 任職員工的工作實況，卻不如預期，如：曾任職高階客戶主任的人員表示，在 Google 總部工作，日常會接觸的事物都離不開 Google，由 Google 提供的無限食物、咖啡、健身房、洗車、攀岩牆、乾洗服務、健身課程、跑道、按摩津貼、免費洗

衣服、手足球機檯、乒乓球桌、免費自行車、飛盤高爾夫場地、室內滑行車、電視遊樂器……種種皆非常方便，但卻間接地令員工的一整天都花在公司裡，失去自我及私人空間，生活變得只有工作，而沒有生活，員工自問：那我還需要回家嗎？此外，google 公司本身對於員工的創造力就十分要求，也非常鼓勵同事的創意，甚至會給予晉升機會！不過這類的情況變得形式化，即使是創作出一些沒有實際功用的程式，亦會得到讚賞，反而造成了反效果，開始使得一些真正優秀的員工跳槽！

——香港經濟日報，〈前員工爆 Google 地獄辛酸事　工作＝生活〉

由此可知，如何營造一個適度的工作空間，打造具有讓員工持續願意保有創造力的工作環境及制度，考驗著領導者的智慧。

六、成為教師投入教學創新的靠山：營造支持性的組織氣氛

而除了前述比較具體的空間經營管理外，領導者也應該關注工作環境中的「組織氣氛」，其為由組織內成員集體感知的心理氣氛，又稱為組織氣候。過去研究指出，積極正面之團隊氣氛有助於組織內成員之信任，間接影響組織的創新和成長（Ekvall, Arvonen, & Waldenström-Lindblad, 1983）。Hoy 與 Clover（1986）將學校組織氣氛（Organization Climate of School）以校長與教師的行為特徵分成四個向度（江滿堂，2004）：

1. 開放型氣氛（open climate）：校長與教師都表現出開放的行為；開放的校長支持教師的專業，鼓勵教師參與校務，並減輕教師的負擔；開放的教師進行專業互動，保持親密行為，並相互尊重容忍。

2. 投入型氣氛（engaged climate）：校長表現出封閉的行為，而教師表現出開放的行為；封閉的校長剛愎自用，監督並限制教師

的行為；然而教師之間互動良好，彼此尊重容忍，表現出專業行為，全力投入教學工作。

3. **疏離型氣氛**（disengaged climate）：校長表現出開放的行為，而教師卻表現出封閉的行為；校長支持並關心教師，但教師之間冷漠疏離，相互批評攻訐，對校務漠不關心，也不服從校長的領導。

4. **封閉型氣氛**（closed climate）：校長和教師都表現出封閉的行為；校長表現非支持性的行為，專制獨裁，監控教師行為；教師則反應冷漠，表現出消極抵抗，反彈校務。

由上述可以發現，若僅有校長與教師單方面保有開放態度，互動的效果仍不佳。過去研究也發現，若員工知覺到高的組織創新氣候且外在動機高時，則員工的內在動機與其表現出之創新行為呈顯著正相關（蔡啟通、高泉豐，2004）。因此，建議學校領導者盡可能給予教師工作自主性，並維持好的組織氣氛，方能打造創新的環境。

創新擴散理論（Diffusion of Innovations Theory）的創始者羅傑斯（E. M. Rogers）於書中指出，創新的先驅者往往最具備冒險家精神，但其也建議必須同時培養能力去面對、處理創新所存在的高度不確定性，畢竟於職場上，不確地性往往意味著可能遭受其他人的批評與抱持不同想法者的懷疑（Dutton, Ashford, O'Neill, & Lawrence, 2001）。

因此，好的領導者應能提升部屬對領導者的信任感，以提升部屬的投入程度（Gardner, Luthans, & Walumbwa, 2005）。許玫琇、張富鈞與鄭秀貴（2008）發現，當教師有「正向肯定」的需求，且有較高的「抗壓信念」時，其「創意教學內在動機」會越高。此外透過真誠領導的方式，亦會促進員工因為增加心理安全的認知和內在動機，從而使他們更具創造力（Černe, Jaklič, & Škerlavaj, 2013）。過去研究亦指出領導者支持的態度越高則員工的創造力發展程度越強（Cummings & Oldham, 1997），特別是強調創新的工作往往涉及高度風險，失敗是不可避免的一環，因此，Blake 與 Mouton（1985）便提醒領導者，應

給予組織中創新者足夠的支持及信任，對於失敗的創新不應予過多的責罰，經營鼓勵冒險的環境，先讓員工心裡有安全感，才能為組織開創更多的可能。過去學界於支持性領導（Supportive leadership）中也提及，該類領導行為關注於對組織成員社交與情緒的支持，像是同情、關心與傾聽（House, 1986），且強調個別化的情緒性支持，這些都被認為是領導的關鍵成功因素（Rafferty & Griffin, 2004），也是領導者在強調目標導向的同時，不該忽略的面向。

七、結語

本文從教師個人動機差異出發，並觸及學校目標與願景的真誠開放溝通、增益創造力之組織物理空間與無形氣氛等面向，就管理理論和研究之發現進行梳理，並歸納提升教師教學創意之相關領導作為與不應為及建議。雖然並非所有文獻來源皆來自教育管理領域，但希望對於面臨 108 課綱以及未來教育持續性變革的領導者能有參考、思考的益助。借用《清醒的企業》作者寇夫曼的一段話：「你說工作是地獄，日復一日的職場壓力與挫折，徹底顛覆你的自我價值。我說工作是天堂，只要穿透情緒障礙，就能把企業化為自我實現的沃土。」對學校校長、行政團隊以及教師們來說，即將到來的 108 課綱，何嘗不是另一個自我實現的機會呢？

參考文獻

· 子婷（2017 年 3 月 21 日）。員工至上！不願員工受到任何委屈，才是西南航空屹立不搖的原因。創新拿鐵。2018 年 4 月 21 日，取自 http://startuplatte.com/2017/03/21/southwest-airline/

· 李義（2017 年 8 月 24 日）。授課觀課備課！「校長兼撞鐘」俗諺成真。中時電子報。2018 年 4 月 21 日，取自 http://www.chinatimes.com/realtimenews/20170824004817-260405

· 郭進隆（譯）（1994）。第五項修練。臺北：天下文化。

· 劉明俊、羅郁堂、陳曉伶（2008）。著。清醒的企業──提昇工作價值的七項修練（原作者：F. Kofman）。臺北：天下文化。（原著出版年：2006）

· 許玫琇、張富鈞、鄭秀貴（2008）。高中體育教師創造人格特質、創意教學自我效能、內在動機及教學行為之相關研究。美和技術學院學報，27，113-124。

· 蔡啟通、高泉豐（2004）。動機取向、組織創新氣候與員工創新行為之關係：Amabile 動機綜效模型之驗

bibliography
證。管理學報，21，571-592。

· 謝傳崇（2011）。校長正向領導激發學校超越表現。師友月刊，529，51-55。

· 林明德、王明忠、鄭靖國（2004）。論轉型領導在學校行政上之因應策略。中華技術學院學報，31，69-85。

· 江滿堂（2004）。國民小學校長領導策略與學校氣氛對教師知識分享意願影響之研究。屏東師院學報，21，243-270。

· 張劍、郭德俊（2003）。內部動機與外部動機的關係。心理科學進展，11，545-550。

· 湯姆索耶效應：為什麼獎賞員工，有時反而會讓他們不努力？經理人。2018 年 4 月 30 日，取自 https://www.managertoday.com.tw/glossary/view/181

· 前員工爆 Google 地獄辛酸事 工作＝生活（2017 年 1 月 19 日）。香港經濟日報。2017 年 4 月 30 日，取自 https://topick.hket.com/article/1625742/%E5%89%8D%E5%93%A1%E5%B7%A5%E7%88%86Google%E5%9C%B0%E7%8D%84%E8%BE%9B%E9%85%B8%E4%BA%8B%20%20%20%20%E5%B7%A5%E4%BD%9C-%E7%94%9F%E6%B4%BB?mtc=10012

· Amabile, T. M. (1988). A model of creativity and innovation in organizations. *Research in organizational behavior*, 10 (1), 123-167.

· Amabile, T. M. (1993). Motivational synergy: Toward new conceptualizations of intrinsic and extrinsic motivation in the workplace. *Human resource management review*, 3 (3), 185-201.

· Amabile, T. M. (1996). *Creativity in context: Update to the social psychology of creativity*. Hachette UK.

· Amabile, T. M. (1998). *How to kill creativity* (Vol. 87). Boston, MA: Harvard Business School Publishing.

· Amabile, T., & Gryskiewicz, S. S. (1987). *Creativity in the R&D laboratory*. Center for Creative Leadership.

· Blake, R. R., & Mouton, J. S. (1985). Don't let the norms stifle creativity. *Personnel*, 62 (8), 28-33.

· Černe, M., Jaklič, M., & Škerlavaj, M. (2013). Authentic leadership, creativity, and innovation: A multilevel perspective. *Leadership*, 9 (1), 63-85.

· Choi, J. N. (2007). Change — oriented organizational citizenship behavior: effects of work environment characteristics and intervening psychological processes. *Journal of Organizational Behavior*, 28 (4), 467-484.

· Campion, M. A., Medsker, G. J., & Higgs, A. C. (1993). Relations between work group characteristics and effectiveness: Implications for designing effective work groups. *Personnel psychology*, 46 (4), 823-847.

· Cummings, A., & Oldham, G. R. (1997). Enhancing creativity: Managing work contexts for the high potential employee. *California Management Review*, 40 (1), 22-38.

· Dutton, J. E., Ashford, S. J., O'Neill, R. M. & Lawrence, K. A. (2001). Moves that matter: issue selling and organizational change. *Academy of Management Journal*, 44 (4), 716-736.

· Ekvall, G., Arvonen, J., & Waldenström-Lindblad, I. (1983). *Creative organizational climate: Construction and validation of a measuring instrument* (Report 2). Stockholm, Sweden: FA rådet, The Swedish council for management and organizational behavior.

· Gardner, W. L., Avolio, B. J., Luthans, F., May, D. R., & Walumbwa, F. (2005). "Can you see the real me?" A self-based model of authentic leader and follower development. *The Leadership Quarterly*, 16 (3), 343-372.

· Hollander, E. P. (1978). *Leadership dynamics: A practical guide to effective relationships*. New York: Free Press.

· House, J. S. (1986). Social support and the quality and quantity of life. In F. M. Andrews (Ed.), *Research on the Quality of Life* (pp. 253-270). Inst. Soc. Res., University of Wisconsin, Ann Arbor.

· Hoy, W. K., & Clover, S. I. (1986). Elementary school climate: A revision of the OCDQ. *Educational administration quarterly*, 22 (1), 93-110.

· Jung, D. I., Chow, C., & Wu, A. (2003). The role of transformational leadership in enhancing organizational innovation: Hypotheses and some preliminary findings. *The leadership quarterly*, 14 (4-5), 525-544.

· Li, V., Mitchell, R., & Boyle, B. (2016). The divergent effects of transformational leadership on individual and team innovation. *Group & Organization Management*, 41 (1), 66-97.

· Rafferty, A. E., & Griffin, M. A. (2004). Dimensions of transformational leadership: Conceptual and empirical extensions. *The leadership quarterly*, 15 (3), 329-354.

· Sarros, J. C., Cooper, B. K., & Santora, J. C. (2008). Building a climate for innovation through transformational leadership and organizational culture. *Journal of Leadership & Organizational Studies*, 15 (2), 145-158.

· Shalley, C. E. (1991). Effects of productivity goals, creativity goals, and personal discretion on individual creativity. *Journal of Applied psychology*, 76 (2), 179-185.

· Shalley, C. E., Gilson, L. L., & Blum, T. C. (2000). Matching creativity requirements and the work environment: Effects on satisfaction and intentions to leave. *Academy of management journal*, 43 (2), 215-223.

· Shalley, C. E., & Gilson, L. L. (2004). What leaders need to know: A review of social and contextual factors that can foster or hinder creativity. *The leadership quarterly*, 15 (1), 33-53.

· Sternberg, R. J., & Lubart, T. I. (1996). Investing in creativity. *American psychologist*, 51 (7), 677.

· Spenner, K. I. (1990). Skill: Meanings, methods, and mea sures. *Work and Occupations*, 17, 399-421.

· Tesluk, P. E., Farr, J. L., & Klein, S. R. (1997). Influences of organizational culture and climate on individual creativity. *The journal of creative behavior, 31* (1), 27-41.

· Kanter, R. M. (1988). When a thousand flowers bloom: Structural, collective, and social conditions for innovation in organization. *Research in Organizational Behavior, 10,* 169-211.

· Woodman, R. W., Sawyer, J. E., & Griffin, R. W. (1993). Toward a theory of organizational creativity. *Academy of management review, 18* (2), 293-321.

· Whitney, D., & Cooperrider, D. L. (2000). The appreciative inquiry summit: An emerging methodology for whole system positive change. *Journal of the Organization Development Network, 32* (1), 13-26.

我與創造力的因緣際會

吳靜吉

一、前言

（一）不識「創意」真面目，只緣身在此「域」中

> 橫看成嶺側成峰，遠近高低各不同；
> 不識廬山真面目，只緣身在此山中。
> ——宋·蘇軾《題西林壁》

在創造力的研究和從事創造力教育工作的長久歲月中，我認為自己還沒有徹底瞭解創造力寬長深奧的文化底蘊，也沒有建構獨特的創造力理論和作品。我是那種容易相信別人的人，所以每一種理論、每一種說法對我來說，都非常有意義的，真的很像是蘇軾詩中所說的「橫看成嶺側成峰，遠近高低各不同。」因為我「不識『創意』真面目，只緣身在此『域』中。」從 1965 到 2018 年，我接觸創造力的研究和實務已經整整五十三年了，卻還沒有完全開放經驗（Big five 中

吳靜吉，國立政治大學創造力講座名譽教授。

的 openness to experience）地跳出創造力領域來看創造力。

（二）雖為凡人，與創造力的結緣也是經過了三種境界的

> 古今之成大事業、大學問者，必經過三種之境界：
> 「昨夜西風凋碧樹，獨上高樓，望盡天涯路。」（宋·晏殊《蝶戀花》）此第一境也。
> 「衣帶漸寬終不悔，為伊消得人憔悴。」（宋·柳永《鳳棲梧》）此第二境也。
> 「眾裡尋他千百度，驀然回首，那人卻在，燈火闌珊處。」（宋·辛棄疾《青玉案·元夕》）此第三境也。
>
> ——清·王國維《人間詞話》

在「創造力」的大海中，我的確還在摸索。王國維認為，古今成大事業、大學問的必須先經過三個境界：「昨夜西風凋碧樹，獨上高樓，望盡天涯路」、「衣帶漸寬終不悔，為伊消得人憔悴」、「眾裡尋他千百度，驀然回首，那人卻在，燈火闌珊處」，我必須承認凡人如我，在從事創造力教育的過程中，也同樣經歷這樣的境界。就像是我們每一個人在追尋自我的過程當中，都要經過這樣的三個境界。這樣的歷程體驗是分享的動力。

（三）分享就是為了向大家請益

> 轉益多師是汝師。
>
> ——唐·杜甫《戲為六絕句》

能夠與創造力學者、專家、熱衷者分享的原因是「轉益多師是汝師」。也就是說：當我們去欣賞每一個人的優點時，每一個人都是我

取益的對象，每一個人都是我的老師！這麼多年來，也的確是這樣子。

近幾年，我比較不喜歡演講，反而比較喜歡去聽別人講。華人一般比較客氣，即使要罵你也大多在私底下罵，比較不會公開罵你，在這種情況下，你所得到的訊息或回饋是很少的。但當你去傾聽別人時，你就可以自由自在地吸收各種不同的理論、看法與經驗。這幾年國內舉辦很多的創意競賽，從幼稚園到老人，都有機會參與創意的競賽，競賽的結果，通常也是相互分享。直接參與創造力活動或間接參與的人，都可從分享中成長。

二、人生的「因緣際會」（Chance Encounters）

在談我為什麼投入創造力研究和實務的動機之前，先從因緣際會的定義說起吧！（吳靜吉，1994）。

（一）因緣際會的定義

Albert Bandura（1982）於 1981 年擔任美國西部心理學會主席時，在年會中以「因緣際會和生命路徑的心理學」做專題演講。隔年正式在《美國心理學家》（*American Psychologist*）刊登。他認為因緣際會在人生道路上扮演非常重要的角色，心理學的理論卻忽略了這樣的人生主題。他說：「在一個因緣際會中，不同的連鎖事件，有其各自的因果決定因素，而它們的交集是無意的相會，而不是有意的計畫，一些無意的相遇如曇花一現，一縱即逝，產生的影響是微小的；有些因緣際會對人的影響卻是持久的、有力的，有些甚至引領當事人走入全新的生活軌道。科學的心理學，並不能對無意的際遇之發生做太大的貢獻，但科學的心理學卻能夠提供基礎，讓我們預測因緣際會對人生活的影響。」

（二）婚姻的因緣際會

Bandura（1982）以他自己婚姻的例子來說明自己的因緣際會。他說：「夫婦的際遇經常在婚姻的形成中，扮演決定性的角色，讓我舉一個我自己滿熟悉的例子。為了排遣缺乏啟發性的指定作業帶來的厭煩，一位研究生和他的朋友就一起去打高爾夫球，巧的是，兩人發現在他們前面，有兩位迷人的小姐也在打高爾夫球，不久二男二女就變成了『雙打』，其中的一位女子，後來就嫁給這位研究生。如果不是這次一連串的無意事件，這兩位男女的生活軌道可能不會交叉重疊。不同的伴侶創造不同的生活軌道，這裡面提到的研究生恰巧是本人。」假如當時沒有因為作業無聊，他就不會出去；假如不去打高爾夫球，他也不一定會遇到這個女孩子；而這個女孩子如果不漂亮的話，他大概也沒有興趣；所以你要是對她沒有興趣的話，她也對你沒有興趣，就不可能發生婚姻的因緣際會。

因此，我就想到唐玄宗開元年間，宮女和戍守邊疆的士兵因緣際會的故事。當時因為戰爭的緣故徵召了許多軍人，到了冬天時沒有足夠的冬衣，於是又徵召了一批宮女到宮廷縫製冬衣送給戍守邊疆的軍人，這些宮女不知道什麼時候才能回家。其中有個宮女想想自己、想想邊疆的軍人，激發她同病相憐的情感，於是她寫了這麼一首袍中詩：

> 沙場征戍客，寒苦若為眠？戰袍經手作，知落阿誰邊；
> 蓄意多添線，含情更著綿，今生已過也，重結後生緣。
>
> ——唐·開元宮人《袍中詩》

這首詩中她發揮了同理心，想像那個軍人跟她在宮中是一樣的。沒想到那一個軍人得到這件袍子之後深受感動，這事就大大地傳開了。傳開以後，他們的將軍將它報上朝廷，唐玄宗調查了這件事實的真相，於是下令他們不要等到下輩子，今生就結緣。如果沒有戰事，

這些故事也就不會發生，有了戰事，但宮女如果沒有同理心、不會感同身受，也就不會有袍中詩，沒有袍中詩，唐玄宗也就不可能知道這段故事，如果唐玄宗認為宮女這樣是不認真工作、他自己又缺乏同理心和浪漫情，宮女和軍人也不可能結緣（王盈雅，2003）。

三、創意人的因緣際會

那麼「學者」和「藝術家」在什麼樣的因緣際會中決定某個研究或創作的方向，創造其理論或獨特演作的藝品？

（一）創造「實驗經濟學」（Experimentel Economics），而獲得 2002 年諾貝爾經濟學獎的 Vernon L. Smith 的因緣際會
（楊蕙菁，2003）

2002 年的諾貝爾經濟學獎得獎人之一 Vernon L. Smith，接受《商業周刊》的訪問，內容非常有趣。商周記者問這位「實驗經濟學之父」：「你最初為什麼會有實驗經濟的構想？」他說：「1950 年代，我在哈佛大學上張伯倫教授（E. Chamberlin）的課，他在課堂上將學生分組，讓我們參與實驗以驗證獨佔性競爭（Monopolistic Competition）的理論。有些人覺得不以為然，但是我卻很受用。」（《商業周刊》，2003 年 12 月 22 日）。他在實驗經濟裡發現人性。

這樣的因緣際會，催化他本身對「實驗經濟學」的興趣，後來教書時，第一堂課也是用「實驗」的方法來教學，開啟了實驗經濟學的領域，影響很大。

（二）Carl Rogers（1902-1987）創立以人為本的助人理論之因緣際會（吳靜吉，1993）

讀教育或心理學的人對 Carl Rogers 都很熟悉，他的故事也非常有趣。

他 17 歲進入威斯康辛大學攻讀農業科學，後來卻想成為牧師。最有意思的是，在 1919 年他大一最後一天與 1920 年的頭一天開始劃分農業和神職的志向，這項課外活動是在愛荷華州舉行的一系列宗教會議，在聽了一位名叫艾迪（Eddy）的演講之後，差不多已經下定決心參加基督教的工作行列，把牧師當作一生的職業。他在宗教的活動方面表現突出，因而被選為代表，到中國參加世界基督教學生聯盟大會。那時候他讀大三，是在 1922 年 2 月 15 日起程的。

　　在為期半年的旅行中，他發掘了另一部分的自己——他的獨立思考、開放創造、無條件接受、積極尊重。這是他第一次接觸到文化背景、思考方式、語言外表等如此迥異多樣的人。他愈和其他的學生代表坦誠相見、會心互訴，他父母親希望他毫無保留接受的教條也愈變得微弱，而最後終於被進化論的宗教信仰所取代。就在那個時候他突然開放了經驗，所以整個人本主義的心理學的理念就在開放經驗中孕育出來。

　　這樣的人生因緣際會，使他開創了一個理論！不僅如此，當時因為這個經驗，他提出這麼一個概念：開放經驗是以人為本的，這也成為教育的一個重要概念，同時也是創造力的一個基本條件。而這個概念最近幾年在 Big Five Personality 的研究當中，發現「開放經驗（Openness to experience）」是能預測創造力的（George & Zhou, 2001），所以我覺得這個「因緣際會」是非常有趣的！

（三）Martha Graham（1894-1991）22 歲才進入專業舞蹈學校，和 1930 年代逐漸發展緊縮與放鬆（Contraction & Release）為基礎的舞蹈技巧系統之因緣際會

　　我們來看看舞蹈家。Martha Graham 被很多人認為是現代舞之母，Howard Gardner（1994）以她為個案，代表肢體創造力的最高表現。她獨創的理論其實就是緊縮與放鬆（Contraction & Release）。而 Contraction & Release 與她成長的背景很有關係。

1908 年她 14 歲時，父母舉家搬到離洛杉磯很近的 Santa Barbana，這不是她可以決定的。1911 年，當她 17 歲時，因為近水樓台先得月，在洛杉磯觀賞到激發她舞蹈熱忱與潛能的 Ruth Saintl-Denis 的表演，當下決心成為舞者，但是父親一直反對。直到 1916 年 22 歲時，反對她以舞蹈為職志的父親逝世，雖然這不是她所願的，但在沒有阻力下，她得以加入位於洛杉磯的 Denishawn School of Dance（Ruth Saint-Denis & Ted Shawan），創造了她很遲開始大器晚成的學習，卻為創造自己理論為時不晚的機會。所以，1923 年才 29 歲的她，毅然決然自立門戶，成功的典範轉移。

她個人從小接觸和學習舞蹈的成長過程中，體驗不少緊縮與放鬆的感受。加上 1930 年代身處經濟不景氣時代的感受和閱讀 Delsartean 的 Tensions & Relaxation 的經驗創造出一套有關「呼吸和衝動控制」方法的創新理論（Freedman, 1998；吳靜吉，1994）。

（四）Leonard Bernstein（1918-1990）一夜之間成為世界各大交響樂團爭相爭取的指揮之因緣際會

我們再來看看一個音樂家。Leonard Bernstein 是我非常偏愛的一個人，他從小學習鋼琴、作曲和指揮，多才多藝且樣樣成就，可是千里馬也需要伯樂。

1943 年，當他 25 歲時擔任紐約愛樂管絃樂團的助理指揮，雖然他只是助理指揮，但萬事具備只欠東風。同年 11 月 14 日，只有幾小時的時間，他臨危受命代替病危的指揮 Bruno Walter 在 Carnegie Hall 上台指揮難度頗高的音樂，而且還全國廣播，他一夜之間佳評如潮。

多數人都認為他太年輕無法掌握，但指揮說：「我就要他，我就要助理指揮上台指揮。」每一個人真的都不敢相信，都說「不可能！不可能！」有人認為是指揮故意要陷害他，也有人認為是指揮故意要製造機會給他，所以假裝病了。實際上指揮是真的病了，但就是指定要他代理。結果第二天佳評如潮，從此變成真正一流的指揮家，之後

大家競相爭取。他自己因為獲得難得的因緣，也願意成為伯樂，同樣製造這樣的機會讓年輕人成為千里馬。有一個 15 歲黑人鋼琴家 Andre Watts，他也在別人不以為然的情況下，排除眾議讓他演出，結果也是成功的（Lazo, 2002）。

四、因緣際會也是一種創意

（一）「眾裡尋他千百度，驀然回首，那人卻在，燈火闌珊處」

——宋‧辛棄疾《青玉案‧元夕》

當然，因緣際會也是一種創意，如同王國維所說：「眾裡尋他千百度，驀然回首，那人卻在，燈火闌珊處。」觀念的啟發或是創意點子的發想，其實也是一樣的，在那麼多的觀念當中，眾裡尋他千百度，驀然回首，在某一個因緣際會當中，突然這個點子就出現了，或者無關的觀念能夠結合在一起，那當然就是一種因緣際會，也是一種創意。

（二）「落霞與孤鶩齊飛，秋水共長天一色」

——唐‧王勃《滕王閣序》

我常常想，王勃在寫「落霞與孤鶩齊飛，秋水共長天一色」時的心境，你看，我在鄉下長大的，多少個黃昏都看到這樣的美景。這樣的因緣際會對我這個語文智慧不高的人來說就沒有產生像王勃那樣的創意。

（三）學醫的英國作者毛姆（W. Somerset Maugham, 1874-1965）的小說《雨》

毛姆有一篇小說叫《雨》（A Rain）或者譯作《下雨》。內容是說，在船上有醫生也有牧師。那個牧師看到船上的妓女，挑起他原始的慾望，慾望代表原我，而身為牧師，他的超我當然不允許他踰矩，於是

他就用各種方法「迫害」這個妓女，例如：晚上藉著要改變這個妓女的一生，要教她禱告，實現神的奇蹟而「單身」到她的房間；其實他所做的不是神的工作，而是有慾望、被壓抑者的行為，最後他的「自我」無法處理「超我」與「本我」之間的衝突，也無法面對「現實社會」，就自殺了（毛姆著，沈櫻譯，2000）。這個故事中的因緣際會就是那條船上正好有不同的人，按當時風俗妓女不會出現在這樣的場合，因為另外一個人把她帶上去，而產生這個因緣際會，使得小說變得非常戲劇化。

（四）Elias Howe（1819-1867）的縫紉機的發明

生活中有許多因緣際會，讓我們產生創造力，Howe 發明縫紉機的故事就是很好的例子。

他夢裡尋他千百度，卻無法決定「針孔到底是在針的哪一部分？」傳統的針孔是在針的上面，他怎麼想都不可能是在尖端部分。一天晚上他作夢，夢到自己被抓到野外的樹上綁起來，很多野人遠遠地拿著長茅說：「我倒數從十到一，到一如果你想不出來的話，我就要把你射死。」箭慢慢的射向他，到了一的時候，箭剛好射到他的眼前，他終於看到針孔，發現原來針孔就在尖端的部分（http://www.history.rochester.edu/Scientific_American/ mystery/howe.htm）。

日有所思，夜有所夢，針孔在尖端的部分不合常理，可是他也想過這樣的可能性，卻被邏輯思考所否定，到了晚上這個點子就在打破時空和邏輯思考的夢中，因緣際會的一一出現。

（五）阿基米德（Archimedes, 287-212 B.C）原理的發現

阿基米德原理的發現也不例外。當然，他不是經常都在洗澡嗎？別人也經常在洗澡啊！他為什麼會在跳進浴缸看見水流出來時發現了這個原理呢？這是一個因緣際會。測出皇冠是否是純金的問題，一定在他腦筋裡想很久，才會「踏破鐵鞋無覓處」，才能夠在洗澡的時候

「得來全不費功夫」（林志懋譯，2001）。

（六）蕭伯納（George Bernard Shaw, 1856-1950）與邱吉爾（Winston Churchill, 1874-1965）有關交友與演出之幽默創造

　　蕭伯納是一個劇作家，劇本演出最怕的是第一場演完，第二場就沒有人來看。邱吉爾是一個非常伶牙俐齒、辯才無礙的政治家，最擔心的是會得罪朋友，人家都認為他沒有朋友，偏偏他們兩個就是好朋友。有一次蕭伯納的一齣新戲要演出，送了兩張票給邱吉爾，附上一張條子告訴邱吉爾「Dear Winston：請你來看我的新戲首演，送你兩張票，一張給你，一張給你的朋友——如果你還有朋友的話。」邱吉爾馬上就在上面寫了話，把票送回去，說：「我的好朋友跟我一定來看你的第二場演出——如果你還有第二場的話。」這樣的故事說明笑話的產生是需要因緣際會的，當時的機緣是蕭伯納本身有新戲演出，也剛好邱吉爾不在國會裡面被質詢，否則大概也不會有這樣的笑話產生。他們兩人不僅幽默成性、玩興十足，也有心情自我解嘲與互相嘲弄。

五、幾個研究創造力的學者與創造力的因緣際會

　　是什麼樣的因緣際會讓心理學家投入創造力的研究與教育之領域？

（一）J. P. Guilford（1897-1988）

　　第一個要談的就是 Guilford，他當時在軍中負責做測驗。在做測驗當中，他才發現，實際上人有千千種，光是團體智力測驗並不能測出所有的、各種不同的軍人，尤其在處理危機的時候，最需要的就是創意，而那是智力測驗無法預測的。除了這個原因以外，當時因素分析的理論也剛好出現，他是研究測量的，所以在這個情況之下把兩者

結合，發展出他後來的智力因素結構。他認為傳統的智力測驗主要測量的能力是聚斂或歸集思考（convergent thinking），是在尋求正確答案的能力。這樣的智力測驗無法測量創造力所需要的發散或分歧思考（divergent thinking），不是尋求正確答案的能力。他於是發展出一些專門測量發散思考的測驗，打開了創造力研究的大門（Guilford, 1950）。

而創造力研究的重要性所以會在一夜之間成為熱門的話題，是因為他累積多年之智能因素結構的研究，因而擔任了美國心理學會的主席，在年會上，他把握這樣的因緣際會，直指核心的以 "Creativity" 這個字作為主題，進行一場驚天動地的演講。

（二）E. Paul Torrance（1915-2003）

我的老師 Torrance 所以走入創造力研究之機緣和 Guilford 非常相似。在空軍擔任研究人員時，有一個國防部支持的研究計畫，就是訓練美國軍人在被敵人抓到受審時，要怎麼樣去機智回應，也就是瞭解並訓練他們如何處理危機。他認為已有的測驗都不能預測處理危機所需要的創造力，所以他開始研究創造力，也編了一些測驗，Guilford 在心理學會的演講也讓他心有同感，加快了他創造力研究的腳步。類似這樣的因緣際會，促進美國心理學一些重要觀念和理論的發展，我們也可以期許國防部支持促進心理學發展的研究（Millar, 1995）。

（三）Robert Sternberg（1949- ）

Sternberg 在小學五年級做智力測驗的結果不好，被認為 IQ 不高，就像「放牛班」的程度。但是他認為自己的智力絕對不低，因為他喜歡讀書，也讀得很好，各方面成績都很高。他發現是自己做測驗的時候常會焦慮，而他的焦慮是因為自己的成就動機、好勝心非常高。在他六年級時，一位老師相信他的能力，就要他去跟五年級的學生一起做智力測驗。五年級對他來說還是小毛頭，他突然覺得沒有什

麼好緊張的，測驗結果智力變得很高。這個原因使他決定要研究「智力」。

在他初中一年級的時候，他到許多圖書館裡找各種的智力測驗，當時他找到了「比西量表」。因為「比西量表」沒有人借過，圖書館員也不知道這個東西不能外借，就給了他。他看完了以後，便自己幫他同學做測驗，有一位同學回家告訴媽媽，恰好媽媽是一個輔導員，就非常生氣地在學校裡面質問，學校因此禁止他做智力測驗。他心想：「你禁止我做這個，我就自己來編智力測驗。」所以他開始編了很多的測驗，包括到高中的時候，編了「科學性向測驗」。後來他的學校還採用他編的「科學性向測驗」，持續很多年都採用它來瞭解學生的科學成就。

到了史丹佛大學時，他自己仍然對智力測驗感興趣。可是他所念的心理系是實驗導向，但是他的指導教授很支持他往這方面發展。為了要做智力測驗，他必須到教育學院去選測驗的課程，當時其他心理系的老師都覺得：「你好奇怪，去選那個課做什麼？心理系學生應該專心學認知、實驗心理學，為什麼選那種課程？」他在指導教授支持下仍去選了 L. G. Cronbach 的課，修課後覺得測驗真的很有趣，使他結合認知心理學和心理測驗的理論和知識，提出他的三元智慧論，並且從事測量和實驗教學的工作（Sternberg, 2002）。

（四）Dean K. Simonton

Simonton 是研究「歷史計量法」的學者。他小時候多才多藝，繪畫、寫詩、寫散文樣樣喜歡，他也參加戲劇的演出，喜歡物理、化學、天文學……等等。中學時也寫了很多文章，做了很多統計工作。高中要進大學時，讓他在選擇化學還是歷史兩個相當不同的領域時猶豫不決。

念研究所時，他選擇念社會心理學，可見他興趣的廣泛。當時他同時申請史丹佛大學和哈佛大學，申請的時候，因為成績很好，所以

兩個大學都要收他。心理系教授問他:「你要做哪一方面的研究?」他的答案是「創造力的社會心理學」。兩個學校的反應雖然不同,但卻對「創造力的社會心理學」都不以為然。史丹佛大學認為:「你這個大概走投無路,不可能!」哈佛大學說:「我們有很多研究生,進來以後都會改變。沒有關係,你進來,到時候就會改變了!」因此他進了哈佛大學,在哈佛讀博士的時候,他想到:「歷史上,這麼多的名人、有創意成就的人,他們這些資料我們怎麼樣能夠讓大家瞭解?我們能不能透過科學的方法來研究歷史的資料?」Simonton就這樣結合了歷史和心理學的科學研究,而他的研究方法主要是用量化統計,他稱為「歷史記量法」(Simonton, 1990)。

這時候,因緣際會來了!這個機會是系裡來了一位名叫David Kenny的教授,他是心理實驗方法上幾乎可視為聖經的《實驗與準實驗》那本書的作者之一Campbel的學生,研究方法與統計方法非常精熟,也非常瞭解博士班寫論文的心情,所以他收了Simonton為徒。Simonton的論文還在社會心理學最好的學報 *Journal of Personality and social Psychology* 刊登出來。因為David Kenny的出現,使得他沒有離開哈佛,也沒有改變論文題目,而完成了創造力的重要研究(Simonton, 2002)。

(五)Teresa M. Amabile(1950-)

Amabile為什麼會走入創造力這個領域,和Simonton有關嗎?

她的幼稚園老師做家庭訪問時,她聽到老師跟媽媽說:「你這個女兒Teresa,在藝術創造力方面非常有潛力,你要多多讓她有機會去發展藝術的創造力。」這是她第一次聽到創造力這個字眼。當時她想:「既然老師這樣說,我一定要在繪畫上面表現得很好。」結果沒想到她進了天主教學校的時候,她的學校把繪畫弄得非常無趣,而且她自認為畫得不好,她講了一句話我非常喜歡:「到現在為止,我所畫的還是跟我幼稚園時畫得一樣。」

念大學時她選擇了化學，原因是她覺得化學是最難的，她想要接受挑戰。可是化學系的老師和學生在吃飯的時候，都在談「今天要做的研究」等話題，她覺得這種熱情為什麼自己沒有？她說：「我可能對化學沒有這種熱情，但我可能對別的領域有這樣的熱情！」

　　在探索後，她選了心理學的課程，就發現她的熱情在心理學。從幼稚園第一次聽到「創造力」的字眼時，她就一直想要瞭解「創造力」是什麼。在史丹佛大學博士班讀「社會心理學」的時候，她跟老師說她想做「創造力的社會心理學」，但老師說「不可能，這沒什麼好研究的」。就在 1975 年，她看到 Simonton 的研究報告，使她如獲至寶，認為既然可以在這個最有名的雜誌發表的文章，當然這個路線可以走。把這個文章給老師看了之後，老師就只好點頭，讓她去發展，在心理系中她讀了該系教授 Mark Leeper「過度辯證（overjustification）」的理論，意思是說當一個人對某一件事情的內在動機很強時，我們卻用外在的動機來獎賞，這個人慢慢地會對原來有興趣的東西失去興趣，是因為「過度辯證」的結果。她覺得這個觀念非常有意思，因此她以後結合內、外在動機做了一系列對創造力影響的研究（Amabile, 1990）。

（六）「偶然中試是朱然，難道偶然又偶然；世間多少偶然事，要知偶然不偶然！」

——清・朱然《偶然詩》

　　以上這些例子，看起來都是非常偶然，其實並不偶然。

　　清朝名叫朱然的年輕人，父母親並不是很有錢，他卻是放蕩子弟。有一天他終於領悟到爸爸媽媽是那麼地勤奮、那麼地愛他，也不責備他，有了頓悟之後，就下決心參加科舉。第一年他中了秀才，他過去的酒肉朋友就寫「偶然中試是朱然」來嘲笑他。他父母就覺得很生氣，但朱然安慰他們說：「不用生氣，你要原諒他們，因為他們不理解我這一年來的努力。」後來，第二年他又中了進士，不知情的人

更是覺得詫異。所以他就寫了「偶然中試是朱然，難道偶然又偶然；世間多少偶然事，要知偶然不偶然」的詩來表明心情（王盈雅，2003）。

許多的因緣際會都是在「踏破鐵鞋無覓處」的努力中，才能「得來全不費功夫」，如果 Bernstein 對音樂不是那麼精熟，對指揮不在行，雖然只是助理指揮，他必然把自己當成正式指揮的角色一再的演練，所以機會是給那些準備好的人，就是這個意思吧！根據 Bandura 的定義，任何的因緣際會，都要能聰明有智慧的去掌握，這個機會對未來的影響是好是壞，當事人必須學會如何抉擇與發展。

六、我與創造力的因緣際會

我雖然沒有什麼成就，但是我跨入創造力也不是完全偶然的。那是怎麼樣的機緣呢？

（一）童年、青少年的經驗（吳靜吉，2018）

我的成長並不是愉快的過程，不愉快中的愉快就是來自於我現在所瞭解的「用創意解決生活問題」。小時候的我是在大家庭裡面長大，我媽媽是童養媳，但我是長孫，所以我在家裡面的地位是非常奇怪的。長孫看起來是非常重要的，可是我最小的叔叔比我大一歲，又有兩個姑姑比我小，我們一吵架，媽媽一定打我給大家看，因為我是晚輩，因為我是童養媳的孩子。後來我知道跟「長輩」吵架時，不論他們的年齡比我大或同年，我馬上告訴自己「我是晚輩！」為了逃避媽媽打自己孩子給別人看的戲，我會趕快跑到海邊、田裡、樹林，「終於我學到了以退讓為解決衝突的策略」，真的是退一步海闊天空！

在這些地方，我發現了很多新奇有趣的世界。比如：讀英文時，我就在海邊寫英文字，在沙灘上跳英文字。沒想到有一天，我居然在學校的二百公尺賽跑中趕過學校校隊明星。事後回想，在海邊解除寂

寞、自我相處的動機下，我發展了很多的方法，讓自己有創意的解決一些問題。

又如小學三年級第一次演話劇，老師說可愛男生可以反串演花木蘭，長得醜的演花木蘭的父親，但演花木蘭父親的對白又多又難背。這二個條件都符合了我，當然我就演了花木蘭的父親。接受了這個任務後，我就想該怎樣演花木蘭的父親？最好的方法就是觀察所有的爸爸，我發現大部分的爸爸都會翹二郎腿抽煙。演出那天沒讓人家知道，我真的翹起二郎腿點根煙抽，從來沒有抽過煙的我當場咳嗽得很厲害，結果花木蘭的戲就變成一齣喜劇。這讓我體會到「自我解嘲、現醜，可以讓別人快樂」。

（二）就讀明大的意外發現（吳靜吉，2018）

> 溪回谷轉愁無路，忽有梅花一兩枝。
>
> ——宋・楊萬里《晚歸遇雨》

大學當兵後，選擇就讀明尼蘇達大學，並不是因為我瞭解那裡有創造力的研究，更不知道有 Torrance 這個人物。選明大是有幾個原因的。第一，是我在讀初中一年級時，國文老師是東北人，常講很多東北的故事，加上他和音樂老師合作寫了一首曲子叫「我的家在大陸上」，讓我對東北的冰天雪地有一種憧憬，也覺得這一生不可能到東北，明尼蘇達的緯度恰好跟東北很相近，在有生之年，我很想經驗冰天雪地的景象。第二，明大當時的系主任 Roger Wilk 寫了一封非常和藹可親的信，內容是「我知道你的成績很好，你的推薦信也很好，可是我們從來沒有臺灣來的學生或亞洲來的學生。所以，我們也不知道要不要給你獎學金，不過你來這邊讀得不錯的話，我們自然會考慮！」這封信讓我非常感動，就決定要到那邊。

就讀明大教育心理系，真的有「溪回谷轉愁無路，忽有梅花一兩

枝」的感覺。我是在春天到達明大，秋季開學前，恰好一個印度學生博士論文沒有通過必須轉校，他是 Torrance 的助理，因此 Torrance 的助理職位出缺了。系主任問我「你要不要去做他的助理？」我很開心回答他說：「世界上有三種人，第一種人創造機會，第二種人把握機會，第三種人以上都不是。」我說我不能創造機會，但至少可以把握機會，他很開心的告訴 Torrance 我講了這句話。結果，每個人都覺得我這個人一定很有趣、很有創意。後來才知道原來很多的學生都是因為 Torrance 的「品牌」而去念明大教心系，而我竟然這麼意外的、無知的就跑進他的辦公室做他的助理，真是美麗的錯誤啊（吳靜吉，1994）。

（三）環境的刺激、機會的出現、領域知識的可親可近

> 近水樓台先得月，向陽花木易為春。
> ——宋・蘇麟獻范仲淹詩（見宋・俞文豹《清夜錄》）

這樣的因緣際會，讓我有「近水樓台先得月，向陽花木易為春」的感受。不只是 Torrance 對我接近創造力的直接影響，也因為 Torrance 的名氣，我跟其他老師和同學接觸的機會就更多，Torrance 門下很多學生都非常傑出，他的助理十幾個，各國來跟他取經讀博士的很多。其實，Torrance 很少跟我們在一起，可是這些學生都非常特別，自然會建構一個或幾個學習社群，常常各自帶菜聚會，毫無壓力的邊吃邊分享、邊談邊辯論。

（四）相看兩不厭，只有創造力

> 相看兩不厭，只有敬亭山。
> ——唐・李白《獨坐敬亭山》

在 Torrance 身邊工作一年之後，我真的體會到「相看兩不厭，只有『創造力』」的喜悅。創造力是不是喜歡我，我當時並不清楚，可是後來我覺得它應該喜歡我，因為我對它非常地鍾情！

（五）特殊才能或自我實現的創意？是大 C 的創造或小 c 的自我選擇？

Maslow 認為創造力有二種，一種是自我實現的創造力（生活中的創造力），另一種就是特殊才能的創造力（Maslow, 1959）。Csikszentmihalyi 也認為創造力有大 C 小 c 的分別，大 C 是改變人類文明或文化的創造力，而小 c 則是生活中的小創意（杜明城譯，1999）。根據他們兩人的說法，如果我會有任何創意的表現，那當然是小 c 的創造或生活中的創造，小 c 可以幫助我解除生活中的無聊、無趣、寂寞甚至危機，相對的，也讓我的生活變得比較有趣，也讓我的心胸變得比較樂觀。

Kaufman 與 Beghetto（2009）提出 4C 的創造力模式，在大 C 和小 c 之間多了一個專業領域的創造力即 pro c，這些大 C、pro c、小 c 通常都是從 mini c 啟動的，我認為 mini c 是因緣際會的創意詮釋（吳靜吉，2017）。

（六）我為什麼會想研究刺激尋求動機、創造力與社會支持的關係

從明尼蘇達接觸創造力開始，我常常會想起我所認識的人，哪些人創造力比較高？哪些人創造比較低？哪些人喜好刺激？哪些人不好刺激？後來讀到一篇 Farley（1991）的文章，提到高刺激尋求動機的人，如果得到社會支持就會發展創造力，如果他得不到社會支持，就比較容易發展偏差的行為。我非常喜歡藝術界的朋友，藝術界的人通常刺激尋求動機是比較高的，後來能夠成為藝術家的人，大部分是因為得到社會支持，有的是姐姐，有的是姐姐男朋友，有的是爸爸媽媽或老師。可是有更多的追求刺激的人才並沒有得到社會支持，有些人就因為這樣而偏差犯罪。其實我是一個保守的人，我不是刺激尋求動

機高的人，可是我就喜歡這樣的人，因為跟我有互補的作用。

七、我從事創造力研究與教育的工作動機（Task motivation）

我同意 Amabile 對創造動機的看法，內在動機的確是重要的（Amabile, 1983, 1990, 1995），她對化學沒有熱情，卻對心理學情有獨鍾。所以在我的個人追尋中，常問自己「能不能令我感動？」「能不能激發我的熱忱？」。在擔任劇本的評審工作時，除了理性的分析，我也看重能不能讓人感動的情緒。讀完後立即的感動還不算，過了幾天以後再讀，是否仍然能夠感動更是重要的考量。如果作品都不能讓我感動的話，寫得再好，也就是無情的！

（一）創造力的研究

風流儒雅亦吾師。

——唐·杜甫《詠懷古蹟五首之二》

橫看成嶺側成峰，遠近高低各不同；
不識廬山真面目，只緣身在此山中。

——宋·蘇軾《題西林壁》

我不是創意人，卻對創造力研究興趣始終如一，我也做了一些研究，但就是沒有自己了不起的創見。其實，每一種新理論的出現，對我來說都是一種喜悅的發現。每一個理論家都是我的老師。這就是為什麼會「橫看成嶺側成峰，遠近高低各不同；不識廬山真面目，只緣身在此山中」的原因，與其說我是個研究者，不如說我是個學習者；與其說我是個評論者，不如說我是個欣賞者，所以我的方向就是有點跟趨勢在走，也跟我自己的生活經驗的體驗在走。也可以這麼說，不

管是黑、白、黃,也不論是老、中、青,只要「風流儒雅」,便是「吾師」。

(二)創造力的分析

根據 Sternberg 的三元智慧論(Sternberg, 1986 & 1995),我反而比較強調實用的部分,所以在從事創造力的研究時,我常常在想我可以怎麼應用?如何把創造理論用到各種生活的情境當中?

我喜歡用創造力理論分析電影,在上創造力的課程或單元時,我會找一些大家常看的電影,偶爾也會介紹正在上演我也喜歡的電影,希望他們去看。有好幾次在講完《上帝也瘋狂》、《愛你在心口難開》的創意歷程之後,有些人會認為應該事先提醒他們如何去看這些電影,我說:「如果事前跟你分析的話,你會失去直覺的力量,你會邊看邊套理論,這樣看電影就沒什麼意思!看完後再聽分析才能享受『心有戚戚焉』的快樂!」

我曾經嘗試在政大企業家班或碩士班的創造思考課程或單元中讓他們體驗什麼是「創造」。他們從肢體開發體驗創造,事後一個企業家說:「原來,我們也可以很『雲門』。」這句話我覺得非常好。他們發現不認為自己在跳舞的時候,卻又能完全專注肢體開發創造、表達與溝通的過程中,他們集體編舞、集體演出,這種美不是專業舞者的美,是自然世界的美。

(三)日常生活中創造力的分析

> 落紅不是無情物,化作春泥更護花。
>
> ——清·龔自珍《己亥雜詩》

每個人都可以想像新奇的世界,可以接觸當下的生活,但不管他是想像或接觸,他都累積了許多的生活經驗,這些經驗都是激發創意

的愛人，正如龔自珍所說的「落紅不是無情物，化作春泥更護花」。的確是這樣的，天下沒有白吃的午餐，天下也沒有白過的生活。所有過去的，甚至覺得非常悲慘的或想要忘記的經驗，都可以變成創意的素材。這幾年我對表演性的治療漸感興趣，就是這個原因。我發現一個人在描寫自己生命的片段故事時，只要他不認為自己在寫文章，而是盡情的表達發揮時，那些文章都很有創意。

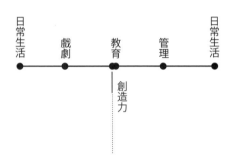

有一次我對警察局局長們上有關「領導」的課程時，我認為好的領導者不僅自己會說故事，也要創造機會讓部屬分享故事，於是我讓他們從分享自己的故事開始，他們決定以「第一次出國旅行」分享各自的故事。每個人的故事都非常精彩，故事的結構起承轉合、前後呼應，用字遣詞有創意且適當。那時候警察的出國限制很多，因此他們第一次的出國旅行，都是我這個經常旅行的人無法寫出的感受。我告訴他們，我後悔沒有錄音下來，因為這些文章實在太好了，大半的局長都說：「我不會寫文章！」但那的確是獨特的創作。

我喜歡當擺渡人，我不只是在做學生學習的擺渡人，我也是成功的月下老人，我會製造姻緣機會。有一次，有二個人不約而同的來看我，直覺的發現他們兩個人眉來眼去，我就說：「我有事情，你們兩個先聊天好了。」接著我會開玩笑：「你們兩個談戀愛也可以、接吻也可以。」其實我是在製造人生的因緣際會，讓兩個無關的人可以你

儂我儂。通常只要他們說：「老師！我們去吃飯！改天再來看你。」我就知道他們已經上路了。媒人的工作、擺渡人的行為，也是一種創意！

我也喜歡做「學術混血」的工作。在知識經濟時代、在創意產業的時代，「T 型」和「A 型」的人物就奇貨可居。傳統的社會只要有「I 型」的專長，便可以一技走天下。當 I 型人物將其專長的領域知識和技能應用到各種領域或情境，這些領域或情境的應用，就變成橫躺的 I。以直立的 I 為理論根基，而以橫躺的 I 為應用的實務經驗，「T 型」的人物於焉誕生。另一種「跨領域」的人，就屬於「A 型」的人物，他們同時擁有兩種專長，就像 A 下面交集的支架，二種不同領域的交集，就可以產生創意。

我不是 A 型的人物，但我因廣泛的興趣而逐漸發展成 T 型人物。心理學，尤其是創造心理學是我尚未深入的 I，一方面我主動的將心理學，尤其是創造心理學應用到日常生活、戲劇、教育、管理當中。另一方面，因為我喜歡傾聽不同人的知識和經驗，在互動分享中，也增進了我對心理學與創造心理學的實例和理解。

當然，在教學工作中，我也努力嘗試各種方法將心理學與創造力作為兩個不同的「T」底下的柱子，它雖不深，但是我希望它橫躺的部分能夠廣闊一點。我也常會思考教學工作如何創意發展，例如：嘗試聲音與動作的組合、連鎖記憶法等，這些都是在上課中摸索的，也是怕自己重複。

（四）內在動機固然必要，外在動機也有助長或阻礙創造力的影響（Press/Place）

內在動機固然很重要，但能夠激發內在動機的環境和氛圍也很重要（Amabile, 1983, 1995）。人也是氣氛中的一部分，聽演講、音樂會時如果能夠抱持「既來之，則聽之；既來之，則樂之」的態度，那麼這個氣氛就會動起來。創造力也是一樣，當我們主動參與創意、欣賞

創意的時候，我們會覺得世界多麼美好，我現在的心情就是這樣的心情。

（五）Csikzentmihalyi 的系統理論，尤其是守門人概念

Csikszentmihalyi 的創造力系統理論中，守門人（gatekeeper）的概念是非常重要的（杜明城譯，1999）。因此，當我在做任何評審工作時，我都會以守門人的角色自我反思，盡量去鼓勵別人、成就別人，把自己的快樂建築在別人的成就上，而不是要去抹殺別人的創意，因為抹殺創意容易但培養創意難。

八、創造力的人格特質

過去研究創造力的學者，在研究創意人物的人格特質時，常會說創造人物有沒有某種特質，或這某種特質比較多、另一種特質比較少。例如說：創意人比較開放、缺乏創意的人比較不開放。但 Csikszenmihalyi 認為創意人其實同時具有兩個極端的人格特質，有創意且能執行的人知道如何在矛盾當中取得協調、如何拿捏得宜（杜明城譯，1999），這就看他如何掌握人生的因緣際會。這也許就是 Sternberg 所謂成功的智能（慧）需要擅用分析、創意和實用能力的道理（Sternberg, 1986, 1995）。

我們每個人都在自我追尋，都在思考怎麼去定位、想瞭解自己的生命故事。有時候也會覺得：我這樣活下去有意義嗎？我也在想我自己到底是怎樣的一個人？如果從創造力人格來講的話，我又是怎麼樣的人？我是真的能走下去嗎？所以當 Csikszenmihalyi 的《創造力》一書出來的時候，我突然對人格特質方面開始有了新的體悟，他認為：創造力的人格其實是「拿捏」的問題，它是兩個矛盾的人格特質，有些人拿捏得很好，有些人拿捏得不好。

（一）精力充沛 & 沉靜自如（have a great deal of energy & quiet and at rest）

我們有時候希望一個人安安靜靜地，有時候精力非常充沛。我在台上的時候好像精力充沛，可是私底下我一個人常常到處跑、隨便哪裡，在人家都不認識你的場合當中，是非常沉靜自如的。我認為「什麼時候動如脫兔，什麼時候靜如處子」的拿捏，是很重要的。

（二）聰明 & 天真（smart & naïve）

我不是聰明人，有時非常天真。影響臺灣表演藝術深遠的俞大剛先生曾經跟幾個藝術界的人說：「吳靜吉最聰明！」哪些明知比我聰明的朋友都很生氣：「吳靜吉怎麼會比我聰明？」但他們忘記：我是因為「天真不懂世故」而被俞先生認為「聰明」。每個人都叫他「俞老師」，可是嘴裡老師長老師短的人不一定讀過他的著作。我既然沒有深讀他的著作，就不是入門弟子，人人稱他老師，當老師也有老師的包袱，所以我跟他說：「我就不叫你老師，我叫你俞大剛。」他高興的抱住我。從那次以後，我們一起看戲、看舞蹈表演，看完了我們互相使個眼色，就出去抽煙、聊天，肆無忌憚的評論舞蹈、戲劇。心血來潮還當場模仿起劇中或舞中的角色。我是因為天真、不懂世故，所以他認為我「聰明」，聰明是指我滿足他當時希望在沒有包袱的心情下聊天的需求。

（三）玩興 & 紀律，或責任心 & 無所謂，或玩興 & 耐心與毅力（playfulness & discipline, or responsibility & irresponsibility, or playfulness & endurance and perseverance）

赤子之心是很重要的。《奇葩與怪傑》這本書中，談到 70 歲以上仍擔任傑出領導者以及 30 歲以下卻已身為領導者的人物，他們的「赤子之心」、「玩興」都很強（齊思賢譯，2002）。我到史丹佛大學附近的 IDEO 公司參訪時也發現如此。在《Idea 物語》一書中，提到

這個公司非常鼓勵「玩興」，他們的創意是從玩興中得到的（徐峰志譯，2002）。但是，玩興一定要配合紀律，現在社會中不是玩興太多、紀律不足，就是紀律太多，玩興不足。其實，玩興與紀律也是拿捏得宜的問題。

曾經擔任宜蘭社區大學校長的張捷隆先生在跟我說他班上有一個學員表示：每次寫了一大堆標語就掛在牆壁上，是不是可以把標語做成非常漂亮的海報，掛在身上像服裝展示一樣，然後大家開始互動？突然另外一個學員非常嚴肅的說：「這成什麼體統？」張校長從「有這麼嚴重嗎？」為切入點寫了一篇〈創意殺手〉的文章。真的有這麼嚴重嗎？那位把標語變成海報掛在身上的學員，他的想法是大多數大師級人物在領導工作坊時常用的技巧。

（四）想像與幻想 & 現實的根底（imagination and fantasy & sense of reality）

我們要有想像力，同時也要能夠落實，Csikszenmihalyi 在談到應用系統理論到教育時，特別強調創造最後一定要執行（Csikszentmihalyi, 2000）。所以能夠有創意也需要有執行的能力，想像與幻想也要有現實的根柢。

（五）內向 & 外向（introversion & extroversion）

每次我說：「我是個很內向的人」都會變成笑話。他們看我在社交場所又說又笑，就以為我是外向的人。當然我非常喜歡獨處，但又不能離群索居，尤其是教書、又做行政工作，更不可能一味內向，只好想辦法適時、適地、適人的適應。

（六）謙卑 & 自豪（humble & proud）

當然我沒什麼成就自豪，只好謙卑了！但其實每個人都有他自豪的部分，我的自豪是來自於：不管我的生活是如何痛苦的，我還是活

過來了，這就值得我驕傲。

（七）陽剛 & 陰柔（Masculine & Feminine）

「剛柔並濟」非常重要。對我來說，「陰柔」是指：你能不能去體諒別人？能不能站在別人的立場來考量？能不能傾聽別人。但人活下去也需要果斷、自信、獨立與剛強。從事創造力工作的人，不僅需要發揮設身處地的陰柔，也需要勇於挑戰的陽剛，非常幸運的我從小就沒有陽剛與陰柔的壓力。

（八）對工作熱情 & 對工作客觀（passionate & objective about their work）

Simonton 和 Amabile 對創造力的社會心理學熱情洋溢，所以他們能堅持自己的興趣，在種種困難中，完成他們的博士論文、成就自己的事業、提出自己的創造力理論。但他們的理論能夠透過創意社會的守門人之選擇而進入了創意文化的領域，就是因為他們同時能對工作客觀。我喜歡創造力的研究和教育，但我也努力從客觀的角度來看創造力研究和教育工作。

（九）開放與敏感所帶來的悲喜交雜感受（openness and sensitivity of creative individuals exposes them to suffering and pain yet also a great deal of enjoyment）

「悲喜交雜」的感受，就是王國維所談的成大事業者必經的「衣帶漸寬終不悔，為伊消得人憔悴」的過程之後，「驀然回首，那人卻在，燈火闌珊處」的喜悅，我對創造力研究的理解也是如此，自我追尋的過程其實就是在「苦中作樂」。

我常常提醒自己「兩岸猿聲啼不住，輕舟已過萬重山」，很多的潮流真的很快就過去了，如果你生活得有意義的話，其實時間過得非常快。可是，永遠都要保持輕鬆愉快的心情來看社會的趨勢，因為五

年就可能有新的知識出現，原來的知識就不夠用了。而我的方法，就是少演講、多聽別人表達。多聽別人的、多讀人家的東西的時候，經驗就越來越多，那趨勢就越能夠掌握。

九、幽默與創造

從小為了生存，學會自得其樂，原來這是幽默的驅力。那麼「我怎麼跟幽默結緣？」Koestler（1984）曾經說：「幽默的創作歷程跟其他創作歷程是一樣的。」後來又看到很多幽默的人說：「幽默有一個重要的條件，從自我解嘲開始！」

我的一生當中，的確有許多的缺憾，有些不能改變的缺憾，我通常不會去抱怨別人，而是進一步接納它們，然後當作笑話溝通，就是自己從自我解嘲開始化解缺憾的心結。有時候覺得滿可憐的，在嘲笑自己時，竟然可以讓別人快樂。

Koestler 說：「幽默本身就是創造」（Koestler, 1984）。我很喜歡蒐集幽默的故事，蒐集完我就用創造歷程來分析它們。比如說漫畫裡面通常都是四格，到第三格的時候你已經有一個方向去預測下面第四個應該是什麼，但常常第四個就可以推翻前面三個，這就是後面推翻前面的策略。例如：「啊！你牙齒好白！好整齊！你這個假牙是哪裡做的？」、「小姐你好年輕，今年 52 歲了吧！」事實上她只有 30 歲。這就是 Koestler 所說的「幽默跟創造的過程是一樣的」。

十、結語

（一）終身學習的開始

行遍天涯千萬里，卻從鄰父學春耕。

——宋・陸游《小園》

但肯尋詩必有詩，靈虛一點是吾師。

——清・袁枚《遣興》

我回到臺灣才發現「行遍天涯千萬里，卻從鄰父學春耕」的道理。這也就是為什麼我現在慢慢對身邊的創意人越來越有興趣、想傾聽他們故事的原因。在參與教育部創造力的計畫時，一有機會，我都希望傾聽他們的故事，真的是覺得「行遍天涯千萬里，卻從鄰父學春耕」，我同時也認為說「但肯尋詩便有詩，靈虛一點是吾師」。

經常引用西方世界名人的名言後，回頭再讀傳統詩詞，喜悅地發現許多作品都在描繪或比喻創造力。

（二）「前有古人，後有來者」的學習對象

向來枉費推移力，此日中流自在行。

——宋・朱熹《觀書有感》

長江後浪推前浪、一代新人換舊人。

——增廣昔時賢文

我相信「前有古人，後有來者」的學習對象，所以年輕人、年紀大的人、古人、現代人，都是我的學習對象，我完全是開放的。就像是朱熹寫的「向來枉費推移力，此日中流自在行」。原來擱淺的一艘船，因為一夜之間漲水的關係，船就行走自如了。吸收前人的知識、經驗，就是增加河流的水量，讓船能行走容易。所以牛頓所說的「搭在前人的肩膀上」是有道理的！

我也深信「長江後浪推前浪，一代新人換舊人」的道理，所以我喜歡跟年輕人學習。

（三）雖不是有創見的理論家，但卻是多元學習的好學生，
這也就是與創造力結緣後的學習態度

1. 創造力的有關知識已經變成我的最愛。

色不迷人人自迷，情人眼裡出西施。

——清·黃增《集杭州俗語詩》

我雖然不是有創見的理論家，但卻是喜歡學習的學生。這是我與創造力結緣後的學習態度，我認為與創造力有關的知識已經變成我的最愛，「色不迷人人自迷，情人眼裡出西施」是最好的寫照。所以我是對創造力非常著迷的。

2. 各種理論對我來說都是值得學習的。

好鳥枝頭亦朋友，落花水面皆文章。

——宋（或作元）·翁森《四時讀書樂》

當然，各種理論對我來說都是值得學習的，所以「好鳥枝頭亦朋友，落花水面皆文章」。我每天看到有創造力的東西，耳朵就非常地靈敏，我一看到有這樣的文章，就馬上把它剪貼下來。在飛機上，看到好文章我會跟空中小姐說：「這篇文章我要，因為我怕回去了會來不及買。我可不可以要這篇文章？」有一位空中小姐最可愛，就說：「在我們這裡，是沒有人會這樣問的！」我說：「你不要講話喔！點頭就可以了，我是不是可以拿？」原來代表航空公司的雜誌是送人的，有時候不能取走的報章雜誌，我會馬上抄下來，下飛機馬上去買。

參考文獻

· 王盈雅（2003）。一首詩的故事。臺北：好讀。
· 王國維（著），滕咸惠（校注）（1987）。人間詞話新注。臺北：里仁書局。
· 吳靜吉（1993）。人本主義心理學之父──羅吉斯的自我追尋。載於吳靜吉，人生的自我追尋（頁72-82）。臺北：遠流。
· 吳靜吉（1994）。人生的因緣際會。載於吳靜吉，害羞．寂寞．愛：你是否因害羞而寂寞？因寂寞而沒有能力愛？（頁233-244）。臺北：遠流。原載於張老師月刊，80期（1984）。
· 吳靜吉（2017）。創造力是性感的：吸引個人與領導，創新與創業，還有跨視界。臺北：遠流。
· 吳靜吉（2018）。因緣際會擺渡人：吳靜吉的生命故事。臺北：遠流。
· 呂自揚（編著）（1990）。歷代詩詞名句析賞探源。臺北：河畔出版社。
· 沈櫻（譯）（2000）。毛姆小說選集（原作者：W. Somerset Maugham）。臺北：大地。
· 林志懋（譯）（2001）。阿基米德的浴缸──突破性思考的藝術與邏輯（原作者：David Perkins）。臺北：究竟。（原著出版年：2000）
· 徐峰志（譯）（2002）。IDEA 物語：全球領導設計公司 IDEO 的祕笈（原作者：Tom Kelley）。臺北：大塊文化。（原著出版年：2001）
· 楊惠菁（2003）。在實驗經濟裡發現人性。商業周刊，839，1-8。
· 齊思賢（譯）（2002）。奇葩與怪傑：時代、價值觀和關鍵時刻如何塑造領袖（原作者：Warren G. Bennis & Robert J. Thomas）。臺北：時報出版。（原著出版年：2002）
· Amabile, T. M. (1990). Within you, without you: The social psychology of creativity, and beyond. In M. A. Runco & R. S. Albert (Eds.), *Theory of Creativity* (pp. 61-91). Thousand Oaks, CA, US: Sage Publications, Inc.
· Amabile, T. M. (1996). *Creativity in context*. Boulder, CO: Westview Press.
· Bandura, A. (1982). The psychology of chance encounters and life paths. *American Psychologist*, 37, 747-755.
· Csikszentmihalyi, M., & Wolfe, R. (2000). New Conceptions and research approaches to creativity: Implications of systems perspective for creativity in Education. In K. A. Heller, F. J. Monks, R. J. Sternberg, & R. F. Subotnik (Eds.), *International Handbook of Giftedness and Talents* (pp. 81-93). U.K.: Elsevier.
· Farley, F. (1991). The Type T personality. In L. P. Lipsett & L. L Mitnick (Eds.), *Self-regulatory behavior and risk taking: Causes and consequences* (pp. 371-382). Norwood, NJ: Ablex Publishers.
· Freedman, R. (1998). *Martha Graham: A Dancer's Life*. NY: Clarion Books.
· Gardner, H. (1994). *Creating Minds: An Anatomy of Creativity as Seen through the Lives of Freud, Einstein, Picasso, Stravinsky, Eliot*. Perseus Books Group.
· George, J. M., & Zhou, J. (2001). When openness to experience and conscientiousness are related to creative behavior: An interactional approach. *Journal of Applied Psychology*, 86, 513-524.
· Guilford, J. P. (1950). Creativity. *American Psychologist*, 5, 444-454.
· Kaufman, J. C., & Beghetto, R. A. (2009). Beyond big and little: The four c model of creativity. *Review of General Psychology*, 13 (1), 1-12.
· Koestler, A. (1984). *The Act of Creation*. New York: The Macmillan Co.
· Lazo, C. E. (2002). *Leonard Bernstein: In Love with Music*. NY: Lerner Publications Company.
· Maslow, A. (1959). Creativity in Self-actualizing People. In H. H. Anderson (Ed.), *Creativity & Its Cultivation* (pp. 51-56). New York: Harper & Bros.
· Millar, W. G. (1995). E. Paul Torrance: *"The Creativity Man" an authorized biography*. NY: Ablex Publishing.
· Simonton, D. K. (1990). History, Chemistry, Psychology, and Genius: Autobiography of Historiometry. In M. A. Runco & R. S. Albert (Eds.), *Theory of Creativity* (pp. 92-115). Thousand Oaks, CA, US: Sage Publications, Inc.
· Simonton, D. K. (2002). It's Absolutely Impossible? A Longitudinal Study of One Psychologist's Response to Conventional Naysayers. In R. J. Sternberg (Ed.), *Psychologists Defying the Crowd — Stories of Those Who Battled the Establishment and Won* (pp. 239-254). American Psychological Association.
· Sternberg, R. J. (1986). *Intelligence Applied: Understanding and increasing your intellectual Skills*. FL: Harcourt Brace Jovanovich. 洪蘭（譯）（1999）。活用智慧。臺北：遠流。
· Sternberg, R. J., & Lubart, T. I. (1995). *Defying the crowd — Cultivating creativity in a culture of conformity*. New York: The Free Press. 洪蘭（譯）（1999）。不同凡想。臺北：遠流。
· Sternberg. R. J. (2002). It All Started with Those Darn IQ Tests: Half a Career Spent Defying the Crowd. In R. J. Sternberg (Ed.), *Psychologists Defying the Crowd — Stories of Those Who Battled the Establishment and Won* (pp. 256-271). American Psychological Association.
· Venezia, M. (1998). *Leonard Bernstein*. NY: Children's Press.

網站資料

· 19th CenturyScientific American Online. (2003.12) Ellias Howe. http://www.history.rochester.edu/Scientific_American/ mystery/howe.htm

· The Early Modern Project Development Team (2003.12) Martha Graham (1894-1994). http://www.pitt.edu/~gillis/dance/martha.html
· Bernstein Studio. (2003.12). Biography: Leonard Bernstein. http://www.leonardbernstein.com/lifeswork/biography/
· Dance Pages (2003.12）Martha Graham (1894-1991): her biography. http://www.cmi.univ-mrs.fr/~esouche/dance/Graham2.html
· Holly Raatz. (2003.12). P540 Intelligence Paper-Sample 7: Intelligence Theories: Smart Speculations over Time. http://www.indiana.edu/~edpsych/p540/assign/intel7.html
· People of the Century. (2003.12). Martha Graham (1894-1994). http://www.sacbee.com/static/archive/news/projects/people_of_century/entertainers/graham.html
· Psychology Online Journal ™ psychjournal.com. (2003.12) A Conversation with Dr. E. Paul Torrance By Joseph R. Dunn, Ph.D. http://www.psychjournal.com/Interviews/ November00_Torrance2.htm.
· 王勃（2003.12）。滕王閣序。Http//www.fed.cuhk.edu.hk/jsnsc/extra3a.htm

華人創造力──理論與實務

策劃：全球華人創造力學會
主編：鄭英耀

發行人：王榮文
出版發行：遠流出版事業股份有限公司
地址：台北市南昌路二段 81 號 6 樓
電話：（02）23926899　傳真：（02）23926658
郵撥：0189456-1

著作權顧問：蕭雄淋律師
2019 年 6 月 1 日 初版一刷
售價：新台幣 600 元（平裝）
缺頁或破損的書，請寄回更換
ISBN　978-957-32-8568-7（平裝）
YL🏠遠流博識網 http://www.ylib.com E-mail: ylib@ylib.com

國家圖書館出版品預行編目（CIP）資料

華人創造力──理論與實務 / 鄭英耀主編 . -- 初版 .
　-- 臺北市：遠流，2019.06
　　面；　公分 .
　ISBN 978-957-32-8568-7（平裝）

　1. 創造力　2. 創造性思考　3. 文集

176.4　　　　　　　　　　　　108007337